Jürgen Hofmann
Kritisches Handbuch des westdeutschen Theaters

für Klaus
und Helga Herking

von Jürgen und Jula
Juni 1981

Jürgen Hofmann

Kritisches Handbuch des westdeutschen Theaters

Verlag Klaus Guhl
Berlin 1981

Als Habilitationsschrift auf Empfehlung des Fachbereiches ›Philosophie und Sozialwissenschaften‹ der Freien Universität Berlin gedruckt mit Unterstützung der Deutschen Forschungsgemeinschaft.

CIP-Kurztitelaufnahme der Deutschen Bibliothek

Hofmann, Jürgen:
Kritisches Handbuch des westdeutschen Theaters /
Jürgen Hofmann. — Berlin: Guhl, 1981.
ISBN 3-88220-327-7

Herstellung: Fuldaer Verlagsanstalt GmbH

Umschlagmontage: Jula Dech

INHALT

Schlage die Trommel und fürchte dich nicht,
Und küsse die Marketenderin!
Das ist die ganze Wissenschaft,
Das ist der Bücher tiefster Sinn.

Trommle die Leute aus dem Schlaf,
Trommle Reveille mit Jugendkraft,
Marschiere trommelnd immer voran,
Das ist die ganze Wissenschaft.

Das ist die Hegelsche Philosophie,
Das ist der Bücher tiefster Sinn!
Ich hab sie begriffen, weil ich gescheit
Und weil ich ein guter Tambour bin.

Heinrich Heine

Vorwort

Es gibt bisher keine Kritik des westdeutschen Theaters im Sinn eines sich aus begrifflicher Scheidung, praxisbezogener Gliederung und methodischer Verknüpfung zusammensetzenden Zugriffs auf sein System, seine Einrichtungen und seine besondere Leistung. Von der an Bühnen wie Hochschulen gleichermaßen vielfach erfahrenen Feststellung dieses akuten Mangels — und der Einsicht, daß jene Seiten der Kritik nicht voneinander zu trennen sind, geht die folgende Arbeit aus.*

Mein erkenntnisleitendes Interesse besteht zunächst darin, Notwendigkeit, Möglichkeiten und Grenzen der besseren Einrichtung von Theater dadurch zu bestimmen, daß ich der Organisierung der bestehenden Institutionen und ihres Betriebs im Zusammenhang mit den durch Gesellschaftsgeschichte und Gesellschaftsordnung allgemeiner gegebenen Bedingungen so genau wie möglich nachgehe. Dabei tauchen vor allem drei Probleme auf: einmal muß man ein vielfältig geschichtlich bedingtes und aktuell sich bewegendes Gebilde künstlich anhalten, wenn man seine Struktur bestimmen will — dann ist das Theater mit ganz unterschiedlichen sozialen Teil-Bereichen wie Wirtschaft, Recht oder Politik kompliziert verzahnt, die ihrerseits die Einlassung auf ihre Gesetzmäßigkeiten dauernd erfordern — und schließlich setzt auch beim einzelnen Theater selbst jeder Blick aufs Detail eigentlich immer schon die Kenntnis des Zusammenhangs voraus und umgekehrt.

Die Lösung dieser Schwierigkeiten wird durch den Umstand, daß es zu einer solchen Arbeit bisher keinen systematischen Ansatz gibt, nicht gerade begünstigt. Ich habe einen Teil der methodischen Problematik so zu bewältigen versucht, daß ich dem Kern der Untersuchung eine komprimierte Reflexion der für ihre Entwicklung erforderlichen

*Diese Untersuchung wurde 1977 als Habilitationsschrift vorgelegt und erschien 1979 universitätsintern unter dem Titel ›Kritik des kleinbürgerlichen Theaters / Klassenkultur als Dienstleistung in Westdeutschland‹; die hier vorgelegte Bearbeitung enthält vor allem das neue Kapitel ›Veranstaltung‹.

gesellschaftlichen, geschichtlichen und begrifflichen Voraussetzungen voranschicke — und ihm eine Art Auflösung der analysebedingten Statik durch die abschließende Charakterisierung einzelner ökonomischer, politischer und konzeptioneller Entwicklungsstränge folgen lasse. Insofern muß man bei der Bewertung dieses ›Vor-‹ bzw. ›Nachspanns‹ im Auge behalten, dass ihre Reflexionen keinen selbständigen Erkenntniswert beanspruchen, sondern dem Hauptteil funktional zu- und untergeordnet sind.

Die ›Bestandsaufnahme‹ selbst, der Kern der Untersuchung, schreitet vom Allgemeinen (des Theater-Systems) über das Einzelne (des Theater-Betriebs) zum Besonderen (des Theater-Spiels) fort — und findet ihre Grenze just an der konkreten Beschaffenheit eben des einmaligen Theater-Ereignisses. Rekapitulation, Deskription und Interpretation als drei Seiten wissenschaftlicher Darstellungsweise werden dabei, wo das (wie im Kapitel über Rechtsverhältnisse) geht, klar getrennt — aber auch aktiv verknüpft, wo nur ihre Integration sinnvoll möglich erscheint (wie im Abschnitt über Schauspieler). Ähnlich habe ich mich auch inbezug auf die begrifflich-terminologische Seite der Arbeit verhalten: Begriffe, die eingebürgert sind und ihrer Bedeutung nach tragfähig erscheinen, werden aufgenommen — andere (und das sind in einem analytisch so vernachlässigten und sprachlich so verkommenen Bereich nicht wenige!) müssen erst herausgeschält, präzisiert oder ganz neu geprägt und dabei gelegentlich auch durch bloß bildhafte Ausdrücke ersetzt werden. Im übrigen soll die Hervorhebung solcher zentraler Ausdrücke (im Schriftbild) nur Lesbarkeit, Auffindbarkeit und Einprägsamkeit begünstigen, ohne daß deswegen in ihnen sich immer auch schon ein jeweiliger Abschnitt charakteristisch zusammenfassen würde.

Ein Wort noch zum Umfang des Untersuchungs-Gegenstands: Es handelt sich hier zwar, was die mediale Bestimmung der Verkehrsform anlangt, um Theater im allgemeinen — aber es zeigt sich doch auch, daß inbezug auf eine derart komplexe Gattung generalisierende Aussagen häufig (noch) nicht möglich sind. Wo daher weitere Differenzierungen oder exemplarische Darlegungen erforderlich werden, geht es hier, einer inneren Logik der Analyse gemäß, 1. um das Schauspiel (im engeren Sinn), nicht ums Musiktheater, 2. um die öffentlichen Bühnen mehr als um die privaten, und 3. um den künstlerischen Kern der Einrichtung (also weniger um Techniker und Haushaltsdetails als um Aufführung und Schauspieler).

Diese Untersuchung möchte informieren — aber sie kann keine Datenbank sein. Sie soll kritisieren — aber ohne zu verbergen, daß der Standpunkt ihrer Kritik selbst wieder kritisierbar ist. Schließlich muß sie abstrahieren (und verlangt dabei vom Leser Anstrengung) — aber sie will auch nicht vergessen lassen, daß es gerade die Essenzen sind, die duften.

1 Voraussetzungen

1.1 Gesellschaftliche Voraussetzungen

Gesellschaftliche ***Arbeit,*** Grundlage für Leben und Entwicklung aller Gemeinwesen in der Geschichte, wird in zwei Hauptformen geleistet: als Hervorbringung materieller Gegenstände und als Vollzug anderer nützlicher Tätigkeiten, d.h. als Produktion und als Dienst. Dabei reicht der sachliche, historisch fortschreitend erweiterte Umfang dieser gesellschaftlichen Arbeit von einer bloßen Sicherung der existenziellen Reproduktion bis zur Besorgung von Bequemlichkeiten und Genuß, zur Pflege von Glauben, Wissen, Schönheit und Geselligkeit — kurz, bis in jenen Bereich, der als Kultur gleichermaßen dieser Arbeit und einer von ihr freien Zeit bedarf. Die Formen, durch die und in denen eine Gesellschaft das Zusammenleben ihrer Mitglieder — insbesondere eben auch als Bewältigung solcher Arbeit bzw. als Gewährung von arbeitsfreier Zeit und kultureller Beschäftigung — allgemein ordnet, sind in ihrem Bestand und Wirken als Gesellschaftsordnung historisch beharrlich und zugleich epochalen Veränderungen unterworfen. Dabei zeichnet sich die bürgerliche Demokratie als gegenwärtig in der westlichen Hemisphäre vorherrschende politische Gesellschaftsordnung nationaler Gemeinwesen aus, in denen bei formeller Gleichberechtigung aller die Menschen je nach Zugehörigkeit zu einer sozialen Klasse praktisch höchst unterschiedliche Rechte zur Selbstverwirklichung und Möglichkeiten zum Genuß ihres Lebens haben.[1]

Der politischen Tradition von bürgerlichen Gesellschaften im neuzeitlichen Mitteleuropa entsprechend gibt es auch für das hier näher betrachtete Gemeinwesen, die Bundesrepublik Deutschland (BRD), eine letztlich gültige allgemeine ***Rechtsordnung*** als Grundlage aller gesellschaftlichen Formen von Verkehr. Diese Verfassung von 1949 war wesentlich das Werk eines sog. Parlamentarischen Rats, der — von den

Alliierten Siegermächten des 2. Weltkriegs eingesetzt — damit mehrere deutsche Länder zu einem föderalen Bund vereinigte; auf diese Weise trat die BRD die Rechtsnachfolge des 1945 zusammengebrochenen Deutschen Reichs an, das nach dem Ende der konstitutionellen Monarchie und einer kurzen demokratischen Phase in der ›Weimarer Republik‹ sich als ›Drittes Reich‹ mit dem System einer faschistischen Diktatur etabliert hatte. Während seitdem ein Teil des übrigen Deutschland das völkerrechtlich selbständige Staatswesen der ›Deutschen Demokratischen Republik‹ (DDR) bildet, bleibt der Grad einer rechtlichen Verknüpfung des geografisch vom Bundesgebiet abgetrennten, gesellschaftlich mit ihm jedoch eng verbundenen Stadtstaats West-Berlin inbezug auf die BRD bis heute politisch umstritten.[2]

Die Verfassung der BRD, das in Anlehnung an die Konstitution der ›Weimarer Republik‹ gefaßte ***Grundgesetz,*** gibt die entscheidende formelle Grundlage dieses Staates als Einheit sittlicher, politischer und rechtlicher Prinzipien ab. Das Grundgesetz regelt die Beziehungen zwischen Staat und Staatsbürgern bzw. die der Staatsbürger untereinander nach den solchermaßen für allgemeingültig erklärten Normen und Werten und gibt die besonderen politischen Muster bzw. Institutionen für die Verkehrsformen an, die der Praktizierung der Gesellschaftsordnung dienen sollen; es geht aus von der ›Würde des Menschen‹ (im Sinn gesellschaftsgeschichtlich überkommener, international anerkannter Menschenrechte) und gewährleistet die ihr gemäße freie Entfaltung der Persönlichkeit jedes Einzelnen bis zu der Grenze, wo er damit den — nach der Verfassung — gleichen Anspruch anderer beeinträchtigt. So wird dem selbstbestimmten Leben des Individuums formell eine gesellschaftliche Verwirklichung ermöglicht, die wesentlich durch die erklärte Gleichheit aller vor dem Gesetz und eine Teilung der staatlichen Gewalten garantiert sein soll; ihre Macht wird allein auf Willen und Wahl aller Staatsbürger gegründet. Insbesondere umfassen die Grundrechte dabei das Recht auf Leben, Unversehrtheit, Bewegungsfreiheit und Freizügigkeit, auf den Schutz von Eigentum und Wohnung, auf Meinungs-, Glaubens-, Presse-, Versammlungs- und Vereinigungs-Freiheit sowie auf die Freiheit von Ausbildungs-, Berufs- und Arbeitsplatzwahl. Kunst und Wissenschaft, Forschung und Lehre werden ausdrücklich für frei erklärt, Ehe und Familie unter den besonderen Schutz und die Schulen unter die Aufsicht des Staates gestellt. Als sittlich-politische Grundlage der Staatsform gelten laut Verfassung die Souveränität des Volkes und deren Verwirklichung in den geteilten Staatsgewalten bzw. das Prinzip der repräsentativen Demokratie, das sich in freien und geheimen Wahlen unter Mitwirkung der politischen Parteien manifestiert.[3]

Das Grundgesetz der BRD legt ein Bekenntnis zu den höchsten Werten der Menschheit ab und regelt alle elementaren Beziehungen der Staatsbürger ›von der Wiege bis zur Bahre‹ (ja davor und danach) — nur die gesellschaftliche Arbeit kommt in dieser Verfassung nicht vor! Ganz allgemein ist die organisierte gesellschaftliche Arbeit, d.h. die ***Wirtschaft***, nach dem Grundgesetz (wie auch nach anderen bürgerlichen Verfassungen) erst einmal eine private Angelegenheit jedes Einzelnen und die Ordnung der Produktionsverhältnisse insbesondere kein unmittelbarer Gegenstand der fundamentalen Rechtsordnung dieser Gesellschaft. So aber kann wirtschaftliche Macht oder Ohnmacht demokratisches Recht umfassend verkehren. Die zur bürgerlichen Gesellschaft kontinuierlich gehörenden großen politischen Parteien haben diesen fundamentalen Zwiespalt historisch wohl erfahren und die Untauglichkeit einer solchen a-sozialen Wirtschaftsordnung zur Ermöglichung bzw. Verwirklichung der verfassungsmäßigen Grundrechte unmittelbar nach dem Zusammenbruch der faschistischen Diktatur in Deutschland vielfach eingeräumt oder sogar programmatisch (erneut) hervorgehoben. Aber schon die nur wenige Jahre später von den westlichen Besatzungsmächten inkraftgesetzte Verfassung des neuen westdeutschen (Teil-) Staats restauriert die abgewirtschaftete Gesellschaftsordnung ganz eindeutig. Inzwischen, rund dreißig Jahre später, wird diese der Rechtsordnung implizite Wirtschaftsordnung — die (›freie‹/›soziale‹) ›Marktwirtschaft‹ — obwohl selbst nach dem Grundgesetz kein deklariertes ökonomisches Ordnungs-Prinzip, auch von den politischen Parteien praktisch wie ein substantieller Bestandteil dieser Verfassung behandelt.[4]

Das Recht Einzelner auf die partielle private Organisation der gesellschaftlichen Arbeit wird im Grundgesetz indirekt durch ein anderes Grundrecht, nämlich das auf Privat-Eigentum, elementar eingeräumt. Dieses Recht schließt auch das auf die private Verfügungsgewalt von Einzelnen über bestimmte dem Gemeinwesen unentbehrliche Produktionsmittel der gesellschaftlichen Arbeit ein. Privat produzieren aber — jedenfalls in relevantem Umfang — kann heute nur, wer über einen bestimmten Standard von Produktionsmitteln verfügt: Werkzeuge, Boden, Maschinen, Fabriken — Kapital vor allem und die vereinigte Arbeitskraft vieler sind sachliche Bedingungen für eine entsprechende wirtschaftliche Betätigung. Die Rechtsordnung der BRD jedoch klammert die direkte Festlegung einer elementaren Ordnung inbezug auf die gesellschaftliche Arbeit — d.h. die ›Produktionsverhältnisse‹ — aus und bestimmt sie mittelbar zugleich praktisch, indem sie klar das ***Privateigentum an (***den gesellschaftlichen) ***Produktionsmitteln*** ermöglicht bzw. sogar gewährleistet! Die einzige potentielle Einschränkung dieses fundamentalen Verzichts dergestalt, daß (nach Artikel 15 des Grundgesetzes) Grund und Boden, Naturschätze und Produktionsmittel ›vergesellschaftet‹, d.h. in Gemeineigentum übergeführt werden können, ist in der westdeutschen Nachkriegsgeschichte eine so gut wie rhetorische Klausel geblieben.[5]

Wo einige wenige die gesellschaftliche Arbeit bestimmen, wird die Masse der übrigen in ihrer Existenz von Willen und Verfügungs-Freiheit dieser Produktionsmittel-Eigentümer weitgehend abhängig: das Privateigentum an den gesellschaftlichen Produktionsmitteln wird zur Grundlage der Ausübung einer starken, verfassungsmäßig nicht vorgesehenen ***Macht*** einzelner Staatsbürger bzw. Interessengruppen über andere. Die Produktionsmittel-Eigentümer gewinnen dementsprechend eine faktische Kraft zur Entwertung, wenn nicht gar weitgehenden Aufhebung jener Grundrechte; der Zwiespalt zwischen dem garantierten gleichen Recht aller und der faktischen besonderen, legalen Macht weniger ist geradezu charakteristisch für die bürgerlichen Gesellschaftsordnungen überhaupt. Ein paar hunderttausend Personen, die über jene Produktionsmittel kraft ihres privaten Eigentums daran oder sonstiger Gewalt darüber hierzulande verfügen — Unternehmer, Bankiers, Grundbesitzer, Aktionäre, Manager u.a. — üben bei uns größte gesellschaftliche Macht ohne deklarierte politische Legitimation aus. Oft im Einzelnen und mindestens als Klasse im Ganzen bestimmen sie auch heute entscheidend über Leib und Leben, Besitz und Gesundheit, Meinung, Bildung, Zeit und Glück von Millionen Mitbürgern, die zur Erhaltung und Entfaltung ihrer Existenz auf die Arbeit mit jenen Arbeitsmitteln und an jenen Arbeitsstätten unabdinglich angewiesen sind. Darüberhinaus wird die Beziehung zwischen dieser wirtschaftlich besonderen Macht und der politisch allgemeinen des Staats zu einem wesentlichen Bestimmungselement für die Ordnung und Entwicklung der ganzen Gesellschaft (ein komplexes Verhältnis, dem hier nicht weiter nachgegangen wird).[6]

Die durch Privatisierung der gesellschaftlichen Arbeit solchermaßen bestimmten Produktionsverhältnisse brauchen den Markt als Ort und Medium zur Vermittlung von Gütern und Diensten an die Gesellschafts-Mitglieder. Private Produktion von Gütern bzw. Leistung von Diensten bedeutet Herstellung von ***Waren und warenförmige Dienstleistungen*** für ihren Tausch gegen Geld, d.h. ihren Kauf/Verkauf — wobei der ›Markt‹ selbstverständlich längst nicht mehr nur als periodische Veranstaltung und spezifischer Versammlungsort überschaubarer Gemeinwesen existiert, sondern als universales Warenangebot und permanente Offerierung warenförmiger Dienste erscheint. Vor allem aber trägt der Nicht-Eigentümer von Produktionsmitteln unter den Bedingungen gesellschaftlicher Warenproduktion auch sein elementares ›Eigentum‹, seine Arbeitskraft, wie eine Ware zu Markte: er verkauft sie, um sich selbst arbeitend zu erhalten, dem Produktionsmittel-Eigentümer auf Zeit. Überhaupt können in der warenproduzierenden Gesellschaft — dies eine ihr eigene geschichtliche Dynamik — mehr und mehr alle Dinge und Tätigkeiten, die jemandem nützen, als Waren oder warenförmige Dienstleistungen erzeugt bzw. ver- und gekauft werden. Und nicht nur werden Waren oder warenförmige Dienstleistungen zu Geld gemacht, mit dem man sich seine Lebensmittel oder besonderen Luxus sichert — sondern es wird der Kauf von Arbeitskraft selbst zum grundlegenden Mittel, durch ihre Ausbeutung mehr Geld aus vorhandenem zu machen: dergestalt wird der Arbeits- gleichzeitig Verwertungsprozess und Geld zum Kapital — die warenproduzierende Gesellschaft entwickelt sich zur kapitalistischen.[7]

Die Kapitalisierung einer Gesellschaft vollzieht sich nicht gleichmäßig bzw. gleichförmig in allen ihren Bereichen und wirkt sich auf verschiedene soziale Beziehungen recht unterschiedlich aus. Man kann, um dies näher zu bestimmen, die ökonomische Sphäre eines Gemeinwesens im Ganzen, d.h. seine ***Volkswirtschaft,*** allgemein gliedern: verhältnismäßig unabhängig von der gesellschaftsgeschichtlichen

Stufe ihrer Entwicklung läßt die Ökonomie sich aufteilen in einen Bereich der Güter-Produktion (d.h. der gesellschaftlichen Erzeugung von brauchbaren Dingen bzw. materiellen Elementen) und den der Dienstleistungen (d.h. nicht-güterproduzierender Arbeit). Dabei wird dann herkömmlicherweise die Sphäre der Güterproduktion noch in einen ›primären Sektor‹ der Grundstoffgewinnung (Bergbau, Land-, Forstwirtschaft u. dgl.) sowie einen ›sekundären‹ (verarbeitender Industrie) theoretisch aufgefächert und die Sphäre der Dienstleistungen auch als ›tertiärer Sektor‹ bezeichnet. Ein Teil dieser Dienstleistungen besteht heute wiederum aus der Hervorbringung von gedanklichen Programmen, geistigen Konzepten, Kommunikations-Mustern, Bewußtseins-Bausteinen u. dgl. dergestalt, daß sie — anders als etwa die Arbeit einer Masseuse, eines Briefträgers oder eines Profi-Sportlers — gleichsam dinglich, in vielen Bereichen tatsächlich auch mithilfe oder in Form materieller Manifestationen produziert werden; diese ihre Sparte gesellschaftlicher Arbeit in Medien, Verlagen, Presse u. dgl. wird neuerdings auch noch einmal als ›***quartärer Sektor***‹ vom tertiären unscharf abgegrenzt.[8]

Produktion wie Dienstleistung können sich sowohl als Akt eines einzelnen Menschen wie auch, häufiger, als Interaktion — d.h. als Form von Verkehr zwischen Menschen vollziehen. Auch und gerade nach der Art und Qualität dieser ***Verkehrsformen*** lassen beide volkswirtschaftlichen Sphären sich vielfach unterscheiden und näher bestimmen. Produktion jedenfalls als Herstellung von Gegenständen, Erzeugung materieller Objekte, setzt zwar oft eine bestimmte aktive Beziehung zwischen den daran Beteiligten unmittelbar voraus oder schließt sie direkt ein — aber es bleibt eine solche Form von Verkehr doch dem Produktions-Akt heute völlig untergeordnet und den Individuen als solchen meist äußerlich. Der Gegenstand produzierender Interaktion ist etwas, das wesentlich jenseits von ihr liegt. Ein Stuhl, ein Haus, eine Straße, eine Kartoffel bedürfen im allgemeinen nicht der geringsten intersubjektiven Prägung — und einmal gemacht, als Resultat, können sie gänzlich unabhängig von den sie hervorbringenden Subjekten existieren; ja meist gibt es insbesondere auch keinerlei individuelle Beziehung zwischen dem (oder den) Produzenten und dem (bzw. den) Benutzer(n) oder Verbraucher(n) ihres Produkts.[9]

Dienstleistungen hingegen bestehen im Prinzip nicht aus der Herstellung von Produkten; allenfalls werden durch diese Form gesellschaftlicher Arbeit schon vorhandene Gegenstände repariert, verschönert oder veräußert, insbesondere aber auch symbolische Beziehungen zwischen Menschen zubereitet oder beeinflußt, ja Menschen selbst geformt und verändert. Dienstleistungen setzen eine Form von Verkehr zwischen Menschen häufig weniger voraus oder umfassen sie (wie die Produktion) — vielmehr sind sie oft selbst dieser Verkehr, ja gehen in seiner Form auf. Anders als die Güterproduktion läßt sich der Bereich der Dienstleistungen auch nicht positiv auf einen Nenner bringen, insofern sie eben — wie ihr Begriff schon andeutet — schlechthin alles betreffen können, was eine Gesellschaft als nichtgüterproduzierende Arbeit des einen zum Nutzen des anderen organisiert und praktisch anerkennt bzw. honoriert: ein Auto wird instandgesetzt, ein Herzkranker geheilt und Einbrecher festgenommen, ein Supermarkt verkauft Schlauchboote und ein Standesbeamter schließt Ehen, die Straßenbahn befördert und das Hotel beherbergt Leute, eine Sekretärin stenografiert und eine Hausfrau kocht, der Pfarrer predigt und der Soldat tötet, der Lehrer lehrt und der Forscher forscht... Tertiärer und quartärer Sektor umfassen bei uns vor allem die größeren Gebiete von Handwerk, Handel, Verkehr und Staat, Versicherungs- und Gesundheitswesen, Erziehung, Schule und Wissenschaft, Kunst und Publizistik, Beherbergungs- und Gaststättenwesen, Sport, Unterhaltungsgewerbe und private Haushalte. Dabei sind heute für die Dienstleistungen mindestens sechs Qualitäten bzw. Tendenzen charakteristisch: 1. mischen sich in ihren Sektoren öffentliche und private Wirtschaft erheblich stärker als im Bereich der Produktion (weil der Staat zunächst einmal konstitutiv aus ›öffentlichem Dienst‹ besteht) — bei der nicht unwichtigen Konstellation, dass öffentliche und private Initiative oft miteinander konkurrieren (was u.a. einen Druck zur schleichenden Privatisierung öffentlicher Dienstleistungs-Betriebe mit sich bringt). 2. nimmt in den hochindustrialisierten Ländern (und vor allem in deren Großstädten) die Ausdehnung und wirtschaftliche Bedeutung des Dienstleistungs-Sektors stetig zu — was sowohl mit dem unaufhaltsamen Anwachsen von Administrierung und Bürokratisierung wie auch insbesondere mit einem durch steigende Automatisierung gekennzeichneten Stand der Produktivkraft-Entwicklung zu tun hat (und nicht zuletzt einer Art internationaler Arbeitsteilung, d.h. indirekt der Ausbeutung anderer Nationen, zu verdanken ist). 3. gehen zwar Produktion und Dienstleistung (wie bei der Verpackung von Waren im Großhandel, der journalistischen Vorbereitung von Zeitungen oder beim häuslichen Kochen) vielfältig ineinander über — lagerfähig aber ist dennoch nie die aktuale Dienstleistung, sondern allenfalls ihr materielles Substrat. 4. bleibt der Kapitalisierbarkeit von Dienstleistungen aufgrund ihrer häufig für die konkrete Interaktion konstitutiven leibhaftigen Gegenwart von Arbeitendem wie Bedientem eine schwerer als in der Produktion zu überwindende Grenze gesetzt. 5. beruhen viele Dienstleistungen nicht nur auf der gleichzeitigen Präsenz von Dientleistenden und Bedienten (wie auf der Behörde oder beim Friseur), sondern es ist bei der konkreten Arbeit auch die Beteiligung von Persönlichkeits-Eigenschaften beiderseits einkalkuliert, ja unentbehrlich. 6. schliesslich fallen bei der Dienstleistung oft die Arbeitszeit der einen (der Dienstleistender) und die Reproduktions- oder freie Zeit der anderen (der Bedienten) zusammen — was insbesondere im Hinblick auf die dabei sich vollziehende Kommunikation zu eigenartigen Überlagerungen und Widersprüchen führt.[10]

Wo Dienstleistungen auf der gleichzeitigen Gegenwart von Dienst verrichtender und Dienst in Anspruch nehmender Person beruhen (wie etwa bei der Prostituierten und ihrem Kunden) oder die Arbeit des einen — z.B. im Auftrag bzw. ›Dienst‹ der Gesellschaft (wie etwa in Schulen und Gefängnissen) — sich an Dritten vollzieht, da schließt diese Leistung des Diensts eine Beteiligung von Persönlichkeits-Eigenschaften an der arbeitsmäßig gegebenen Verkehrsform substantiell ein: die Höflichkeit des Kellners, der Charme der Vorzimmerdame, der Gehorsam des Soldaten, die Staatstreue des Richters, die Seriosität des Arztes, die Launigkeit des Showstars, die Fairness des Sportlers, die Diplomatie des Politikers — all diese Haltungen und Talente sind kommerzielle oder positionelle Anforderungen, die über den handwerklichen, technischen oder wissensmäßigen Kern der jeweiligen Berufs-Qualifikationen indefinit hinausgehen und zugleich doch von Kunden oder Klienten, Vorgesetzten bzw. Untergebenen stillschweigend erwartet werden. Für viele Dienstleistungen, besonders im Kapitalismus, ist dementsprechend charakteristisch eine partielle oder tendenzielle Verschränkung von ***Verdinglichung und Personalisierung*** — d.h. zum einen eine Veräußerung und Veräußerlichung persönlicher

Seiten und Dispositionen dergestalt, daß sie wie Dinge mit ver- und gekauft werden können, zum anderen eine oft sublime Überformung und Belebung entfremdeter Arbeits- bzw. Geschäftsbeziehungen (nüchterner Transaktionen und reiner Amtshandlungen) durch die Einbeziehung von Charakter-Eigenschaften.[11]

Die aus Produktion und Dienstleistungen bestehende gesellschaftliche Arbeit beschäftigt den größten Teil der erwerbstätigen Bevölkerung dieses Landes im entscheidenden Teil des Tages und ihres Lebens. Die Beanspruchung der Menschen während dieser Arbeitszeit wirkt sich dergestalt aus, daß die meisten von ihnen ihre (im Hinblick auf Erwerbstätigkeit) arbeitsfreie Zeit ganz überwiegend zur ***Reproduktion*** brauchen — d.h. zur physischen, psychischen und bewußtseinsmäßigen Wiederherstellung bzw. Erholung. Insbesondere im Kapitalismus und vor allem für die Arbeiter — aber auch für viele den Mittelschichten zuzurechnenden Leute — bestimmt dabei ein innerer Zusammenhang von Ausbeutung und Entfremdung (wie er die Tätigkeit am außerhäuslichen Arbeitsplatz beherrscht) auch die Funktion und die Erfahrung ihrer übrigen Lebenszeit: die Mittagspause, der tägliche Feierabend, das arbeitsfreie Wochenende und der jahreszeitliche oder jährliche Urlaub fungieren — und funktionieren — primär als Zeiten des Verschnaufens und Entspannens von einer vor allem als Belastung empfundenen Arbeit bzw. als Momente der Sammlung, Produktion neuer Kraft für ihre als Zumutung wirkenden Anforderungen. Damit verquickt ist das Bedürfnis, dieser Reproduktions-Sphäre und ihren sachlichen bzw. räumlich-zeitlichen Kristallisationspunkten — der Familie, der Liebe, dem Hobby, dem Fernsehen oder Kino, dem Ferien-Abenteuer und dem Sport usw. — jene unentfremdeten, Freiheit, Selbstverwirklichung oder Wahrhaftigkeit gewährenden Beziehungen und Erlebnisse abzugewinnen, die in der Arbeit unbefriedigt bleiben. Nicht nur aber setzen sich entgegen solcher Hoffnung die in der Produktionssphäre (als Dienstleistungen umfassendem Bereich) tief begründeten gesellschaftlichen Grundwidersprüche in der Reproduktionssphäre fort; für die meisten Menschen erfordert sie auch noch viele weitere Leistungen von notwendiger Arbeit, ja es besteht dieser Bereich für viele sogar vor allem aus Arbeit. Dabei erscheint durchaus als kennzeichnend für unsere Gesellschaftsordnung, daß gerade diese umfassenden, noch immer fast ausschließlich von Hausfrauen und

Müttern besorgten Dienstleistungen — Austragung, Aufziehung und Erziehung der Kinder, Einkauf und Zubereitung der Nahrungsmittel, Instandhaltung von Wohnung und Kleidung u.dgl. — als gesellschaftlich notwendige Arbeit noch kaum allgemein anerkannt werden. Vielmehr läßt die herrschende Ideologie den politisch-ökonomischen Charakter der hier zu besorgenden Aufgaben hinter einer nach Recht und Gesellungsweise als ›privat‹ tradierten Sphäre verschwinden und macht die eindeutigen Merkmale von Arbeit bei vielen dieser Tätigkeiten in den Zügen von Freiwilligkeit und Befriedigung, hinter ihren individuellen und kommunikativen Seiten verschwimmen. Auch wären von einer jenseits der Erwerbstätigkeit ›freien‹ Zeit noch viele Aufwendungen — wie für Fahrten zur und von der Arbeit, für Selbstverwaltung, eigene Gesundheitsfürsorge u. dgl. — abzuziehen, bevor man die wirklich zwischen ›Produktion‹ (im umfassenden Sinn) und materieller Reproduktion noch übrigbleibende Zeit abzuschätzen vermag; für Massen von Menschen jedenfalls kann sie — der Stilisierung zu ›Freizeit‹ (im Sinn eines Leitwerts von jenseits der Arbeit wachsender Freiheit) zutrotz — nur als entfremdete Pause in entfremdeter Arbeit existieren. Darüberhinaus entwickelt sich gerade diese Sphäre tatsächlich relativ größerer individueller Freiheit wiederum zu einer verstärkten gesellschaftlichen Zwangs — nämlich zum Kauf und Konsum des universellen Waren- und Dienstleistungs-Angebots sowie zur Manipulation durch die Bewußtseins- und Sinnlichkeits-Prägung der Massenmedien.[12]

Wer aber versieht nun die solchermaßen weitgehend privatisierte gesellschaftliche Arbeit und inwieweit partizipieren die Mitglieder einer kapitalistischen Gesellschaft an deren Reichtum, am allgemeinen Budget an freier Zeit, an Bildung, Kultur und Luxus? Maßgeblich dafür ist eine gesellschaftliche Herrschaft, die sich nicht allein durch die direkt oder indirekt vom Kapital bestimmte Macht konstituiert — vielmehr ist die besondere Herrschaft von Menschen über andere historisch vielfältig bedingt von ihrer Zugehörigkeit zu einer spezifischen Konfession oder Religion, einer Rasse, einem Geschlecht, einer Sprache oder Kultur und anderen sozialen Dispositionen. Für den hier zu behandelnden Zusammenhang ist es dabei zunächst einmal wichtig und hinreichend, die Gesellschafts-Mitglieder nach ihrer Stellung in der Arbeit zu klassifizieren. Die BRD wird hier als ein Gemeinwesen begriffen, für dessen Individuen die vor allem ökonomisch bestimmte Zugehörigkeit zu einer der großen ***sozialen Klassen*** allgemein lebensprägend erscheint. Gerade eine solche Klassenbestimmung aber fällt heute hier nicht mehr so leicht: die simple Gegenüberstellung von Bourgeoisie und Proletariat genügt nicht mehr zur Erklärung politisch-ökonomischer Gesetzmäßigkeiten in einem historischen Stadium, in dem lohnabhängige Manager Monopole befehligen und Facharbeiter Aktienbesitzer werden, Gewerkschaften als kapitalistische Großunternehmer auftreten und akademische Spezialkräfte wie Ärzte, Lehrer oder Architekten sich zum traditionellen Arbeitslosen-Heer der unqualifizierten Handarbeiter gesellen müssen. Und auch Tendenzen wie die zur verstärkten Abhängigkeit ganzer ›armer‹ Kontinente oder Länder von den sie ausbeutenden Nationen oder zur rapiden Verfeinerung der Manipulation von Bewußtsein, Sinnlichkeit und Psyche bedürfen einer modulierenden Einbeziehung in das überkommene Klassen-Modell.[13]

Auszugehen ist aber zunächst durchaus von einer Gegenüberstellung derer, die den gesellschaftlichen Reichtum hauptsächlich arbeitend schaffen — mit denen, die damit ihr kapitalistisches Geschäft machen: sie verkörpern jenen elementaren ***Klassen-Antagonismus***, der auch die nunmehr abgefeimter und komplizierter gewordenen politisch-ökonomischen Widersprüche grundlegend durchwirkt. Die eine Klasse, die der Kapitalisten, besteht dabei aus den Eigentümern gesellschaftlicher Produktionsmittel und insbesondere von Kapital — womit sie fremde Arbeitskraft ausbeuten, indem sie sich einen Teil der durch diese erzeugten Werte zum Zweck der Verwertung entschädigungslos aneignen; einem zwangsläufig flexiblen Bestimmungsmerkmal gemäß ist dieser Prozeß allerdings als kapitalistisch nur dort anzusehen, wo er sich auf einem bestimmten relativen Niveau der Mehrwert-Produktion — d.h. des quantitativen Einsatzes von Arbeitskraft und Kapital — entwickelt. Die Arbeiter bilden dann die große dem Kapital entgegengesetzte — dieses wie sich selbst durch die Produktion der (im weiteren Sinn) Lebensmittel hervorbringende — andere Hauptklasse. Dabei ist es aber nur ein Teil von ihnen, der jenen für den Kapitalisten konstitutiven Mehrwert unmittelbar schafft — die sog. produktiven Arbeiter; den ›unproduktiven‹ Arbeitern ist demgegenüber gemein, daß ihre Arbeit nicht unmittelbar gegen Kapital sich austauscht, sondern aus der ›Revenue‹ (d.h. den Einkommen und Steuern) bzw. innerhalb der ›Zirkulation‹ (des Waren- und Kapital-Umschlags) bezahlt wird — wodurch sich eine Sorte von Arbeitern konstituiert, deren Übergang zu einer höheren sozialen Klasse bzw. Schicht bereits fließend ist.[14]

Zwischen Arbeitern und Kapitalisten steht und bewegt sich — schon ökonomisch gesehen kaum genau, vollends aber nach Lebensweise und Bewußtsein schwerlich zu bestimmen — eine Masse von Erwerbstätigen, die durch dauernden Wechsel von Abgang und Zuwachs mit jenen beiden anderen Klassen verbunden ist, als deren Kitt und Dämpfstoff sie sich zugleich hält: die der ***Mittelschichten***. Sie — die hier ohne prinzipielle Infragestellung ihrer vollen Integration in eine kapitalistische Klassengesellschaft doch zunächst in ihrem metaphorisch relativierenden Plural zitiert werden sollen, damit ihre graduellen Unterschiede gegenüber den beiden sozialen Hauptklassen betont bleiben — setzen sich aus höchst ungleichartigen Gruppen von Menschen zusammen: 1. aus den ihrer Arbeitskraft nach qualifizierteren Nicht-Eigentümern von Produktionsmitteln, die bei Kapitalisten bzw. ›beim Kapital‹ beschäftigt sind (also den traditionellerweise privilegierten ›besseren‹ Arbeitern, insbesondere in ihrer arbeitsrechtlichen und positionellen Begünstigung als ›Angestellte‹) — 2. aus den selbständigen, der Größenordnung oder Betriebspraxis nach, nichtkapitalistischen Warenproduzenten und Dienstleistenden (vom Zeitungshändler über Handelsvertreter, niedergelassenen Arzt, Schriftsteller und Prostituierte bis hin zum Kleinbauern) — 3. aus allen beim Staat (Stadt, Land usw.) oder den von ihm kontrollierten Institutionen tätigen Personen (vom Bahnbeamten bis zum Bundeskanzler und vom Hochschullehrer bis zum Opernsänger) — und 4. aus den von Privatleuten oder Verbänden und dgl. in abhängiger Stellung beschäftigten Dienstleistenden (vom Villengärtner bis zum Gewerkschafts-Funktionär und vom Erzbischof bis zur Hauswartsfrau). Mit dem Kern der Arbeiter-Klasse teilen diese Mittelschichts-Erwerbstätigen dabei in ihrer Mehrheit die Beschränktheit ihres Zugangs zu den gesellschaftlichen Produktionsmitteln, mit der Klasse der Kapitalisten ist eine Minderheit unter ihnen durch ihre verhältnismäßig freizügige Verfügung über ihre besondere Arbeitskraft — sei's durch bessere Qualifikation, sei's durch höhere Position (oder beides) — verwandt. In ihrer Arbeit als solcher jedch kommen die Mittelschichten mit dem Kapital im wesentlichen überhaupt nur in einer kleinen Teilgruppe — nämlich als Naturwissenschaftler, Ingenieure, Planer usw. — unmittelbar in Berührung. Mit ihren ökonomischen Formbestimmtheiten hängt es zusammen, daß die Mittelschichten faktisch meist mehr mit dem Dienstleistungs-Sektor als mit der Produktion direkt zu tun haben: nicht-körperliche Arbeit ist im Durchschnitt sowohl der Ausbildung nach anspruchsvoller wie auch in ihrem Vollzug meist angenehmer, ja häufig schöpferischer als physische — und fast ausschließlich als Dienstleistung organisiert.[15]

Betrachtet man die Mittelschichten qualitativ näher, so ragen aus ihnen vier Gruppen heraus, deren Umfang sich freilich — der ihnen zugrundeliegenden höchst unterschiedlichen Bestimmungs-Kategorien wegen — vielfach überschneidet: die sog. Intelligenz, die Beamten, die Angestellten und der sog. Mittelstand (im engeren Sinn). Als ***Intelligenz*** werden hier diejenigen Mitglieder der Gesellschaft verstanden, deren Erwerbstätigkeit wesentlich auf Bewußtsein, Reflexionsvermögen, Sprach-und Vorstellungskraft und dgl. — eben ›Intelligenz‹ (ungeachtet des Niveaus) als Arbeitskraft gegründet ist. Die meisten Wissenschaftler, Lehrer, Juristen, Verwaltungsleute, Funktionäre, Politiker und Strategen etwa stehen im Dienste des Staats und ihm verwandter Körperschaften oder Verbände. Die meisten Künstler, Literaten, Journalisten und dgl. sind — formell betrachtet — kleine selbständige nichtkapitalistische Unternehmer oder angestellte bzw. ›arbeitnehmerähnliche‹ Beschäftigte von öffentlichen Institutionen (wie Theatern und Fernseh-Anstalten) oder privatwirtschaftlichen Betrieben (wie Presse- und Verlags-Unternehmen). Die meisten technisch-wissenschaftlichen, planerischen und ökonomischen Fachleute sitzen (außer beim Staat) in den Großraum-Labors der Industrie, in den Abteilungsleitungen und Chefetagen der Konzerne, in den Direktionen und Personalbüros der Fabriken: so die forschenden, konstruierenden und experimentierenden Naturwissenschaftler und Ingenieure, so die kalkulierenden und disponierenden Manager und Prokuristen, so auch die entwerfenden und vermessenden Techniker, Displayer und Planer. Rechtsanwälte, Finanz- und Werbefachleute, Ärzte, Apotheker und Architekten — dergleichen oft selbständig (oder in kleineren Betrieben) ausgeübte Berufe bilden den bunten Rest. Von eben jenen ›Selbständigen‹ (und insbesondere den kapitalistisch wirtschaftenden unter ihnen) sind die ***Angestellten*** und ***Beamten*** ebenso geschieden wie von den Arbeitern: von jenen durch ihren vertraglichen Verkauf der eigenen Arbeitskraft — von diesen durch prinzipielle arbeitsrechtliche und materielle Vorteile sowie häufig durch leichtere bzw. qualifiziertere Tätigkeiten. Dergestalt stellen beide Arten — im Verbund von Sachbearbeiter, Sekretärin und Abteilungsleiter beispielhaft verkörpert — maßgebliche Phänotypen von ›Arbeitnehmer‹ in unserem Jahrhundert dar. Politisch bedeutsam sind die spezifischen Einstellungen, die diese Mittelschichts-Gruppe im Zusammenhang mit ihrer (gegenüber den Arbeitern) formellen und materiellen Vorrangstellung zu ihrer Arbeit, zu ihrem ›Arbeitgeber‹, ja zum Gesellschaftssystem überhaupt persönlich und traditionell entwickelt. Und nicht zufällig wird ihr erheblicher Anteil an den Erwerbstätigen in der BRD außer durch die (arbeitende Abhängige aller Kategorien vereinigende) Gesamt-Gewerkschaft des DGB noch speziell durch einflußreiche Standes-Organisationen — Beamtenbund und DAG — in ihren ökonomisch-sozialen Belangen vertreten. Für den ***Mittelstand*** schließlich — im engeren Sinn der sog. kleinen Selbständigen (also der kleinen Gewerbetreibenden und Unternehmer) — erscheint zunächst einmal kennzeichnend, daß seine Geschäfte auf einem kapitalistisch gesehen nicht relevanten finanziellen und personellen Niveau stattfinden. Für den historischen Kern dieser Gruppe, den ›alten‹ Mittelstand traditioneller Handwerker und Einzelhandels-Kaufleute (von Bäcker und Metzger bis zu Gastwirt und Gemischtwaren-Händler), ergeben sich aus dieser — historisch neuen — ökonomischen Mittelstellung zwischen großem Kapital und bloßer Lohnarbeit beispielhaft die Grundprobleme (und Einstellungs-Tendenzen) einer konstitutiv unsicheren Existenz; sieht man vom Konflikt mit der Tradition ab, so scheint die wirtschaftliche Bedrohung auch für die vielen Vertreter moderner Gewerbe und Geschäfte maßgeblich, die sich ohne Fesselung durch familiär-traditionale oder geografisch-lokale Bindungen (z.B. in Büros und Kanzleien, mit Antiquitäten, Reisevermittlung oder Mode) selbständig zu behaupten suchen.[16]

Betrachtet man nun die gesellschaftlichen Individuen über ihre ökonomische Stellung hinaus im ganzen Ensemble ihrer Denk- und Verhaltensweisen, ihrer Einstellungen und Verkehrsformen, ihrer materiellen Ausstattungen und spirituellen Wertorientierungen, ihrer sprachlichen, politischen oder kulturellen Gepflogenheiten, kurz: in ihrem gesamten praktischen Lebenszusammenhang — so reicht allerdings auch eine solche Aufblätterung jener formellen Klassenbestimmung nicht aus. Herkömmlicherweise wird mit dem Leitmotiv des ***Bürgerlichen*** diesbezüglich eine Ausdrucksebene betreten, auf der Bewußtsein und Verhalten, Arbeitsalltag und Privatleben, Ökonomie und Psyche zugleich assoziiert sind. ›Bürger‹ — das sind auf der historischen Stufe ihrer sozialen Machtergreifung und ihres politischen Aufbegehrens in erster Linie die Fabrikanten, Bankiers und Grundbesitzer, die Kaufleute, Aktionäre und zünftischen Handwerksmeister. Spätestens seit der Mitte des 18. Jahrhunderts bildet diese durch ihr Arbeits- und Kapitalverhältnis definierte Klasse in Deutschland (wie schon zuvor in anderen mitteleuropäischen Ländern) den materiellen Kern der Bourgeoisie: mit der Entfaltung der warenproduzierenden Gesellschaft sind es hier die Produktionsmittel-Eigentümer im allgemeinen und die des Kapitals im besonderen, die faktisch die gesellschaftliche Macht an sich zu ziehen beginnen (bis sie, spät, auch die politische gewinnen). ›Bürger‹ — das können aber auch (und wollen, ja müssen) in der Aufstiegsphase der Bourgeoisie die um sie organisatorisch bis ideologisch bekümmerten Vertreter ihrer wichtigsten, insbesondere öffentlichen Dienstleistungen sein: Richter, Staatsmänner, Geistliche, Gelehrte, Offiziere und höhere Beamte gehören selbstverständlich zu einem Bürgertum, dessen Träger untrennbar durch Bildung und Besitz definiert sein müssen. Die gesellschaftsgeschichtlichen Bedingungen der frühbürgerlichen Phase gewähren nur dem mit Wahrscheinlichkeit Zugang zu Bildung, der über Besitz verfügt, und erlauben umgekehrt dem Gebildeten Zugang zum Besitz — indes die bürgerliche Ideologie das Prinzip idealisiert, das es jedermann erlaube, Bürger zu werden.[17]

Bürger sein bedeutet in der bürgerlichen Gesellschaft einen historischen Zeitraum lang klar Partizipation an gesellschaftlicher Macht und Geltung, an Status und Ruf, an Privilegien und Beziehungen, an Eigentum, Sicherheit und Aufstieg, an Bildung und Kultur. Bürger in diesem Sinn aber ist man — anders als etwa der bloß materiell Begüterte oder der nominelle Staats-Bürger — letztlich nur kraft wechselseitiger Anerkennung: allein indem Bürger einander als Bürger anerkennen, sind sie es auch und konstituiert sich das Bürgertum. Wert, Rang und Würde des Bürgers verkörpern sich in Ideen, Normen und Prinzipien, wie sie vor allem den historisch-konkreten Erfordernissen und Ergebnissen einer frühen kapitalistischen Praxis und ihrer Konfrontation mit einem abgewirtschafteten Feudalsystem entstammen — um sich dann vielfach verselbständigt fortzuerben: Fleiß, Leistung und Sparsamkeit, Regelmaß, Rechenhaftigkeit und Vernunft, Besonnenheit und Mäßigkeit, Gesittung und Bildung, Ehrbarkeit, Gediegenheit, Erfolg und Wohlstand, Gemütlichkeit, Innerlichkeit und Familiensinn, Monogamie und Patriarchalität — auf der Grundlage dieses in Religion, Kunst und Philosophie vielgestaltig enthaltenen, oft auch durch sie propagierten Katalogs von bürgerlichen Tugenden werden Arbeit, Lebensweise und Stellung des einzelnen Staatsbürgers durch den Bürger bewertet. Eben diese Werte sind es auch, die historisch zu Symbolen von Bürgerlichkeit avancieren (wenn man ›Symbolik‹ zunächst einmal nur als transitorisches Stadium zwischen unwillkürlichem Ausdruck und klischierter Demonstration versteht). Weniger ›Repräsentation‹ als eher nur verhältnismäßig nüchterne (Selbst-)Darstellung einer ja ihrerseits gegen hohle Repräsentation historisch angetretenen Klasse — entfaltet sich der Zusammenhang von Ausdifferenzierung, Bekräftigung und Veranschaulichung bürgerlicher Werte in der Wechselbeziehung eben der beiden Sphären, die den bürgerlichen Kosmos überhaupt konstituiert: der von ***Privatheit und Öffentlichkeit.*** In materiellen und spirituellen, individuellen und kollektiven Einrichtungen, Beziehungen, Gegenständen, Eigenschaften und Verkehrsformen nimmt so die deutsche bürgerliche Gesellschaft erst Gestalt an: so in Gesellungs-, Siedlungs- und Wohnweisen, in Einrichtungs-, Ernährungs- und Kleidungsnormen, in den Formen des schreibenden, disputierenden oder geschäftlichen Umgangs, in Riten und Konventionen betrieblicher, familiärer und psychosexueller Beziehungen, in Kirche, Presse, Theater oder Verein ebenso wie in Familie, Freundschaft oder Liebe. Über diesem doppelten Brennpunkt der öffentlichen und der privaten Sphäre entfaltet sich historisch das Leben der bürgerlichen Gesellschaft und erst der Analyse ihres Alltags enthüllt sich vollends Kultur- als Klassengeschichte.[18]

Die Zwiefältigkeit, ja Zwiespältigkeit des Lebens in der bürgerlichen Gesellschaft hat auch den Gebrauch eben jenes Begriffs entscheidend geprägt, der auf die anschauliche Darstellung, Bekräftigung und — Herstellung ihrer Verkehrsformen am umfassendsten reflektiert: ***Kultur.*** Einmal nämlich — und praktisch ausschließlich rückwärts gewandt — bezeichnet ***Kultur*** heute bei uns das gesellschaftsgeschichtlich jeweils spezifische System einer ganzen sozialen Lebensweise; zum anderen — in einem engeren Sinn, der in Beziehung auf unsere eigene, gegenwärtige Gesellschaft fast ebenso ausschließlich gemeint ist — gelten als ›Kultur‹ ein bestimmter Bereich und seine gegenständlichen bis veranstaltungsmäßigen Manifestationen, insofern sie mit immateriellen (›höheren‹) Werten und deren Pflege bzw. Feier durch Kunst, Geist, Elite und dgl. zu tun haben. Gemeinsam aber ist diesem unterschiedlichen Begriffsumfang eine — nur graduell unterschiedliche — Loslösung des bezeichneten Gegenstandsbereichs von der je konkreten historischen Gesellschaftsordnung (besonders im Hinblick auf die ›Produktionsverhältnisse‹) und eine mindestens latente Neigung, jenseits der Sphäre der Arbeit und ihrer Notwendigkeiten, Widersprüche und Inhumanitäten sinnfällige Demonstrationen besonderer Menschlichkeit, Persönlichkeit bzw. Einmaligkeit und Allgemeingültigkeit zu suchen oder zu präsentieren. Was dabei als ›Kultur‹ anerkannt und gepflegt wird, hängt — da heute beispielsweise gerade auch kulturelle Normen wesentlich durch das staatlich gelenkte Schulwesen oder einen staatlich kontrollierten Kunstbetrieb vermittelt werden — selbstverständlich entscheidend von der politisch herrschenden Klasse ab: ganz allgemein entwickeln soziale Klassen auch unterschiedliche kulturelle Standards, konstituieren sich nicht unwesentlich in Bereichen und Erzeugnissen, die als ›Kultur‹ ausgrenzbar erscheinen — ja demonstrieren, je nach ihrer gesellschaftlichen Macht, ihre spezifische Klassendifferenz gerade (auch) kulturell. In einer Klassengesellschaft bildet sich Kultur schlüssigerweise wesentlich als Klassenkultur aus — wobei sie, etwa im Interesse einer Suggestion ihrer eigenen Klassenlosigkeit, sich durchaus Elemente anderer Klassenkulturen anverwandeln und die kulturellen Standards verschiedener sozialer Klassen nivellieren kann. Nicht nur hat so das deutsche Bürgertum seine spezifische Kultur auf historischen Boden gepflanzt und dabei sakrale wie profane, höfische wie bäuerliche, antike wie ausländische Kulturen angeeignet, integriert, geplündert, bekämpft und ausgerottet. Vor allem in der zweiten Hälfte des 19. Jahrhunderts, nach dem Scheitern des letzten bürgerlichen

Revolutions-Versuchs in Deutschland, vollzieht sich die Etablierung und Institutionalisierung einer bourgeoisen Klassenkultur, deren Orientierung nunmehr wesentlich durch eine klare Abgrenzung gegen die Unterklasse geprägt ist.[19]

Eine Epoche lang hatte die praktische Konstruktion von (im umfassenden Sinn) bürgerlicher Kultur über dem doppelten Brennpunkt von Privatheit und Öffentlichkeit den Zusammenhang einer Klasse befestigt, die das ungleichrangige Paar ihrer Zugehörigkeits-Kriterien — ›Besitz‹ und ›Bildung‹ — entweder durch Personalunion oder durch das Zweckbündnis verwandter Interessengruppen zusammenschweißen mußte. Für beide Bedingungen haben sich die Voraussetzungen in dem Jahrhundert deutscher Geschichte, das zwischen der versuchten Revolution von 1848 und dem 1945 besiegelten Ende der faschistischen Reaktion liegt, fundamental verändert. Der in entscheidenden Belangen spätestens im Kaiserreich erfolglos steckengebliebene Kampf der Bourgeoisie um die Emanzipation von den alten Gewalten — die Verschärfung des Klassengegensatzes zu einem gesellschaftlich exkommunizierten Proletariat im wilhelminischen Imperialismus bis hin zum Weltkrieg — die laue bis feindliche Haltung des Bürgertums zur ersten Republik und seine Verkettung in den Faschismus...: all das bezeichnet Phasen einer bürgerlichen Klassengeschichte, in denen die deutsche Bourgeoisie sich ohnehin immer weiter um ihre Existenz brachte. Vor allem aber haben sich die Gesetzmäßigkeiten der ökonomischen Entwicklung im Kapitalismus nachhaltig beschleunigend auf den Zerfallsprozeß des Bürgertums ausgewirkt. Nicht nur verschwindet angesichts der Konzentration der Kapitale und der Verwissenschaftlichung der Produktion die patriarchalische Unternehmer-Persönlichkeit hinter anonymen Managern und Kapitalgesellschaften bzw. es ging der Schicht der kleinen Unternehmer und Gewerbetreibenden fast jegliches gesellschaftliche Gewicht verloren — auch haben sprunghafte welthistorische Veränderungen wie die durch die Katastrophen der beiden Weltkriege die fragile Kontinuität jener Klasse vollends zerstört. Darüberhinaus fehlt bei uns der Konstituierung des Bürgertums als Klasse heute weitgehend die kulturelle Präsentation seines naturwüchsigen Widerparts: die förmliche Zerschlagung und substanzielle Vernichtung der kommunistischen Bewegung durch den deutschen Faschismus und ihre (propagandistisch geschickt verstärkte) Diskreditierung durch stalinistische Parteibürokratien haben proletarischer Identität in der BRD heute fast jegliche Tradition und selbstverständliche Artikulation geraubt. Die dank der gewerkschaftlichen Schlichtung von Klassen-Antagonismen immerhin nicht allzu schwierige Befriedung weiter Teile der Arbeiterschaft (etwa durch eigentumsideologische Beschwichtigungs-Strategien, Konditionierung auf Konsum-Standard und dgl.) läßt die Dominanz einer auf ›***Sozialpartnerschaft***‹ gegründeten Gesellschaftspolitik nicht als überraschendes Zwischen-Resultat der jüngeren deutschen Geschichte erscheinen.[20]

Die der Ideologie der ›Sozialpartnerschaft‹ entsprechende politische Praxis einer Abschwächung des elementaren kapitalistischen Klassen-Antagonismus' in der BRD fällt mit ökonomisch bedingten Veränderungen im Klassengefüge zusammen, deren eines Ergebnis die permanente Verbreiterung und Vereinfachung der Mittelschichten darstellt. Einmal verringert sich unter dem steten Druck von Kapitalbewegungen der Anteil von ›Selbständigen‹ an der erwerbstätigen Bevölkerung kontinuierlich zugunsten einer Vermehrung der Angestellten-Quote; zum anderen ist vor allem in der westdeutschen Nachkriegs-Entwicklung ein mehrschichtiger Transformations-Prozeß zu beobachten, in dem Arbeiter — bei einer gleichbleibenden oder auch durch Automation ohne wesentlichen Qualifikationsgewinn veränderten Tätigkeit — formell in den Status von Angestellten angehoben werden (eine im übrigen durch die Funktion der ›Reservearmee‹ ausländischer Arbeitsemigranten noch irreführend verstärkte Suggestion von Entproletarisierung). Im Zusammenhang damit wächst — wie sich etwa am zahlenmäßig nicht so bedeutsamen Beispiel vieler vormals nur oder doch wesentlich auch ›freischaffend‹ praktizierter ›Intelligenz‹-Berufe (Künstler, Architekten, Journalisten u.a.) zeigen ließe allgemein der Zwang oder die Neigung zur ›Arbeitnehmer-‹ und ›arbeitnehmerähnlichen‹ Position im Erwerbsleben; daß aus so stark statusorientierten Laufbahnen wie denen in Schule und Hochschule, Militär oder Kirche sich mittlerweile Berufsbilder herauskristallisiert haben, mit denen die Auffassung entsprechender Arbeiten als von koalitionsberechtigten Erwerbstätigkeiten und tariffähigen ›Jobs‹ durchaus vereinbar scheint — läßt sich als Ausdruck eines Grundzugs zur ***Zweckrationalität*** interpretieren, wie er heute den gesellschaftsgeschichtlich längst abgerissenen Konsens einer Klasse über Sinndimensionen der Gesellschaftsordnung mehr und mehr ersetzt.[21]

Die reale gesellschaftliche Tendenz zur Nivellierung des Antagonismus' zwischen den beiden großen ökonomischen Klassen ist hierzulande besonders stark und wird aus politischem Interesse von oben noch vielfach verstärkt. Betrachtet man insbesondere die Verkehrsformen und Einstellungen des sozialen Durchschnitts oder die von Vertretern der an sich konträren Klassen, so kann man heute die Ausbreitung von Manifestationen eines Lebenszusammenhangs feststellen, der gängigerweise als ***kleinbürgerlich*** bezeichnet wird. Freilich darf man sich von diesem Begriff keineswegs erwarten, daß er die Komplexität des Gegenstands, den er — mehr etikettierend als erklärend — anspricht, (im bekannten Doppelsinn) aufhebt. Weniger noch als der Begriff des ›Bürgerlichen‹, der selbst schon ökonomisch Definierbares und ideologisch-habituell Indefinites schillernd zusammenspannt, kann eine von seinem Bedeutungsfeld wiederum abhängige Kategorie umfassende Klassifizierungskraft erheischen. Vielmehr ist die begrenzte Brauchbarkeit der verbreiteten Qualifizierung überhaupt nur — aber gerade eben — dort zu erwarten, wo damit praktische wie bewußtseinsmäßige Tendenzen, Erscheinungen und Manifestationen von Individuen und Institutionen gekennzeichnet werden. Denn freilich richtet sich der Kern des Wortes mit seiner leicht herabsetzenden Diminutiv-Beziehung auf den ›wirklichen‹ (den ›großen‹ oder gar ›Groß-‹) Bürger erkennbar polemisch auf die Mittelschichten als seine Klassen-Nachbarn; aber weder angesichts der historisch und sachlich changierenden Färbungen dieses Attributs noch insbesondere im Hinblick auf die Vielgestaltigkeit und widersprüchliche Mobilität der Mittelschichten erscheint es sinnvoll, die Bestimmung von Merkmalen der ›Kleinbürgerlichkeit‹ mit der Vorstellung zu belasten, als ließe sich ›das‹ Kleinbürgertum als Klasse oder ›der‹ Kleinbürger als Person ausfindig machen. Geht man vielmehr von den Konflikten, Unvereinbarkeiten und Entfremdungen aus, wie sie sich aus dem politisch-ökonomischen Grundwiderspruch einer privaten Organisation der gesellschaftlichen Arbeit historisch ergeben haben, so lassen als ›kleinbürgerlich‹ sich eben die Lebensformen der Individuen bzw. Gruppen, Schichten oder Klassen begreifen, die der dauerhaften Einrichtung auf einer dazu prinzipiell ungeeigneten Grundlage dienen sollen und dabei vor allem — sei's aus Bequemlichkeit, Berechnung, Angst, Verdrängung oder Unwissen — an überkommenen und übernommenen Mustern orientiert sind. Vor allem die Indirektheit, mit der ihre Mitglieder von den Widersprüchen der Gesellschaftsordnung berührt werden — so etwa aufgrund rechtlicher Sicherung und Herrschafts-Partizipation (bei Angestellten oder Beamten), so auch etwa inanbetracht der Qualität von Arbeit (z.B. im Dienstleistungs-Sektor bzw. im Kunstbetrieb) — macht die Mittelschichten zum zentralen Medium kleinbürgerlicher Lebensweisen, Einstellungen und Einrichtungen. Hier insbesondere kreuzen sich die Wege von oben nach unten (und umgekehrt) — hier am ehesten kann man klassenlos über den Klassen, liberal zwischen Konservativen und Radikalen zu stehen meinen; hier mischt sich in das Hoffen auf den Aufstieg das Bangen vor dem Deklassement und hier macht der Blick auf das ›Höhere‹ schnell blind für die ›Niederungen‹. Hier ist aber auch nicht nur der historische Umschlagplatz für die Kognition und Reflexion der beiden gesellschaftlichen Hauptklassen gegeben, das soziale Lernfeld für Anpassungs-Strategien und Integrations-Muster — hier hat sich auch das Sozialisations-Klima ausgebildet, in dem die ästhetischen und analytischen Früchte einer praktischen Klassenkritik gedeihen. ›Kleinbürgertum‹ — durch nichts scheint es besser charakterisiert als durch seine vielfältige Einheit von Mittelmaß, Wankelmut und Doppelbödigkeit: ›kleinbürgerlich‹, das ist Duckmäusertum und Despotie, Exzeß und Knickrigkeit, Überanpassung und Amok, Pharisäertum und Orgie — ›kleinbürgerlich‹, das ist die entfremdete Heimischkeit des Privatlebens, die eingebildete Individualität, mit der das massenhaft Praktizierte als persönlich nachvollzogen, das vorgestanzte Leben mit eigenem Atem erfüllt wird. Das Anderssein im Dazugehören, die persönliche Note des Mitläufers, das Hin- und Hergerissensein zwischen ›weder-noch‹ und ›sowohl-als-auch‹ — all das drückt Menschen, Institutionen und Situationen gerade dort das Stigma der Klassengesellschaft auf, wo sie sich ihr möglichst konfliktlos entziehen wollen bzw. ihr virtuell entzogen werden sollen. Diese Qualität hat dem ›Kleinbürgerlichen‹ seinen historischen Ruf von Biederkeit, Kleinkariertheit, ja Spießigkeit von Einstellung und Lebenszuschnitt eingetragen; führt man das Schimpfwort aber über diese sozialpsychologische Dimension auf seine politisch-ökonomischen Grundlagen zurück, so kann man vielleicht auch eher begreifen, daß das Kleinbürger-Klischee nie jemanden ganz treffen — und anscheinend kaum jemand in dieser Gesellschaft heute von Spuren kleinbürgerlicher Lebensweise frei bleiben kann.[22]

Tatsächlich erstreckt sich das kleinbürgerliche Leben weder nur auf Haltungen und Einstellungen noch macht es etwa an den politisch-ökonomischen Grenzen der Mittelschichten halt. Selbst wenn sie wollten aber, könnten sich die antagonistischen Hauptklassen der Gesellschaft der offensichtlich in vieler Hinsicht auch faszinierenden Ausstrahlungskraft kleinbürgerlicher Lebens-, Denk- und Verhaltensweisen doch kaum entziehen. Gerade die Apparate und Medien, die Institutionen und Bereiche, in denen die wesentlichen Manifestationen gesellschaftlicher Selbstdarstellung in der BRD heute erzeugt und vorgestellt, die Geschmacksrichtungen, Stile, geistigen Strömungen und politischen Trends geformt und gelenkt (wenn nicht überhaupt ›gemacht‹) werden — sie gerade sind wiederum wesentlich Orte und Gegenstände der Arbeit und des hauptsächlichen Einflusses von Mitgliedern der Mittelschichten: Literatur, Kunst, Mode, Massenmedien, Design, Schulen, Wissenschaft, Tourismus, Architektur, Showgeschäft, Sport, Tanz, Presse, ja Politik selbst — ihre sämtlichen Entwürfe und Inspirationen, ihre Manifeste und Programme, ihre pädagogischen Impulse und werbenden Manipulationen werden geplant, gestaltet, bewerkstelligt und gemanagt von lauter Leuten mit der positionellen Affinität, der traditionellen Nähe und dem notorischen Hang zur Kleinbürgerei. Von fundamentaler Bedeutung ist dabei, daß und wie unter den zugespitzten Zwängen der Kapital-Bewegungen und dank einer in unserem Jahrhundert rapide vorangetriebenen Entfaltung von audiovisuellen, elektronischen, photochemischen und drucktechnischen Informations- und Kommunikations-Medien der für die Kapitalverwertung mitentscheidende Appell des Warenangebots an Wahrnehmung, Sinnlichkeit und Lust gewaltig zugenommen hat! Für das Kapital bietet sich hier die Mittelschichts-Orientierung als praktikabler Kompromiß zwischen den materiellen Möglichkeiten der als Konsumenten (›Verbraucher‹) unerläßlichen Massen — und der Notwendigkeit ihrer spirituell-habituellen Verlockung dar. Unterhaltungs-Elektronik, Warenästhetik und ›Freizeit‹-Technologie brechen so den traditionellen Bezirk der ›höheren‹ Kultur auf und münzen die Potenz der kleinbürgerlichen Grundhaltung — ökonomische Abhängigkeit und ideologische Anhänglichkeit inbezug auf herrschende Normen — in Kapitalinteressen um. Im Geist des Kleinbürgertums entsteht die moderne ***Kulturindustrie***. In ihren für Millionen berechneten Produktionen und Dienstleistungen von Massen-Fertigung oder Massen-Medien sowie in ihrer Besorgung von Transport- und Verkehrsformen nicht minder gewaltiger Massen verflachen nicht nur die Konturen verschiedener Klassen, sondern es lösen sich auch die Umrisse historisch oder ethnisch distinkter Kulturen im universellen Waren- und warenförmigen Angebot allmählich auf. War die bürgerliche Gesellschaft in der Phase ihrer Konstituierung dadurch gekennzeichnet, daß sie den Widerspruch zwischen dem ökonomischen Interesse einer Klasse und dem als berechtigt anerkannten Wunsch aller nach einem guten Leben als Trennung der Sphären von Kapital und Kultur programmatisch institutionalisierte und beide elitär verfolgte — so bringt die Spätphase dieses Systems in der unaufhaltsamen Kapitalisierung der Kultur, ihrer kapitalbezogenen Manipulation und ihrer medialen Massenproduktion nunmehr völlig neue Qualitäten jenes Widerspruches hervor; gerade auch an dieser Dynamik von alltäglicher Wirkung ist die Kritik der traditionellen Institutionen und Manifestationen von Kultur zu messen![23]

1.2 Begriffliche Voraussetzungen

Theater kann hier und heute zunächst dreierlei heißen: eine bestimmte Baulichkeit, eine Form von Verkehr zwischen Menschen und eine Art betrieblicher Einrichtung. Mindestens von einer dieser Seiten, häufig aber von allen dreien wird eine allgemeine Vorstellung sprachlich-gedanklich abgeleitet, wenn von ›dem‹ Theater die Rede ist (›das Theater soll unterhalten‹), von einer seiner besonderen Erscheinungsformen (wie dem deutschen Theater) oder auch von spektakulären bzw. imitatorischen Veranstaltungen (im übertragenen Sinn). In diesem Sinn soll Theater im Folgenden als Muster einer sozialen Einrichtung aufgefaßt werden, in deren Baulichkeiten jene noch zu erörternde Form von Verkehr stattfindet. Und zwar wird es als Typ von Institution verstanden, der in einzelnen konkreten Ausprägungen in einem umfassenderen System existiert: nämlich in einem bestimmten politisch-geografisch definierten Raum bzw. in einer historisch spezifischen Zeit — gegenwärtig in der Bundesrepublik Deutschland einschließlich West-Berlin. Dabei ist hier die Verfassung beider Elemente — des Musters und des Systems — ihr Zusammenhang und der mit den allgemeinen gesellschaftlichen Verhältnissen so zu untersuchen, daß ihre bestimmte Analyse allgemeine Strukturen von Theater erkennbar macht.[1]

Nicht von Theater überhaupt, immer und überall soll hier also gehandelt werden, sondern vom westdeutschen kleinbürgerlichen Theater. Aber obwohl seine Erscheinungsformen offenkundig nur als gesellschaftsgeschichtlich und kulturgeografisch jeweils bestimmte existieren, sieht Theater aus wie eine allgemein und überdauernd verbreitete soziale Einrichtung. Tatsächlich scheint es durchaus Elemente an ihm zu geben, die sich historisch und universal verhältnismäßig ähnlich durchhalten — und die daher auch gerne als sein ›Eigentliches‹, ›Wesentliches‹ oder ›Ewiges‹ mystifiziert werden. Gerade wenn man Theater im Hinblick auf sein ganz spezifisches Vorkommen und seine besondere Prägung in einem Land und in einer begrenzten Zeit untersuchen will, muß man sich also fragen — was denn jenen Kern ausmachen, jene Kontinuität bedingen, jene generelle Verbreitung hervorrufen könnte! Was haben seine uns bekannten historischen und geografischen Manifestationen gemein? Welches Allgemeine steckt vielleicht im Einmaligen und was etwa bleibt gleich in den Veränderungen? Im Mittelpunkt von Theater steht eine ***Verkehrsform.*** Das soll heißen, daß Theater im Kern eine bestimmte geformte, lebendige Beziehung von Menschen untereinander ist — und zwar dergestalt, daß ein Individuum eine Person sprachlich und körperlich handelnd darstellt, während andere anwesende Menschen diesen Vorgang als Darstellung wahrnehmen und verstehen. Nun trifft diese vorläufige Beschreibung zwar auch und gerade auf den pantomimischen Alleinunterhalter der minoischen Frühkultur ebenso zu wie auf den demonstrierenden Zeugen eines Verkehrsunfalls von heute — die besondere Qualität der theatralen Verkehrsform aber bleibt in ihr noch entscheidend unbestimmt. Für Theater ist erst die Kennzeichnung hinreichend, daß in der Regel mehrere Individuen jeweils eine andere Person als handelnde sprachlich und leibhaftig darstellen: so wird durch deren einander wechselseitig anschaulich gemachte Gegenwart und Handlung Dritten zeitweilig der Eindruck ermöglicht, daß diese nur vorgestellten Personen miteinander verkehren als wären sie wirklich gegenwärtig. Es ist just die bewußte Veranstaltung dieser Form von Verkehr, aufgrund derer man Theater als Spiel ansieht. Man kann also Theater zunächst als eine bestimmte Form von Verkehr bezeichnen, bei der mehrere Individuen anderen anwesenden Menschen im Spiel die Beziehungen zwischen bestimmten vorgestellten Personen durch sprachliche und leibhaftige Darstellung der Muster ihrer denkbaren Handlungen und Verhaltensweisen anschaulich verständlich machen.[2]

So präzisiert macht der Begriff von Theater zugleich auch deutlich, daß eine ihm entsprechende Form von Verkehr wohl nur im seltensten Fall keiner Präparation und Organisation bedarf. Zur Verwirklichung von Theater braucht man eben wenigstens bestimmte Individuen, die zu jener Darstellung besonders befähigt sind; man muß weiter eine genaue Vorstellung, d.h. in der Regel mindestens einen Plan von der Qualität bestimmter Personen und ihrer Beziehungen haben, in denen man sie darstellen — und von der Art, in der man sie anschaulich zeigen will. Und nicht zuletzt sollen, jedenfalls normalerweise, auch Zuschauer anwesend sein, für die gespielt wird. Zwar, es gibt in der Geschichte und über die Kontinente verstreut immer wieder Sorten von

Theater, in denen das eine oder das andere dieser Elemente vernachlässigt oder überbetont wird; Theater ist ja beispielsweise durchaus nicht identisch mit (oder nur denkbar als) Aufführung von Literatur, Drama (wie wir es heute fast ausschließlich kennen). Aber alle Arten von Theater müssen auf die Dauer doch den Zusammenhang dieser einzelnen Bedingungen sozial einrichten, um jene Verkehrsform zu verwirklichen. Genau ein Typ dieser sozialen ***Einrichtung*** soll hier in dem Umfang untersucht werden, der im Prinzip durch ein bestimmtes Maß an öffentlicher Anerkennung, Geltung und Ordnung aktuell vorgegeben ist. Der höchste organisatorische Grad der Einrichtung von Theater besteht dabei hierzulande in seiner dauerhaften Betreibung durch damit Berufstätige — d.h. gegen Entgelt — und zwar mit einer arbeitsteilig entfalteten Vielzahl von Mitteln und in einer gesetzlich anerkannten, ja juristisch spezifisch geregelten Form. Dementsprechend soll das westdeutsche Theater hier insoweit betrachtet werden, als es mindestens sechs objektivierbare Merkmale aufweist: 1. Betrieb durch professionelles Personal (Professionalität), 2. Leistung gegen finanzielle Vergütung (Rentabilität), 3. Ausrichtung auf periodische Veranstaltungen (Periodizität), 4. Organisierung als rechtliche Einrichtung (Juridizität), 5. Entfaltung durch arbeitsteilig kombiniertes Personal (Kooperativität) und 6. Eingeschränkte Verfügungsgewalt des Personals inbezug auf die Arbeitsmittel (Imperativität). Das so näher bestimmte westdeutsche Theater kann man — so wird hier vorgetragen — nach verschiedenen Eigenschaften und Verhältnissen als kleinbürgerlich kennzeichnen.[3]

Theater ist seiner ökonomischen Form nach ein ***Dienstleistungsbetrieb*** unter anderen. Aber Theater ist zugleich noch mehr: traditionale gesellschaftliche Institution (wie Armee und Kirche), künstlerische Gattung (wie Kammermusik oder Bildhauerei), öffentliche Veranstaltung (wie Boxkampf, Kino und Wahlrede) — und vieles andere. Wie kann man all diese Funktionen und Zuordnungen unter einen Hut kriegen, wie begreifen, wozu und wem Theater dient — so wie das öffentliche Schwimmbad oder die privatwirtschaftliche Sauna der Körperpflege und dem Wohlbefinden, das Telefonnetz der Kommunikation und das Taxi dem Transport? Arbeitstechnisch und vom Betrieb Theater aus könnte man dessen Dienst zwar dergestalt charakterisieren, daß den Besuchern seiner Institution Bühnenstücke vorgespielt werden — und vom Publikum aus betrachtet ließen sich Unterhaltung, Bildung, Aufklärung, Kunst, Geselligkeit, Feierlichkeit oder Sozialprestige als Teil der Wünsche schnell aufzählen, mit deren Erfüllung es allgemein bedient werden zu wollen scheint. Die besondere Qualität des Diensts aber, den Theater gesellschaftlich zu leisten unternimmt, seine spezifische Substanz in ihrer Formung zum besonderen Dienst, ist damit freilich noch nicht halbwegs geklärt. Diese Spezifität der Dienstleistung muß evidenterweise mit der besonderen Bestimmtheit der Verkehrsform zu tun haben, wie sie zuvor angesprochen wurde: danach wäre Theater eine Institution, in der mehrere Menschen anderen anwesenden Menschen im Spiel wieder andere, nur vorgestellte Menschen durch sprachlich-leibhaftige Darstellung zeigen. In dieser Definition aber sind vier grundlegende Qualitäten von Theater eingeschlossen, an deren Berücksichtigung und Benützung, Gestaltung und Entfaltung sich sowohl die einmalige Leistung einer Veranstaltung wie die stilistische Richtung eines einzelnen Instituts, ja gegebenenfalls auch die charakteristische Verfassung eines ganzen Systems geschichtlich und sachlich näher erkennen und spezifisch bestimmen läßt: seine soziale Reflexivität, seine sprachlich-leibhaftige Sinnfälligkeit, seine spielerische Modellhaftigkeit und seine politische Öffentlichkeit. Diese vier Grund-Qualitäten des Theaters sind also keineswegs un- oder übergeschichtliche Größen, obwohl sie im Folgenden nur systematisch reflektiert werden sollen; vielmehr lassen sich gerade der Wandel ihrer Bedeutung im einzelnen und die Veränderung ihrer Beziehung im ganzen als Medium und Maßstab der historischen Entwicklung von Theater begreifen.[4]

I. Die ***soziale Reflexivität*** des Theaters: Auf der Bühne — ›Bühne‹ hier immer für ›Spielraum‹ (als dessen vorherrschender Form) gebraucht — werden Menschen gezeigt, die sich zueinander verhalten, und es wird gezeigt, wie sie sich dabei benehmen. Aber weder das Interesse und die Arbeit des Theaters noch die Aufmerksamkeit und die Lust seines Publikums richten sich dabei, jedenfalls im allgemeinen, primär auf die im Rampenlicht stehenden Menschen als solche oder deren Beziehungen untereinander. Vielmehr gilt die letztliche Zuwendung von Schauspielern und Zuschauern der Darstellung jener bloß vorgestellten Personen, also der Erscheinung der ›dramatis personae‹ und deren gespieltem Handlungszusammenhang. Und sowohl um diese Figuren (anhand einer Handlungsvorlage) so anschaulich darzustellen, daß ihr nur gedachtes Handeln und Verhalten den Eindruck wirklicher Präsenz ermöglicht — als auch zum wahrnehmenden und genießenden Verstehen des so Gezeigten ist die permanente Entfaltung von Vorstellungskraft konstitutiv erforderlich. Muß der Schauspieler (angeleitet durch andere) sichtbare und hörbare Charakteristika jener fingierten Personen zu ihrer glaubhaften Gesamterscheinung auf der Bühne zusammenfügen, so muß der Zuschauer eben diese bezeichnenden Ausdrucks-Elemente der gespielten Figuren kennen bzw. aus dem Zusammenhang erschließen können. Es bedarf also fundamental einer bestimmten Gemeinsamkeit der Vorstellungswelt von Schauspielern und Zuschauern im Hinblick auf die anschauliche (bzw. ›anhörliche‹) Charakteristik wirklich handelnder und sich verhaltender Menschen, damit auch ihre bloße leibhaftig-sprachliche Darstellung zu vollziehen und nachzuvollziehen ist. Das Medium dieser gemeinsamen Vorstellungen kann nur in der außerhalb des Theaters gegebenen Wirklichkeit — und muß im leibhaftigen und sprachlichen Ausdruck von Menschen in ihren Beziehungen untereinander gegeben sein! Denn unabhängig von aller stofflichen Konkretion, ungeachtet aller ihrem Handlungsverlauf nach spezifischen dramatischen ›Inhalte‹, ist dieser Bezug des Theaters auf einen außerhalb von ihm liegenden Schlüssel zur verstehend-lustvollen Teilnahme an seiner Form von Verkehr — seine Reflexivität — ihm substantiell.[5]

Die fundamentale Reflexivität des Theaters ist eine soziale, weil der leibhaftige und sprachliche Ausdruck wirklicher Menschen nur gesellschaftlich erlernt und gebraucht wird. Nur der Erwerb des sprachlichen Symbolsystems einer Gesellschaft ermöglicht Menschen prinzipiell die praktische Teilnahme am Leben in diesem Gemeinwesen. Aber Menschen sind nicht nur denkend-sprechende, sondern auch körperlich-sinnliche Wesen — Wesen, die körperlich da sind und als solche sinnlich erscheinen und die sich selbst und andere in dieser Erscheinung ihrer Präsenz körperlich-sinnlich wahrnehmen können. Diese ursprüngliche Körperlichkeit und Sinnlichkeit der Menschen kann bei einer natürlichen Spezies, zu deren phylogenetisch entwickeltem Gattungswesen dessen je ontogenetische Verwirklichung durch die Sozietät unabdinglich gehört, nur als gesellschaftlich geformte erscheinen; d.h. auch, daß menschlicher Ausdruck sich immer nur als sozial und historisch spezifisch ausgebildeter materialisiert. Auch ergibt sich durch die körperliche Identität eines jeden denkend-sprechenden und zugleich sinnlich wahrnehmenden und sich ausdrückenden Individuums ein enger Zusammenhang zwischen diesen verschiedenen Seiten seiner Äußerungen und der von anderen. Als gesellschaftliche, körperlich-sinnliche und denkend-sprechende Wesen entfalten Menschen also gesellschaftsgeschichtlich bestimmte Weisen ihres dementsprechend zusammenhängenden Ausdrucks, wie er durch ein jeweils bestimmtes Individuum lebendig sich äußert. Die Seite seiner körperlich-sinnlichen Wirklichkeit, die dabei als Ausdruck gewollt bzw. verstanden wird, wird hier als ›leibhaftig‹ bezeichnet; auf sie insbesondere — aber unabtrennbar von dem (dank der Identität des gesellschaftlichen Individuums integrierten) gedanklich-sprachlichen Vermögen — richtet sich das Theater bei seinem Bemühen, seine Darstellung durch Elemente des anschaulichen Ausdrucks von Menschen zu realisieren. Das Darstellen im Theater ist ein Zeigen und seine Mittel — jene Elemente — sind also ***Zeichen.*** Die theatralen Zeichen als elementare Zeigemittel des Theaters können nur der alltäglichen gesellschaftlichen Ausdruckswelt denkend-sprechender und körperlich-sinnlicher Menschen entstammen — und zwar nicht nur, aber doch insbesondere auch insoweit sie selbst bereits zeichenhaft strukturiert oder gar durch ganze Zeichensysteme (wie vor allem Sprache) geformt ist. Ein abwehrende Handbewegung, ein fragender Tonfall, ein nackter Rücken, ein erregter Wortwechsel — kein Zeichen, das auf der Bühne erscheint, wird aus seiner puren Existenz heraus oder in seinem bloßen Zusammenhang verständlich; vielmehr gewinnen die Zeichen des Theaters ihre Bedeutung aus der es umschließenden sozialen Wirklichkeit. Vor aller stofflichen Dramatik interpretiert Theater durch elementare soziale Reflexivität das aktuelle Handeln und Verhalten der Gesellschaft, in der es wirkt, und zugleich des Teils von ihr, der sich als Publikum in ihm versammelt. Indem also gesellschaftliche Wirklichkeit bereits im Medium theatraler Zeichen in die Darstellung auf der Bühne als bestimmt interpretierte — abgebildete, verzerrte, vernachlässigte, überzeichnete, ausgesparte, verschleierte — eingeht, geschieht Theater gleichzeitig aber auch als qualitativ neue soziale Beziehung, verwirklicht sich als verhältnismäßig eigenständige Form von Verkehr. Diese Seite relativer Selbständigkeit des Theaters wird dann durch die beliebte Tautologie, Theater sei (›nun eben mal‹, ›nichts als‹) Theater, häufig fälschlich als quasi autonomes System hingestellt. Tatsächlich greifen die Darstellungen auf der Bühne bei ihrem Zeigen von Wirklichkeit immer auch auf das historisch ausgebildete Repertoire theatermäßiger Modalitäten zurück, wie sie sich für die Realisierung theatraler Zeichenprozesse eingebürgert haben. Aber auch ein Theater, das mehr aus seiner eigenen Zeichen-Tradition als aus der angeschauten Wirklichkeit außerhalb von ihm schöpft (ähnlich wie auf der stofflichen Ebene ›Theater im Theater‹ als eines, das sich mit sich selbst ästhetisch beschäftigt) — gebärdet sich in dieser Verengung, ja gelegentlichen Verarmung doch zugleich fundamental sozial reflexiv.[6]

II. Die ***sprachlich-leibhaftige Sinnfälligkeit*** des Theaters: Das Zeigen von Vorgängen und Beziehungen auf der Bühne bleibt weder in einem Kopf noch in einem Buch. Theatrale Darstellungen sind vielmehr anzuschauen und anzuhören — und diese Anschaulichkeit (als Bild für eine die akustische Seite hier stets mitumfassende Sinnlichkeit) ist dem Theater wesentlich. Theater beruht dergestalt auf der körperlich sich manifestierenden Darstellung durch Schauspieler — insbesondere ihrer Gestik, Mimik und Pantomimik — und schließt ihren sprachlich-stimmlichen Ausdruck bis hin zum Gesang ein. Zeigende Körperlichkeit als unmittelbar gegenwärtige, d.h. Leibhaftigkeit (als Sinnlichkeit), und Sprache als Ausdruck von Bewußtsein, Gedanklichkeit (Sinn) sind die beiden einander durchdringenden und bedingenden Grundelemente der Bühne — die ihnen implizite absolute ***Gegenwärtigkeit*** von Menschen ist dem Theater unabdingbar eigen. Sinnlichkeit erscheint also bedeutend und Bedeutung manifestiert sich sinnlich: beides fällt auf der Bühne als Sinnfälligkeit untrennbar zusammen (insoweit darunter hier nicht die Qualität, sondern das Prinzip bezeichnender Darstellung verstanden wird). Allein die anschauliche Darstellung ist theatral bezeichnend, nur darstellerische Sinnfälligkeit hat reale Bedeutung.[7]

In dieser Konstitution von sprachlich-leibhaftiger Sinnfälligkeit sind drei Qualitäten von Theater enthalten, die ihrerseits nur eine in der anderen erscheinen — nämlich ***Denken*** und ***Dialog*** einerseits, ***Sensomotorik*** zum anderen. Menschen auf der Bühne treten nur als denkende Wesen ›aus Fleisch und Blut‹ auf und sprechen ihre Gedanken (sieht man einmal von der theatralen Sonderform des fingierten monologischen Selbst-Gesprächs ab) in Beziehung zu anderen aus — ja es gibt einen Hang oder gar Zwang des Mediums Theater dazu, daß als Gedanke in seinem Spiel nur das sinnfällige Gestalt gewinnt, was sich dialogisch ausspricht (bzw. aussprechen läßt). Der durch Wortwahl, Satzbau und dergleichen konturierte Ausdruck des Denkens gewinnt seine spezifisch theatrale Qualität erst im Medium einer stimmlich-sinnlichen Konnotation, wie sie nur Sprache als Interaktion — Form von Verkehr zwischen lebendigen Individuen — heraufbeschwören kann: nur als Identität des verbalen Ausdrucks von Auseinandersetzung und sinnfälliger Bezeichnung der Bedeutung, in der man jedes dieser Worte zu verstehen habe, wird der theatrale Dialog zur bedeutsamen Beziehung. So wie Sprache als (lautloses) Denksystem und Sprache als (gesprochene) Symbolbeziehung dabei durch das theatrale Zeichensystem untrennbar miteinander vermittelt werden — so treten denn auch Sprachhaftigkeit und Körperhaftigkeit nur als eine durch die andere bestimmt und bedingt auf. Und zwar verschränken beide sich doppelt vermittels ihrer Qualitäten: der genetisch bedingten, daß der Mensch Körper a priori ist, Sprache aber ›nur‹ erwirbt bzw. hat — und der damit zusammenhängenden, daß Sprache gerade aufgrund so beschaffener schwereloser Symbolisierungsfähigkeit zum Ausdruck kompliziertester Zeichen-Bedeutungs-Relationen geeignet, der Körper aber stumm und in seiner schweigsamen Expression ebenso stark und affektiv wie beschränkt und miß- oder unverständlich ist. Die sinnliche Bewegung des Menschen als eines körperlichen Wesens, seine Sensomotorik, steht so zu seiner Sprache auf der Bühne in einer permanenten Spannung — und zwar in einer Spannung, die dank der relativen Trennbarkeit von beider Zeichen in einer sie elementar integrierenden persönlichen Verkörperung den Strom der theatralen Handlung überhaupt erst trägt.[8]

III. Die ***spielerische Modellhaftigkeit*** des Theaters: Wirkliches Handeln und Verhalten von und zwischen Menschen ist immer die Verwirklichung von möglichem — d.h. es kann überhaupt nur wirklich sich ereignen, weil es möglich ist. Aber alltägliches Geschehen, das solchem Prinzip notwendigerweise folgt, besteht nicht in der beliebigen Verwirklichung jeweils irgendeiner von unzähligen Möglichkeiten. Vielmehr verhält sich jemand und handelt zu einer bestimmten Zeit und an einem bestimmten Ort, aus bestimmten Ursachen und mit bestimmten Zielen — d.h., daß er unter bestimmten objektiven und subjektiven Bedingungen wirkt und dabei bestimmten Gesetzmäßigkeiten folgt. Alle Praxis der Gesellschaft vollzieht sich mit Wahrscheinlichkeit im Rahmen der ihr durch die Realität vorgegebenen Relation von Notwendigkeit und Freiheit, deren Spielraum durch Erfahrung und Wissen schöpferisch so vergrößert werden kann, daß Menschen die Welt zu ihrer Wirklichkeit machen. Zu diesem Zweck entwickeln die Menschen in ihrer Geschichte gesellschaftliche Vorstellungen von dieser Wirklichkeit und ihren einzelnen Bereichen, Seiten oder Vorgängen — vereinfachende Nachahmungen, symbolische Abbildungen, strukturelle Verkleinerungen, anschauliche Wiedergaben, ähnliche Muster, kurz: ***Modelle.*** Modelle sind gesellschaftliche Mittel zum Verfügbarmachen von Wirklichkeit; insbesondere aber sind sie auch Medien zur Wiederannäherung der aus der Realität gewonnenen Abstraktionen an diese Realität — als und durch die Erzeugung von Konkretionen. Als solche sind Modelle vor allem auf Wahrheit und Brauchbarkeit aus — eine Beziehung zwischen zwei von bruchloser Übereinstimmung bis zu totaler Unvereinbarkeit reichenden Funktionen, die auf das hinter ihnen stehende bestimmte gesellschaftliche Interesse verweist. Modelle dieser Art sind uns in den großen abendländischen Mythen überliefert, haben wie das kopernikanische Weltbild Geschichte gemacht oder dienen wie die Marxsche Bestimmung einer Zellform des Kapitals epochaler Kritik als Instrument. Heute werden Modelle in vielfältiger Weise vor allem in der Wissenschaft benützt (etwa im Atommodell der Kernphysik oder bei den Schichtenlehren von Soziologie und Psychoanalyse), dienen mannigfachen praktischen Zwecken (wie bei Stadtplanungen oder Materialprüfungen) und können insbesondere auch spielerisch sein bzw. spielerische Elemente enthalten (wie z.B. die Verkehrserziehung für Kinder und das soziodramatische Verkaufstraining von Handelsvertretern). Auch der auf der Bühne gezeigte Teil der Verkehrsform Theater besteht aus einem solchen Modell von Wirklichkeit — das die besondere Qualität besitzt, alles sprachlich-leibhaftig sich ausdrückende Handeln und Verhalten von und zwischen Menschen sehr ähnlich darstellen zu können. Der Grund dafür besteht darin, daß dieses Modell selbst nur durch lebendige, sich sprachlich-leibhaftige ausdrückende Menschen Gestalt annimmt und daß die elementare Anstrengung bei deren Modellierungs-Tätigkeit gerade darauf hinausläuft, ›bezeichnende‹ Ausdrucksformen jener realen Beziehungen zu einem ihnen ähnlichen Muster zusammenzufügen.[9]

Eine Handlungsvorlage für Theater — in der Regel also ein Drama als ›Theaterstück‹ — gibt uns die Vorstellung von handelnden und miteinander redenden Menschen, und zwar nur von einigen wenigen in einer überschaubaren Anzahl von Situationen und unter begrenzten Umständen — modelliert allein durch die dialogische Spur ihres Tuns und ihrer Beziehungen. Das sonst in vielfältigen Verzahnungen und Kausalzusammenhängen mit der Welt stehende, durch unendlich viele Alltäglichkeiten und Zufälligkeiten bestimmte und von der Verflechtung zahlloser gleichzeitig verlaufender Handlungsstränge geprägte gesellschaftliche Leben wird dergestalt auf eine nach Raum, Zeit, Personal und Interaktion faßbare Größenordnung verkleinert: danach kommen die Menschen ausschließlich in der Form ihres ***Verkehrs*** und überhaupt nur insoweit vor, wie diese Verkehrsform sich in den — insbesondere dialogischen — Verlautbarungen der Menschen ausdrückt. Das Drama ist mithin ein Modell, dessen Abstraktion von Gesellschaft ihre entscheidende Konkretion in der Verdichtung einer sprachlichen Form von Verkehr zwischen Individuen findet — die ihrerseits der Veranschaulichung von deren sozialem Verhalten dient. Das Theater nähert dann das Modell einer (wie auch immer) dramatischen Handlungsvorlage der gesellschaftlichen Wirklichkeit wieder bis zur Ununterscheidbarkeit an. Es legt den sprachlichen Ausdruck von Beziehungen zwischen den nur als möglich vorgestellten Personen den wirklich auf die Bühne tretenden Menschen in den Mund und läßt sie, indem sie die Zeichen von jener praktischem Umgang miteinander darstellen, tatsächlich auch selbst praktisch miteinander umgehen. Die dramatische Abstraktion von gesellschaftlicher Wirklichkeit (einschließlich ihrer sprachlichen Veranschaulichung) und ihre Konkretion im Spiel fallen also auf der Bühne in einem theatralen Modell zusammen, das als Medium einer durch Schauspieler und Zuschauer konstituierten Form von Verkehr selbst wieder Teil von deren gesellschaftlicher Wirklichkeit wird.[10]

Lebendige Menschen können nicht wirklich oder weniger wirklich, gar unwirklich sein. Auch wenn sie miteinander spielen, tun sie das real und gehen dabei wirkliche gesellschaftliche Beziehungen miteinander ein. In diesem Sinn verwirklicht sich das Modell des Theaters als permanentes ***Spiel*** von Möglichem: denn weit über die Freiheit hinaus, die alles Modellieren von Wirklichkeit immer als irgendwie abbildendes Verfügen über sie einschließt, gewinnt Theater einen tiefen Charakter von Un-Ernst inbezug auf das übrige Leben. Diese Qualität erlaubt dem Schauspieler sich zu verstellen, etwas zu erfinden, sich unrealistisch, ja irreal zu verhalten und etwas Unmögliches als möglich zu modellieren — unabhängig davon, ob dies nur eben gesellschaftlich noch nicht ermöglicht wird, ob es vielleicht höchst unwahrscheinlich ist oder ob es tatsächlich unmöglich als verwirklichbar gedacht werden kann. Nur als spielend-gespielte Figur kann man es sich leisten, die Vergangenheit noch einmal zu erleben, mit Gespenstern zu kommunizieren und Prügel ohne Schmerzen zu riskieren — ja das Publikum nicht wahrzunehmen, obwohl man vor ihm steht und es zum Lachen bringt. Nur das Theater kann mit allen Zeichen der Wirklichkeit einen Bettler einen Tag in einen König verwandeln und einen egoistischen Menschenfeind lebenslang in einen kinderlieben Märchenonkel. Diese Seite von Theater erlaubt, all das sinnfällig geschehen zu lassen, was der Zuschauer dann auch an der Darstellung als ›gespielt‹ versteht und in seiner Vorstellung ›spielerisch‹ nachvollzieht oder weiterspielt. Der fundamental spielerische Charakter von Theater ist dabei umso umfassender, als ja nicht nur die Ähnlichkeit mit Zügen der übrigen Wirklichkeit (als wahrscheinliche Modellierung), sondern gerade auch die dargestellte Imagination (wie die Modellierung des Unwahrscheinlichen) eben diesen Reiz erzeugt. Damit zusammenhängend bestimmt das Spiel des Theaters sich für den Zuschauer auch praktisch durch seine prinzipielle Entgegensetzung zur Arbeit: für ihn hat das Schau-Spiel als spielerischer und als beschaulicher Vorgang doppelt mit Genuß, Zwanglosigkeit, Zwecklosigkeit zu tun. Schließlich ist Theater auch Spiel durch die vielfältige Gewährung von Lust: die imaginative Bearbeitung, Kritik und ausdruckshafte Bewältigung der bestehenden gesellschaftlichen Wirklichkeit und die dabei sich vollziehende modellhafte Schaffung neuer Realität — sie können Spaß bereiten. Vergnügen läßt sich gewinnen aus der bloßen Wahrnehmung von einfachen, ja um so mehr noch von komisch verzerrten Ähnlichkeiten zwischen Modell und Wirklichkeit. Und wie es uns reizt, die Geschicklichkeit oder Anmutigkeit in der Behandlung von Körpern, Tönen oder Farben zu beobachten, die Teil jenes Spiels sind, so befriedigt es uns schließlich auch, bestimmte real bestehende Tabus mit Hilfe des theatralen Spiels — schon? — in der Phantasie zu durchbrechen, geheimen Wünschen auf der Bühne offen Ausdruck zu verleihen und tiefe Träume an die sichtbare Oberfläche unserer Vorstellungen zu ziehen.[11]

IV. Die ***politische Öffentlichkeit*** des Theaters: Theater als Veranstaltung findet unter Teilnahme vieler einander (zumindest heute) in der Regel größtenteils eher unbekannter Menschen statt. Daher erreicht der Akt seines Zeigens auf der Bühne zwangsläufig einen Grad von öffentlicher Mitteilung in dem Sinn, daß viele oder gar alle (nunmehr) von dem wissen bzw. wissen können — und vielleicht auch wissen sollen — was hier gespielt wird. Und Theatermacher wie Zuschauer, die in einer das private und das öffentliche Leben trennenden, ja als Sonder-Sphären installierenden Gesellschaft miteinander verkehren (wie es die unsere ist), nehmen an einer solchen Veranstaltung mindestens in stiller Kenntnis dieser Disposition teil oder kommen vielleicht sogar gerade zu ihr, um deswegen an ihr zu partizipieren. Was auf die Bühne kommt, kann allgemeine Aufmerksamkeit und Geltung beanspruchen — ja muß sich an dieser Erwartung geradezu messen lassen! Was gezeigt wird, wird also im Prinzip bekannt gemacht, veröffentlicht und ernennt die jeweils konkret anwesenden Zuschauer zu Stellvertretern eines denkbaren umfangreicheren Adressatenkreises. Zwar erscheint es problematisch, eine solche öffentliche Versammlung auch schon als ›die‹ (repräsentative) Öffentlichkeit auszugeben. Zu eindeutig wirken doch die spirituellen und habituellen Schranken, die ein historisch durchaus lange in geschlossener Gesellschaft sein Geschäft abwickelndes Institut heute noch zwischen sich und die Mehrheit der Bevölkerung setzt, sich als Beschränkung aus. Es ist aber auch — aus der Geschichte des Theaters ebenso belegbar solche Klassen-Beschränktheit der potentiellen Öffentlichkeit immer wieder zu sprengen in Richtung ihrer Aktualisierung! Insofern Theater fundamental im Medium sozialer Reflexivität sich entfaltet, sich also auf Beziehungen zwischen Menschen von gesellschaftsgeschichtlicher Bestimmtheit bezieht, betrifft es stets zugleich auch die zwanghafte Ordnung von deren Zusammenleben allgemein. Und gerade weil es als Modell von Gesellschaft dem gesellschaftlichen Bedürfnis, ja auch der Utopie einer besseren Ordnung des Zusammenlebens konkrete Gestalt verleiht — bzw. schon in der spielerischen Form dieser Gestaltung etwas von jener vorgestellten Zwanglosigkeit antizipiert — kann man diese seine Disposition zur Öffentlichkeit als entschieden politisch bezeichnen! Was so an Beziehungen zwischen Menschen zur Sprache und vor die Augen vieler gebracht wird, ist öffentlich in einem ganz spezifischen Sinn sozialer Demonstrativität: es kann nicht länger privat, gar intim bleiben! Dergestalt kann Theater im Prinzip z.B. vor allem die erklärterweise als öffentlich gesetzten und erkannten Angelegenheiten des Staats und der (herrschenden) Gesellschaft zu seinem Gegenstand machen, ja sie insbesondere kritisieren; es kann aber eben auch andere Prozesse und Verhältnisse, wie sie etwa eine herrschende Klasse gerade nicht-öffentlich halten oder der Privatsphäre zugeordnet wissen will, veröffentlichen, bekanntmachen, ja zum Skandal erheben — eine Potenz, die allerdings durch die leibhaftige und zugleich modellhafte Nähe des Bühnengeschehens inbezug auf jene Wirklichkeit gewaltiges Gewicht gewinnen kann. Theater bezieht sich fundamental auf das Zusammenleben der jeweils wenigen, die es sehen und hören, wie der vielen weiteren, in deren Realität seine Bühne faktisch aufgeschlagen ist — und auf die herrschaftliche Ordnung dieser Gesellschaft zumal.[12]

Die medienspezifischen Grund-Qualitäten, in deren empfindlichem Gleichgewicht jede Vernachlässigung einer Seite stets alle anderen beeinträchtigt, sind dem Theater gesellschaftsgeschichtlich verhältnismäßig überdauernd zueigen. Freilich erscheinen sie jeweils nur in der historisch je konkreten Gestalt einzelner Bühnen, bestimmter Schauspielstile oder Theatersysteme als deren politisch-ästhetischer Standard; die zur Bestimmung seiner heutigen und hiesigen Beschaffenheit erforderliche Untersuchung der Themen und Motive von Theaterstücken aber — also des herkömmlicherweise so genannten Inhalts — ist im Folgenden ebenso wenig beabsichtigt wie die Analyse entsprechender Techniken und Stile (also dessen, was im allgemeinen unter Form verstanden wird). Wenn hier dennoch ideologisch qualifizierend von ***kleinbürgerlichen Theater*** die Rede ist — so wesentlich im Sinn der Behauptung, daß im Hinblick auf die epochal verfestigte heutige Einrichtungsweise unserer Verkehrsform Theater die Angemessenheit jener Kategorie noch vor aller Reflexion einer davon determinierten politischen Ästhetik zu erweisen ist. Ganz allgemein wird der kleinbürgerliche Charakter des gegenwärtigen westdeutschen Theaters von zwei einander noch verstärkenden Bedingungen gehalten: nämlich von der Klassenzugehörigkeit der an ihm beteiligten Menschen — und vom historischen Funktionswandel des in seinem Mittelpunkt stehenden Mediums. So ist zum einen unbestreitbar, daß schon seit Generationen die Theaterschaffenden praktisch gänzlich und vor allem die Theaterbesucher in ihrer großen Mehrheit jeweils zu den Mittelschichten zu zählen sind: die zu ihnen gehörenden Individuen aber haben einen starken Hang zu kleinbürgerlichem Denken, Handeln und Verhalten. Zum anderen ist für ein Medium, das derart fundamental auf der Darstellung von Beziehungen zwischen Menschen durch lebendige andere beruht wie Theater, die künstlerische Erfassung einer industrie-kapitalistisch bestimmten Realität immer schwieriger geworden: immer schwerer scheinen die gesellschaftlich wirklich bedeutsamen Konflikte, Auseinandersetzungen und Entscheidungen als sprachlich-leibhaftig ausgedrückte Beziehungen zwischen Individuen komprimiert sinnfällig werden zu können — seit Technik und Wissenschaft in unseren Alltag, Industrie und Bürokratie in die politischen Schaltstellen, massenmediale Wahrnehmungen und Informationen in unsere Hirne, Entfremdung und Beziehungslosigkeit in jedermanns Körper und Psyche eingedrungen sind. Wenn das Theater unter solchen gesellschaftsgeschichtlichen Umständen eher dem Druck seiner medialen Konstitution nachgibt, daß es bedeutsame Handlungen zwischen Einzelnen darstellen müsse (statt etwa seine Kapazität experimentell zu sprengen) — so trifft sich auch dieser Hang mit dem steten kleinbürgerlichen Interesse, auf der dazu prinzipiell ungeeigneten politisch-ökonomischen Basis sich in die Wärme verkörperter ›Zwischenmenschlichkeit‹ zurückziehen zu wollen. Halten aber diese beiden Grundbedingungen den kleinbürgerlichen Charakter des Theaters schon allgemein fest, so wird er dann in seinen besonderen ideologischen Zügen umso umfassender und zäher manifest, als diese sich in einem widerstandsfähigen Geflecht von Erwartungshaltungen und Denkmustern, Zielvorstellungen und Legitimationen, Raumordnungen und Arbeitsteilungen, Verbandsinteressen und Finanzgebaren verselbständigt haben. Als Bildungs- und als Illusionsbühne, als Rang-Logen- und als Repertoire-Schauspiel, als Intendanten-, Abonnements- und Stadttheater wird diese Einrichtung noch näher zu untersuchen sein.[13]

1.3 Geschichtliche Voraussetzungen

Professionelles Theater gibt es in Deutschland — sieht man einmal ab von der uralt-unfixierbaren Spur der Gaukler, Mimen und Artisten — erst seit ungefähr 400 Jahren. Mitte bis Ende des 16. Jahrhunderts tritt dem zünftischen, kirchlichen, höfischen, schulischen und akademischen Laien-Spiel der Einheimischen plötzlich das beruflich-kommerzielle Schauspiel von ***Wandertruppen*** aus England, später auch aus Holland und Oberitalien gegenüber. Sie kommen aller Wahrscheinlichkeit nach nicht zufällig gerade aus den Ländern, in denen eine fortgeschrittenere Kapitalisierung die Nicht-Seßhaftigkeit, das Wandern und Vagabundieren ebenso wie die Labilität der Menschen, ihre Brechung und Spaltung ungleich stärker systematisch hervorgerufen hat als in dem von Bauernkrieg, bald darauf auch noch von verheerenden Religionskämpfen ›nur‹ zerrütteten Deutschen Reich. So nimmt Deutschland zunächst nur als Absatzmarkt für ausländische Gastspiele an der Entwicklung des europäischen Berufstheaters teil.[1]

Zu Beginn des 17. Jahrhunderts durchziehen die fremden Wandertruppen anfangs fast konkurrenzlos, durch ›Privilegien‹ der jeweiligen Obrigkeit zum Auftreten ermächtigt und mit simplem, aber existenzbedeutendem Stück-, Trick- und Ausstattungs-Arsenal ausgerüstet, das Land. Sie gastieren hier gegen pauschale Vergütung an einem herzoglichen Hof, bis sie ihr Repertoire (Haupt- und Staatsaktionen, Scherz- und Trauerspiele und dgl.) abgespielt haben; sie schlagen dort in der Stadt ihren kargen Gewinn aus der Differenz von Eintrittsgeldern und einer für die Spiel-Lizenz an den Rat entrichteten Gebühr. Als ***Prinzipal*** führt ein älterer Schauspieler (manchmal zusammen mit einem anderen) der oft durch Familiarität gefestigten ›Entreprise‹ die Geschäfte: er wacht über die handschriftlich tradierten Spielvorlagen, handelt die Verträge aus und — steckt die Überschüsse ein. Dauerhaftere einheimische Theatergruppen scheinen sich, begreiflicherweise, erst seit dem Westfälischen Frieden — d.h. nach dem Ende des zweiten neuzeitlichen, volkswirtschaftlich wie kulturell gleich zerstörerischen Bürgerkrieges in Deutschland — gebildet zu haben; am Ende des Jahrhunderts jedoch noch nicht einmal zwei Dutzend stark und noch kaum ausdifferenziert als spezifische, geschweige künstlerische Gattung im Schausteller-Gewerbe der Seiltänzer, Bärenführer, Marionettenspieler oder Quacksalber, hinken sie dann auch der materiellen und künstlerischen Entwicklung in den international orientierten und mäzenatisch gepflegten Gattungen von Oper und Ballett hinterher. Deren Prunk wird vom repräsentationsbedürftigen Adel eines provinziell zersplitterten Landes nicht nur schon Epochen früher, sondern auch erheblich enthusiastischer gefördert; das läßt z.B. bereits etwa von der Mitte des 17. Jahrhunderts an mehr und mehr eigene höfische Theatergebäude — erst Opern-, allmählich auch Schauspielhäuser — entstehen. Bis weit in die Mitte des 18. Jahrhunderts hinein aber fehlt es noch klar an jeglicher spezifisch deutschen Theaterkultur, die es nach der ganzen Breite und Höhe der Entfaltung auch nur halbwegs mit der reichen Tradition eines elisabethanischen Volkstheaters, einer französischen Klassik und Populärtheatralik oder einer Commedia dell'arte in Italien hätte aufnehmen können. Für den deutschen Adel, der gesellschaftlich den Ton angibt, ist Schauspielkunst ein Gegenstand des Renommees, bei dem nur ausländische Ware zählt, romanische vor allem.[2]

Aus seiner von den gebildeten Ständen lange schon beklagten Not, keinen Boden an Volkskultur unter die Bretter zu kriegen und kein literarisches Niveau auf ihnen zu finden, erwächst dem deutschen Theater zur Mitte des aufklärerischen 18. Jahrhunderts hin binnen weniger Jahrzehnte seine zwielichtige Tugend: nun beginnt es plötzlich, dem mündiger werdenden Bürgertum als Bühne von dessen ideeller Selbstbestätigung zu dienen und als Parkett seiner realen, glanzvollen Repräsentation — zugleich aber sucht der Bürger es auch schon als Zuflucht auf vor der zunehmenden Selbstdisziplinierung eines vom rationalistischen Kalkulieren des Kapitalismus durchdrungenen Bourgeois. Zwischen Gottsched und Goethe, vom dichtenden Professor und stadtbürgerlichen Wandertruppen-Mentor der dreißiger zum gelehrten Dichter und geadelten Hoftheater-Intendanten der neunziger Jahre, vollzieht sich im Land der (bald darauf vom revolutionären Frankreich aus so genannten) ›Dichter und Denker‹ jene charakteristische Vervielfältigung, Stabilisierung, Ideologisierung und Elitisierung des Theaters, kurz: seine ***Verbürgerlichung*** — wie sie sich in einer wesentlich bis heute fortdauernden Struktur manifestiert! Sie besteht aus einem Geflecht von öffentlicher Pflege und administrativer Reglementierung, sozialer Anerkennung und politischer Ersatzfunktion, arbeitsteiliger Hierarchie und ritueller Präsentation literarisch ambitionierter Dramen, das man als kennzeichnend für das bürgerliche Theater dieser Epoche ansehen könnte.[3]

Die Entwicklung freilich ist vielseitig, langwierig, ungleichmäßig und widersprüchlich und weist keinen einzelnen Typ von Institution, keine klare Phase auf, bezüglich derer man von ›dem‹ bürgerlichen Theater schlechthin sprechen könnte. Dagegen verbreiten sich ›bürgerliches Drama‹ — ›bürgerliches Lust-‹ und vor allem ›bürgerliches Trauerspiel‹ — nunmehr praktisch wie normativ-gattungspoetisch als Leitvorstellungen eines sich etablierenden Schauspiels. Daß die Pflege solcher Gattungen vom zügellosen Komödiantenbetrieb nicht mehr getragen werden kann, spornt die an jenem Fortschritt Interessierten um so mehr zu entsprechenden Aktivitäten an. Zunächst bilden sich in der zweiten Hälfte des 18. Jahrhunderts aus den geographisch wie personell stark fluktuierenden Wandertruppen gelegentlich etwas stabilere Ensembles. Sie beginnen, ihre allmählich als im öffentlichen Interesse stehend anerkannte, jetzt auch von einheimischen Dichtern mitgetragene ***dramatische Kunst*** auszuüben — und sie lernen, sie als eine der literarischen Idee untergeordnete Berufstätigkeit aufzufassen, die sich nach nunmehr Kontur annehmenden ästhetischen Regeln arbeitsteilig zu vollziehen hat. Innerhalb von nur einer Generation wenden sich die deutschen Schriftsteller dem bislang so gern verachteten Schauspiel mit einer Fülle von literarisch-ästhetischen Programmen und Bühnen-Stücken vereint zu; ja es werden auch mit großem öffentlichem Widerhall die aus den stilprägenden Nachbarländern herüberwirkenden Diskussionen über Konvention und Konzeption der theatralen Spielweise — insbesondere die Fragen nach Herstellung oder Brechung von Identifikationen zwischen Schauspieler, Rolle und Zuschauer — diskursiv weiterverfolgt. Nachdem schon 1751 die Schönemannsche Truppe als zeitweilige Hofbühne erstmals auf kürzere Dauer regelmäßig subventioniert worden war, nimmt das Gothaische Hoftheater 1775 mit der Ekhofschen Truppe erklärtermaßen den regulären (wenn auch ebenfalls nur kurzwährenden) Spielbetrieb auf; in Breslau (1772) und Leipzig (1796) werden die ersten Stadttheater etabliert und von den sechziger Jahren an kommt es sogar zu mehreren quasi staatlichen Bühnen-Gründungen.[4]

Innerhalb von nur zwei Jahrzehnten, zwischen 1767 und 1786, errichten nun Bürger und Fürsten — teils miteinander, teils selbständig — zuerst in Hamburg, Mannheim, Wien und Berlin sogenannte ***Nationaltheater.*** Mit diesen exemplarischen Proklamationen suchen sie jetzt nicht zuletzt die territorial bzw. politisch noch unerreichte Einheit der Nation — gegen inneren Provinzialismus und entsprechend übertriebene Empfänglichkeit für jeglichen ausländischen Einfluß — kulturell zu manifestieren, ja zu antizipieren. Dem Theater — und seinem inzwischen selbstverständlich auch nationalisierten Ensemble — wird dabei die Funktion der Bildung einer bürgerlichen Öffentlichkeit (im mehrfachen Sinn) zugesprochen: real und symbolisch zugleich hofft man durch solche Stiftungen die besondere Förderung und programmatische Führung einzelner stil- und ideologiebildender Institute hervorzurufen — und die solchermaßen dramatisch demonstrierte deutsche Nationalität mit den auf der Bühne propagierten bürgerlichen Werten zum allgemeinen ideellen Band der Gesellschaft zu verknüpfen. Wohlgemerkt aber wird dabei unter ›Bürger‹ der im Prinzip unabhängig von seiner Standeszugehörigkeit allein durch Vernunft, Menschlichkeit und Gesittung geleitete ›Citoyen‹ verstanden: dessen abstrakte, wertorientierte Definition freilich ist im Grunde nur auf den ›Bourgeois‹ und den ihm nahestehenden Mann von (niederem) Adel als die Gesellschafts-Mitglieder zugeschnitten, denen mindestens Besitz und Stand den Zugang zur notwendigen Bildung (u.a. eben auch durch Theater) erlaubten und deren Begriff von solcher klassenlosen Gleichheit entscheidend durch den der Warenproduktion inhärenten Äquivalententausch geprägt ist. So dürfen aufgeklärte Feudalität und Bürgertum ihre scheinbar gemeinsame politische Verantwortung für das Gemeinwohl kulturell dadurch bekunden, daß sie dem verlausten Vaganten die Allongeperücke überziehen und das Theater mäzenatisch vor seiner kommerziellen Anpassung an den niederen Geschmack des ›Pöbels‹ zu retten suchen.[5]

So offenkundig jedoch die auf ökonomisches Wachstum und rationelles Denken gegründete Herrschaft der Bourgeoisie sich der Macht, dem materiellen und politischen Erbe des Adels überlegen zeigt — so heimlich stolziert doch auch der Emporkömmling dem geborenen Souverän zugleich hinterher, indem er danach eifert, dessen gravitätische Selbstrepräsentation sorgfältig zu imitieren. Gleichzeitig befördert der Argwohn der aufsteigenden Klasse — aller einleuchtenden Attacke auf das oberflächliche Virtuosentum, die drastische Obszönität und stillose Gedankenleere der Wandertruppen-Spektakel zutrotz — die durchaus hellsichtige Ahnung, daß mit derlei Mitteln die ungebundenen Komödianten etwas plump verkauften, was offenkundig gefiel. Nur — der daraus vom Bürger institutionell gezogene Schluß, man müsse also das, was verfeinerter gefallen solle, vor allem verkaufsunabhängiger anbieten, um es auch schon gefälliger erscheinen zu lassen, war doch zu kurz: Lust, Bedürfnis, Interesse und Geschmack entzünden sich nie automatisch am besseren Gegenstand, sondern bedürfen eben auch des geschulten Organs für den Genuß, der Muße für die Unterhaltung, der Pflege des Erkenntnisvermögens, der Berücksichtigung selbst pervertierter Vergnügungen — um mehr zu fassen und reicher sich zu entfalten. Für die unteren Stände aber waren die Produktions- und Bildungs-Verhältnisse nicht danach — und kein Bürger hätte im Traum daran gedacht, sie zu ändern, um die Theater als wirklich klassenlose Versammlungsstätten gesellschaftlich zu beleben (von den Veranstaltungs-Modalitäten, den Kleidungsvorschriften oder den nachmittäglichen Vorstellungszeiten, einmal ganz zu schweigen). So bezahlen die kleineren Leute zurecht lieber weiter für das seltene Amüsement auf ihrem Niveau (etwa bei den weiter umherziehenden ›Banden‹) — als daß sie sich billiger oder gar genauso teuer über ihm langweilen. Der ›gebildete‹ Bürger aber muß mit seiner Teilnahme an dem ihm vom Hoftheater nun geöffneten Abonnement, während er der Klassen-Öffentlichkeit sein Bildungsinteresse demonstriert, zugleich die teueren Elite-Institute materiell stützen. Das deutsche Schauspiel, indem es sich zum bürgerlichen Bildungstheater veredelt, verkommt schon mitten in seiner Gründungsphase zur klassischen Erbauungs-Institution, an deren diszipliniert-literarisierte — kurz: zwischen Behördentum und Hirnsinnlichkeit etablierte Langeweile sich selbst die eigene Klasse epochal erst gewöhnen muß. Gerade von seinen engagiertesten Programmatikern letztlich vor allem als ***moralische Anstalt*** in der Tradition der Aufklärung empfohlen (wie am exponiertesten 1784 von Schiller), verwandelt das deutsche bürgerliche Theater bald alle Zeichen der Bühne in moralische Zeigefinger, richtet selbst die Kolportagen züchtig ein und arrangiert seine Veranstaltungen als Feierstunden. Dementsprechend wird die populäre Schaulust zum primitiven Banausentum deklassiert, das als mit kunstsinniger Bildung für ebenso unvereinbar gilt wie Aufklärung mit Vergnügen. Die ihr abgezwungene Vernunftehe mit einem in ihren sinnlichen Ausdruck verliebten bildungsbürgerlichen Parvenü wird für die verlotterte Muse des Theaters zum epochalen Martyrium.[6]

In Hamburg — nicht zufällig in der freien, am bürgerlich entfalteten Nachbarstaat England politisch orientierten Handelsstadt — unternimmt 1767 ein Verein von Kaufleuten mit Kapital und Kunstsinn zusammen mit engagierten Theaterleuten aus dem Wandertruppen-Betrieb den ersten auf ***Privat-Initiative*** basierenden Versuch zur Gründung eines Nationaltheaters. Es ist dies freilich zwangsläufig zugleich der exemplarische Versuch, die beiden fundamentalen (und einander letztlich ebenso fundamental ausschließenden) bürgerlichen Prinzipien: materielle Orientierung an der Norm des Kapitals, ideelle an den Werten der Humanität — im kulturellen Bereich institutionell zur Deckung zu bringen. Aber schon zu dieser Zeit besteht eine halbwegs gut besetzte Truppe aus 15 bis 20 (zu bezahlenden!) Schauspielern und (inzwischen längst auch) Schauspielerinnen — wie sie heute das Minimum eines kleinen Stadttheaters bilden (vom Sachaufwand nicht zu reden). Einer solchen Höhe von Kosten zeigen sich selbst Aktiengesellschaften nicht gewachsen: das Publikum bleibt bald aus, die Subskriptionen reichen nicht hin und das Haus muß sehr schnell mangels Solvenz schließen... Auch der wenig später (1776) von Joseph II. in Wien beschrittene Weg, die Bühne in eine Art ***National-Regie*** zu übernehmen, erweist sich auf die Dauer als nicht gangbar: hier wie kurz darauf (1779) am Mannheimer Hof endet, nach anfänglichen Erfolgen und bei beachtlichem politischem Engagement der Beteiligten (Kollegial-Organe fällen und tragen hier wie dort wichtige künstlerische Entscheidungen über den Betrieb!) — das kulturelle Experiment ökonomisch, organisatorisch und ideologisch nach wenigen Spielzeiten. Theater wie es die wandernden Profis weiter mit Profit verkaufen, paßt den Gebildeten nicht — und was diesen vorschwebt an Stilart, Ausstattung, Niveau und Programm, können auch ihre Mäzene nicht tragfähig organisieren. Der Versuch bürgerlicher Machtergreifung verfehlt nicht nur den Staat, sondern auch das Theater. So werden die meisten ansehnlichen Bühnen nunmehr duodezfürstliche und regionalstaatliche ***Hof-Institute,*** die meist aus einer dem jeweiligen Regenten etatmäßig zugestandenen ›Zivilliste‹ für seine repräsentative Hofhaltung finanziert werden. Zu dieser ernüchternden Funktionsbestimmung der Hoftheater im frühen 19. Jahrhundert gehört auch, daß sie nunmehr immer häufiger statt von einem facherfahrenen Prinzipal von einem ›Kavalier‹, d.h. von einem mehr oder weniger sachkundigen Hofschranzen, administriert werden. Heute wäre die nachnapoleonische Restaurations-Epoche vor allem als Ära einer einmaligen verwaltungsmäßigen Aufblähung des von einem bestallten ›Intendanten‹ dirigierten Theater-›Apparats‹ zu begreifen — Elemente ohne die wir uns einen öffentlichen Schauspiel-Betrieb anscheinend kaum mehr vorstellen können.[7]

Unter solchen Bedingungen beginnen neben den (natürlich fortbestehenden) wenigen privaten Häusern und den vielen ›Reise-Gesellschaften‹ (wie die wandernden ›Schmieren‹ sich im 19. Jahrhundert auch vornehm nennen) Organisationsformen zu entstehen, mithilfe derer jener Zwiespalt relativ besser zu bewältigen ist. Vor allem werden nun das vom Bürgertum geforderte öffentliche Interesse an der Pflege von Theater und die private Neigung, sie möglichst der gleichen materiellen Kalkulation zu unterwerfen wie andere Bereiche auch, in institutionellen Kombinationen von ***Subventions-Programm*** und ***Rentabilitäts-Prinzip*** miteinander verglichen. Das geschieht einerseits durch die Gründung theaterbetreibender Sozietäten, die — wie insbesondere Aktiengesellschaften — jede Form von finanzieller Einlage aufnehmen können und in denen sich häufig öffentliche (darunter z.B. auch fürstliche) und private Interessen mischen. Zum anderen bürgert sich hauptsächlich die Form von Organisation ein, daß Schauspielhäuser, die Stadt oder Staat gehören bzw. — was sich im 19. Jahrhundert häuft — von Gemeinden aufgekauft oder neu gebaut werden, Privatleuten zur ***Pacht*** unter bestimmten Bedingungen überlassen bleiben. Diese Art von Einrichtung — bei der das Haus vermietet, dem (bald so genannten) ›Direktor‹ allerlei materielle Vergünstigungen (wie kostenlose Ausstattungs-Benützung oder freie Heizung und Beleuchtung) von der Kommune gewährt und nur geringe administrative Einflüsse auf sein Programm genommen werden — herrscht im ganzen 19. Jahrhundert als Form des ***Stadttheaters*** eindeutig vor: um 1850 gibt es mehrere zehn, um 1900 über hundert solcher mittlerweile gewerblich konzessionierter Betriebe. Dagegen lassen sich die Übernahmen von Theater in die volle kommunale Verantwortung nach dem

Beispiel der hier vorgepreschten Stadt Mannheim (1839) noch am Jahrhundertende an einer Hand aufzählen.[8]

Mit einer solchen Konstellation aber können die näher Betroffenen, das als Publikum engagierte Bürgertum und die Theaterleute selbst, auf die Dauer auch nicht zufrieden sein: Während die Stadttheater nun den geschäftlichen Spekulationen der Pächter künstlerisch und ökonomisch ausgeliefert sind, erstarrt der Hoftheaterbetrieb unter dem Druck administrativer und repräsentativer Funktionen mehr und mehr auch seiner politisch-ästhetischen Qualität nach. Zu virulent wirkt — trotz aller während der Restauration verschärften Zensur — jener dem Medium fundamental innewohnende Hang zur Bildung und Aktivierung einer politischen Öffentlichkeit (gerade angesichts seiner herausragenden Bedeutung als deren Versammlungsort und Artikulationsforum), als daß jenes Verhältnis von Staat, Gesellschaft und Theater derartig hätte stagnieren können. Die Vorschläge zu seiner inneren und äußeren ***Reform*** als nunmehr vor allem gegen höfische Bevormundung und kommunalen Dispens gerichtete Programme zur öffentlichen Organisation der potentiellen nationalen Bildungs-Funktion von Theater häufen sich in den vierziger Jahren auffällig und erreichen während der revolutionären Unruhen 1848/49 in neuerlich propagierten Nationaltheater-Projekten einen Höhepunkt. Selbst das Frankfurter ›Professoren-Parlament‹ bemüht sich während seiner episodischen Sitzungsperiode um den besseren gesetzlichen Schutz einer Bühne, die ihrer künstlerischen Seite nach ja noch immer keinerlei besondere rechtliche Würdigung erfahren hat: Bis zur Reichsgründung gewerbepolizeilich kontrolliert und von staatlichen ›Privilegien‹ abhängig, unterstehen die nicht direkt höfischen Schauspielhäuser noch bis zum Ende der Monarchie der letztlichen Zuständigkeit der Innenministerien. Und zwar mehren sich um die Jahrhundertmitte die Fälle, in denen die Theaterleute selbst durch Kollegial-Organe die Leitung solcher Häuser übernehmen, deren wirtschaftlicher Bankerott ihnen ihren Arbeitsplatz zu rauben droht — institutionelle Dauer oder Folgenhaftigkeit aber zeitigt die eine Anstrengung so wenig wie die andere. Was zunächst bleibt, ist allein das geistig eher unfruchtbare Nebeneinander und finanziell mehr auszehrende Gegeneinander von elitär-feudalem Bildungs- und Repräsentations-Institut (wenn auch jetzt bezeichnenderweise gelegentlich unter der Leitung bürgerlicher

Intendanten) — und zwiespältigem städtischem Unterhaltungs-Geschäft.[9]

Zum Zeitpunkt der Gründung des (›zweiten‹) Deutschen Reichs, 1871 — dem politisch sichtbaren Ausdruck für einen allerdings viel zu späten nationalen Machtantritt der Bourgeoisie in Deutschland — gibt es in den bis dahin so zahlreichen souveränen Einzelstaaten etwa 200 Hof-, Stadt- und (reine) Privat-Theater. Auf der Grundlage einer nun nach dem Muster des Norddeutschen Bundes von 1869 auch reichseinheitlich erfolgenden Herstellung der ***Gewerbefreiheit*** für Bühnen-Unternehmungen und im Zusammenhang mit dem Firmengründungs-Boom des neu entfachten kapitalistischen Ausgreifens verdreifacht sich die Zahl der Theater — selbstverständlich ganz einseitig auf dem privatwirtschaftlichen Sektor! — binnen zweier Jahrzehnte. Damit aber wird nun eine Entwicklung hervorgerufen, die man als — bis heute — drittletzte große Umwälzung im deutschen Theaterwesen ansehen kann. Da praktisch nun jedermann jederzeit ein Theater eröffnen kann, gerät insbesondere das nicht-höfische Schauspiel — bis nach der Erfindung des Films um die Jahrhundertwende die unbestrittene Domäne des spektakulären Unterhaltungs-Gewerbes — fast total in die Hände des Kapitals, mindestens aber der einschlägigen Privatwirtschaft. Die Schauspieler sind bald völlig abhängig von spekulierenden Bühnen-Unternehmern, die den Körper ihrer Akteure — und mehr noch ihrer Aktricen — in jeder Weise schamlos ausbeuten. Die hohen Unkosten des Berufs, insbesondere für Frauen — das kommerzielle Theater, dem für die Ausstattung abgelegte Operndekorationen häufig durchaus gut genug sind, verlangt eine Bereitstellung der aufwendigen Kostüme durch die Schauspielerinnen selbst — spitzen diese Lage zu. Das ***Geschäftstheater,*** zum Schlagwort der erneut aufwallenden Kritik an deutscher Theaterkultur geworden, überwuchert alle zaghaften künstlerischen Ansätze in den Städten, aber auch an den Höfen; reihenweise reißt es — wie so viele andere unsolide Unternehmungen der Gründerzeit — seine praktisch schutzlosen Beschäftigten in die Bankerotte seiner Spekulationsobjekte.[10]

Diese Epoche hochkapitalistischer Unterdrückung und Verelendung inmitten glanzvoller bourgeoiser Restauration und Repräsentation, in der das Gesetz die Ausbeuter ebenso dreist fördert wie es die

Arbeiter-Organisationen verbietet, läßt die Gründung einer Interessen-Vertretung der Theaterschaffenden größte Bedeutung gewinnen. Durch die gleiche Gewerbeordnung, die das Theater der Privatwirtschaft ausliefert, mit der Koalitionsfreiheit als elementarem Recht zum arbeitsbezogenen Zusammenschluß ausgestattet, konstituieren sich vor allem die Schauspieler 1871 in der Deutschen ***Bühnen-Genossenschaft;*** sie bildet das gewerkschaftliche Gegenstück zu einem schon zwei Jahrzehnte früher eingerichteten ›Kartellbund‹ der Bühnenleiter (dem Vorläufer des Deutschen Bühnen-Vereins) — zu dessen starkem und selbstbewußtem Gegner sich die Vereinigung in unserem Jahrhundert entwickelt. Darüberhinaus ruft die soziale und ästhetische Verrohung des Theaterbetriebs im Kaiserreich zwei weitere bedeutsame Organisationen auf den Plan, die sich eben dagegen stark machen: 1889 wird in Berlin (nach französischem Vorbild) die ***Freie Bühne*** als ein Verein begründet, der sich die Erneuerung der Theaterkunst in zeitgenössischem Geist zum Ziel setzt und vor allem den sozialkritischen Dramen der Naturalisten durch vereinsmäßige, dadurch u.a. vor der preußischen Zensur besser geschützte Aufführungen ein wirksames Forum verschafft. Daß dabei die künstlerischen Hervorbringungen des Zusammenschlusses vom Bürgersteig aus als ›Rinnsteinkunst‹ beschimpft und von Agitprop-Vorläufern als Beschreibung von Elendsquartieren verdächtigt werden — tut ihrer Leistung für das Entstehen einer politischen Ästhetik des Theaters keinerlei Abbruch. Im Zusammenhang mit der Freien Bühne und neben sie tritt dann weiter, unmittelbar nach dem Fall der Sozialistengesetze, 1890 als ***Freie Volksbühne*** eine Organisation, die der Vermittlung des Theaterbesuchs an ein von ihm durch ökonomische und Bildungs-Schranken bis dahin ausgeschlossenes Publikum der Unter- und Mittelschichten dienen will und die schnell mehrere tausend Mitglieder zählt. Allerdings zeigt sich auch bald, daß dieses Unternehmen solche Stärke nur um den Preis einer Anpassung gewinnt, die das zunächst zögernde, schließlich immer perfektere Arrangement mit den herrschenden Gewalten des wilhelminischen Obrigkeitsstaates einschließt. Die auf total unterschiedlichen politischen Strategien beruhenden gegensätzlichen Kunstvorstellungen unter den Organisatoren der Freien Volksbühne — von zu vielen sich als Funktionäre aufschwingenden bürgerlichen Literaten gegenüber den passiveren Arbeiter-Mitgliedern streitbar zugespitzt — erzeugen daher schon bald nach der Gründung die Spaltung des Vereins; als sie nach zwei Jahrzehnten Dauer beigelegt wird, geschieht das vollends durch die Einschwörung aller auf die Linie einer besseren Teilnahme an bürgerlicher Kunst, mit der vor allem Angehörige der Mittelschichten — nun auch im übrigen Reichsgebiet — zu einem an sozialer Veränderung völlig desinteressierten Illusionstheater erzogen werden.[11]

So oder so aber harrte das deutsche Theaterwesen längst einer umfassenden Revision. Nicht nur bedurften die innerbetrieblichen Vertragsverhältnisse insbesondere des künstlerischen Personals endlich einer besseren gesetzlichen Regelung. Auch die Stellung der öffentlichen Gewalten zum Theater drängte nach einer Klärung. Obwohl der finanzielle Druck auf die städtischen Zuschüsse der kommunalen Pachttheater spürbar zugenommen hatte, waren die zum Jahrhundertende hin sich häufenden Vorschläge zur gänzlichen Kommunalisierung der Institution ohne große Resonanz untergegangen: ganze drei Bühnen hatte man bis zum Jahr 1900 in der Form des städtischen Regiebetriebs organisiert und bis zum Kriegsausbruch wurden es kaum mehr als zehn — obwohl bei (zu diesem Zeitpunkt) mehr als 400 reichsdeutschen Theatern z.B. ein Viertel der Gebäude städtische Eigentümer hatte. Die Kommunen — fixiert auf den Ruhm ihrer kulturellen Repräsentation, aber in verständlicher Furcht vor der drohenden finanziellen Belastung — versuchten weiter mit dem sog. ***gemischten System*** auszukommen: dabei sicherten sie nun längst ihren Pächtern weitgehend Mindest-Einnahmen bzw. Überschuß-Beteiligungen vertraglich zu und behielten sich ihrerseits das (noch wenig genutzte) Recht auf begrenzte Reglementierung des Spielplans, der Engagements und dgl. vor. Metropolen (wie Berlin) und Monopole (wie Max Reinhardts Bühnenkonzern) diktieren nicht nur Stil und Geschmack sondern auch Verträge und ihre Preise. Und wer hier verspielt, ist oft ganz aus dem Spiel. Den Theaterschaffenden bleibt unter diesen Umständen auf die Dauer gar nichts anderes übrig als nüchterne ***Organisierung*** ihrer partiellen Interessen: allein zwischen 1909 und 1911 schließen sich so — über die GDBA hinaus — etwa die Tänzer, die Inspizienten und die Bühnenautoren jeweils in eigenen Verbänden zusammen; gleichzeitig gründen die Bühnenangehörigen eine spezielle Wirtschaftsvereinigung sowie eine vor allem auch den konzeptionellen Auseinandersetzungen zwischen Regisseuren, Dramaturgen, Bühnenbildern u.a. gewidmete ›Vereinigung künstlerischer Bühnenvorstände‹. Aber zu tief schien die Misere des Theater-Systems mit dem trügerischen Glanz des politischen zusammenzuhängen, als daß sie isoliert zu beheben gewesen wäre: ein Reichs-Theatergesetz jedenfalls, wie es am Ende von verschiedensten Seiten heftig propagiert wurde und 1913 tatsächlich schon greifbare Gestalt annahm, kam unter dem alten Regime nicht mehr — und das heißt auch (abgesehen von der NS-Diktatur): bis heute nicht — zustande.[12]

Mit der politischen Liquidierung des monarchistischen Ständestaats in Deutschland, 1918, geht nicht nur eine jahrhundertealte Herrschaftsform im ganzen zu Ende; vielmehr tritt auch mir der ***Entfeudalisierung*** der Hoftheater und der ***Entprivatisierung*** der Stadttheater eine grundsätzliche Wende im Verhältnis von Staat und Kultur und damit die bis heute vorletzte größere und anhaltende Umwälzung im deutschen Theatersystem ein. In der ersten deutschen Republik werden die rund 30 Hoftheater umgehend ***verstaatlicht*** und die gut 100 halbprivaten Stadttheater nach und nach — d.h. im wesentlichen im folgenden Jahrzehnt — ***kommunalisiert.*** Die weiterhin der Gewerbeordnung unterliegenden Privattheater nehmen in der ökonomisch heiklen Periode der zwanziger Jahre — verstärkt durch die rasche Abwanderung des unterhaltungsgewerblichen Kapitals in die Filmindustrie — zahlenmäßig rapide ab. Die Hoftheater werden in Form von Staats- bzw. Landesbühnen von den neuen Regionalstaaten als Rechtsträgern übernommen und in die Zuständigkeit ihrer Kultusministerien übergeführt, die Stadttheater in städtische Regiebetriebe umgewandelt. Schließlich gelingt inbezug auf die Verbesserung der inneren Verfassung der Theater und die Lage ihrer Beschäftigten ein entscheidender Durchbruch damit, daß Bühnenverein und Bühnengenossenschaft 1919 (vorläufig) bzw. 1923 (endgültig) die erste Fassung des fortan so genannten ***Normalvertrags*** (Solo) inkraftsetzen: in ihm sind die Rechte und Pflichten von Bühnenunternehmern und Theaterschaffenden (insbesondere von Schauspielern) für die durch beide Verhandlungspartner vertretenen Betriebe und Interessengruppen erstmals umfassend geregelt und tarifvertraglich abgesichert. Ein der Vertragsdurchsetzung dienender Streik der Berliner Bühnenangehörigen unterstreicht 1922 das gewachsene politische Selbstverständnis der Akteure in der sich als Kultur- und Sozialstaat konstituierenden neuen Demokratie — selbst wenn solche Solidarisierung im Arbeitskampf ein bis heute einmaliges Ereignis geblieben ist.[13]

Auch der soziale und künstlerische Standard der so öffentlich wahrgenommenen Bühnen steigt im ganzen. Neben die schon seit der Reichsgründung in der Hauptstadt Berlin in größter Dichte und Vielfalt konzentrierte traditionelle bürgerliche Gattung, die den Expressionismus ebenso wie Brechts episch-realistisches Theater, Max Reinhardt nicht minder als Erwin Pscator berühmt macht — tritt immer stärker zum einen die ›Provinz‹, in der viele Produkte solcher Stile überhaupt erst die Chance zur Bewährung erhalten. Zum anderen entsteht neben den bis dahin ungebrochen dominierenden bürgerlichen Bühnen insbesondere Berlins plötzlich ein lebendiges ***sozialistisches Theater*** von Profis wie Laien: in ihm treffen sich die für eine antikapitalistische Veränderung der Gesellschaft entschieden engagierten Bühnenkünstler, Literaten und Intellektuellen mit einem verstärkt organisierten Interesse der arbeitenden Massen. Längst auch propagieren dementsprechend die Bühnenschaffenden selbst nicht mehr nur die gespielte Kritik der sozialen Verhältnisse im allgemeinen und andernorts — vielmehr wenden sie häufiger auch die in vielen Dramen erhobenen politischen Forderungen nach Selbstbestimmung der Individuen und Verfügungsrecht über die eigene Arbeitskraft auf ihre eigenen herkömmlich-hierarchisch organisierten Betriebe zurück. Zwischen Inflation und Weltwirtschaftskrise aber verschärfen sich auch im Theaterbereich die grundlegenden ökonomischen und politischen Widersprüche. Unter den Privatbühnen setzen sich auf die Dauer erklärlicherweise nicht die politisch engagierten (wie etwa Piscators verschiedene Unternehmungen), sondern nur die wirtschaftlich stärksten — diese wiederum vor allem durch Bildung von Konzernen und Kartellen (Reinhardt, Reibaro, Rotter u.a.) — durch; mit ihrem und dem nahenden Ende der Weimarer Republik nimmt dann aber auch der Abbau von Schauspieler-Engagements rapide zu und viele Provinztheater, ja sogar mehrere mittelgroße öffentliche Bühnen müssen schließen — indes der faschistische Druck in Richtung ›völkischer‹ Spielpläne und ›rassebewußter‹ Personalpolitik die Betriebe noch weiter beeinträchtigt...[14]

Die lange schon drohende faschistische Machtergreifung setzt dem ersten deutschen demokratischen Rechtsstaat 1933 dann in der Tat ein gewaltsames Ende. Für das Theaterwesen, in dessen Organisation der Terror von rechts schon jahrelang spürbar eingegriffen hatte, regelt 1934 ein ›Gesetz‹ die zentralistische Lenkung. Das Gewerberecht wird durch ein ›Kunstrecht‹, die Kunstkritik durch den ›Kunstbericht‹ per Dekret abgelöst. Mittels einer zentralen von der Partei besetzten ***Reichs-Theaterkammer*** und unter ›Gleichschaltung‹ sämtlicher berufsständischer Spitzenverbände werden alle öffentlichen Bühnen ab 1933 mit dem Propagandaministerium kurzgeschlossen, die wenigen überlebenden privaten strikt kontrolliert; das NS-Massenprogramm ›KdF‹ (›Kraft durch Freude‹) übernimmt die Besucher-Organisation. Die 1918 zumindest gesetzlich abgeschaffte staatliche Zensur wird in verschärfter Form wieder eingeführt — was an sozialkritischen, gar sozialistischen Stücken existiert, ohnehin verboten und verbrannt. Viele Dramatiker und Bühnenkünstler müssen emigrieren — eine Massenflucht nebenbei, der die Passionsblüte des deutschen Exiltheaters in mehreren ausländischen Metropolen zu verdanken ist; die halbwegs bedeutenden Theaterleute, die zurückbleiben, erhalten häufig Schreib- bzw. Berufsverbot (soweit sie nicht ohnehin in ›Schutzhaft‹ genommen oder in ›Konzentrationslager‹ deportiert werden). Die das deutsche Schauspiel — sei es vor allem als Bühnenschaffende, sei es aber auch als Unternehmer — epochenlang fundamental prägenden Theaterleute jüdischer Abstammung werden dem faschistischen Programm gemäß von den Schauspielhäusern fast völlig ausgeschlossen und, soweit ihnen nicht die Flucht ins Exil gelingt, in ihrer Mehrzahl physisch ausgerottet. Die dergestalt um jedwede menschliche Substanz, gesellschaftliche Bezugsfähigkeit, ästhetische Qualität und institutionelle Tradition gebrachten Theater werden unter den Bombenangriffen 1944 überhaupt geschlossen, die meisten von ihnen im Zweiten Weltkrieg zerstört.[15]

Nach 1945, mit den von der Besatzungsmacht lizensierten Behelfs-, Saal- und Kellerbühnen inmitten der Trümmerfelder (und vermeintlich in der ›Stunde Null‹), insbesondere aber mit dem 1949 auch staatlich konstituierten Aufbau der Bundesrepublik Deutschland als des einen deutschen Teilstaats — beginnt dort die Reorganisation des deutschen Theaters als seine ***Restauration.*** Diese auf dem Hintergrund der politischen Zerstörung einer einheitlichen deutschen Theaterkultur von jahrhundertelanger Prägung vor sich gehende Nachkriegs-Entwicklung betrifft die bis heute letzte große Veränderung im Bühnenwesen dieser Nation. Bis Anfang der sechziger Jahre werden hier allein über ein Drittel der rund 100 zerstörten Schauspielhäuser — meist in ihrer alten Gestalt — wiedererrichtet, ein Dutzend oder mehr beschädigte renoviert und fast fünfzig völlig neue gebaut. In den solchermaßen restaurierten Baulichkeiten wird mit den ökonomischen Bedingungen, rechtlichen Verfassungen, arbeitsmäßigen Organisationen und ideologischen Programmen von System und Betrieben an den Status des Bühnenwesens vor 1933 angeknüpft als wäre seitdem nichts geschehen — oder bloß eine ›barbarische‹ Zeit verstrichen, in der man dementsprechend nachholenswerte ästhetische Entwicklungen im freieren Ausland verpaßt und nun nachzutragen hätte. Eine Beschäftigung insbesondere mit der gesellschaftlichen Verkettung von Klasse und Kultur in die politische Entfaltung des deutschen Faschismus findet weder in den betrieblichen noch in den auf der Bühne dargestellten oder in den einschlägigen kulturpolitischen Auseinandersetzungen einen mehr als verschämten Ausdruck und wird bald ganz verdrängt; zu viele Antifaschisten sind physische, zu viele Mitläufer bewußtseinsmäßige Opfer der Nazis geworden! Ende der fünfziger Jahre hat das westdeutsche kleinbürgerliche Theater fast wieder eine repräsentative Funktion und gesellschaftliche Fraglosigkeit, einen ästhetischen Pomp und eine politische Ausgelaugtheit erreicht wie zuletzt nur in der wilhelminischen Kaiserzeit. Erst von den sechziger Jahren an, im Zusammenhang mit deren größeren gesellschaftlichen Aufbrüchen und Widersprüchen kommt Bewegung auch in die erstarrte Institution Theater und Brisanz in ihre künstlerischen Erzeugnisse; es ist dies eine Entwicklung, die ihren vorläufigen Höhepunkt offensichtlich vor wenigen Jahren überschritten hat. Dem Theater wie wir es an diesem Schnittpunkt vorfinden, soll hier im einzelnen nachgegangen werden.[16]

2 Bestandsaufnahme

2.1 Theater-System

2.11 Grundlagen und Gliederung

Nach der ähnlichen wirtschaftlichen, rechtlichen, organisatorischen und künstlerischen Verfassung ihrer Betriebe, nach ihren Beziehungen untereinander und nach ihren gesellschaftlichen Zielen und Funktionen kann man die Theater in der Bundesrepublik Deutschland und West-Berlin als ein innerlich zusammenhängendes geordnetes Ganzes einzelner Elemente betrachten — d.h. als ***System.*** Das mag banal klingen, ist aber durchaus nicht selbstverständlich. Denn dieses merkwürdige Staatengebilde aus halbem Deutschen Reich und halber deutscher Reichs-Hauptstadt ist das noch vergleichsweise junge Produkt einer jahrhundertelangen gesellschaftgeschichtlichen Entwicklung, deren kultureller Boden sich von seiner Existenz kaum so rasch begrenzen lassen muß. Das System des westdeutschen Theaters ist die Manifestation eines historischen Stadiums und Ausdruck eines gesellschaftlichen Fragments zugleich.[1]

In mehrfacher Hinsicht gehört das westdeutsche Theater mit dem der Nachbarländer Österreich und (nördlicher, ›deutscher‹) Schweiz zusammen, widersprüchlich hängt es an dem der Deutschen Demokratischen Republik als des zweiten deutschen Nachkriegs-Staats. Insofern ist das System des westdeutschen Theaters mit seinen rund zweihundert Bühnen nur ein Teil des Gebiets von ***deutschsprachigem Theater;*** dieses umfaßt noch einmal rund 70 Institutionen in der DDR, 20 in Österreich und ein Dutzend in der Schweiz. Nicht nur verweisen gemeinsame Sprache wie teils gemeinsame Literatur auf das ethnisch-historisch Einige zwischen dem heute geografisch-gesellschaftlich Getrennten: wie austauschbar lesen sich oft auch kommunale

Streitigkeiten um den Schauspiel-Etat oder interne Auseinandersetzungen um betriebliche Mitbestimmung in Flensburg oder Klagenfurt, wie ähnlich fungieren noch immer ›Minna von Barnhelm‹ oder ›Faust‹, ›Hölderlin‹ oder ›Mutter Courage‹ im Spielplan von Ost- und West-Berlin — wie oft inszeniert der jeweilige Mode-Regisseur heute einmal in Wien, danach in Hamburg, kurz darauf in Zürich (wo dann jeweils die Rezensenten aus drei Ländern sich zur Berichterstattung für ihre jeweils gebildete Nation treffen...). Und vor allem besteht zwischen den drei kapitalistischen Staaten unter ihnen ein — im Vergleich zu anderen — ausgesprochen dichter und vielfältiger personeller Zusammenhang bzw. Austausch, der fast kein Ausland kennt (ja auch auf entsprechenden internationalen Rechtsvereinbarungen beruht): fast problemlos wechselt ein Schauspieler von den Münchner ›Kammerspielen‹ an die Wiener ›Burg‹, verändert sich der Biel-Solothurner Dramaturg nach Würzburg, bewirbt sich die Schauspielschülerin aus Bochum um eine Vakanz in Basel und wird der Oberspielleiter von Bonn Operndirektor in Linz. Dagegen geben, wo jahrelang vor allem Theaterleute aus der DDR (durch Flucht und Umzug) ihr künstlerisches Potential mit in den Westen brachten und Kräfte von dort (vor allem aus West-Berlin) täglich im Osten arbeiteten, heute nur seltene Gastspiele — noch oder schon? — beiden Theater-Systemen anschauliche Kenntnis voneinander... Westdeutsches Theater im übrigen, Theater im deutschsprachigen Raum und europäisches Theater, Welttheater — da besteht ein enger historischer Zusammenhang, ein schwer exakt nachweisbares System wechselseitiger Einflüsse.[2]

Der verhältnismäßig große Internationalismus des deutschsprachigen Theaters als zumindest gegen schieren Lokalpatriotismus gefeite Relation und Relativierung über Landesgrenzen hinaus hat mehrere Gründe. Ein wichtiger darunter betrifft den Umstand, daß das westdeutsche Theater weder ein National-Theater ist noch hat oder auf dem Lande, d.h. in der Provinz relevant existiert — sondern daß es in mehrfacher Hinsicht charakteristisch ***städtisch*** ist. Die westdeutschen Bühnen haben ihren Standort praktisch ausnahmslos in den — dafür meist auch rechtlich zuständigen — mittleren und größeren bis großen Gemeinden; sie wenden sich überwiegend, häufig sogar ausschließlich an ein städtisches Publikum und werden als öffentliche finanziell entscheidend von den Städten getragen. Und selbst dort, wo die Bezeichnung einer städtischen Bühne als ›Staatstheater‹ auf die nicht-kommunale Trägerschaft einer Institution hinweist, ändert sich zumindest an jener Eigenschaft nicht das Geringste. Rein quantitativ, aber auch mit einer engen Beziehung zur sonstigen Bedeutung, ragen dabei heute (West-)Berlin, München und Hamburg als ausgesprochene Theater-Zentren hervor (in denen z.B. auch mehr als die Hälfte aller gewerblichen Bühnen liegt); je nach Maßstab kann man dann noch Köln, Frankfurt und Stuttgart sowie das Ruhrgebiet als eine Art ›Stadtlandschaft‹ dazurechnen. Aber auch die übrigen Theater sind in (rund 75, fast immer) kreisfreien Städten angesiedelt und bespielen von dort aus zum Teil noch mehrere hundert weiterer Kommunen. Eine klar dominierende Theater-Metropole allerdings, wie sie in anderen Epochen oder in Ländern mit einer klaren nationalen Hauptstadt häufig gegeben ist, haben wir nicht mehr (und haben sie auch jahrhundertelang nicht besessen). Wenn etwas über die partikularistischen Höfe hinaus das deutschsprachige Theater als System nachhaltig geprägt hat, so war es der seit dem Frühkapitalismus am überregionalen Austausch orientierte Handelsgeist der Städte, ihre nicht unmittelbar von ländlicher Bodenständigkeit geformte spezifische Kultur einerseits — und ihr politisches Selbstbewußtsein zum anderen. ›Städter‹ und ›Bürger‹ bezeichnen in der Entstehungs-Phase des heutigen Theaters noch häufig zwei Seiten der gleichen Sache — ›bürgerliches‹ und ›städtisches‹ Theater erwarben den Gleichklang ihres Namens allmählich in einem zäh durchgesetzten kulturpolitischen Fortschritt. Nicht zufällig hat sich daher auch das ›Stadttheater‹ zu einer Art Symbol des westdeutschen Theater-Systems und -Betriebs entwickelt — das dabei hervortretende Schauspiel zumal: es ist zu einem Paradigma seines Niveaus und seiner Bewunderung in den Glanzzeiten geworden und zum klassischen Schimpfwort in der Zeit des Niedergangs und seiner lokal beschränkten Hervorbringungen.[3]

Die Städtischkeit des deutschsprachigen Theaters in einem Urbanität und Kommunalität ebenso wie Kosmopolitismus und Kirchturmpolitik umfassenden Sinn ist sein gemeinsamer Grundzug — aber auch die großen Unterschiede in seinen vier nationalen Teil-Systemen sind von konstitutiver Bedeutung. Nicht nur weisen selbstverständlich Verfassung und Gesetzgebung von völkerrechtlich jeweils selbständigen Subjekten dem eigenen Theater selbstverständlich auch jeweils recht andersgeartete institutionelle Grundlagen, Rechte und Funktionen zu; ebenso und insbesondere spiegelt auch die Theatertradition nach Stückthematik, Spielweise, Komik, gesellschaftlicher Geltung, Publikumserwartung und vielen anderen Gattungs-Merkmalen die politisch besondere Geschichte komplex und je spezifisch wider. Schon die verhältnismäßig kurze Vergangenheit des Theaters in der DDR — mit dem das westdeutsche ja noch die weitaus längste historische Gemeinsamkeit aufweist — macht mit seiner institutionellen Umwälzung und ideologischen Neuorientierung die Notwendigkeit klar, daß man sich zum Zweck einer sachlich umfassenden Kritik auf die Analyse eines Teilsystems beschränken muß. Wenn also hier nun vom ***westdeutschen Theater*** die Rede ist — und dabei das der besonderen politischen Formation West-Berlin der Einfachheit halber immer als mitumfaßt gedacht wird — so drückt dieses merkwürdig geografisch-politische, ethnisch-sprachliche und historisch-kulturelle Bestimmungen zugleich anspielende Prädikat bereits aus, daß es sich bei dem damit bezeichneten Gegenstand um eine Art Fragment handelt, dessen ganze Gestalt nur noch in Spuren und Konturen existiert. Das deutsche Theater jedenfalls — eine beiläufige Voraussetzung dieser Untersuchung — gibt es nicht mehr. Daran können auch geschäftige Versuche, die verlorengegangene politische Einheit der Nation kulturell zu restaurieren (oder wenigstens symbolisch zu fingieren) — getreue Umkehrung des vor zwei Jahrhunderten von Lessing verspotteten Unternehmens, eine noch nicht gewonnene im Theater zu antizipieren — nichts ändern.[4]

Wie sieht dieses westdeutsche Theater im einzelnen aus? Zur groben Kennzeichnung der Gliederung lassen sich die verschiedenen Einrichtungen des Systems zunächst einmal äußerlich nach mindestens vier Kriterien vergleichen und unterscheiden: 1. nach der ästhetisch-künstlerisch intendierten bzw. organisatorisch gepflegten ***Gattung*** der Veranstaltungen, 2. nach den zeitlichen, räumlichen und personellen Modalitäten von ***Produktion*** und ***Distribution*** der Dienstleistung, 3. nach der ökonomischen und ideellen ***Grundlage*** und ***Zielsetzung*** der Institution, und 4. nach ihren allgemeinen ***Rechtsverhältnissen.*** Ein daten- und zahlenmäßiger Überblick über die diesbezüglich vorhandenen Größenordnungen des westdeutschen Systems bindet diese Bestimmungen allgemein zusammen.[5]

I. Das westdeutsche Theater bildet ein System, in dem praktisch fast ausschließlich die drei künstlerischen Grund-Gattungen betrieben werden: als solche kann man — ihren herkömmlichen Bezeichnungen gemäß — heute ***Schauspiel*** (›Sprechtheater‹), ***Musiktheater*** (also Oper, Operette und, gelegentlich eigenständig geführt, Musical) sowie ***Ballett*** (Tanztheater) betrachten. Ein unabhängig von der jeweiligen sinnlich-symbolischen Besonderheit der Kunstmittel durch die Altersklasse seiner Adressaten bestimmtes Genre ist ferner das — neuerdings statt in seltenen Einzelaufführungen auch an wenigen selbständigen Bühnen gepflegte — ***Kinder-*** und/oder ***Jugendtheater;*** und eine auf stämmisch-landsmannschaftliche Zusammensetzungen des Publikums bezogene, ebenfalls seltene Gattung bildet das ›Volkstheater‹ der ***Mundart-Bühnen.*** Sachliche Grenzfälle der Zugehörigkeit zum Theaterwesen und zur ästhetischen Gattung Theater liegen bei den — hier auch nicht weiter berücksichtigten — Einrichtungen von Kabarett und Revue (mit ihrer partiellen Benützung spektakulär-dramatischer Darstellungs-Elemente in meist nur noch lose verknüpften Handlungs-Nummern) vor. Auch die Pantomime wird hier, entsprechend ihrer geringen Bedeutung für das westdeutsche Theatersystem, in dem man sie praktisch nur als — meist ausländisches — Gastspiel veranstaltet, als Ausnahme vernachlässigt. Einen erkennbaren institutionalisierten Zusammenhang von Ausbildung, Einrichtung, Veranstaltung und Interessenformierung kann man im westdeutschen Theater nur im Hinblick auf jene drei Grund-Gattungen bühnenmäßiger Hervorbringungen erkennen, die im gesprochenen Wort, in gesungener Musik und in getanzter Bewegung ihr jeweils besonderes ästhetisches Merkmal haben. Unter Theater ist in seinem westdeutschen System häufig sowohl Sprech- als auch Musik- oder Tanz-Theater bzw. alles drei zugleich zu verstehen, während im engeren Sinn dann nur Sprechtheater (›Schauspiel‹) so genannt wird; die verallgemeinernde Zusammenfassung findet ihren praktischen Rückhalt, dem z.T. nur geringen Ausmaß an gattungsmäßig charakteristischen Gemeinsamkeiten zutrotz, in vielerlei institutionellen bis kulturpolitischen Traditionen der Zuordnung. Auf die betriebliche Einrichtung eines Theaters für eine, zwei oder alle drei Gattungen dieser Art — verwirrenderweise gelegentlich auch auf die Trennung von Oper und Operette — beziehen sich dann dementsprechend die Begriffe des ›Ein-‹, ›Zwei-‹ und ›Drei-‹ bzw. ›Mehr-Sparten-Betriebs‹.[6]

II. Was Produktion und Distribution ihrer Dienstleistungen anlangt, so verfügen die westdeutschen Theater zunächst ***räumlich*** entweder über feste, für ihre Zwecke mehr oder minder planmäßig eingerichtete Baulichkeiten an einem bestimmten Ort (insbesondere als Zusammenfassung von Spiel-, Veranstaltungs- und Verwaltungsstätten zu einem Baukomplex) oder sie suchen solche Orte bzw. Gebäude als Reise-Theater auf; man spricht daher auch im Hinblick auf diese Alternative von der ***stehenden Bühne*** bzw. der ***Wanderbühne.*** Anders als etwa in Italien herrscht dabei in Westdeutschland der Typ des ›festen Hauses‹ recht eindeutig vor: in ihm produziert man, in ihm präsentiert man auch dieses Produzierte (bis auf die Ausnahme eigener oder fremder Gastspiele) und in ihm ist darüberhinaus die ganze Institution mit Verwaltung, Werkstätten und dgl. etabliert. Anders verhält es sich mit den Wanderbühnen: sie haben in jüngerer Zeit (wie schon in früheren Epochen) wieder einmal stark an Bedeutung gewonnen, werden aber in vieler Hinsicht eher als Ausnahmeerscheinung des Systems behandelt. Vor allem beim entsprechenden kommerziellen Typ, dem ***Tourneetheater,*** wird im Prinzip eine bestimmte Produktion an einem verhältnismäßig beliebigen Ort und mit einer eigens dafür zusammengestellten Truppe erarbeitet, um dann als Gastspiel per Tournee nacheinander an den verschiedensten Orten — teils in Theatern, teils in anderen geeigneten Räumlichkeiten — dargeboten zu werden. Demgegenüber verfügt die gemeinnützige Wanderbühne, das ***Landestheater,*** wie die stehenden Institutionen über ein festes Haus, in dem es auch produziert und einen Teil seiner Vorstellungen gibt; es versieht aber grundsätzlich die Funktion, von diesem zentralen Ort und Haus aus seine Produktionen an die daran interessierten Gemeinden des umliegenden Landes reisend zu ›verteilen‹. Der hier dominierende, manchmal bis zu 50 Orte umfassende ›Abstecher‹-Betrieb wird aber gelegentlich, bisweilen sogar in beträchtlichem Umfang, auch von festen Häusern praktiziert. Das daneben noch in wenigen Einrichtungen vorhandene ***Städtebundtheater*** — einfacher auch Städte- oder Gemeinschaftstheater genannt — ist als eine dem Typ des Landestheaters manchmal sehr ähnliche Mischform von stehender und Wanderbühne anzusehen; in seiner Form können insbesondere zwei oder mehrere benachbarte Städte, die jeweils oder teilweise über die Einrichtung eines einzelnen Betriebs bzw. einer einzelnen Sparte verfügen, ihre Versorgung durch ein gemeinsames Theater oder durch regional kombinierte Gattungen partnerschaftlich organisieren.[7]

Die andere Modalität von Produktion und Distribution des Theaters betrifft deren ***zeitliche*** Dimension — und zwar einmal im Hinblick auf die Spielzeitdauer, zum anderen inbezug auf den Veranstaltungsrhythmus. Die westdeutschen Theater planen und arbeiten nach Spielzeiten als den größeren periodischen Organisations-Einheiten, die ***jährlich*** im allgemeinen vom 1. August bis zum 31. Juli dauern. Und nimmt man die sommerlichen bzw. festlichen Sonderveranstaltungen zunächst aus, so wird dabei in diesen Institutionen bis auf die Saison-Ferien regelmäßig ***täglich*** (und zwar fast ausschließlich am Abend) gespielt; sonntags oder für Kinder, Schüler u.ä. gibt man gelegentlich auch nachmittägliche Zweitvorstellungen, während andererseits vereinzelt auch schon ein wöchentlich spielfreier Tag praktiziert wird. Bedeutsamer aber als diese bloße Häufigkeit und allgemeine Kontinuität von Veranstaltungen ist für den einzelnen Theaterbetrieb die ihnen zugrundeliegende Frequenz jeweils bestimmter Produktionen bzw. Präsentationen. Entweder nämlich präsentiert ein Theater Tag für Tag, Abend für Abend das gleiche Stück, die gleiche Inszenierung — spielt sie, wie man sagt, ›en suite‹ — oder es wechseln einander eine Handvoll verschiedener Werke auf der Basis eines längerfristig verfügbaren (bzw. ständig zu ergänzenden) Programms, des ›Repertoires‹, in unregelmäßiger Reihenfolge und unstetem Rhythmus ab. Diese fundamentale Alternative zwischen dem ***Serientheater*** (wie es fast ausschließlich von gewerblichen Bühnen betrieben wird) und dem ***Repertoire-Theater*** (dem praktisch alle öffentlichen Bühnen zuzurechnen sind) bestimmt die einzelne Institution durch und durch — und zwar sowohl was ihre ökonomischen Grundlagen und ihren Arbeitsablauf, als auch was ihre Zielsetzungen, Denkweisen, Spielmöglichkeiten oder Betriebsveränderungen anlangt. In diesem Sinn kann man die Vereinigung von ästhetischen und topologischen Merkmalen im Begriff von ***Boulevard-Theater*** — als privatem ›Stadt-Theater‹ — nur durch Rückgriff auf seine Produktions-und Rezeptionsverhältnisse klären; nur im Zusammenhang damit offenbart sich das Genre auch als Ort, an den man als Kunde und Zuschauer ›en passant‹ von der (repräsentativen) Geschäftsstraße aus gelangt und an dem man Umgebung und Zugang entsprechend ›profihaft‹ unterhalten sein möchte. Öffentliches ›Stadttheater‹ heißt demgemäß auch nicht schlechthin Klassik, Bildung, Seriosität oder Kunst — sondern es erscheinen solche Genre-Bezeichnungen vor allem als zu Schlagworten zusammengefaßte stilistisch-programmatische Oberflächenerscheinungen fundamental unterschiedlicher Produktionsverhältnisse.[8]

Ein (unter dem zeitlichen Aspekt von Produktion und Distribution gesehen) dritter Typ von Theater ist durch seine periodische Veranstaltung zwischen den jährlichen Spielzeiten bestimmt. Die Spielferien — hierzulande ungefähr zusammenfallend mit dem Kern der schulischen Sommerpause (also Juli/August) — figurieren als allgemeine Zäsuren zwischen den langfristigen Produktions- und Präsentations-Kontinua der westdeutschen Theater; dementsprechend werden sie gegebenenfalls auch zum Datum faktischer personeller, konzeptioneller und anderer größerer Veränderungen an einer Bühne. Eben in diesem zeitlichen Zwischenraum vor allem aber entfaltet sich dann ein außergewöhnliches Genre von theatralem Schauspiel, das es mittlerweile auch schon zu rund 25 beständigen Einrichtungen bei uns gebracht hat: das ***Sommertheater*** bzw. die ***Festspiele.*** Ihre besonderen Veranstaltungs-Modalitäten haben mehrere Gründe: einmal wenden sich solche Saison-Vorstellungen, im 19. Jahrhundert fast nur auf vornehme Kurorte und dgl. beschränkt, im Zeitalter des entwickelten Massenurlaubs wie als eine Art Gegenstück zum selbst reisenden Tourneetheater an eine bestimmte Sorte Touristen. Darunter befindet sich dann der fahrende Abonnent, für den solche Unterhaltung oder Repräsentation zum jahreszeitlich-exclusiven Erlebnis gehört, ebenso wie der gerade auch solcher Kultur wegen wandernde bzw. fliegende Snob oderBildungsbürger. Zum anderen gewinnen die Spielorte an Attraktivität für den Fremdenverkehr bzw. an urbaner Bedeutung; für die Veranstalter klingelt die Kasse und das unbeschäftigte Personal der in den übrigen drei Jahreszeiten produzierenden Bühnen — einschließlich nicht zuletzt der arbeitslosen Kollegenschaft — hat eine weitere Möglichkeit zum mehr oder minder seriösen, renommierten und lukrativen Gastieren bzw. ›Tingeln‹. Vor allem seit Beginn unseres Jahrhunderts präsentieren sich viele Sommertheater — häufig nur eine Einrichtung unter mehreren kulturellen Veranstaltungs-Gattungen eines ganzen Festspiel-Rahmens — insbesondere auch gern auf sog. ***Freilicht-Bühnen,*** d.h. außerhalb üblicher Theatergebäude. In den Ruinen und Umbauten von Burgen, Klöstern und Kirchen, in Felshöhlen und Schloßgärten, auf Rathaustreppen und Pfahlbauten ertönen dann bevorzugterweise die beliebtesten ›Schlager‹ von

Schauspiel und Oper; Stars produzieren sich in der Sommerfrische und Provinz-Ensembles vor verwöhnten Großstadt-Ausflüglern. Gastspiele des In- und Auslands überwiegen die wenigen aus eigenen Kräften — einer örtlichen Bühne oder einer ›ad hoc‹ zusammengestellten Truppe — hervorgebrachten Inszenierungen, und fast immer genügt auch Anspruchsloses an Inhalt und Aufmachung einem auf Ferien eingestellten bunten Publikum.[9]

Die ***Festspiel-Idee*** hat sich in Deutschland vor allem seit der Reichsgründung und im Zusammenhang mit der seitdem verstärkten Suche der Bourgeoisie nach national-kulturellen Repräsentationsformen für Klassenherrschaft und Gesellschaftsordnung bis hin zum überheblichen deutschen Kultur-Imperalismus durchgesetzt. Einige der in der wilhelminischen Ära begründeten Veranstaltungen — wie die Richard-Wagner-Festspiele in Bayreuth oder die Wiesbadener Mai-Festspiele — zählen heute noch zu den prunkvollsten Klassen-Einrichtungen (groß-)bürgerlicher Kultur. Und auch unter den gewichtigen periodischen Veranstaltungen, die erst in der letzten Nachkriegszeit begründet worden sind, dominieren die mit klar ausgewiesener politischer Repräsentations-Funktion: so die ›Ruhrfestspiele Recklinghausen‹ mit ihrer zelebrierten Fiktion einer einmaligen Beteiligung von Arbeitern an der herrschenden Kultur oder die (West-) ›Berliner Festwochen‹, mit denen die politisch-ökonomisch erstarrte ›Frontstadt‹ des ›Kalten Krieges‹ nach dessen Abflauen als kulturelle Hauptstadt mobilisiert wird.[10]

Mit der Form des sommerlichen und festlichen Saison-Theaters überschneidet sich die Einrichtung, bei der an einem Ort periodisch — aber zu örtlich sehr unterschiedlichen Jahreszeiten — bestimmte auf mehrere Tage konzentriert zusammengezogene Präsentationen von unterschiedlichen Theateraufführungen mit einem bestimmten (gleichen) Ziel, Motto, Gattungs- oder Gütemerkmal (und dgl.) arrangiert werden. Dieser Typ von ***Theatertagen*** (gelegentlich auch ›Theatertreffen‹ u.ä. genannt) wird vor allem in der Form von Querschnitts-Darbietungen der regionalen Bestleistungen einer Saison realisiert (wie etwa das ›Norddeutsche Theatertreffen‹ und die ›Baden-Württembergischen Theatertage‹) oder findet sich als Gastspiel-Serie (wie die ›Berliner Theaterwoche‹ in Bonn). In den Veranstaltungen der Frankfurter ›experimenta‹ und des ›Berliner Theatertreffens‹ sind dergestalt aber auch zwei öffentlich finanzierte bzw. mitarrangierte Institutionen entstanden, die in jeder Hinsicht überregionales Format haben. Die seit 1967 etwa im Zweijahres-Rhythmus abgehaltene ›experimenta‹ widmet sich — ohne festen organisatorischen Rahmen (und daher ohne Sicherung ihrer Kontinuität) — vor allem der Vorstellung und Förderung ›avantgardistischen‹, irgendwie experimentellen Theaters, das zum Teil eigens auf diesen Anlaß hin erarbeitet wird. Demgegenüber hat sich das 1964 — mit Hilfe einer zeitlichen und organisatorischen Ausgliederung von Bühnen-Gastspielen aus den ›Festwochen‹ — in Berlin eingerichtete ›Theatertreffen‹ satzungsmäßig eine Art Synopse der Saison-Besten zum Ziel gesetzt: alljährlich werden die zehn jeweils ›bemerkenswertesten‹ Schauspiel-Produktionen einer Spielzeit im deutschsprachigen Raum durch eine Jury von namhaften Theaterkritikern ermittelt und als Auszeichnung im Zusammenhang präsentiert. Ähnlich wie Messen und Kongresse in anderen Branchen wenden sich insbesondere diese beiden Theaterwochen stets an ein mit interessierten Laien untermischtes Publikum aus fachkundigen Beobachtern wie selbst praktizierenden Profis und nehmen so selbstverständlich — freilich mit recht unterschiedlicher Ausstattung, Zielrichtung und Wirkung — erheblichen Einfluß auf kulturpolitische Tendenzen im allgemeinen und speziell theaterkonzeptionelle Strömungen.[11]

Mit den räumlich-zeitlichen bzw. veranstaltungsmäßigen Bedingungen der Produktion und Distribution von Theater eng zusammen hängt die Frage nach den ***personellen*** Bestimmungen, denen sie unterworfen ist bzw. die ihr Verhältnis auch institutionell charakterisieren. Im westdeutschen Theater — die meisten Privatbühnen durchaus eingeschlossen — überwiegt eindeutig die Modalität, daß man an einem festen Haus auch mit einem festen, in der Regel mindestens für durchschnittlich zwei Spielzeiten engagierten künstlerischen Personal arbeitet (wobei die übrigen Beschäftigungsarten, etwa der Verwaltung, für den Betrieb eher uncharakteristisch bleiben). Nach einem Wort, das um die Bedeutung von ›zusammen‹ kreist und mal zur Bezeichnung des gesamten Theaterpersonals, mal zur Bestimmung der Darsteller unter ihnen und gegebenenfalls speziell zur Würdigung ihrer eingespielten Beziehung verwendet wird, bezeichnet man eine auf dieser Arbeitsvoraussetzung beruhende oder auf sie gerichtete Bühne und Bühnenarbeit auch als ***Ensemble-Theater.*** Demgegenüber praktiziert man an einigen privaten Bühnen und insbesondere bei allen Tourneetheatern die (z.B. in den USA vorherrschende) Vertrags- und Arbeitsform, wonach die künstlerischen Mitarbeiter — und vor allem die Schauspieler — jeweils nur für eine bestimmte Produktion in Dienst gestellt werden, d.h. mit einem sog. ***Stück-Vertrag*** arbeiten. Auch dies sind für die Produktionsverhältnisse ausschlaggebende Erklärungen personeller Dispositionen, die — z.T. mit dem gleichen Begriff — auf der künstlerischen Ebene als Alternative etwa zwischen ›Ensemble-‹ und ›Star-Theater‹ angesprochen werden. Die Zwischenform eines (vor allem aus Italien bekannten) Verfahrens, bei dem man den Zusammenhang zwischen sachlichem Spiel-Programm und personeller Kontinuität seiner Produktion jeweils auf eine einzige Spielzeit (ital. ›Stagione‹) anlegt, wird als sog. ***Stagione-Prinzip*** hierzulande bisher ausschließlich im Bereich der stärker an internationalen Gepflogenheiten — z.B. des Gastierwesens — orientierten Oper zögernd erprobt.[12]

III. Nach Art der Zielsetzung und dergestalt in Wechselbeziehung mit der wirtschaftlichen Grundlage der Bühne gibt es im westdeutschen Theaterwesen im Prinzip zwei ihrer Konstruktion nach klar alternative Betriebs-Modelle: entweder nämlich wird ein Theater ***gewerblich*** betrieben, d.h. es wird von Privatleuten mit dem Ziel, mindestens aber mit der (unkontrollierbaren) Möglichkeit materieller Bereicherung veranstaltet — oder aber es ist im öffentlichen Interesse an seinem künstlerischen, kulturellen o.ä. Wert eingerichtet worden, kann also als ***gemeinnützig*** gelten. Nach der Zielsetzung muß man dabei diesen Unterschied insofern bestimmen, als sich die ökonomischen Praktiken bzw. die ihnen zugrundeliegenden Wirtschaftsweisen und Rechtsformen beider Typen von Theater längst zusehends vermischen. Mehr und mehr bedürfen einerseits privat geführte Bühnen beträchtlicher Subventionen vonseiten der öffentlichen Hand — was zumindest mit dem Schwinden von privatwirtschaftlichem Gewinnstreben ihres Unternehmers bzw. offizieller Deklaration als gemeinnützig einhergehen kann; gleichzeitig entwickelt sich eine klare Tendenz dazu, daß man das gemeinnützige Theater der öffentlichen Hand in rentablere, organisatorisch effektivere Rechtsformen der privaten Wirtschaft überführt (ohne daß es dann dementsprechend etwa auch gewerblich sich ausrichten dürfte!). Neben dem kraft öffentlicher Trägerschaft gemeinnützigen bzw. aufgrund privater Initiative gewerblichen Theater gibt es dann noch gelegentlich einen dritten Typ von privater, nichtgewerblicher Bühne: es handelt sich dabei um Einrichtungen mit ***vereinsmäßig*** bestimmten ideellen Zielsetzungen, bei denen der erklärte Verzicht auf Gewinnstreben sich in der öffentlich anerkannten Gemeinnützigkeit der Organisation — im engeren steuerrechtlichen Sinn — dokumentieren kann. Allerdings ist auch diese Bestimmung nach der vereinsmäßigen Zielsetzung nicht zu verwechseln mit der betrieblichen Rechtsform, wie sie keineswegs vereinsmäßig sein muß — indes umgekehrt mehrere gemeinnützige Landestheater als Vereine organisiert sind.[13]

IV. Das letzte Kriterium für die strukturelle Bestimmung des westdeutschen Theatersystems — das der Rechtsverhältnisse — ist nur schwer allgemein zu kennzeichnen, weil es sowohl einer Beziehung auf die gesellschaftliche Rechtsordnung generell wie einer Interpretation im Hinblick auf innerbetriebliche Verhältnisse bedarf. Im Prinzip jedoch gibt es unter juristischen Gesichtspunkten weiterhin eine Gliederung in zwei Typen von Theater, die mit der Unterscheidung von gemeinnütziger und gewerblicher Institution korrespondieren. Wenn man in diesem Sinn von ***öffentlichem Theater*** bzw. ***Privatbühnen*** spricht, meint man also nicht unbedingt auch schon die — damit nicht zwangsläufig identische — Organisation auf der formalen Grundlage von öffentlichem bzw. Privatrecht. Insgesamt aber entspricht dem öffentlichen — nicht immer auch öffentlich-rechtlichen — Status einer von den Gebietskörperschaften Stadt, Land und (potentiell) Bund wirtschaftlich getragenen und politisch (formell) verantworteten Bühne in der Regel die Leitung durch einen ***Intendanten*** (sog. ›Intendanten-Verfassung‹); sie stuft sich im übrigen noch je nach der unterschiedlichen Eigenständigkeit und Eigenverantwortlichkeit der darin enthaltenen behördlichen Verwaltung ab. Das private — immer auch privatrechtliche — Theater als gewerblich oder vereinsmäßig orientiertes Institut wird demgegenüber durch einen meist ***Direktor*** genannten Leiter geführt (der mit dem Unternehmer identisch sein kann). Neben diese beiden rechtlichen Leitungsformen ist in jüngerer Zeit vereinzelt ein Modell der Führung beider Arten von Theater durch ein Gremium getreten, das als ***Direktorium*** bezeichnet wird (›Direktorial-Verfassung‹).[14]

Wie sieht das solchermaßen strukturell bestimmte westdeutsche Theater seinem konkreten Umfang nach als System aus? Die wesentliche materielle Grundlage dafür besteht hierzulande in den vielen konkreten Institutionen und deren überwiegend öffentlicher Finanzierung. Das westdeutsche Theater umfaßt z.Zt. eine schon länger um rund 200 schwankende Zahl solcher selbständiger ***Einrichtungen;*** mit ›selbständig‹ ist dabei nicht die Zahl von Häusern oder Verwaltungs-Einheiten gemeint — also der erheblich größere Umfang unter Einschluß von Studios, auswärtig bzw. gelegentlich bespielten Institutionen usw. — sondern die Zahl der Bühnen mit jeweils eigenem Betrieb und Ensemble (die produktionsweise zusammengestellten Truppen stehender Bühnen eingeschlossen). Man kann diesbezüglich zunächst von einem Kern von etwa 160 Theatern ausgehen, deren wirkliche Breite aber noch durch die Auffächerung der darin enthaltenen knapp 50 Drei-Sparten-Betriebe (mit ihrer graduell recht unterschiedlichen Selbständigkeit von gattungsmäßigen Teil-Ensembles) unbestimmt vergrößert wird; außerdem spielen die 15 bis 20 Landesbühnen (je nachdem ob man die Städtebundtheater zu ihnen rechnet) in einer ganzen Reihe von festen, aber ensemblelosen Häusern. Dazu tritt eine verschieden hoch bezifferbare Reihe von bis zu 20 Tourneetheatern (je nachdem ob man sie nach ihrem — häufig Schweizer — Geschäftssitz oder nach ihrem hauptsächlichen Spielgebiet einordnet) und eine nur beschränkt addierbare Anzahl von etwa ebensovielen Festspiel- bzw. Freilicht-Bühnen. Der Größenordnung nach kann von dem Grundbestand der 160 Theater-Betriebe die ›kleinere‹ Hälfte als öffentlich, die ›größere‹ als privat angesehen werden — und zwar unabhängig von ihrer jeweiligen betrieblichen Rechtsform betrachtet: die Mehrzahl der öffentlichen Theater — vor allem des Dutzends Staats-, und der fast 50 Stadttheater — ist (noch) als Regiebetrieb organisiert, während die privaten Bühnen vor allem als Einzelunternehmen und GmbH geführt werden.[15]

Was den ***Aufwand*** der westdeutschen Theater anlangt, so liegt die Summe ihrer jährlichen Etats bzw. Umsätze mittlerweile bereits weit über einer Milliarde DM. Dabei werden rund 80—85 % des gesamten westdeutschen Theater-Budgets regelmäßig von den insgesamt rund 25.000 Beschäftigten der Bühnen aufgezehrt (was u.a. auch heißt, daß etwa 4/5 dieser Kosten immer schon tariflich festliegen!): ca. 3.500 Schauspieler, 1.500 Sänger und 1.000 Tänzer sowie 5.000 Chor- und Orchester-Mitglieder, mehr als 7.500 Techniker und fast 2.000 Verwaltungsleute bilden mit den übrigen 4.000 bis 5.000 Theaterschaffenden (Regisseuren, Dramaturgen, Bühnenbildnern, Inspizienten, Intendanten u.a.) das gesamte an jenen Institutionen unmittelbar beschäftigte Personal. Dabei haben große Betriebe gelegentlich 300 (und mehr) Beschäftigte, durchschnittliche Stadttheater eher nur die Hälfte davon oder weniger (und Privattheater meist einen noch wesentlich stärker reduzierten Personalkörper) — unter denen die künstlerisch tätigen Bühnenschaffenden fast immer weitaus in der Minderzahl sind. Die Ergebnisse solcher vereinigten Arbeitskraft werden von den Theatern jeweils etwa um 250 bis 300 mal im Jahr vor meist mehreren hundert Zuschauern aufgeführt, wobei die Platzkapazität der einzelnen Häuser im allgemeinen nur bei großen Musiktheatern zwischen 1.000 und 2.000, ansonsten (z.T. erheblich) darunter liegt. Durch den dementsprechenden Besuch bzw. die Eintrittspreise dafür — bei einer tendenziell stetig sinkenden Platzausnutzung von z.Zt. etwa 75 % pendelt die durchschnittliche Höhe der stark gestaffelten Kartenpreise um über 7 DM — können die Kosten dieses Theaters auch nicht mehr annähernd gedeckt werden. In der Spielzeit 1975/76 bezog das westdeutsche Theater insgesamt bereits über eine Milliarde DM an Subventionen von der öffentlichen Hand; davon wurden durch die öffentlichen Theater allein 95 % verschlungen — und zwar zu einer Bestreitung von durchschnittlich — und mit (pro Bühne) erheblichen Unterschieden — rund 4/5 ihrer Ausgaben...[16]

Dieses mit öffentlichen Zuschüssen von geradezu gigantischer Höhe funktionierende westdeutsche Theater ist dennoch — vielleicht aber auch gerade deshalb — nur in verhältnismäßig geringem Ausmaß fähig und geeignet, seine ***Veranstaltungen*** nunmehr der schonungslosen Beurteilung durch aktiv interessierte, weil derart stark begünstigte Besucher — d.h. der sog. Abstimmung an der Kasse — auszusetzen. Die jährlich insgesamt rund 50.000 Vorstellungen von annähernd jeweils 2.000 Produktionen (bei über 1.500 Neu-Inszenierungen pro Spielzeit) — jede wird also im Durchschnitt etwa 25 mal gespielt —

bestehen zu knapp 2/3 aus Aufführungen von (Sprech-) Schauspielen und zu gut 1/3 aus solchen von Oper, Operette, Musical und Ballett. Dabei wurden 1975/76 von den rund 17,5 Millionen durch die öffentlichen Bühnen verkauften Eintrittskarten — einer Anzahl übrigens, die zwischen 1964 und 1974 um über 3 Millionen systematisch zurückgegangen war (obwohl sich z.B. die Zahl der Bühnen sogar vermehrt hatte) — nur etwa ein Viertel im unermäßigten freien Verkauf abgesetzt. Jeweils ein gutes Viertel bis knapp ein Drittel der Plätze, also zusammen die Hälfte bis zwei Drittel, waren und sind immer schon durch Abonnenten bzw. Mitglieder von Besucher-Organisationen besetzt, während ein restlicher Teil noch, ebenfalls ermäßigt, an Schüler und Studenten oder (gar gratis) an Rezensenten, Kommunalpolitiker und ähnliche Abnehmer geht.[17]

Dementsprechend dürfte man die Summe der insgesamt jeweils pro Saison verkauften Theater-Billets — sie macht seit Jahren (mit leichten örtlichen, gattungsmäßigen und spielzeitlichen Schwankungen) durchschnittlich nur 4/5 bis 3/4 der vorhandenen Plätze aus — mindestens durch fünf bis zehn zu teilen haben, um auf die Zahl der tatsächlichen individuellen Theaterbesucher zu kommen. Gerade die mehr als 50 Prozent organisierter Zuschauer von Theater nehmen ja stets mehrmals bis häufig in einer Saision an seinen Veranstaltungen teil und allein die Besuchs-Frequenzen des durch Abonnement geschaffenen Stamm-Publikums liegen meistens zwischen etwa acht und zwölf; außerdem dürfte ein sicher nicht unbeträchtlicher, wenn auch kaum exakt bestimmbarer Prozentsatz der übrigen Besucher (wie z.B. Studenten) erheblich häufiger als einmal pro Spielzeit ins Theater gehen. Das wirkliche ***Publikum*** der westdeutschen Theater besteht also, selbst wenn man zu den (einschließlich ihrer Gastspiele) rund 20 Millionen Millionen verkauften Karten der öffentlichen Bühnen noch gut 10 der statistisch nur ungenau erfaßbaren Privat-Unternehmen am Boulevard und auf Tournee hinzurechnet, vermutlich höchstens aus 1/5 dieser Summe — wahrscheinlich aber kaum aus mehr als 3 Millionen Menschen und eher aus weniger. Der Anteil des Theaterpublikums an der (z.Zt. auf rund 55 Millionen Menschen zu veranschlagenden) westdeutschen Bevölkerung jedenfalls liegt auch in den meist ja noch wohlmeinenden Schätzungen von Experten in der Regel zwischen fünf und zehn Prozent. Exakte Daten fehlen diesbezüglich leider ebenso wie im Hinblick auf die soziale Zusammensetzung dieser Zuschauerschaft — gerade was ihre Zugehörigkeit zu bestimmten Altersgruppen, Berufen und ökonomisch-politischen Klassen anlangt. Allerdings scheint im Prinzip Einigkeit über die (auch durch zahlreiche unsystematische Befragungen, unkontrollierte Beobachtungen oder historische Ableitungen untermauerte) Feststellung zu bestehen, daß in jener theaterbesuchenden Bevölkerungs-Minderheit die soziale Unterklasse und ländliche Schichten bis zu ihrer völligen Abwesenheit unterrepräsentiert, Bürger- und Kleinbürgertum stark überproportional (und als überaltert) vertreten sind.[18]

Durch alle diese Zahlen und Daten darf man sich nicht verleiten lassen, die Bühnen umstandslos an anderen öffentlichen Einrichtungen, insbesondere auch den von der öffentlichen Hand getragenen (anderen) ***Kultur-Sparten*** zu messen. Immerhin sticht das Theater als Dienstleistungs-Einrichtung auch schon von jenen Institutionen auffällig ab, die ihm im Kulturbetrieb bei uns nach Geltung, Aufgabe und Ausstattung herkömmlicherweise verglichen werden: 1. wird es von jeher — anders als etwa Philharmonisches Orchester oder Bibliotheken — in erheblichem Umfang auch in privatwirtschaftlicher (ökonomischer und ideologischer) Konkurrenz zur öffentlichen Veranstaltung betrieben, 2. hinterläßt die Verkehrsform Theater — im Unterschied z.B. zu Museum und Kino — der entsprechenden Institution bzw. den öffentlichen Investitionen kein bleibendes, zur extensiven Weiter- und Wiederverwendung (oder auch zur bloßen Sachwert-Speicherung) geeignetes dingliches Resultat oder Korrelat seiner Leistung (vom neuerlich problematischen Fall abgefilmter Aufführungen zunächst einmal abgesehen). Und 3. richtet Theater — in fundamental anderer Weise als Bilder, Musik und dgl., aber auch einförmiger, elementarer als etwa Film und Fernsehen — eine Verkehrsform ein, deren konstitutive Verwandtschaft mit der Abbildung komplexer sozialer Beziehungen einen nach Personal, Arbeitsweise und Sachausstattung außergewöhnlich hohen Aufwand zumindest gattungsmäßig zunächst begründbar erscheinen läßt.[19]

2.12 Interesse und Organisation

Das Theater wird von Menschen und Institutionen bestimmt, die ein besonderes Interesse an ihm dergestalt bekunden, daß sie ihre Beziehungen zu seiner Einrichtung und Veranstaltung ausdrücklich, ja förmlich organisieren und organisieren lassen. Ein unmittelbares Interesse solcher Art haben mindestens drei Gruppen: 1. die Träger des Theaters, also die (im weiteren Sinn) ***Theater-Unternehmer,*** 2. die an ihm Beschäftigten, d.h. (ebenfalls in umfassenderer Bedeutung) die ***Theater-Schaffenden,*** und 3. das an deren Veranstaltungen teilnehmende Publikum, d.h. die (potentiellen und faktischen) ***Theater-Besucher.*** Mittelbar am Theater interessiert sind demgegenüber alle die Personen und Institutionen, die ihm Menschen, Sachen oder Dienste von außen vermitteln oder für deren Qualifizierung bzw. Qualität sorgen, und die das, was von den Bühnen kommt, beruflich rezipieren oder auf andere Weise verarbeiten. Dabei geht es also um mindestens sechs weitere Funktionen und Bereiche: a) die ***Ausstattung,*** b) die ***Ausbildung,*** c) die ***Arbeitsbeschaffung,*** d) die ***Publizistik,*** e) die ***Wissenschaft*** und f) die ***Kulturpflege.*** Zum Teil durchdringen, überlappen und verknüpfen sich dabei die Aktivitäten dieser beiden unmittelbaren und mittelbaren Interessen-Kreise und fast immer geht in ihre Tätigkeiten, Einrichtungen und Organisationen sowohl private als auch öffentliche Anteilnahme ein.[1]

Theater-Schaffende und ***Theater-Unternehmer*** der westdeutschen Theater haben ihr Interesse an der Theater-Arbeit als sog. Arbeitnehmer bzw. Arbeitgeber — ebenso irreführend auch ›Sozialpartner‹ genannt — schon seit geraumer Zeit aufeinander bezogen organisiert. Die beiden mit Abstand wichtigsten unter jeweils mehreren — weil rechtlich möglichen — Verbänden einschlägiger Art sind dabei die ›Genossenschaft Deutscher Bühnenangehörigen‹ (GDBA) auf der einen, der ›Deutsche Bühnenverein‹ (DBV) auf der anderen Seite. Die Unternehmer werden noch durch zwei weitere maßgebliche Organisationen von allgemeinem Interessen-Umfang, nämlich durch die ›Tarifgemeinschaft deutscher Länder‹ und die ›Vereinigung kommunaler Arbeitgeberverbände‹ vertreten. Die Tournee-Theater sind mehrheitlich dem ›Internationalen Variété-, Theater- und Circus-Direktoren-Verband‹ angeschlossen. Bei den Theaterschaffenden dagegen häufen sich sogar die Interessen-Vertretungen: nicht nur stehen ihnen gleich zwei weitere Gewerkschaften offen — nämlich (vor allem den nichtkünstlerischen Beschäftigten der öffentlichen Theater) die Gewerkschaft ›Öffentliche Dienste, Transport und Verkehr‹ (ÖTV), die wie die GDBA dem ›Deutschen Gewerkschaftsbund‹ (DGB) angehört, und die ›Deutsche Angestellten-Gewerkschaft‹ (DAG) mit ihrer ›Bundesfachgruppe Schauspieler/Regisseure‹ bzw. dem ›Verband deutscher Opernchöre und Berufstänzer‹... Auch kann man sich am Theater (je nach konkreter Bühnentätigkeit) noch im ›Deutschen Orchesterverein‹, im ›Fachverband deutscher Berufschorleiter‹ u.v.a. als in arbeitsbezogenen Interessen-Vertretungen organisieren.[2]

Der ***Deutsche Bühnenverein*** (DBV), ›Bundesverband deutscher Theater‹, ist ein privatrechtlicher Zusammenschluß bundesdeutscher Theater (und ›Kulturorchester‹) und hat sowohl natürliche wie juristische Personen unter seinen über 100 Mitgliedern. Sie — Kommunen, Kulturdezernenten, Bühnenleiter, Zweckverbands-Vorsitzende usw. — sind in fünf funktionale Mitgliedsgruppen unterteilt: 1. Unternehmer-, 2. Subventions-, 3. persönliche, 4. außerordentliche und 5. Ehren-Mitglieder. Dabei gehören zur ersten Gruppe sowohl Unternehmer als ›natürliche‹ wie auch Körperschaften u.ä. als ›juristische‹ Personen (des öffentlichen oder des Privatrechts); die zweite Sparte besteht aus juristischen Personen des öffentlichen Rechts, die ein Theater wesentlich subventionieren ohne es selbst zu betreiben (also z.B. bestimmte Kommunen oder Kreise). Persönliche Mitglieder sind — ohne allgemeines Stimmrecht — die Leiter von (dem DBV angehörenden) Theatern (sofern sie auch als künstlerische Leiter fungieren), also Intendanten und Direktoren; zu den außerordentlichen Mitgliedern schließlich können neben den Rundfunkanstalten Institutionen zählen, die dem DBV (wie z.B. die ›Berliner Festspiele‹) sachlich nahestehen. Diese Mitglieder-Struktur des DBV wird bei Meinungsbildung und Entscheidungsprozessen durch eine vertikale Gliederung gebrochen, wonach die Staats-, die Stadt- und die Privattheater-Gruppe sowie die der Landesbühnen unterschieden werden; die horizontale Gliederung betrifft demgegenüber die (derzeit) fünf Landesverbände Baden-Württemberg, Bayern, Berlin, Mitte (Nordrhein-Westfalen, Hessen, Rheinland-Pfalz, Saar) und Nordwest (Hamburg, Bremen, Schleswig-Holstein, Niedersachsen). Die fünf satzungsmäßigen Organe des DBV sind die (einmal jährlich tagende) Hauptversammlung, der (dreizehnköpfige) Verwaltungsrat, das Präsidium (aus Gruppenvorsitzenden und Präsident), der (insgesamt 12 Gruppen-Vertreter umfassende) Tarifausschuß und der (geschäftsführende) Vorstand; ihre Arbeit wird durch punktuell einsetzbare Ausschüsse permanent ergänzt. Seiner Vereinssatzung gemäss verfolgt der DBV vor allem den Zweck, das deutsche Theater (einschließlich seiner Orchester) zu fördern, sein Gesamtinteresse wahrzunehmen und die mit ihm befaßten Gesetzgeber und Administrationen entsprechend zu beraten. In dieser Funktion entwickelt die Organisation durch kontinuierliche Verbandstätigkeit musterartige und programmatische Konzepte kulturpolitischer, ökonomischer und rechtlicher Art und vertritt sie in der Öffentlichkeit sowie gegenüber (anderen) politischen Instanzen und Interessen-Verbänden. Eine der wichtigsten Fuktionen des DBV besteht außerdem in der Wahrnehmung seiner tarifpolitischen Kompetenzen. Der Verein, der 1975/76 unter seinen Mitgliedern 114 Theater zählte, gibt die Monatszeitschrift ›Deutsche Bühne‹ als sein Forum heraus und veröffentlicht alljährlich eine sog. Bühnen-Statistik (mit den Aufführungs-, Besucher-, Spielplan- und Etat-Zahlen bzw. -Daten der jeweiligen Saison u. dgl.).[3]

Die ***Genossenschaft Deutscher Bühnenangehörigen*** ist — mit z.Zt. rund 10.000 Mitgliedern — die mit Abstand größte Vereinigung der am westdeutschen Theater beschäftigten Personen und gehört als einer von sechs Verbänden (und als hinter der ›medien‹-bezogenen RFFU zweitgrößter) der kleinen ›Gewerkschaft Kunst‹ im DGB an. Zweck und Aufgabe der GDBA sind nach ihrer Vereinssatzung allgemein die Wahrung und Förderung von Belangen des deutschen Theaters, speziell im Hinblick auf seine Mitglieder aber insbesondere die Vertretung entsprechender künstlerischer, sozialer, wirtschaftlicher und rechtlicher Interessen. Dementsprechend besteht die GDBA aus einzelnen in den verschiedenen Theaterstädten eingerichteten ›Lokalverbänden‹ (z.Zt. rund 100); sie wählen jeweils einen Vorstand (mit einem leitenden ›Obmann‹), in dem die vier sog. Berufsgruppen — nämlich ›ATuV‹ (Ausstattung, Technik und Verwaltung), ›Tanz‹, ›Opernchor‹ und (als stärkste Gruppe) ›Solo‹ (Schauspieler, Sänger, Dramaturgen, Spielleiter usw.) — durch Beisitzer vertreten sein können. Während sich dann aus den Lokalverbänden wiederum sechs Landesverbände konstituieren — deren Gebiete z.T. identisch mit Bundesländern sind

— wählt ein regelmäßig einberufener ›Genossenschaftstag‹ von ›lokal‹ direkt abgeordneten Delegierten einen amtierenden Verbands-Präsidenten; ihm ist der sog. Haupftvorstand beigeordnet, der aus den Obleuten der Landesverbände und Vertretern der Berufsgruppen paritätisch zusammengesetzt ist... Die gewerkschaftliche Organisation ist also kompliziert und mit einem unübersehbaren Hang zur Förderung des Funktionärswesens aufgebaut. Auch die GDBA hält regelmäßig Sitzungen bzw. Tagungen auf allen funktionalen Ebenen ab und gibt eine eigene Monatszeitschrift, die ›Bühnengenossenschaft‹, heraus. Neben der unregelmäßigen Erarbeitung und Publikation von Manifesten, Denkschriften, Resolutionen usw. zur Lage der Theaterschaffenden legt der Verband auch jährlich das sog. Bühnen-Jahrbuch vor, das detaillierte Angaben über alle deutschsprachigen Theater enthält.[4]

Bühnengenossenschaft und Bühnenverein arbeiten außer auf unförmlicher Grundlage und bei gelegentlich gegebenem Anlaß vor allem in vier Einrichtungen zusammen, die der Regelung von wirtschaftlichen, rechtlichen, sozialen und Ausbildungs-Fragen dienen. Dabei handelt es sich um folgende: 1. die sog. ***Tarifausschüsse,*** die Löhne, Gehälter, Urlaubszeiten und andere Arbeitsbedingungen der einzelnen Berufsgruppen vereinbaren und insbesondere in den sog. Normalverträgen fixieren. 2. das sog. ***Bühnen-Schiedsgericht,*** das als eine der ordentlichen Gerichtsbarkeit verbindlich vorgeschaltete Institution vor allem arbeitsrechtliche Streitfälle zwischen Bühnenschaffenden und Bühnenunternehmern sachnah beurteilen und womöglich schlichten oder entscheiden soll. 3. wirken beide Organisationen in der (daher so bezeichneten) ***Paritätischen Prüfungskommission*** zusammen, vor der Schauspielschüler neben Eignungs- und Zwischen-Prüfungen vor allem die abschließende ›Bühnenreifeprüfung‹ ablegen können bzw. müssen. 4. verantwortet ein fast ausschließlich aus den Vertretern jener beiden dominanten Verbände zusammengesetzter Verwaltungsrat die Rentenversicherung der Bühnenkünstler in der sog. ***Versorgungsanstalt*** der deutschen Bühnen.[5]

GDBA und DBV sind die nach Mitgliederzahl, Organisations-Umfang und Einfluß eindeutig stärksten überregionalen Interessen-Vertretungen auf der Bühnenseite des deutschen Theaterwesens. Allerdings bringt eine solche auf die Vielfalt von Interessenten gestützte Größe auch die partielle Divergenz, ja Gegensätzlichkeit von Interessen innerhalb ein und derselben Organisation mit sich. So faßt die Genossenschaft nicht nur höchst unterschiedliche arbeitsteilige Berufstätigkeiten von häufig kraß anderer ökonomischer Lage der sie Ausübenden zusammen — wie unterbezahlte Tänzer und hochdotierte Regisseure, ungelernte Bühnendekorateure und promovierte Dramaturgen; sie muß auch die einander oft herrschaftlich, gelegentlich sogar offen gegnerisch über- bzw. untergeordneten Mitglieder (wie insbesondere die sog. künstlerischen Bühnenvorstände im Verhältnis zu den Schauspielern) rein gewerkschaftlich zu ›Genossen‹ (oder wenigstens zu ›Kollegen‹) werden lassen. Das entscheidende Kriterium einer Kooperation zwischen solchermaßen heterogenen Mitgliedern ist dann freilich letztlich die objektive Schärfe des ***Interessen-Gegensatzes*** untereinander bzw. gegenüber Dritten. Auch bei dem hauptsächlichen Vertreter dieses ›Dritten‹, dem DBV, gibt es keine immer klare ›Arbeitgeber‹-Linie von selbstverständlicher Geschlossenheit: vielmehr müssen sich z.B. öffentliche Rechtsträger und privatwirtschaftliche Unternehmer von Theatern vielfach als potentielle oder reale Konkurrenten verstehen — ebenso wie Kommune und Intendant nur zeitweilig Bündnispartner, in anderer Hinsicht stets auch Vertragspartei mit höchst unterschiedlichem Interesse sind. In der Praxis führt der als Druck wirkende Anspruch auf innere und äußere Stärke der Organisationen oft dazu, daß entsprechende Konflikte unausgetragen bleiben und die an sich vorwärtstreibenden Widersprüche nivelliert, harmonisiert, ja ignoriert werden (wie sich das z.B. am Fall des ›Kunstfachs‹ in der GDBA, in dem des ›Tourneetheaters‹ beim DBV deutlich zeigt).[6]

Die extrem ausgeprägte ***Vertretungs-Vielfalt*** im Theater-Bereich schwächt die Position von gewerkschaftlich, berufsständisch und vereinsmäßig organisierten Bühnenangehörigen besonders nachhaltig. So sind etwa, alternativ zur GDBA, rund 1.500 Schauspieler und Regisseure in einer medienübergreifenden Fachgruppe (BFF) der ›Deutschen Angestellten-Gewerkschaft‹ (DAG) organisiert — einem deutlich eher den Interessen avancierender Manager und leitenden Personals verpflichteten Verband. Dagegen ist beispielsweise wiederum der ›arbeitskreis bertolt brecht‹ (abb), ein in den sechziger Jahren entstandener Verein antikapitalistisch orientierter westdeutscher Theaterleute, in lokalen Gruppierungen und überregional verbreiteten ›Nachrichtenbriefen‹ vorübergehend zum Motor von Mitbestimmung-Bewegungen an den Bühnen des Bundesgebiets geworden; dabei war dies eine Aktivität, die sich bezeichnenderweise oft zunächst erst gegen die Gewerkschaft entfalten mußte. Auf der anderen Seite haben sich z.B. auch schon die Gastspiele einkaufenden Gemeinden in der ›Interessengemeinschaft ensembleloser Theaterstädte‹ und im ›Interkommunalen Arbeitskreis Kinder- und Jugendtheater‹ zusammengeschlossen, um ihre Belange (etwa in ›Städtetag‹ und ›Städtebund‹) gemeinsam zu vertreten. Zahlreiche kleinere ›Clubs‹ — so die ›Arbeitsgemeinschaft deutscher Festspielorte‹ oder der ›Verband deutscher Freilichtbühnen‹ — organisieren darüberhinaus viele, z.T. recht spezifische Interessen am Theater. Querverbindungen wie die zum ›Gesprächskreis Theater‹ (der seit 1972 Vertreter des ›Deutschen Städtetags‹, der ›Ständigen Konferenz der Kultusminister‹, des ›Deutschen Bühnenvereins‹ sowie der jeweils zwei größeren Gewerkschaften bzw. Besucherorganisationen unregelmäßig einlädt) treten noch dazu. Schließlich wird die dergestalt reichlich verworrene Konstellation der Interessen- und Vertretungs-Vielfalt noch einmal durch rechtliche Bedingungen strukturiert, wie sie sich aus den unterschiedlichen Anstellungs-Verhältnissen der Theaterschaffenden inbezug auf öffentliche bzw. Privatbühnen ergeben: nicht nur splittern die aus jener jeweils spezifischen Unternehmungsform erwachsenden höchst unterschiedlichen Rechte die Mitglieder der einzelnen Bühnentypen untereinander auf, sondern es verhindert beispielsweise auch am gleichen Haus eine dem Arbeitsverhältnis entspringende Zugehörigkeit zur GDBA kraft Tarifvertrag die Beteiligung an einem von der ÖTV aus durchaus gemeinsamem Interesse ausgerufenen Streik. So wird also das solidarische Mitwirken betrieblich unmittelbar kooperierender Kollegen an der druckvollsten legalisierten Form von Arbeitskampf schon technisch weitgehend ausgeschlossen![7]

Die ***Theater-Besucher*** in ihrer überwiegenden Zahl drücken ihr Interesse am Theater unmittelbar nur praktisch in Vollzug, Steigerung, Senkung oder Aufgabe ihres Besuchs der Bühnen (bzw. ihrer Besuchs-Frequenz) sowie in den meist weniger artikulierten Reaktionen bei Gelegenheit ihrer Präsenz in den Veranstaltungen aus. Die Theater sind aber selbstverständlich auch schon dadurch veranlaßt, die Wünsche und Neigungen der möglichen wie der wirklichen Zuschauer umfassend zu berücksichtigen und — z.B. durch Spielplan-Konzeption, Abonnement-System oder Publikums-Befragungen — selbst permanent zu organisieren. Den aktivsten Einfluß aber auf den Zusammenhang von Programm und Besuch der westdeutschen Theater nehmen von deren Publikums-Seite aus vor allem zwei große, überregional orientierte Organisationen: die ›Volksbühne‹ und die ›Theatergemeinde‹. Ihre Bedeutung erhöht sich noch insofern, als örtliche Besucher-Vereinigungen mit dem je spezifischen Zweck einer entsprechenden Interessen-Vertretung so gut wie garnicht existieren (und von den Bühnen aus nur gelegentlich halbherzig als wünschenswert hingestellt werden). Ein durch Alter bzw. Erziehungs-Institutionen bestimmtes Publikum, z.T. auch eigene Veranstaltungen und Einrichtungen für ihren Sektor, werden häufig gesondert organisiert. Zu den wichtigeren Einfluß-Gruppen unter den organisierten Besuchern des Theaters gehört ferner ein uneinheitlicher Typ von örtlich beschränkten Kreisen seiner ›Freunde‹ oder ›Förderer‹, der allerdings weniger der unmittelbaren Organisation des Besuchs als vielmehr der Sorge um seine institutionelle Existenz und Tendenz gilt.[8]

Die wechselvolle, bald einhundertjährige Geschichte der ***Volksbühne*** hat dem westdeutschen Theater ihre heutigen Organisationen als — satzungsmäßig ausgewiesen — politisch bzw. (wie es heißt) ›weltanschaulich‹ neutrale, ja indifferente Vereine hinterlassen. Nur noch in örtlichen Einzelfällen und einer recht vagen Tradition nach orientiert sich dieser Besucher-Interessenverband an Gewerkschaft und Sozialdemokratie. Ansonsten hält die ›Volksbühne‹ ihr Gründungsprinzip der politisch-ökonomisch solidarischen Vereinigung nur rudimentär darin aufrecht, daß sie teilweise noch auf Einheitspreisen für die Eintrittskarten ihrer Mitglieder beharrt, um die Verteilung der ungleichrangigen Plätze einer jeweiligen Verlosung zu überlassen. Die ›Volksbühne‹ als solche ist im übrigen garnicht existent: es gibt nur jeweils eigenständige (daher gelegentlich auch anders benannte) örtliche Volksbühnen-Vereine — deren Satzung und Zielsetzung aber sehr ähnlichen Prinzipien entspricht und die sich demgemäß im ›Verband der deutschen Volksbühnen-Vereine‹ (bzw. 11 Landesverbänden) zusammengeschlossen haben. Diesem ›Volksbühnen-Verband‹ gehören z.Zt. — bei eher abnehmender Tendenz — (noch) etwa 90 Ortsvereine mit insgesamt über 260 000 Mitgliedern an, wobei die einzelne Vereinsstärke allerdings zwischen einigen zehn und (wie in West-Berlin) rund 50 000 Personen stark differiert. Der einzelne Verein, dem prinzipiell jedermann beitreten kann, nimmt einer bestimmten Bühne (oder auch mehreren) pro Saison jeweils ein bestimmtes Kontigent stark verbilligter Eintrittskarten ab und distribuiert sie an die (mit unterschiedlichen Modalitäten) zur Abnahme gezwungenen Mitglieder. Bei höherer Mitglieder- bzw. Abnahme-Zahl gewinnt die Volksbühne dergestalt, je nach ihrem Anteil an der gesamten Besucherschaft eines Theaters, leicht erheblichen ökonomischen, damit aber auch konzeptionellen Einfluß auf dessen Betrieb; insbesondere dort, wo — wie in Großstädten — mehrere Bühnen zwangsläufig miteinander partiell konkurrieren, kann die Organisation daher mittels ihrer Förderung bzw. Drosselung des formierten Besuchs theaterpolitische und -ökonomische Wirkungen von unter Umständen existenzentscheidender Bedeutung für die Bühnen hervorrufen. Die Rechtsprechung hat diesem als solchen anerkannten ›marktbeherrschenden Einfluß‹ der Besucherorganisation insofern Rechnung getragen, als sie sowohl die von ihr ausgehende mögliche Bevorzugung einzelner Theater ihrem freien Belieben begrenzt entzogen wie auch die Benachteiligung anderer Besucherorganisationen gegenüber der ›Volksbühne‹ (z.B. im Hinblick auf Zuschüsse vonseiten der öffentlichen Hand) für illegal erklärt hat. Volksbühnen-Vereine treten vereinzelt auch selbst als Theater-Unternehmer auf: insbesondere in (West)-Berlin als am Gründungsort des Vereins verfügt man traditionellerweise sogar über einen eigenen Theaterbetrieb — die ›Freie Volksbühne‹ — während an einigen anderen Orten die Produktion von Kinder- und Jugendtheater organisiert wird. Auf der Ebene des Volksbühnen-Verbandes — der die Vereine durch verschiedene Gremien und Funktionärs-Systeme zusammenfaßt und das Zweimonats-Periodikum ›Bühne und Parkett‹ herausgibt — werden in zweijährlichem Rhythmus Bundestagungen abgehalten, die außer den spezifisch institutionellen Vereins-Interessen auch allgemeinen theaterpolitischen Fragen gewidmet sind; der Tenor der Diskussionen und Stellungnahmen ist diesbezüglich jedoch, der überalterten Mittelschichts-Struktur der Mitgliederschaft entsprechend, politisch wie künstlerisch eher traditionalistisch, ja z.T. ausgesprochen konservativ[9]

Die ***Theatergemeinden*** sind (worauf ihr Name schon anspielt) christlich orientiert und gehen — obwohl erst nach 1945 unter diesem Namen zum westdeutschen ›Bund der Theatergemeinden‹ zusammengeschlossen — auf den zwei Jahrzehnte nach der ›Volksbühne‹ (und durchaus als gegen sie gerichtete Alternative) gegründeten ›Bühnenvolksbund‹ zurück. Wie diese ihre historische Konkurrenz versteht sich die ›Theatergemeinde‹ als Besucher-Organisation mit der Einheit von technischem und programmatischem Ziel, nämlich von Kartenbesorgung bzw. Kulturpflege. Auch heute noch ist ihre allgemeine Zielsetzung dezidiert ›weltanschaulich‹, nämlich religiös ambitioniert, und ihre politische Einstellung — der lokal häufigen informellen Verknüpfung mit (katholischer) Kirche und CDU/CSU entsprechend — klar konservativ. Der ›Bund der Theatergemeinden‹ besteht aus einer weitaus geringeren Anzahl von Ortsvereinen als der analoge Verband der Volksbühnen (z.Zt. rund 30) und zählt auch erheblich weniger Mitglieder (gegenwärtig etwa 140 000) — wenngleich hier mit eher steigender Tendenz. Auch die ›Theatergemeinden‹ treffen sich in regelmäßigen, von ihrem Dachverband veranstalteten Jahrestagungen, nehmen öffentlich zu theaterpolitischen oder künstlerisch-praktischen Fragen programmatische Stellung und lassen zweimonatlich ein einschlägiges Verbandsorgan, die ›Theaterrundschau‹, erscheinen.[10]

›Volksbühne‹ und ›Theatergemeinde‹ sind lokale ***Besucher-Organisationen*** im jeweils überregionalen Verband, die beide nicht allein den Besuch von Theater organisieren. Selbstverständlich bildet die genossenschaftsartige Selbstversorung mit Eintrittskarten für den gemeinsamen, regelmäßigen und verbilligten Theaterbesuch den Kern ihres Interesses. Aber beide Vereinigungen verfolgten über ihre unmittelbar bühnenbezogene Zwecksetzung hinaus erklärterweise ›volksbildende‹ und andere ideell-kulturelle Ziele im allgemeinen. Beide Organisationen veranstalten dementsprechend — je nach lokaler Aktivität, Kooperation mit dem Theater und sonstigen Konstellationen — z.B. spezielle Einführungen zu laufenden Inszenierungen der beschickten Bühnen (oder geben sie in den mancherorts vorhandenen lokalen Vereinsorganen wieder). Beide Vereine sind auch vielfältig bestimmt durch die Überalterung und konservative Grundeinstellung überwiegend mittelschichts-angehöriger Mitglieder und versuchen, das geschwundene vereinsmäßige Zusammengehörigkeits-Gefühl der vorhandenen und das Interesse der schwer zu gewinnenden neuen Mitglieder durch allerlei Aktivitäten (wie journalistische Imagepflege und modernes Marketing) aufzufangen. Bei dieser Verfassung und in dieser Situation können die Vereine in der Regel auf öffentliche Zuschüsse zurückgreifen und ihren Einfluß auch gelegentlich in der direkt installierten Zusammenarbeit von Vereinsvorstand und Bühnenvertretung geltend zu machen suchen. In einem (leicht schwankenden) Verhältnis von insgesamt fast 2:1 (d.h. bei einem nahezu doppelt so hohen Kontingent der ›Volksbühne‹ gegenüber der ›Theatergemeinde‹) besetzen die Mitglieder der beiden großen Besucher-Organisationen im westdeutschen Theater z.Zt. im Durchschnitt gut 27 % seiner (verkauften) Plätze — einen Anteil, der zwischen einem Viertel und einem knappen Drittel seit Jahren pendelt. Die Schwerfälligkeit in den Einstellungen der Mitglieder von beiden Vereinen und die teilweise recht hohen Rabatte auf ihre Plätze — örtlich, gattungsmäßig usw. zwischen etwa 35 und 60 Prozent schwankend — werfen für die Theater allerhand Probleme auf; solange hier Änderungen von der einen oder der anderen Seite sich nicht abzeichnen, sollte dementsprechend auch der Einfluß beider Gruppierungen — insbesondere auf die Antizipation des in ihnen herrschenden Geschmacks durch Theaterleitung und Theaterschaffende — nicht unterschätzt werden.[11]

Neben dieser Form vereinsmäßiger Besucher-Organisation gibt es ähnlich zweckgerichtete Institutionen, die eindeutiger gemeinnützig im Sinn von ***öffentlich*** organisiert bzw. subventioniert sind: als ›Volksbildungswerke‹ oder ›Kulturringe‹ u.ä. sorgen sie vor allem in Gemeinden ohne Theater für dessen (auswärtigen) Besuch oder (einheimisches) Gastspiel — im übrigen meist nur als Teil umfassenderer kultureller Aktivitäten. Die ***gewerbliche*** Organisation des Theaterbesuchs als privatwirtschaftliches Unternehmen dagegen ist verständlicherweise nur karg entwickelt: den rein kommerziellen Absatz von Eintrittskarten können die Bühnen weitgehend selbst in die Hand nehmen — die wenigen lokalen Unternehmungen dieser Art (meist in Form eines wirtschaftlichen Vereins geführt) haben keine nennenswerte Bedeutung. Auch die marktmäßige Anbietung von und der Handel mit entsprechenden Billets, wie sie von den meist auf ›Kultur‹ allgemein konzentrierten ›Konzertkassen‹ u.dgl. betrieben werden, fallen im Hinblick auf die Interessen-Organisation kaum ins Gewicht.[12]

Einen Sonderfall von Besucher-Organisation schließlich bildet im westdeutschen Theater die öffentliche oder in öffentlichem Auftrag (und unter entsprechender öffentlicher Kontrolle) hergestellte Institutionalisierung des Theaterbesuchs von Jugendlichen bzw. Schülern sowie (in geringerem Umfang auch) Kindern. Dieser organisierte Theaterbesuch von Heranwachsenden ist häufig, vereinsmäßig verselbständigt, unter Namen wie ***Theater der Jugend*** oder ***Theater der Schulen*** in Großstädten eingerichtet; er wird meist von den einschlägigen Ressorts der Kommunen gesondert subventioniert bzw. finanziert und kann — bis hin zur Einrichtung und Bespielung eigener professioneller Bühnen (wie etwa in München) — einflußreiche Größenordnungen erreichen. In der Regel vermitteln diese Institutionen systematisch, aber unregelmäßig, den verbilligten Theaterbesuch an einzelne Jugendliche und Schüler bzw. Klassen und Gruppen unter ihnen. Mit ihrer erklärlicherweise entschieden wertorientierten, gegebenenfalls auf pädagogische Verantwortung pochenden Entscheidung über die massenhafte Beschickung einer Bühne bzw. einzelner ihrer Präsentationen durch eine Besucher-Organisation der Heranwachsenden kann deren Leitung also nachhaltigen Einfluß auf das Programm insbesondere der Theater ausüben, die vorwiegend oder gar ausschließlich auf ein Publikum von Kindern und Jugendlichen angewiesen sind.[13]

Die letzte Form der unmittelbaren Interessen-Organisation von Theaterbesuchern betrifft nicht nur — und häufig nicht einmal primär — jenen Besuch im einzelnen, sondern vor allem die Einflußnahme von außerhalb des Theaters stehenden Interessenten auf sein Geschick. Entsprechende Vereinigungen bestehen jeweils ausschließlich örtlich und widmen sich erklärterweise jeweils der Förderung, Beachtung, Erhaltung, Würdigung usw. eines bestimmten Theaters — sei es durch Sammlungen, Spenden, Preise und Stipendien oder sei es durch Vorträge, Veröffentlichungen, Diskussionen und Aktionen. Nach einem Namen, den solche Vereine häufiger tragen, könnte man sie auch allgemein als ***Freundes-Kreise*** bezeichnen — ohne daß man allerdings damit die Förderung der Theater durch solcherlei materielle und ideelle Hilfe schon immer als pure Freundlichkeit verstehen dürfte: nicht selten gehören mindestens die entscheidenden Mitglieder solcher Vereine in der Tat selbst wieder zu den ›Kreisen‹ der Gesellschaft, von denen aus wirtschaftlich starke Positionen und angesehene soziale Ränge sie dazu motivieren und befähigen, ›Freundschaft‹ und Förderung mit allerlei selbstsüchtigen Forderungen bis hin zu lobbyhaften Machenschaften und politischen Intrigen nachdrücklich zu verknüpfen! Insbesondere bei Intendanten-Wahlen dürften solche Gruppierungen schon häufiger die Rolle eher konservativer ›Königsmacher‹ gespielt haben als das ans Licht der Öffentlichkeit dringen konnte.[14]

Neben den unmittelbaren Interessen derer, die mit Theater als dessen Unternehmer, Arbeiter und Besucher direkt zu tun haben, gibt es die andere Kategorie jener Art von organisierter Zuwendung, die von außen an jeweils besondere Seiten der Einrichtung herangetragen oder ihr auf spezifische Weise gewidmet — und hier als mittelbares Interesse gekennzeichnet wird. Am klarsten auf eine gegenständliche Basis der Bühnen gerichtet ist darunter das Interesse an der ***Ausstattung*** des Theaters: dabei sind hier nicht etwa nur Aspekte der Bühnen-Ausstattung im engeren Sinn szenischen Dekors gemeint, sondern sowohl alle dinglichen und insbesondere technischen (also ›Güter‹ betreffenden) Teile der Institution — wie auch ihre symbolischen Elemente (›Programme‹, ›Inhalte‹ usw.). Im Zentrum der dinglichen Ausstattung steht diesbezüglich die vor allem Theaterbau und Bühnentechnik betreffende Theatertechnik, während als entscheidendes Symbolelement natürlich das Drama (bzw. die Aufführungs-Vorlage) figuriert.[15]

Die ***Theatertechnik*** umfaßt das Gebiet der wichtigsten nichtkünstlerischen Bedingungen von administrativ gesicherter Theaterarbeit; als material-, apparatur- und kostenintensivster sächlicher Sektor des Theaters zieht sie zugleich das Interesse bestimmter güterproduzierender Industrien und Handwerke auf einen ansonsten ja weitgehend manufakturiell beschränkten, ja autarken (und insofern für kapitalistische Verwertungs-Interessen eher unergiebigen) Dienstleistungs-Betrieb. Der in diesem Punkt bedeutsamste Umschlagplatz jener beiden Interessen — des Theaters an technischem Fortschritt und der technischen Industrien bzw. der Handwerke an Profit — sowie die wichtigste Organisation für theatertechnische Berufe und Tätigkeitsbereiche ist die ›Deutsche Theatertechnische Gesellschaft‹ (DThG); in ihr treffen fachlich einschlägig orientierte Architekten oder Ingenieure, Elektroakustiker wie Beleuchter, Bühnenmeister und Bühnenbildner zu Information und Diskussion zusammen. Der Verein wird u.a. wesentlich auch von GDBA und DBV als Mitgliedern getragen und sorgt außer durch die Herausgabe seiner Monats-Zeitschrift ›Bühnentechnische Rundschau‹ vor allem mit regelmäßigen Tagungen für eine gezielte Weiter-Entwicklung der ihn beschäftigenden Probleme. Darüberhinaus hat die Gesellschaft unter maßgeblichem Einfluß der beiden sie stark tragenden Organisationen neben der Veranstaltung von Maskenbildner-Kursen ihrerseits ein ständiges ›Seminar für Theatertechnik‹ (in Recklinghausen) eingerichtet, das Fachkräfte in längeren Kursen auf ihre bühnenpraktische Tätigkeit vorbereitet. Das durch diese Gesellschaft verkörperte Interesse an der Entwicklung — aber auch an der (aufwendigen) Erhaltung des Theaterapparats der westdeutschen Bühnen (im engeren technischen Sinn) — muß im übrigen in engem Zusammenhang mit berufsständischen und branchenspezifischen Sonderinteressen gesehen und insbesondere an der baulichen Verfassung der westdeutschen Nachkriegs-Theater gemessen werden (die eine historische überholte Verkehrsform Theater mittlerweile bedrohlich konserviert).[16]

Das ***Drama*** (in der umfassenden Bedeutung von literarischer, musikalischer u.ä. Spielvorlage gemeint) entsteht, als dem Theater im allgemeinen unentbehrliches Symboldokument seiner Handlung, meist verhältnismäßig fern von der konkreten Einrichtung der Bühnen — doch aber in gattungsgeschichtlich geprägter bis organisatorischer Orientierung an ihr. Theater haben dementsprechend ein entwickeltes Interesse an der Besorgung von Stücken — und zwar sowohl an der (womöglich wissenschaftlich fundierten und kommentierten) Edition und der (bühnenpraktischen) Einrichtung bzw. Verbreitung des überkommenen Materials als auch, zumindest im Prinzip, an der Entstehung, Kenntnisnahme und Publikation neuer Spielvorlagen. Demgegenüber sind die lebenden Bühnenautoren als Urheber (hier unter Einschluß von Übersetzern und Bearbeitern betrachtet) mindestens spirituell und finanziell an theatralen Aufführungen ihrer Werke interessiert. Zwischen sie und das Theater treten als Agenturen dieser Interessen-Vermittlung und -Wahrnehmung (und in jeweils eigenem

Interesse) die speziellen Bühnenverlage und die den Urheberrechts-Schutz wahrnehmenden Organisationen (während sich beispielsweise persönliche Literaturagenten, wie sie in den USA eine bedeutende Rolle spielen, in Westdeutschland kaum durchgesetzt haben). Schließlich fördern und stimulieren Bühnen, Verlage, Vereine, Kommunen u.a. die Entstehung zeitgenössischer westdeutscher Dramen immerhin in geringerem Umfang, indem sie z.B. entsprechende Wettbewerbe ausschreiben und einschlägige Preise verleihen (wie etwa den ›Gerhart-Hauptmann-Preis‹ der Berliner ›Freien Volksbühne‹ oder den ›Mülheimer Dramatiker-Preis‹).[17]

Die soziale, insbesondere aber die wirtschaftliche und rechtliche Lage der westdeutschen ***Bühnen-Autoren*** insgesamt ist — wie allerdings die der meisten Schriftsteller und Künstler hierzulande — nicht besonders günstig; hier rücken, wie in anderen Bereichen der als schöpferisch geltenden Freischaffenden, häufig wenige Großverdiener ebenso wie allgemeiner gesellschaftlicher Status die Situation des eher ärmlichen Durchschnitts in ein völlig falsches Licht. Berufsständische Autoren-Vertretungen wie ›Dramatiker-Union‹ und ›Komponisten-Verband‹ haben an diesen Verhältnissen bisher ebenso wenig geändert wie die nun auch für Literaten (als ›arbeitnehmerähnliche‹ Personen) offene Industrie-Gewerkschaft ›Druck und Papier‹. Immerhin hat das nach jahrzehntelangem Bemühen 1965 endlich neugefaßte (Bundes-) ›Gesetz über Urheberrecht und verwandte Schutzrechte‹ inzwischen spürbare Verbesserungen gezeitigt: besonders der Schutz von Kunstwerken (als ›persönlichen, geistigen Schöpfungen‹) — der sich nunmehr bis zu 70 Jahre nach dem Tod eines Autors forterben kann — umfaßt jetzt auch speziell das unveräußerliche Recht ihres Schöpfers, über ihre Veröffentlichungen (in welcher Form auch immer) gegebenenfalls weitgehend zu bestimmen, Entstellungen und Beeinträchtigungen zu untersagen und seine eigenen Werke zu verwerten bzw. an weiteren möglichen materiellen Erfolgen aller Art auch später teilzuhaben.[18]

Der Anteil des Urhebers an der Verwertung von Bühnenwerken durch die Theater bzw. deren Aufführungen — die ›Tantieme‹ — lag nach einer unverbindlichen Absprache zwischen DBV und Bühnenverleger-Verband jahrzehntelang bloß bei etwa 10 Prozent der sog. Roheinnahmen der jeweils ein Werk aufführenden Institutionen (was z.B. einschloß, daß die ›soziale‹ Ermäßigung von Eintrittskarten-Preisen wesentlich auch aufkosten der Autoren bzw. zulasten ihrer Einkünfte gewährt wurde!). Diese höchst ungerechte und längst veraltete Regelung ist 1976 durch ein (allerdings ebenfalls nur per Empfehlung geltendes) System abgelöst worden, wonach die jetzt so genannte ***Urheberrechts-Abgabe*** — bundesweit gestaffelt nach der Höhe des jeweiligen Theater-Etatpostens für künstlerisches Personal (als einem Gradmesser seiner finanziellen Kapazität) — pauschal auf jede verkaufte Eintrittskarte erhoben wird. An die einzelne Aufführung und deren Erfolg bleibt die Autorenabgabe allerdings weiterhin durch den Vorbehalt gekoppelt, daß sie pro Vorstellung 12 % der jeweiligen Geamt-Einnahmen nicht unter-, 18% nicht überschreiten dürfe. Erst eine längere Erprobung dieser neuen Vereinbarungen wird indes zeigen, welche Folgen sie für Theater und Dramatiker haben; dabei dürfte dann u.a. auch die Frage zu prüfen sein, ob auf diese Weise vielleicht sogar im Schauspiel eine gewisse Neigung zur Praxis des (ohnehin konservativeren) Musiktheaters begünstigt werde, die dem Urheberrechtsschutz altersmäßig entwachsenen ›gemeinfreien‹ Werke des Repertoires ihrer geringeren Kosten wegen den ›teueren‹ Modernen oder Zeitgenossen vorzuziehen.[19]

Zwischen Autor und Theater treten im allgemeinen die auf Dramen spezialisierten Theaterverlage bzw. Theater-Abteilungen breiter gefächerter Buchverlage — d.h. die sog. ***Bühnen-Vertriebe.*** Sie verlegen nicht nur Literatur oder Musik schlechthin, sondern besorgen — bei Auflagenhöhen von oft nur einigen hundert Stück — in der Regel auch das technisch handliche Aufführungsmaterial für die Bühnenpraxis. Dementsprechend müssen sich die Verlage von den Autoren die Verwertungsrechte für die Bühnenaufführung (›Aufführungsrechte‹) sichern und jeweils mit einzelnen Theatern über deren Vergabe in Form von Nutzungsrechten verhandeln. Insofern solche Verhandlungen, insbesondere inanbetracht potentieller Ur- und (deutscher) Erst-Aufführungen oder im Hinblick auf die Novitäten prominenter Literaten, delikate Folgen für Autor, Verlag und Bühne haben können — gewinnen spezifische Kontakte zwischen allen drei Beteiligten in der Theaterpraxis eine enorme Bedeutung: einerseits zählt das persönliche Vertrauen in der sachlichen Beziehung von Dramatiker, Verlagslektor und Dramaturg (bzw. Regisseur) und stiftet traditionelle Beziehungen — andererseits setzen die unterschiedlichen Kapazitäten bzw. das damit zusammenhängende Renommee der Bühnen, einfach umrechenbar in den möglichen materiellen und prestigemäßigen Nutzen aller Beteiligten, hier klare Kriterien für Entscheidungen. Es gehört mit zu den Konsequenzen erfolgreicher Kooperation dieser Art, aber auch zu den Strategien kommerzieller Risikovermeidung, daß die meisten Bühnenvertriebe sich im Lauf ihrer oft schon generationsüberdauernden Geschichte auf bestimmte Autoren oder Genres bzw. Nationalkulturen spezialisiert haben. Im übrigen sind sie — mit derzeit rund 80 Mitgliedern — im ›Verband deutscher Bühnenverleger‹ zusammengeschlossen und kooperieren mit den Autoren (z.B. auch was Abrechnungs-Fragen betrifft) in der ›Neuen Zentralstelle der Bühnenautoren und Bühnenverleger‹ (einer von ›Dramatiker-Union‹ und ›Bühnenverleger-Verband‹ als Gesellschaftern getragenen Clearing-GmbH).[20]

Die Ausübung der Rechte von Autoren inbezug auf eine bestimmte Form der Aufführung ihrer Werke wird in den meisten Fällen durch den Verlag übernommen und in der Regel dadurch realisiert, daß dessen Lektor (oder ein anderer Verlagsvertreter) das Entstehen einer entsprechenden Produktion am Theater, spätestens jedoch ihr Ergebnis an den Vorlagen und Intentionen des Urhebers mißt. Die Kontrolle, die dabei — zweifellos legal — stattfindet, hat schon vielfach zu heftigen Auseinandersetzungen bis hin zum Rechtstreit unter dem beteiligten ›Trio‹ geführt und sich in den vergangenen Jahren mehr und mehr auf Kollisionen zwischen Dramatiker und Regisseur konzentriert. Die durch die Blockierung einzelner Aufführungsrechte bzw. ihre Sperrung für einzelne Theater vorgenommenen Eingriffe in die Theaterpraxis sind — als extremste Form der Interessen-Wahrnehmung — glücklicherweise einigermaßen selten geblieben. Eine sehr problematische Variante des urheberrechtlichen ***Autoren-Eingriffs*** stellt seine Fortsetzung durch die dazu juristisch ebenso zweifellos befugten persönlichen Erben — nicht selten die berüchtigte ›Witwe‹ — dar! In der rigide-absolutistischen Praxis, wie sie diesbezüglich die materiell ohnehin extrem begünstigten Brecht-Erben verfolgen, läßt sich — als an dem z.Zt. wohl prominentesten und von Theatermachern häufig beklagten Fall — der mögliche legale Mißbrauch jener Urheberrechte vielfach schlagend demonstrieren.[21]

Für die Wahrung und Wahrnehmung der aus den ***Verwertungs-Rechten*** (inbezug auf urheberrechlich geschützte Werke) erwachsenden materiellen Ansprüche von natürlichen und juristischen Personen gegenüber allen diese Rechte berührenden Medien, Einzelnen und Institutionen sind eigene privatrechtliche Verwertungs-Gesellschaften eingerichtet worden; sie wirken im übrigen — auf der Grundlage der ›Berner Übereinkunft‹ von 1887 — auch international. Die prominenteste und zumindest im musikalischen Bereich monopolartig wirkende unter ihnen ist die ›GEMA‹ (die ›Gesellschaft für musikalische Aufführungs- und mechanische Vervielfältigungsrechte‹) mit mehreren tausend Mitgliedern sowie jährlichen Millionen-Umsätzen (inbezug auf die ihr im übrigen Manipulationen zur Benachteiligung der Autoren vorgeworfen werden). Eine für (Sprech-)Schauspiele eher infragekommende analoge Organisation ist die ›Verwertungsgesellschaft WORT‹. Die Funktion von Verwertungsgesellschaften gewinnt mit der z.Zt. sprunghaft steigenden Verwertung auch dramatischer und theatraler Erzeugnisse durch die elektronischen und fotochemischen Audiovisons-Medien immer größere, vom Urheberrechts-Gesetz noch kaum berücksichtigte Bedeutung.[22]

Die mediale Vervielfältigung ganzer Theateraufführungen wirft die Frage auf, inwieweit nicht nur die Autoren als Urheber des Dramas, sondern auch die Schauspieler und Regisseure ihr Interesse am rechtlichen Schutz ihrer Leistung (einschließlich finanziell daraus erwachsender Vorteile) auf die Bestimmungen des Urheberrechtsschutz-Gesetzes gründen können: dort wird allerdings in den einschlägigen Umfangs-Definitionen nur die Arbeit der Pantomimen als urheberschutzfähige schauspielerische Leistung anerkannt. Die künstlerische Tätigkeit von Schauspielern wird also nicht durchs Urheberrecht, sondern nur durch ihm verwandte — erheblich eingeschränktere — ***Leistungsschutz-Rechte*** als Aktivität ausübender Künstler juristisch gewürdigt. Umstritten ist indes die entsprechende Einstufung der Leistung von Regisseuren — dies in jüngerer Zeit um so mehr insofern, als eine künstlerische Tendenz zur a-literarischen oder gar anti-literarischen Retheatralisierung von Aufführungen (gekoppelt mit der idealisierenden Neigung zur Individualisierung auch konstitutiv kollektiver Interpretationen) die Bedeutung der Regie für die Urheberschaft inbezug auf eine Inszenierung stark in der Vordergrund geschoben hat. Im übrigen werden solche Rechte, ungeachtet der notwendigen Detaillierung durch eine Novellierung oder Revision des Urheberrechtsschutz-Gesetzes, von der ›Gesellschaft zur Verwertung von Leistungsschutzrechten‹ (GLV) auch für theatrale Produktionen wahrgenommen.[23]

Das Interesse an der Versorgung des Theaters mit qualifiziertem Personal durch die ***Ausbildung*** zu entsprechenden Berufstätigkeiten ist in Westdeutschland sowohl privat als auch öffentlich organisiert — und bietet auch in seiner sachlichen Ordnung ein völlig uneinheitliches Bild. Die Schauspieler werden an einigen wenigen öffentlichen Schulen und bei einer nicht genau ermittelbaren Anzahl von Privatschulen und -lehrern — insgesamt jedenfalls mehreren hundert — in ihren Fertigkeiten unterwiesen. Die Opernsänger studieren nur z.T. an den gleichen (öffentlichen) Instituten wie die Schauspieler, ansonsten ebenfalls bei avancierten oder ausgedienten Vertretern ihres Fachs. Für Tänzer gibt es wieder andere Schulen und Lehrer — und noch einmal andere Seminare, Kurse, Lehren oder Ausbildungsgänge für Masken-, Kostüm- und Bühnenbildner, für Bühnentechniker und Beleuchter, für Regisseure oder Dramaturgen. Diese insgesamt öffentlich unkontrollierte Ausbildung verläuft fast durchwegs in einer mindestens dreifachen Isolation, nämlich 1. in einer beliebigen Trennung derjenigen Berufe voneinander, deren Vertreter wechselseitige Kenntnis von den Grundlagen und Methoden ihrer Arbeit spätestens am Theater unbedingt umfassend brauchen. 2. setzt sich diese Isolation fort in einer weitgehenden Ablösung des Lernens von (einerseits) ›Handwerk‹, ›Technik‹, ›Wissen‹ u. dgl. — von (andererseits) grundlegenden Reflexionen auf Gesellschaftsgeschichte und die in ihr wechselnde Funktion des Theaters (auch und gerade des jeweils gegenwärtigen). 3. aber vollendet sich diese Isolation auch noch in einer meist überraschend starken Abkapselung der formalisierten Lernprozesse gegenüber dem bestehenden Theater und seiner Praxis (was nicht unbedingt ihre Ausklammerung, sondern den Mangel an Vermittlung zwischen beiden meint). Dieser Isolations-Zusammenhang hat für die Bühnen und die später evtl. bei ihnen Beschäftigten sowie für die Gesellschaft, in der beide existieren und für deren begrenzten Teil sie spielen, außerordentlich verhängnisvolle Folgen; er ist maßgeblich mitschuld insbesondere am riesigen Arbeitslosen-Heer der Schauspieler, an der künstlerischen Verlotterung der Theaterbetriebe und an der widerstandslosen Anpassung der meisten Nachwuchskräfte an die dumme Routine ihres alltäglich betriebenen Geschäfts.[24]

Im Gebiet des westdeutschen Theaters gibt es gegenwärtig neun öffentliche ***Schauspielschulen*** — meist als früher selbständige und nunmehr einer Musik- oder Kunsthochschule angegliederte Einrichtungen; in München und Bochum sind die Institute mit einem öffentlichen Theater formell durch Kooperation verknüpft. Die Ausbildung an diesen Schulen setzt, zumal inanbetracht ihrer räumlich-personellen Kapazitäten, das Bestehen einer selektierenden Eignungsprüfung voraus. Das Studium dauert drei oder vier Jahre, erstreckt sich auf eine oft je nach Ort völlig unterschiedliche Menge und Beziehungsstruktur von Fächern und ist stark verschult. Bei bestandener Zwischenprüfung kann am Ende der Ausbildung die sog. Bühnenreifeprüfung abgelegt werden — und zwar (wie die beiden anderen Examina auch) vor der ›Paritätischen Prüfungskommission‹ (bei der sich auch Externe melden können). Die ›Bühnenreifeprüfung‹ gilt noch heute als gewisses Gütesiegel für Bewerbungen von Anfängern; mitbedingt durch eine entsprechende verfassungsrechtliche Anfechtung, hat sie jedoch die herausragende Bedeutung längst verloren, die ihr in den fünfziger Jahren aufgrund der zwischen DBV und GDBA getroffenen Absprache — nur solchermaßen diplomierte Akteure im eigenen Wirkungsbereich anzustellen — zukam. Die Ausbildungs-Situation insbesondere an den Schauspielschulen ist immer wieder, seit langem und von vielen Seiten (gerade auch von Theaterleuten selbst) heftig kritisiert worden; dabei ist als eine großangelegte Lösung verschiedentlich die Errichtung einer ›Theater-Akademie‹ gefordert worden, in der sich die gesamte Ausbildung zum Theater zusammenfassen ließe.[25]

Der Zugang der so ausgebildeten Arbeitskräfte und von momentan gerade stellungslosem ältergedientem Personal zur Bühne als Arbeitsplatz kann im westdeutschen Theatersystem auf eigene Faust gesucht oder durch öffentliche bzw. private Agenturen besorgt werden. Die ***Arbeitsbeschaffung*** ist also sowohl von Selbstbetätigung wie von

Vermittlungen abhängig — und natürlich angesichts der verworren-regellosen Ausbildungsverhältnisse einerseits, der verbreiteten Konzeptionslosigkeit der Theaterpraxis zum anderen außerordentlich schwierig. Die zwei hauptsächlich üblichen direkten Mittel von Bewerbung und Vorstellung sind dabei das sog. Vorsprechen und — falls man zum Zeitpunkt der Arbeitssuche noch an einer anderen Bühne unter Vertrag steht — die Präsentation in sog. Ansehrollen. Nach dem häufig genug attackierten, aber noch immer recht üblichen Verfahren des ›Vorsprechens‹ soll dabei der isolierte Vortrag weniger (meist aus Repertoire-Stücken stammender) Rollenpassagen durch einen Bewerber dessen Qualitäten exemplarisch offenbaren und Fachleuten als (unter Umständen einzige) Erkenntnisquelle für ihr Urteil über ein mögliches Engagement dienen. Diese unsinnige Methode wird häufig auf Wunsch herumreisender Kandidaten zeitlich individuell vereinbart, in anderen Fällen von den Bühnen aus zu fixen Terminen institutionalisiert angewendet — und manchmal gleich als Massenverfahren mit -zig Bewerbern hintereinander, insbesondere Anfängern, praktiziert (wobei meist Intendant oder/und Dramaturg, Spielleiter u.a., manchmal auch — potentielle — Schauspieler-Kollegen das Exquisit- oder simulierte Publikum bilden). Während die Arbeitssuchenden zum ›Vorsprechen‹ im allgemeinen selbst an die Bühnen reisen, dient die Selbstpräsentation eines auf Veränderung bedachten Schauspielers in der Hauptrolle einer laufenden Produktion — der ›Ansehrolle‹, auf die er einen bestimmten rechtlichen Anspruch hat — Theaterleuten, die sich bei der Suche nach Personal gegebenenfalls selbst auf die Reise machen, zur umfassenderen Beobachtung entsprechender Qualitäten.[26]

Die privaten und öffentlichen ***Bühnenvermittlungen*** besorgen dem bei ihnen gemeldeten Theaterschaffenden die Kenntnis von ›Vakanzen‹, also freien Stellen, führen Vorverhandlungen für den ihnen datenmäßig oder auch persönlich bekannten Arbeitssuchenden und bringen ihn gegebenenfalls an einem Theater oder wenigstens in einer Produktion unter. Die privaten Agenten darunter verlangen für diese maklermäßige Dienstleistung eine oft recht ansehnliche Vergütung (wie die prozentuale Beteiligung am Honorar der vermittelten Arbeit); ihre Betätigung konkurriert heute noch stark mit derjenigen der Arbeitsämter, von denen sie offiziell mit ihrem Gewerbe betraut sind, soll jedoch in Zukunft — internationalem Recht entsprechend — erheblich reduziert werden. Die große Dunkelziffer illegaler Privatagenten, die oft nur auf der Ebene persönlicher, dokumentenloser Beziehungen arbeiten, ist davon aber noch kaum berührt. Formell gesehen ist die Arbeitsvermittlung im spezifischen Bühnenbereich eine allein der ›Zentralen Bühnen-, Fernsehen- und Filmvermittlung‹ (ZBF) obliegende (Teil-) Aufgabe. Sie ist die fachlich einschlägige ›Generalagentur‹ der ›Bundesanstalt für Arbeit‹, hat ihren Sitz in Frankfurt und organisiert ihre Tätigkeit — darunter übrigens auch die Arrangierung von Vorsprech- bzw. Vorsing-Terminen — außer durch drei weitere Agenturen (in Hamburg, München und Berlin) noch durch derzeit sieben Vermittlungsstellen.[27]

Die ***Theater-Publizistik*** ist, wenn man hier einmal von einschlägiger Verbandspresse und bühneneigenen Editionen absieht, unabhängig vom Theater, d.h. mit ihm in keiner Weise organisatorisch bzw. institutionell verbunden. Zu den eingeführten, indefinit wirksamen Medien zählt dabei zunächst vor allem das (unter Einbeziehungen deutschsprachiger Auslands-Journale) knappe Dutzend fachinterner, meist spartenspezifischer Periodika (wie ›Theater heute‹, ›Opernwelt‹ oder ›ballett forum‹). Man kann aber dazu ganz allgemein alle Formen von aktueller Veröffentlichung über das (westdeutsche) Bühnenwesen — also (Berichte in) Zeitungen, Zeitschriften, Rundfunk, Fernsehen, z.T. auch in Buchform — rechnen. Insbesondere die Theaterkritik (in Sinn von Aufführungs-Rezension) bildet einen Sektor von sehr spezifischer Bedeutung. Die über den besonderen Funktionsbereich der Theaterkritik hinausgehenden publizistischen Reflexe auf das Theater in den westdeutschen Massenmedien erscheinen hier — unter dem Aspekt von Interesse und Einfluß — kaum allgemein bzw. nur im Einzelfall bewertbar. In der fachspezifischen Publizistik hat sich dagegen seit Beginn der sechziger Jahre insbesondere der (privatwirtschaftliche) Friedrich-Verlag mit zahlreichen Aktivitäten hervorgetan: vor allem die dem zeitgenössischen Schauspiel in Westdeutschland zentral gewidmete Monats-Zeitschrift ›Theater heute‹, die seit 1960 eben dort erscheint, hat — soweit solche Wirkungen überhaupt zu beurteilen sind bzw. soweit man der verbreiteten Einschätzung der Betroffenen Gewicht beimessen kann — in den vergangenen zwei Jahrzehnten starken und gezielten Einfluß auf theaterpolitische und theaterästhetische Bewegungen und Tendenzen ihres Verbreitungsgebiets genommen. Ein wesentlicher Faktor für das Renommee der Zeitschrift dürfte u.a. auch in ihren Versuchen zur Kombination von textlicher Beschreibung und exemplarischer visueller Dokumentation von Aufführungen liegen. Die dokumentierende ›Bilanz‹ jeder einzelnen Spielzeit, die jeweils in einem Sonderheft auf vielfältige Weise gezogen wird und faktisch unterbaute Ausblicke auf die darauffolgende Saison enthält, hat mittlerweile praktisch den Charakter einer zwischen Affirmation und Attacke pendelnden Selbstvergewisserung des Systems gewonnen.[28]

Im Grenzgebiet zwischen der Organisation des Interesses am Theaterbesuch und den (anderen) Funktionen der Publizistik liegt die ***Theater-Kritik***. Die literarische Beschäftigung mit aktuellen Produktionen bzw. Präsentationen des Theaters in den einschlägigen Medien wird dort ausschließlich im Rahmen und nach Maßgabe allgemeiner journalistischer Interessen verfolgt; demgegenüber gibt das Theater seinem Interesse an solcher Berichterstattung u.a. durch die Bereitstellung von Pressekarten, durch Pressekonferenzen u.ä. Ausdruck. Der angestammte mediale Ort der Theaterkritik — und bis auf weiteres wohl auch ihre hauptsächliche Pflegestätte — ist die Presse, und zwar als verhältnismäßig klar durch unterschiedliche Handhabungen des Genres in lokale und überregionale, Tages- und Wochenzeitung gegliederter Sektor; die weitgehend an den Gepflogenheiten der Pressekritik orientierte rezensierende Theater-Publizistik von Rundfunk und Fernsehen scheint der gedruckten bislang nicht als ebenbürtig zu gelten. Diese üblicherweise zumindest annähernd mit dem journalistischen Tempo der sonstigen Arbeit in jenen drei Medien — wenn auch meist kaum mit einer vergleichbaren Sorgfalt der Recherche — produzierte Tageskritik wird in Zeitschriften, gelegentlich auch Wochenzeitungen erweitert und verdichtet: hier finden sich dann ganze (ausführliche) Aufführungsanalysen oder z.B. zusammenhängende Untersuchungen von mehreren Produktionen einer Bühne, verschiedenen Inszenierungen eines Stücks bzw. Regisseurs und von einigen Rollen eines bestimmten Schauspielers. Die westdeutsche Theaterkritik erscheint, soweit man dies am Fall der Presse-Rezensionen exemplarisch abhandeln kann, ihrem medialen Ort nach praktisch stets (und selbst bei hochaktuellen, dem Thema nach tagespolitisch bedeutsamen Produktionen) — im sog. Feuilleton. Einer für diese Sparte der

Zeitung speziell geltenden Konvention von größerer inhaltlicher und formaler Freiheit des Schreibens und Berichtens gemäß besteht die Theaterkritik methodisch bzw. stilistisch meist aus einer individuell und pro Anlaß schwankenden Mischung aus deskriptiver Darstellung und impressionistischer Skizzierung der jeweils besuchten Vorstellung, exemplarischer Interpretation ihres literarischen Gehalts und Bewertung von einzelnen personalen Leistungs-Anteilen an ihrer Produktion und Präsentation. Ihr Gegenstand sind also meistens Drama, Inszenierung, künstlerisches Personal und gegebenenfalls Publikum. Die Einbeziehung des Reports über die Reaktion der Zuschauer gewinnt insofern besondere Bedeutung, als sich die Berichterstattung über Theateraufführungen, einem fundamentalen Presseprinzip entsprechend, fast immer an der Neuigkeit von Vorgängen orientiert und daher praktisch ausschließlich über Premièren berichtet — d.h. aber inbezug auf die Besucher: über die eher recht außergewöhnliche, möglicherweise geradezu exaltierte Beziehung zwischen einer unter Erwartungsdruck nervös veröffentlichten Leistung und einer verhältnismäßig elitären Zuschauerschaft. Lokale Tageszeitungen sind dabei mehr oder minder gehalten, über jede Premiere des kleinbürgerlichen, etablierten Theaters in ihrem Verbreitungsgebiet eine Kritik erscheinen zu lassen — während überregionale und Wochenblätter die theatralen Neuigkeiten tendenziell nach Maßstäben gerade geltender Anerkennung von einzelnen Institutionen und Personen selektieren (wie sie von den Medien selbst wieder mit erzeugt wird!).[29]

Zu den von der westdeutschen Theaterkritik zugrundegelegten ***Maßstäben*** bzw. den von ihr verfolgten Zielen gehören offenkundig mindestens sechs Orientierungen: 1. die Information des interessierten, mit dem reportierten Ereignis unvertrauten Zeitungslesers, 2. die Reproduktion eines bestimmten Erlebnisses für den dabeigewesenen Zuschauer, 3. die nachträgliche Stiftung von Erkenntnis bei der Masse der Laien durch die erklärerische Expertise, 4. die analytische Animierung von Theaterschaffenden zu bestimmten Veränderungen oder künftigen Konsequenzen ihrer Arbeit, 5. das Wachen über die Einhaltung von künstlerischem Niveau und ästhetischen Prinzipien nach den Konventionen einer geschmacksbestimmenden Elite, und 6. die Ermöglichung eines praktisch für jedermann zu gewinnenden Urteils inbezug auf die Ergiebigkeit eines etwaigen Besuchs der kritisierten

Aufführung. Der Theaterkritiker hierzulande vereint also im Einzelfall die Funktionen des Journalisten und des Künstlers, des Wissenschaftlers und des Praktikers, des Kunstrichters und des Beraters — und erfüllt sie häufig, indem er sie alle zugleich zu versehen trachtet, allesamt nur höchst unvollkommen. Das hängt u.a. auch damit zusammen, daß gerade die (west-)deutsche Theaterkritik von der Tradition geprägt ist, wonach sich in ihr vor allem auch ein Literat — selbst Künstler, ja Dichter — expressiv und poetisch über Expressives und Poetisches ausdrücken müsse und dürfe. Die Wirkung einer solchen Theaterkritik, ihr interesseorganisierender Einfluß ist schwer abzuschätzen; wenn man sie, in Ermangelung exakter Untersuchungen, am Urteil von betroffenen Theaterleuten mißt, ist sie häufig nicht gering — nach der Selbsteinschätzung vieler Theaterkritiker aber eher minimal. Allerdings hängt die Bedeutung der Theaterkritik außer vom Renommee eines bestimmten Theaters bzw. dem ihres Verfassers und seiner Publikations-Plattform auch von einfacheren objektiven Gegebenheiten wie z.B. der Konstellation ab, wonach eine Zeitung — etwa in der Provinz — bei medialer Konkurrenzlosigkeit eine Art Rezensions-Monopol durchaus als Machtpotential benützen kann. Mag aber die Theaterkritik auf den Besuch noch schwankenden Einfluß nehmen, so neigen insbesondere die Schauspieler zur pragmatischen Demontage ihrer Bedeutsamkeit: Lob wird gerne als An-Erkennung — Einwand und Ablehnung werden als Unverständnis und Animosität verbucht. Vom Theater selbst jedenfalls wird die Kritik an der einmal in die Welt gesetzten Präsentation fast nie unmittelbar praktisch berücksichtigt, der von ihr gesetzte oder implizierte Bewertungs-Maßstab aber vielleicht doch langfristig mit in die Arbeit aufgenommen. Theaterkritiker, die ihr Metier häufig freiberuflich ausüben, arbeiten nicht selten gleich weit von Theater wie Presse isoliert und sind — wenn überhaupt — im Hinblick auf ihre Tätigkeit im allgemeinen in Schriftsteller- oder Kritiker-Verbänden organisiert; ihr beruflicher Wechsel in die Theaterpraxis scheint, obwohl historisch durchaus nicht unüblich, erst in den letzten Jahren wieder häufiger geworden zu sein.[30]

Die ***Theater-Wissenschaft*** befaßt sich bislang nur in geringem Umfang mit dem kleinbürgerlichen westdeutschen Gegenwarts-Theater. Insbesondere die akademische Disziplin Theaterwissenschaft, die hierzulande erst nach dem ersten Weltkrieg als selbständiges Fach eingerichtet worden ist und heute an wenigen Universitäts-Instituten ein eher kümmerliches Dasein fristet, folgt in Forschung und Lehre noch überwiegend einer allgemeinen geisteswissenschaftlichen Tradition im bloß historisierenden Archivieren und Dokumentieren sowie einer besonderen germanistischen Prägung im nur literarischen Erfassen des Theaters; mit seltenen Ausnahmen hat sich bisher kein systematischer Zusammenhang zwischen der Theaterwissenschaft und einer Theaterpraxis eingestellt, für die das Universitätsstudium immerhin mit dem Dramaturgen einen später maßgeblichen Theaterschaffenden auszubilden u.a. anstrebt. Für ein verbandsmäßigen Forum theaterwissenschaftlicher aktueller Diskussionen ist unter diesen Umständen so wenig ein Boden bereitet wie für ein (westdeutsches) periodisches Publikationsorgan. Wie die Ausbildung von Schauspielern wird auch die von der Theaterwissenschaft getragene und an weniger klar umrissenen Berufsbildern orientierte Lehre seit Jahren aus den eigenen Reihen kritisiert und — in bescheidenem Umfang — revidiert.[31]

Es gibt noch einige weitere um Theater bekümmerte Institutionen, die auf seine Entwicklung Einfluß zu nehmen suchen und für deren recht verschiedenartige Aktivitäten vielleicht als gemeinsam angesehen werden kann, daß sie Diskussions-Foren der spezifischen Gattung (und gegebenenfalls anderer Sparten) im Rahmen einer allgemeinen ***Kulturpflege*** sein wollen. Dazu ist etwa die ›Deutsche Akademie der Darstellenden Künste‹ in Frankfurt ebenso zu rechnen wie die Berliner ›Akademie der Künste‹, die beide bis hin zur Praxis ihrer Mitglieder-Berufung Traditionen des rituellen Akademiewesens im 19. Jahrhundert fortspinnen; die Berliner Einrichtung allerdings, die ohnehin alle Kunstsparten umgreift, tritt dabei einerseits auch durch praktische (oft eher avantgardistisch-experimentell orientierte) Aufführungen bzw. Gastspiele hervor — um sich andererseits sorgfältig und umfassend einer museal-archivalischen Dokumentation besonders der neueren deutschen Bühnengeschichte zu widmen. Einen spezielleren Typus von akademischer Gesellschaft verkörpert daneben z.B. die ›Deutsche Shakespeare-Gesellschaft (West)‹ als jüngeres Fragment einer wenige Jahre zuvor noch BRD und DDR einenden Institution. Auch die ›Dramaturgische Gesellschaft‹, eine frühe Nachkriegs-Gründung, gehört eher hierher als unter die Interessen-Vertretungen der Theaterschaffenden: Personen und Institutionen mit unterschiedlichsten theoretischen und praktischen Positionen im (oder inbezug auf) Theater prinzipiell zum Beitritt offen, von vielen prominenteren Theaterleuten jedoch heute eher gemieden — diskutiert die Gesellschaft auf ihren jährlichen Tagungen vor allem akute Probleme des Gegenwarts-Theaters. Nicht unwichtig zuletzt dürfte die Wirkung einiger deutscher Sektionen von globalen oder europäischen Vereinigungen im Theaterbereich sein — so die des ›Internationalen Theater-Instituts‹ (ITI), das der UNESCO nahesteht, oder der ›ASSITEJ‹, eines zur Förderungen von Kinder- und Jugendtheater dienenden Weltbunds; insbesondere mit der Veranstaltung in- und ausländischer Gastspiele durch Organisationen wie diese — werden stilistische und politisch-ästhetische Einflüsse vermittelt, deren schwerlich exakt nachzuweisende Bedeutung hier dahingestellt bleiben muß.[32]

2.13 Leistung und Finanzierung

Man kann die Leistung gesellschaftlicher Einrichtungen nach ihrem Zweck, ihrem Ziel und ihrer Funktion im Prinzip dergestalt unterscheiden, daß man unter Zweck die bloßen Arbeits-Aufgaben einer Institution versteht (wie sie der Betrieb organisiert) und als Ziel die Vorstellungen der an ihr irgendwie maßgeblich Beteiligten von ihrem Nutzen und Sinn (Zielvorstellungen) sowie die Absicht und Forderung ihrer Erwirkung (Zielsetzung) im Zusammenhang mit bestimmten Beweggründen (Motiven) — während ›Funktion‹ dann ihre praktische Wirkung im Rahmen von Gesellschaft und Gesellschaftsordnung (als tatsächliche oder nur gemutmaßte) betrifft. Das (westdeutsche) Theater hat zunächst den einfachen Zweck, seinen Besuchern regelmäßig Bühnenstücke vorzuspielen. Die finale Absicht aber, die seine Unternehmungen damit verfolgen, hat bisher noch stets den zwiespältigen Charakter eines ***materiellen*** bzw. ***ideellen Ziels:*** es gibt eine substantielle Zielsetzung, wonach Theater z.B. bilden oder unterhalten soll — und eine finanzielle, wonach es Geld einzuspielen hat. Das öffentliche Theater in der BRD hat die Aufgabe, solche ideellen Ziele zu verfolgen und benützt zu diesem Zweck u.a. materielle, insbesondere auch finanzielle Mittel, die es (auch) durch seine Veranstaltungen gewinnt. Die Privatbühnen dagegen wollen überwiegend Gewinn erzielen und brauchen bzw. gebrauchen dazu (auch) ideelle Zielsetzungen — oder jonglieren indefinit zwischen beiden Modalitäten. Und je nach dem bestimmten Verhältnis, in dem beide Ziele in einer konkreten Institution zueinander stehen, kann man eben das eine Ziel als dem anderen zweckhaft impliziert oder gar als bloßes Mittel einverleibt ansehen — und zwar unabhängig davon, ob eine einzelne Einrichtung nun dieses Ziel auch jeweils wirklich erreicht oder nicht (d.h. ob z.B. eine Privatbühne in einer Saison oder auch dauerhaft Gewinn erzielt oder Verlustgeschäfte macht).[1]

Eine Bestimmung der substantiellen Zielsetzungen von Theater ist vor allem deshalb außerordentlich schwierig, weil sie praktisch nur völlig unfixiert, dispers und indefinit gegeben sind. Ziele in einem irgendwie geistige Bereiche berührenden Zusammenhang beziehen sich auf gesellschaftliche Werte — und das Schreiben, Betreiben und Besuchen von Theater gehört hierzulande eindeutig zum spirituellen Wertbereich von Kunst und Kultur. Dementsprechend bedingt die Konstitution des westdeutschen Theaters eine Zuordnung seiner ideellen Seite zu geschichtlich wie nationaltypisch geprägten Werten und Wertorientierungen — und wirft damit letztlich das prekäre, vielleicht paradoxe Problem des ›Wechselkurses‹ zwischen materiellem und immateriellem Reichtum auf. Nicht daran aber erst hapert es hier, sondern schon an einer entschiedenen Klarheit der zielsetzenden Theaterleute und anderer Verantwortlicher inbezug auf das Verhältnis von allgemeinen gesellschaftlichen Werten und ihrer besonderen Gültigkeit bzw. Umsetzung im Theaterbereich. Wie andere Orientierungen dieser Art auch — und im engeren Zusammenhang mit der angeblichen Zwecklosigkeit von Kunst ebenso wie der Selbstverständlichkeit von Kultur (zwei anerkannten Bewertungs-Tendenzen) — gehen medienspezifisch gewandte gesellschaftliche Zielsetzungen im westdeutschen Theater kaum je in ein öffentlich für verbindlich erklärtes kulturpolitisches Programm ein. Vielmehr bilden die angeblichen, vermeintlichen und wirklichen Ziele des Theaters den stets buntgemischten Stoff alltäglicher Programmheft-Deklarationen und taktisch zu relativierender Intendanten-Interviews; ebenso geben sie das Thema kommunaler Funktionärs-Festreden, berufsständischer Tagungen oder oberflächlicher Interessen-Abfragungen beim Publikum ab — wobei dessen ***Erwartungen*** gegenüber dem Theater das entscheidende letzte Glied in der Kette Motivation — Zweck — Ziel — Realisierung — Funktion bilden. Und schließlich sammeln sich all jene Verlautbarungen und Diskussionen auch zum Gegenstand einer epochenüberspannenden Auseinandersetzung um die ebenso bürgerliche wie deutsche Alternative zwischen Theater als ›moralischer Anstalt‹ und als ›Amüsierbetrieb‹. Dabei darf man diese Polarisierung ›bürgerlich‹ nennen, weil die deklarierte Notwendigkeit der Überbauung materieller Zweck-Mittel-Relationen durch ›höhere Werte‹ jener Gesellschaftsordnung fundamental entspricht — und ›deutsch‹, insofern unser allenthalben bekannter nationaler Hang zu Tiefsinn, Begriffs-Wucherungen und Schulmeisterei diese Kluft noch kräftig zu verbreitern geeignet ist.[2]

Es scheint vor allem die tradierte Fraglosigkeit der als Wertbereiche geltenden Sektoren und Manifestationen von Kunst und Kultur, auf die auch das westdeutsche Theater die demonstrative Selbstverständlichkeit seiner Existenz und die beglaubigte Fraglosigkeit seiner Relevanz gründet, ohne der Gesellschaft eine solche zu erklären oder gar zu legitimieren. Das Theater — das öffentliche zumal — ist einfach da, man hat es und es gehört ohne Frage zu einer kultivierten Gesellschaft. Und Leitwerte wie Bildung, Aufklärung und Unterhaltung erscheinen dabei regelmäßig und dauerhaft als die typischen Stichwörter von drei zwar nicht strikt voneinander getrennten, aber doch schwerpunktmäßig ausgeprägten und jeweils für sich als dominant, ja einzigartig erklärbaren Zielen. Die Triade ihrer Parolen wird daher hier — mit dem Vorbehalt, daß durch sie bloße Annäherung an eine höchst amorphe Gedanklichkeit und pauschale Programmatik stattfindet — ganz allgemein näher untersucht, damit man sie mit den materiellen Zielsetzungen in Verbindung bringen, an den medialen Grund-Qualitäten des Theaters messen und in seinen Funktionen entdecken kann.[3]

I. ***Bildung:*** Wenn man von der bekannteren Gegenüberstellung von ›materialer‹ und ›formaler‹ Bildung in einschlägigen Konzeptionen dergestalt ausgeht, daß ein materialer Begriff von Bildung vor allem deren Objekt, ein formaler dagegen ihr Subjekt als entscheidendes Bestimmungsstück der spezifischen Bildungs-Qualität ansieht — dann beziehen sich die dem Theater mit dieser Kategorie allgemein zugeschriebenen Ziele ganz überwiegend auf die materiale Bildung als besondere. Nach ihren Leitvorstellungen objektivieren sich bestimmte menschliche und insbesondere geistige Werte, die als von überdauernder Qualität erachtet werden, stets in bestimmten Werken und Objekten (insbesondere auch der Kunst!), in Verhaltensnormen, gesellschaftlichen Einrichtungen und anderen geschichtlich-übergeschichtlichen Manifestationen. Zur Bildung dieser Art gehören Goethe, Schönberg oder Nolde, das Abitur (möglichst am humanistischen Gymnasium) und die gepflegte Konzertkleidung, Beherrschung und Affekte ebenso wie Tischmanieren und — das Theaterabonnement. Bildung dieser Provenienz ist also vornehmlich durch Inhalte, zumal geistig bedeutsame — ›Gehalte‹ — bestimmt, die sich (der konzeptionellen Grundannahme gemäß) in überragenden historischen Vergegenständlichungen so niedergeschlagen haben sollen, daß diese ihrerseits sich als Bestimmungsfaktoren solcher Bildung auswirken: die geforderte innere Prägung durch sie wird, klischeehaft umgesetzt, als äußerlich ausweisbare Fähigkeit der Verfügung über sie zur Norm. Der Hang solcher Normierung zur Klassizität und die Neigung von (jenseits gesellschaftsgeschichtlicher Widersprüche) abstrakt gepflegten Offenbarungen der Humanität zu einem Spirituellen, das Menschlichkeit in dem von Technik und Politik freien Bereich individueller Selbstverwirklichung sucht — sie wohnen jenem Begriff von Bildung schon inne; und nur zu nahe liegt ihm die Gefahr konsequenter inhaltlicher Verdinglichung dergestalt, daß solche Bildung sich schon durch den bloßen Besitz ihrer Medien — sei's durch deren Kauf oder Besuch, sei's durch zitathafte Aneignung oder die Simulation von Signalen ihres Vorhandenseins — als gegeben präsentieren darf.[4]

Im Hinblick auf Theater wird Bildung wesentlich auf dessen stofflich-literarisches Element, das Drama und seine Handlung, bezogen — und die Werke der ***Klassiker*** vor allem sind ihr Gegenstand. Die Erhebung von literarischen, in zweiter Linie auch theatralen Kunstwerken in den Klassikerstand ist vor allem den restaurativ-reaktionären Phasen bzw. Schichten des 19. Jahrhunderts zu verdanken (und sollte natürlich auch der Beglaubigung von deren Gesellschaftsordnung dienen). Bestimmte gesellschaftliche Konstellationen und Konflikte, historisch spezifische Verhaltensweisen und Beziehungen — wie sie z.B. bei Shakespeare, Schiller oder Brecht vorkommen — gelten dem Gebildeten durch den Klassiker als exemplarisch, gültig, ›allgemeinmenschlich‹, eben ›klassisch‹ zur Sprache gebracht: Aufstieg und Fall des großen Individuums, das tragische Scheitern reiner Liebe zwischen den Geschlechtern, die Wankelmütigkeit der Massen, der Schrecken des Krieges und die Idealität der inneren Freiheit... Die theatrale Darstellung solcher existenziellen Probleme ist, jenem Bildungsbegriff gemäß, nicht als lebendes Bild bedeutsam, nach dem man seine eigene Anschauung prüfend ›bildet‹ — sondern gerade als ungerahmte Wirklichkeit erwünscht, damit die gezeigte Handlung als ***Erlebnis*** überwältige bzw. vereinnahmt werden könne: die tatsächliche Ferne der als überhistorisch vorgestellten Normen und Werte muß durch die leibhaftige Nähe des Bühnengeschehens suggestiv belebt werden. Im Bildungs-Erlebnis verschränken sich die rituell gewahrte Distanz zur Gebrauchsfunktion von spirituellen Hervorbringungen oder künstlerischen Veranstaltungen — Einsichten, Vorstellungen, Anschauungen — und die emotional herbeigeführte Identifizierung mit Personen und Positionen, die dem Verbrauch von geistig-ästhetischen Objektivationen durch bloße Einverleibung dient. Die Veräußerlichung dieser Haltung findet ihren adäquaten Rahmen in der Pflege einer Kette von Erlebnissen, derer man habhaft wird, indem man das Anrecht darauf — wie im Abonnement — habitualisiert, und über die man verfügt, indem man auf das Gehabte wie auf ein Vereinnahmtes mühelos verweisen kann: man kann den fremden Appell an bekannte ›Stellen‹ erwidern, man kennt seine Klassiker, man kennt überhaupt das ganze Zeremoniell und seinen eigenen Platz darin, man hat bestimmten (denkwürdigen) Aufführungen oder (renommierten) Festspielen beigewohnt — mit einem Wort: ›man‹ ist ›gebildet‹.[5]

Die soziale Reflexivität und die spielerische Modellhaftigkeit des Mediums erstarren solcher Bildung zur petrifizierten Klassizität ›allgemein-menschlicher‹ Situationen und insbesondere Kollisionen, die tragisch erlitten oder komisch bewältigt werden müssen; politische Öffentlichkeit materialisiert sich als wechselseitige Bestätigung der Zugehörigkeit zur Elite der Gebildeten durch die Zusammenkunft im Theater selbst, d.h. als klassenspezifische ***Repräsentation.*** Die leibhaftig-sprachliche Sinnfälligkeit des Theaters entzieht sich, soweit sie nicht im Erlebnis als faszinierende Ausstrahlung verbraucht werden kann, jenem Bildungsziel total. Sie wäre relevant für einen formalen Begriff von Bildung, in dessen Mittelpunkt die Ausbildung der spezifischen Wesenskräfte von Menschen dergestalt steht, daß sie bisweilen sogar umgekehrt als unabhängig von der inhaltlichen Bestimmtheit des Bildungs-Gegenstands gedacht wird. Entgegen seiner historisch schillernden Bedeutung auch im Bereich des Theaters — man denke nur an das Erziehungsdrama der Humanisten, das jesuitische Schulspiel oder das frühbürgerliche Liebhabertheater mit ihren entsprechenden programmatischen Didaktiken — wird diese Seite des Begriffs jedoch im Bildungsziel des westdeutschen Theaters (vielleicht bis auf die Ausnahme des neueren Kindertheaters) überhaupt nicht angesprochen.[6]

II. ***Aufklärung:*** Wenn man davon ausgeht, daß gesellschaftliche Beziehungen wesentlich durch Gesellschafts-Ordnungen (und das heißt bis heute: durch Herrschaft!) historisch spezifisch geprägt sind, ja nicht außerhalb dieser ihrer besonderen historischen Formung sich verwirklichen können — dann ist eine umfassende Interpretation jener Beziehungen im Prinzip nur mit dreierlei verschiedenen Zielsetzungen zu unternehmen: einmal kann man den intersubjektiven Verkehr bloß so zu modellieren suchen, wie er gesellschaftsgeschichtlich evidenterweise beschaffen zu sein scheint — ohne also weiter gehen zu wollen als bis zu seiner wertfreien oder neutralen Abbildung bzw. Auslegung. Und dann kann man dies mit dem Interesse an der Verbesserung oder an der Aufrechterhaltung — gar an der Verschlechterung — jener Verhältnisse tun. Die erste Zielsetzung sei hier einmal schlagwortartig als Wille zur Erklärung, die zweite als Absicht der Aufklärung und die dritte als Tendenz zur Verklärung gekennzeichnet. Dabei dürfte offenkundig sein, daß ›Aufklärung‹ als Programm einer sozialen Moralität, die das Durchschauen klarer dargestellter gesellschaftlicher Verhältnisse zur Grundlage ihrer anschaulich-praktischen Kritik macht, diese finale Absicht im Prinzip durchaus offen erkennen lassen kann — weil sie konstitutiv auf die Selbstbestimmung ihrer Adressaten hinarbeiten will. Dagegen gehört es natürlich geradezu definitionsgemäß zur ›Verklärung‹ von Wirklichkeit, daß ein solches Vorhaben der Beschönigung schlechter Verhältnisse und scheinhafter Ersatzbefriedigung in einem anderen Licht erscheinen muß — weil sie, Fremdbestimmung bekräftigend, ihre Attraktivität ja nur der Ablenkung davon verdankt. Eine weder den Zusammenhang mit der Gesellschaftsordnung ausklammernde noch sie in den konkreten Verhältnissen kritisierende ›Erklärung‹ von Beziehungen zwischen Menschen schließlich wird hier zunächst nur als Konstrukt mit der offenen Frage angeführt, ob gegen bereits manifest bestehende politische Herrschaft eine bloß unpolitisch-deskriptive Haltung auf dem Theater überhaupt möglich bzw. noch neutral wäre: das läuft auf die nur viel umfassender (und anhand des entfalteten Verhältnisses von ästhetischer Konkretion und sozialer Abstraktion) zu beantwortende Frage hinaus, ob man Theater spielen kann — ohne etwas Bestimmtes zu zeigen, und ob man Gesellschaft sinnfällig darzustellen imstande ist — ohne Herrschaft aufzudecken. Die dem Theater diesbezüglich gelegentlich zugeschriebene Zielsetzung oder Funktion der ›Information‹ scheint die Annahme einer solchen Qualität zu implizieren; mit dieser Behauptung verschiebt man allerdings das Problem nur auf den im Bereich des Nachrichtenwesens doch längst offenkundigen Sachverhalt, wonach die entscheidende Interpretation und politische Stellungnahme hier vor allem schon durch Selektion und Kodierung der Information vorgenommen wird.[7]

Theater als Medium von konstitutiv sozialer Reflexivität bzw. spielerischer Modellhaftigkeit interpretiert zwangsläufig Gesellschaft — ja es drängt seine Qualität politischer Öffentlichkeit das auf wenige Individuen beschränkte Modell immer zum Politikum, indes die deklarierte soziale Beziehung einiger weniger Menschen gleichzeitig immer auch zurück auf deren politisch beschränkte Intersubjektivität weist. Theater ist also medial zu einer bestimmten Form der Erklärung von Herrschaft immer geradezu gezwungen und zum Rückzug in die Bekräftigung der scheinbaren Herrschaftsfreiheit von ›Zwischenmenschlichkeit‹ permanent verlockt — ein Zwiespalt, der die Disposition zur Ausbildung von Manifestationen und Proklamationen der beiden auseinandergebrochenen Pole a priori enthält. Insbesondere das deutsche (klein-)bürgerliche Theater hat durchaus einen Hang zur konstruktiven Wendung jener aktiven politischen Eigenschaft spezifisch kultiviert: es hat sich wesentlich in der historischen Epoche der sog. Aufklärung institutionalisiert einige seiner seither prominentesten Dramatiker (wie Lessing oder Schiller) sind als solche entschiedene Anwälte der Aufklärung — und durch und durch aufklärerisch ist auch die mit Abstand umfassendste und einflußreichste (deutsche) Dramaturgie des 20. Jahrhunderts, die Brechts. Trotzdem hat die Aufklärung im westdeutschen Theater heute kaum Tradition und einen eher schlechten Ruf; und wenn es eine Tradition gibt, so ist es die, mit dem Kehrbesen der Sittlichkeit immer auch gleich die Sinnlichkeit von der Bühne zu fegen — und wo der Ruf gut ist, da nicht bei der Masse des Publikums. Aufklärung hat zu tun mit einer Bewegung gegen Trübung, Unklarheit, Verschleierung — ***Schein.*** Aber freilich ist es gefährlich, ›Schein‹ nur als Mantel, Schale, ja zwielichtiges Umfeld von Wahrheit und Wesen zu verstehen: einerseits reflektiert in der Tat der Schein nur Oberfläche, verdeckt durch Glanz, Farbe, Sinnlichkeit das Tiefe, Innere, Substantielle von Dingen und Vorgängen u.dgl. — zum anderen aber ist der Schein allen Erscheinungen, allen Körpern, allen Wesen wesentlich, macht nicht zuletzt die Unverwechselbarkeit ihrer lebendigen Existenz aus. Die Abstraktion aber, die das Durchschauen von Gesellschaft erheischt, kann im Theater nur körperhaft und durch sprachlichen Ausdruck konkretisiert erscheinen: Aufklärung mit dem

Programm der Brechung, Aufhebung und Entlarvung falschen Scheins muß hier selbst falschen Schein insofern annehmen, als sie sich im Medium der künstlichen Beglaubigung von ›natürlichem‹ gesellschaftlichem Verhalten realisiert. Die (west-)deutsche theatrale Aufklärung hat diesen Widerspruch häufig durch eine Überbetonung der rein gedanklichen Reflexion und durch die intellektuell verzerrte Behandlung der leibhaftigen Bühnenqualitäten als dementsprechend eher illustrativer Seiten von politischen Diskussionen aufzulösen versucht. Solcher besondere Purismus, ja Puritanismus aber hat der von der Bühne aus proklamierten Aufklärung den diskreditierenden Ruf eingetragen, als könne sie ganz allgemein nur unscheinbar bis scheinfeindlich im Sinn von unanschaulichem Intellekt, grauer Theorie, fleischloser Verbalität einherschreiten — und nur zu gern schlachten generelle Gegner sozialer Selbstbestimmung solche Schwächen bis heute weidlich aus![8]

Zum anderen enthält die pädagogische Seite des Begriffs ›Aufklärung‹ — sein erklärter Wille zur Qualifizierung fremden Bewußtseins — ein Moment der Lehrhaftigkeit, das seine von bürgerlich-deutschem Erbe geprägte Ambivalenz ebenfalls schnell zulasten seiner unbeliebten Eigenschaften angekreidet bekommt. ***Lehre***, einseitiges syndromhaftes Überbleibsel einer von lustlosen Abrichtungen zum Rezipieren, Reproduzieren und Disziplinieren tief geprägten Institution Schule, hat angesichts der verbreiteten Erfahrungen mit jener Einrichtung einen drohenden Unterton von Trockenheit, Maßregelung und Paukerei angenommen; er läßt die derartig entfremdet anerzogene Vorstellung von der Beschränkung des Lernens auf eine einmalige — unangenehme — Phase im Leben auch zur affektiven Grundlage der an Theater herangetragenen Erwartungen werden. Die fundamental subjekt- und insbesondere sinnlichkeits-feindlichen pädagogischen Praktiken der deklarierten Lern-Institute und deren Unfähigkeit, das Lernen selbst zu lehren, haben dabei im Theater bisher eher ihre resignative Kompensation und affirmative Fortsetzung als ihre animierende Brechung gefunden. Darüberhinaus besteht Aufklärung schließlich in einer Art ***Kritik*** an der jeweiligen gesellschaftlichen Ordnung, wie sie bei uns als in einem historisch von Untertanen-Denken und Beamten-Mentalität außergewöhnlich stark geprägten Land — ganz ungeachtet der objektiven Qualität und Berechtigung von Einwänden oder Angriffen — nur zu schnell schon als ›an sich‹ herabsetzend, ungehörig, störend oder gar zerstörerisch gilt! Und im Theater zumal stoßen die unkonventionellen, unbotmäßigen und anstrengenden Züge, deren Verarbeitung jede Kritik verlangt, hart auf die eingeschliffenen Zuschauer-Erwartungen von Etikette, Elitebewußtsein und feierlich-feierabendlichem Müßiggang — wie sie nur zu leicht kritiklos zu befriedigen sind.[9]

Verklärung figuriert dementsprechend in allerlei vielgestaltigen Teilzielen von einer dem konkreten Bühnen-Ereignis häufig nicht zu bestreitenden Attraktivität: Verzauberung oder Illusionierung sind bewußte oder unbewußte, zugegebene oder verheimlichte Techniken bzw. Zielsetzungen ihrer praktischen Hervorbringungen — Glanz, Schönheit, Harmonie und Spektakularität einige Grundlagen ihres Bühnen-Effekts. Der von unbefriedigender Realität ablenkenden, momentan befreienden Darbietung einer bunteren, pralleren und spannenderen theatralen Kunstwelt bieten sich hundertfältige Möglichkeiten zur Ausschmückung zufälliger Interessantheiten und sensationeller Nebensächlichkeiten, zur sinnlichen Überstrahlung des Nicht-Sinnfälligen und zum Ersatz leibhaftiger Zeichen durch körperliche Signale — ja zur stundenlangen Entführung von Menschen mit konkret dauernden Problemen in die abstrakten Sphären des ›Ewig-‹, ›Außer‹- und ›Allzumenschlichen‹. Einer Proklamation der Verklärung von Wirklichkeit durch Theater ist darüberhinaus schwerlich theoretisch etwas entgegenzusetzen: einmal weil sie im allgemeinen sich kaum als solche zu erkennen gibt und andernfalls ihre Absichten und deren Begründungen fast immer in völlig irrationalen, begriffslosen Setzungen verklausuliert. Darüberhinaus ist aber auch das eingestandene oder geleugnete Vorhaben einer solchen Verklärung der Wirklichkeit nicht einfach separat zu kritisieren: vielmehr ist es sowohl mit dem allgemeinen gesellschaftlichen Ort des Theaters wie mit seinem besonderen Klassencharakter im Zusammenhang zu sehen, wie sie beide die objektiven Möglichkeiten und Interessen inbezug auf den Grad an Klärung der realen Verhältnisse näher bestimmbar machen.[10]

III. ***Unterhaltung:*** Die diffuseste der drei gängigen Zielsetzungen von Theater läßt sich in ihrem Bedeutungsfeld vielleicht am ehesten durch Begriffe wie Entspannung, Zerstreuung, Abwechslung, Amüsement und Vergnügen näher eingrenzen. Als auffallend an solchen Teil-Synonymen von ›Unterhaltung‹ und den ihr ähnlichen oder mit ihr verknüpften Vorstellungen erscheint dabei zunächst, daß diese ganz überwiegend nur kontradiktorisch, d.h. also durch den Widerspruch zu einem anderen Zustand bestimmt sind — und zwar zu einem, der offenkundig primär ist und alltäglich vorherrscht. So bezieht sich Entspannung auf vorhandene (An-)Spannung, Zerstreuung auf bestehende Konzentration, Abwechslung setzt Eintönigkeit voraus und Amüsement stumm machenden Alltags-Ernst; allein der ›Vergnügen‹ betreffende Teilaspekt des Wortes läßt sich selbständig, unabgeleitet als ›Spass‹, ›Befriedigung‹, ›Belustigung‹ oder ›Genuss‹ umschreiben. Auffällig an dergestalt verstandener Unterhaltung erscheint aber auch, daß ihr Begriff positiv nur Dispositionen des jeweils von ihr betroffenen Individuums anspricht; er nimmt also die Bedeutung intersubjektiver Beziehungen für das Entstehen und Gelingen von Unterhaltung weder inbezug auf das Verhältnis ihrer Veranstalter zu ihren Adressaten noch im Hinblick auf das Verhalten dieser Teilnehmer zueinander in sich auf. Eine solche, Gesellschaftlichkeit oder Geselligkeit zumindest nicht als Unterhaltungs-Wert konstruktiv einbeziehende Bedeutungs-Tendenz legt also den durch die Präposition (›unter‹) ins Wort eingegangenen dynamischen Sinn von Beziehung (›zwischen‹) lahm. Andererseits entspricht ein solches Verständnis der Kategorie durchaus einer in den Massenmedien vorherrschenden Praxis, wo ja ›Unterhaltung‹ heute auch ohne weiteres auf die bloße Rezeption einer mechanisch ablaufenden Bilderfolge mit Zerstreuungs-Charakter (wie im Kino) angewendet wird oder der in völliger Isolation des Einzelnen vor dem (Fernseh-)Apparat vollzogenen Wahrnehmung einer Show als Wert zugeschrieben wird. ›Unterhaltung‹ in diesem Sinn bezeichnet eben nicht (mehr) — zumindest aber nicht vorrangig und grundlegend — die Qualität eines bedeutenden Vorgangs zwischen Menschen, wie das bei dem gleichlautenden Begriff im Sinn seines Wortfelds von ›Gespräch‹ und ›Unterredung‹ der Fall ist. Gemeint sind mit ›Unterhaltung‹ vielmehr erst einmal bestimmte Zustände je Einzelner, also individuelle Befindlichkeiten, die auch durch den bloßen Empfang und die momentan ohne jeglichen Partner zu leistende Verarbeitung bestimmter Inhalte, Verlautbarungen, Sendungen ausgelöst bzw. hergestellt werden können. Und da im Grunde nicht (mehr) Unterhaltung als Prozeß der Wechselwirkung zwischen zwei flexiblen, veränderbaren Größen entsteht, sondern als mehr oder minder gelingende einlinige Erzeugung einer bestimmten (entspannten, ›unterhaltsamen‹ usw.) Verfassung auf einer Seite — kann man freilich auch schon das dazu gedachte, unter Umständen mechanische Produkt als ›Unterhaltung‹ bezeichnen (und seine massenhafte kommunikationslose Aufnahme pervertierterweise als ›Massen-Kommunikation‹ interpretieren).[11]

Höchst aufschlußreich erscheint mir dabei, wie eine solcher (gegensatzorientierten) Unterhaltung entsprechende Befindlichkeit sich gerade auf die aus den Anforderungen des Alltags und insbesondere der Arbeit stammende zwanghafte Verfassung dergestalt bezieht, daß sie davon momentan gedanklich, psychisch und körperlich befreien soll. ›Unterhaltung‹ als Prozeß, mehr noch als Resultat der Rezeption eines unterhaltsamen Vorgangs bzw. Produkts bedingt dementsprechend vorwiegend die Leichtigkeit der Beanspruchung von Sinneswahrnehmung und Bewußtsein (vom Zeigen eingängiger sinnlicher Formen über das Streifen bekannter Situationen und Meinungen bis zur unaufwendigen Erinnerung an angenehme Gefühle). ›Unterhaltung‹ legte eine Stimmung von Fröhlichkeit und Bereitschaft zum Lachen nahe (sei's durch die Stimulation launiger Selbstvergessenheit mit traumstiftenden Reiz-Reaktions-Mustern, sei's durch die komisch zugespitzte Präsentation einfacher sozialer Widersprüche). ›Unterhaltung‹ schließt die abwechslungsreiche Beschäftigung bzw. Bedienung von Aufmerksamkeit und Interesse ein (wobei die praktisch unendliche Skala der Mittel und Techniken vom oberflächlichen Anspielen realer Probleme über die pointierte Raffung komplizierter Sachverhalte bis zum Arrangieren von Überraschungen jedweder Art reichen, Innovationen und Novitäten zwischen Information und Sensation spannend-entspannend betreffen kann). Und ›Unterhaltung‹ kreist energetisch wie inhaltlich oft klar um das Kraftpotential der Geschlechtsbeziehungen zwischen Menschen als einen alltäglich umfassend verformten wie verformenden Bedürfnisbereich (und reicht dabei von sublimen Verdrängungs-Witzen bis zum optischen Abruf erotischer Reize, vom Kitzel wollüstiger Synästhesien bis zu handfestem sexuellen Voyeurismus). ***Leichtigkeit, Heiterkeit, Kurzweiligkeit*** und ***Reizhaftigkeit*** sind die vier elementaren Bedingungen von veranstalteter Unterhaltung und gehören zu den Grundlagen entsprechender medialer Erzeugnisse. Freilich läßt sich ein so wenig begrifflich gefaßtes Ziel durch solche Bestimmung nur höchst annäherungsweise definieren — dies um so mehr, je umfassender und vielfältiger es eben in jeder Weise verwirklicht gedacht werden kann, die sich von einem fern gesellschaftlicher Arbeit liegenden Bereich freier Zeit gegensätzlich von ihr abhebt: Für das, was Spaß, Befriedigung, Belustigung, Vergnügen durch solche Art von Unterhaltung verspricht, kann es unter diesen Umständen weder eine Grenze noch einen allgemeinen Nenner geben. Und abgetrennt von ihrem jeweiligen dialektischen Widerpart und von gesellschaftsgeschichtlich konkreter Bestimmtheit zugleich können jene vier unterhaltenden Haupt-Elemente in ihrem stillschweigend proklamierten Zusammenhang nur noch die fidel-resignierte Aufhebung der entfremdeten Wirklichkeit statt eine widersprüchliche Form ihrer sozialen Aneignung bezeichnen.[12]

Die Verwirklichbarkeit und Wirksamkeit aller hier für das (westdeutsche) Theater als typisch erläuterten Zielsetzungen hängt entscheidend von dem Ausmaß ab, in dem seine jeweils konkreten Manifestationen dem inneren Zusammenhang von Ziel und medienspezifischer Qualität Rechnung tragen. So steht speziell die Unterhaltsamkeit des Theaters mit einigen Seiten seiner medialen Grund-Qualitäten in enger Beziehung — und zwar vor allem mit der spielerischen Modellhaftigkeit und der sprachlich-leibhaftigen Sinnfälligkeit der Bühnen-Beziehungen. Alle auf der Bühne gezeigten sozialen Beziehungen werden durchs theatrale Spiel prinzipiell der Schwere, Schwerfälligkeit ihrer realen Voraussetzungen, Folgen, Zusammenhänge, kurz: ihres Gewichts von Unumkehrbarkeit und Unentrinnbarkeit beraubt. Im spielerischen Modell kann die Schwierigkeit der Durchschauung von Wirklichkeit ihrer anschaulichen Vereinfachung dergestalt weichen, daß sie mit Leichtigkeit begreifbar wird — und die künstlich-kunstvoll zugespitzte Übersteigerung der realen gesellschaftlichen Zwänge und Widersprüche durch ihre komprimierte Verkörperung kann erheitern. Die grenzenlose Fähigkeit des Theaters, alles in (und außer) der Welt zeichenhaft zu modellieren — zwischen zwei Szenen Lichtjahre verstreichen zu lassen und in einem Akt die Erde zu umrunden, Götter, Tiere und Flugzeuge ebenso auftreten zu heißen wie Liebende, Träumende und Sterbende — all das verleiht ihm eine unübertreffbare Eignung zur Kurzweil. Unübertreffbar aber erscheint diese Disposition vor allem auch ihres leibhaftigen Kerns wegen: die wirkliche körperliche Präsenz der Akteure von Theater in dessen Spiel ist als greifbares Band ihrer vier elementaren Parameter das Medium seiner Unterhaltung und das Maß einer ***medialen Interferenz*** von Grund-Qualitäten und Haupt-Zielen. Nach ihrem Raster verfehlt auch die beabsichtigte Aufklärung, wo sie den aus solchem Programm erwachsenden Ansprüchen insbesondere auf körperliche Anschaulichkeit, Spannung, Bewegung, Sinnfälligkeit ihres Modells nicht genügt, mit der Spezifität des Mediums zugleich ihr Ziel — liege es auch dank jener konstitutiven Neigung des Theaters zu sozialer Reflexivität und politischer Öffentlichkeit noch so nahe! Und auch die bloße Addition oder Mischung von Unterhaltung und Aufklärung — proklamierte zeitgenössische Variante: Unterhaltung als ›Vehikel‹ für Aufklärung — erscheint nur als schwacher Ersatz und bestenfalls als Vorstufe von beider als Vergnüglichkeit erscheinenden Dialektik. Leichtigkeit und Reizhaftigkeit als von den Qualitäten leibhaftiger Präsenz und Aktion getragene Eigenschaften des Theaters sind in seiner (west-)deutschen Geschichte noch stets unterentwickelte Seiten an ihm gewesen: wenn artistische und erotische Spiel-Elemente, geistreiche Dialoge oder auch ganze Genres dieser Art Bühnen-Unterhaltung hierzulande bis heute Importware geblieben sind, so läßt sich auch aus diesem Umstand einige Relativierung des wirklichen Stellenwerts jener Ziel-Programmierungen ableiten.[13]

Die unter den Stichwörtern Bildung, Aufklärung und Unterhaltung allgemein angesprochenen ideellen Zielsetzungen des westdeutschen Theaters stehen natürlich in einem engen Zusammenhang und verschränkten sich mit seinen materiellen, insbesondere finanziellen Zielen. Materielle und ideelle Seite des Theaters werden eben dadurch miteinander institutionell und zugleich innerlich vermittelt, daß jeder Bühnen-Betrieb ja seine medienmäßigen Dienste als Organisation eines bestimmten sachlichen und persönlichen Aufwands durch bezahlte Kräfte besorgt und für diese Leistungen seinerseits finanzielle Mittel braucht. Die ***Kosten*** des Theaters als Betrieb — und dabei vor allem der Oper — sind gerade seiner außergewöhnlichen, mit der extremen arbeitsteiligen Spezialisierung der Gattung zusammenhängenden Personalintensität wegen sehr hoch. Zur Zeit liegen die Personalkosten im Theaterwesen bei ungefähr 80 % der gesamten Betriebskosten und lassen — da einerseits die Löhne und Gehälter der Beschäftigten großenteils tariflich festliegen, zum anderen die institutionellen Verquickungen von Bau und Verkehrsform Theater jede Reduzierung von Personal stark blockieren — nur eine geringe Spannbreite von finanzieller Mobilität zu. Die starke Kosten-Progression des Theaters im Zusammenhang mit den hohen Folgekosten der Institution — man denke nur an die traditionellerweise aufwendigen Baulichkeiten! — spitzen diese prekäre Lage noch zu. Die Finanzierung der Bühnen des westdeutschen Theaters ist heute praktisch zum Dauerproblem geworden.[14]

Die notwendige Absicht der ***Kostendeckung*** und die mögliche einer ***Gewinnerzielung*** kann das Theater bei der Organisation seines Dienstleistungs-Betriebs im Prinzip nur auf drei verschiedene Weisen verwirklichen: 1. nämlich kann man die Kosten der Dienstleistung (oder mehr als sie) unmittelbar von den sie in Anspruch nehmenden Kunden einzutreiben suchen, d.h. über den Preis — vor allem gestückelt in die Teilpreise der Eintrittskarten (***Verkauf***). 2. kann ein Theater nach Maßgabe bestimmter Kriterien partielle Zuweisungen vonseiten der öffentlichen Hand erhalten — insbesondere in der Form, daß sie den nicht durch Verkauf bestreitbaren Teil seiner Kosten deckt (***Subvention***). Und 3. können Einzelne oder Gruppen, Institutionen und Organisationen die Dienstleistungen des Theaters aus unterschiedlichen Motiven und in unterschiedlichem Maß durch Bereitstellung eigener privater Mittel ermöglichen — d.h., daß sie die Einrichtung als mäzenatische, vereinsmäßige, politische oder andere Interessenten durch Mitgliedsbeiträge, Spenden oder vertragliche Fixsummen u.dgl. materiell ausstatten (***Finanzierung***). Die erste dieser drei Organisationsformen wird von einem Teil der westdeutschen Privatbühnen praktiziert; dagegen erhält ihre Mehrzahl öffentliche Zuwendungen — von allerdings fast durchwegs äußerst geringer Höhe. Die zweite Alternative trifft für fast alle übrigen Theater ausschließlich zu und bezeichnet insbesondere den Status der öffentlichen unter ihnen. Dabei gibt es neben den normalerweise praktizierten direkten Subventionierungen örtlich auch den Modus der indirekten öffentlichen Zuwendung: sie kann sich, wie vor allem die für organisierte Besucher gewährten Pro-Kopf-›Platzzuschüsse‹, bei den bereits unterstützten Bühnen also zusätzlich auswirken. Die hier schlagwortartig als ›Finanzierung‹ bezeichnete dritte Organisationsform der materiellen Mittel spielt im westdeutschen Theatersystem nur eine völlig unerhebliche Rolle und gibt nirgends die einzige oder auch nur überwiegende ökonomische Grundlage eines Betriebes ab.[15]

Das westdeutsche Theater ist, insbesondere in seinem Kern öffentlicher Einrichtungen, ein System des ***Subventions-Theaters;*** und es ist dies nicht etwa nur in dem Sinn, daß die jeweils nicht eingespielten Kosten ganz oder teilweise im Nachhinein von der öffentlichen Hand übernommen würden. Tatsächlich sind die öffentlichen Bühnen heute nicht nur praktisch millionenweit von jeder Chance entfernt, Gewinne zu erzielen, sondern sie haben ihre kontinuierlichen Subventionen immer auch schon haushaltsmäßig fundamental eingeplant: so könnten sie ihre Kosten selbst bei einem Spieljahr tagtäglich ausverkaufter Vorstellungen eben nicht durch den Verkauf bestreiten, weil die (Eintritts-)Preise längst nicht mehr kostendeckend kalkuliert sind. Im öffentlichen Theater wird also — dies kein bloß förmlicher Unterschied — mit den öffentlichen Zuwendungen auch und gerade sein Publikum indirekt subventioniert, das gewohnheitsmäßig nur einen erheblich unter den wirklichen Kosten liegenden (Teil-)Preis zu zahlen bereit bzw. gehalten ist: jedem — wohlgemerkt: besetzten — Platz in einem westdeutschen Schauspielhaus wird heutzutage leicht das Mehrfache dessen allabendlich zugeschossen, was man dafür an der Kasse entrichtet (wobei die Größenordnung inbezug auf das Musiktheater häufig schon 50 DM überschreitet). Auch deswegen entwickeln sich die Preise von Theaterkarten heute tatsächlich eher abseits des unmittelbaren Drucks, dem (auch die öffentlichen) Dienstleistungen in der BRD durch die allgemeine Verteuerung unterliegen. Obwohl so also der Durchschnittspreis von Theaterkarten künstlich in der Nähe der Eintrittspreise z.B. des medial verwandten und konkurrierenden Kinos eingefroren worden ist, kostet der billige Besuch schon des Schauspiels — ganz abgesehen von der Staffelung der besseren Platz- und Preiskategorien bzw. denen im Opernhaus — einen lohnabhängigen Durchschnittsverdiener immerhin noch zwischen fünf und zehn Prozent seines täglichen Netto-Einkommens! Auch viele Privatbühnen ziehen es unter diesen Umständen vor, aus ihrer materiellen Not eine ideelle Tugend insofern zu machen, als sie ihre potentielle gewerbliche Ausrichtung auf Gewinnerwirtschaftung formell aufgeben und sich ihre ›Gemeinnützigkeit‹ mit der Aussicht auf weitere öffentliche Vergünstigungen steuerrechtlich bescheinigen lassen.[16]

Nach welchen Kriterien aber kommt einem Theater eine bestimmte ökonomische Organisationsweise zu? Der unsubventionierte Verkauf theatraler Veranstaltungen durch die Privatbühnen folgt klar dem Grundgesetz einer kapitalistischen ***Privatwirtschaft***: Produktion warenförmiger Dienstleistungen für deren Angebot auf dem Markt bis hin zu ihrer entwickelten Verwertung (wobei die geringe Produktivität der Branche hier nicht zur Debatte steht). Die öffentliche Subventionierung von Theater aber betrachtet seine Einrichtung als Zwitterwesen: einerseits als förderungswürdige ***Gemeinschafts-Aufgabe*** — zum anderen als entgeltlichen ***Dienstleistungs-Betrieb.*** Unbestreitbar scheint dabei, daß öffentliche Gelder auch systematisch nur für Institutionen und Zwecke zu verwenden wären, deren Ziele (im weitesten Sinn) im öffentlichen Interesse liegen: es handelt sich dabei also um Aufgaben bzw. Dienste, wie sie in den Verfassungen von Bund und Ländern bzw. den gesetzlichen Ordnungen der Gemeinden genauer bestimmt sind. In dieser Hinsicht ist — nach geltendem Recht und herrschender Auffassung — Theater im Prinzip zur Zwiespältigkeit seiner öffentlichen Behandlung klar disponiert: zum einen genießt es als ›Kunst‹ eine verfassungsmäßig verbürgte Freiheit, insbesondere von staatlicher Bevormundung — zum anderen sind, der historisch absichtsvollen Dezentralisierung von ›Kultur‹ in förderalen Aufbau dieses Staates entsprechend, Länder und Gemeinden zur aktiven Gewährleistung jener Kunstfreiheit bzw. zur Erhaltung von Kultur als örtlicher Angelegenheit allgemein verpflichtet. Und zwar grenzen dabei Länder-Verfassungen und ›Deutsche Gemeindeordnung‹ (bzw. die einzelnen kommunalen Verfassungen) ihre Zuständigkeiten und Kompetenzen generell untereinander ab — aber es fehlt freilich jegliche nähere Bestimmung über Umfang, Kriterien und Modalitäten einer entsprechenden Förderung. Daß nach dem kommunalen Verwaltungsrecht Theater im besonderen nicht zu den ›Pflicht-‹, sondern zu den ›freiwilligen‹ Aufgaben (der Gemeinden) gehört, gibt deren Indefinitheit noch größeren Spielraum und läßt einzelne der finanziell überforderten kommunalen Rechtsträger von Bühnen angesichts der gewaltigen Kosten schon ihres ruhenden Betriebs immer wieder auch die gänzliche Stillegung solcher Institutionen ins Auge fassen.[17]

Faktisch bringen unter den Gebietskörperschaften heute die ***Kommunen*** (in geringem Maß auch durch Bezirke und Landkreise) rund 60 und die ***Länder*** knapp 40 Prozent der nunmehr bei über einer Milliarde angelangten jährlichen Theater-Subventionen aus öffentlichen Mitteln auf. Dagegen hat der ***Bund*** seine diesbezügliche Förderung strikt auf die gesetzlichen Ausnahmen beschränkt, wonach einmal Bühnen in (östlichen) Grenzgebieten — auf der Grundlage allgemeiner Programme zur Milderung ihrer lagebedingten Benachteiligungen — wirtschaftlich zentral unterstützt werden können: die unbeträchtlichen Zuschüsse an solche ›Grenzland-Bühnen‹ machen jedoch auch mit den anderen Formen von Bonner Zuwendungen ans westdeutsche Theater — praktisch ausschließlich Gelder für Theater-Ereignisse mit Funktionen für die (inter-)nationale Repräsentation (wie Festwochen, Bonner Kulturleben und Auslands-Gastspiele) — kaum 1 % der gesamten öffentlichen Theater-Subventionen aus. Darüberhinaus dürfte allerdings über den weitgehend von der BRD finanzierten Landes-Haushalt von West-Berlin noch ein weiterer, nicht bezifferbarer Beitrag des Bundes indirekt ins Theaterwesen einfließen.[18]

Länder und Gemeinden subventionieren das Theater aus ihren jeweiligen Etat-Posten für ***Kultur*** — d.h. in der Regel aus dem gleichen ›Topf‹ wie Volkshochschulen, Museen, Orchester, Büchereien, Sängervereine, z.T. auch Kirchen und (Hoch-)Schulen. Eine klar ausgewiesene kategoriale Strukturierung und Zuordnung von Sachgebieten bzw. Zuständigkeiten gibt es jedoch im Bereich von Bildung, Kunst, Erziehung oder Kultus bei den öffentlichen Gewalten nicht. Kulturpolitik verkommt dergestalt weitgehend zur politischen bis parteipolitischen Kalkulierung von Kultur einerseits, zur bloß bürokratisch-fiskalischen Kulturverwaltung zum anderen. Auch und gerade im Hinblick auf Theater verfügen seine öffentlichen Träger und Förderer über keinerlei inhaltlich bestimmten Begriff von Ziel und Funktion seiner Einrichtung — ja selbst deren (rein arbeitsmäßiger) Zweck ist nirgends verbindlich formuliert. Dementsprechend ermangelt der behördliche Alltag jeglichen Maßstabes, mit dessen Hilfe z.B. der Beschluß über die Subventionierung eines Theaters auf das öffentliche Interesse an seinen Zielsetzungen im allgemeinen bzw. ihre Verfolgung oder Verfehlung durch jene spezielle Institution bezogen werden könnte. Da auch die in den Parlamenten und Rathäusern herrschenden politischen Parteien diese Lücke in ihren Kultur-Programmen nicht einmal ansatzweise schließen, fehlt den bedeutsamen Beratungen der Mandatsträger-Gremien über die ***Kultur-Haushalte*** jegliche kulturpolitische Grundlage für rationale Entscheidungen: Gewohnheitsrechte, gängige Praxis und proporzbedingte Usancen, individuelle Bildungsvorstellungen und taktisches Dezernenten-Geschick treten an die Stelle demokratisch begründeter und rechtsstaatlicher verantworteter Konzeptionen und Entscheidungen. Dem politisch entqualifizierten Pochen eines Theaters auf ›Besitzstands-Wahrung‹ und ›Unterhalts-Verpflichtung‹ hat die Administration nur die ebenso entleerten ›Sachzwänge‹ von Budget-Planung und Haushaltsrecht entgegenzuhalten. Während so die öffentlichen Bühnen aus Gründen der puren Erhaltung ihrer regelmäßigen Etathöhe plus Zuwachsrate manchmal sogar zur Zwangsvergeudung öffentlicher Mittel geradezu disponiert sind, führen die meisten anderen Theater — aus ebensolchen Gründen von Herkommen und Übung — ein, was ihre öffentliche Förderung anlangt, eher kümmerliches Dasein (unabhängig davon, ob und wie sie sich durch die Wahrnehmung von Gemeinschafts-Aufgaben legimitieren). Ein wirkliches Maß für den (im doppelten Sinn) maßlos subventionierten Aufwand der öffentlichen Bühnen ist auch aus dem Theater selbst heraus nicht gültig zu gewinnen. Man kann Bedenken gegen ein, sagen wir 50 000 DM verschlingendes Bühnenbild, gegen einen mit 10 000 DM pro Abend honorierten Sänger oder Einwände gegen die Subventionierung niveaulosester Operetten und großbürgerlich-begüterter Festspiel-Besucher haben — aber triftig als unangemessen und unverantwortbar kritisieren lässt sich das eine wie das andere nur von einer auf kulturpolitische Rahmen-Programme bezogenen medienspezifischen Zielvorstellung aus, wie sie beide ja ihrerseits auf einen allgemeinen politischen Zusammenhang fundiert sein müßten! Es soll dazu ausdrücklich angemerkt werden, daß solche Konzeptionen ein aus dem Grundgesetz ableitbares Definitionsverbot für ›Kunst‹ noch keinesfalls zu berühren brauchten.[19]

Viele andere öffentliche oder öffentlich subventionierte und finanzierte Institutionen wie Bäder und Grünanlagen, Sportclubs und Sängervereine, Nahverkehrsmittel und Feuerwehren sind ihrem Ziel nach häufig nicht präziser, d.h. genauso indefinit verfaßt, wie Theater. Aber im Unterschied zu diesem sind sie meist entweder wesentlich geringer von der öffentlichen Hand abhängig — oder sie haben den großen Vorzug, mit ihrem selbstverständlichen Gebrauch durch zahlenmäßig starke und sozial erheblich repräsentativer gestreute Benutzer-Schichten ihre im öffentlichen Interesse stehende ***Funktion*** als praktische Verallgemeinerung zu demonstrieren. Das westdeutsche Theater — und insbesondere das öffentliche — behauptet dagegen diese seine Funktion einer ***öffentlichen Einrichtung*** nur im und als Prinzip. Von allenfalls fünf bis zehn Prozent der Leute regelmäßig besucht, die es letzlich — über ihre Steuern — fast gänzlich finanzieren, fungiert und funktioniert dieses Theater eben als materiell ausgesprochen begünstigte Institution einer ihrem Bevölkerungsanteil nach winzigen Besucherschaft. Freilich differiert die klassenmäßige und nach verschiedenen sozialen Schichtenzugehörigkeiten spezifische Zusammensetzung des Publikums sowohl je nach Theater-Gattung und -Genre wie auch nach den Traditionen und Funktionen von Theater-Städten, dem schwankenden Ruf und Programm eines Hauses oder dem Umfang der Substitutions-Konkurrenz anderer Medien. Das Schauspiel und die Universitäts-Stadt können mit einer höheren Affinität zu den sozialen Oberschichten rechnen als Operette und industrielles Ballungszentrum; aber das an der Aufhebung klassenbedingter Bildungsprivilegien engagierte Ensemble einer vorher traditionell konservativen Bühne kann ihr auch schnell mehr jugendliche Zuschauer verschaffen als vielleicht der bloß an Avantgarde interessierte Intendant und ein Marketing von industriellem Format.[20]

Das westdeutsche Theater gilt als eine der Öffentlichkeit zugängliche und ihr dienende Einrichtung, ja als Instrument der institutionalisierten Öffenlichkeit selbst. ›Öffentlichkeit‹ aber ist ein vieldeutiger historischer Begriff — dessen überkommener politischer Anspruch in seinem (auch wörtlichen) Kern fundamental mit ***Offenheit***, insofern mit ›publicum‹ zu tun hat. Tatsächlich steht das Theater hierzulande ja heute im Prinzip rechtlich offen (als Gegensatz zu ›verschlossen‹ im Sinn formeller Exclusivität) — d.h. es ist grundsätzlich jedermann sowohl beruflich als auch besuchsweise frei zugänglich (was ja beides historisch nicht immer selbstverständlich gewesen ist). Allerdings bestehen im Hinblick auf diese deklarierte Offenheit doch mindestens vier — wenn auch unterschiedlich bedeutsame — Einschränkungen: 1. kostet der Eintritt ins Theater in der Regel Geld und bedingt dabei durch seine (fast immer) nach Platzgüte abgestuften Preise auch ungleiche, im negativen Extremfall stark verminderte Qualitäten der Teilnahme — eine Bedingung, die den partiellen oder gänzlichen Ausschluß Ärmerer als mögliche Konsequenz einschließt. 2. Der traditionelle Standort des Theaters in den mittleren und großen Städten — bzw. innerhalb ihrer Mauern noch einmal im Stadtinneren — benachteiligt automatisch etwa jene Hälfte der Bevölkerung, die in den Kommunen mit weniger als 50 000 Einwohnern lebt, sowie die in meist verkehrs-ungünstige Stadtrand-Gebiete und Vororte abgedrängten unteren Sozialschichten; das führt, schon aus Gründen der Bequemlichkeit, häufig zu ihrer räumlichen Abtrennung von der Nähe zum Theaterbesuch. 3. Es gibt eine ganze Skala von Regeln und Normen für Besuch und Rezeption von Theater (vom stillschweigenden Zwang zu festlicher Kleidung bis zu den Beifalls-Riten und von den Foyer-Konventionen bis zum offiziellen Rauchverbot), die insbesondere den in bürgerlich orientierter Öffentlichkeit befangenen Angehörigen der sozialen Unterschichten stark verunsichern können (und vielleicht auch sollen); das aber zieht meist klar nach sich, daß er den ebenso stumm wie umfassend aufgenötigten Exclusivitäts-Anspruch durch seinen totalen Ausschluß von Theater gleich selbst vorwegnimmt — ebenso wie derartige Zwänge z.B. den unkonventionell gesonnenen Gast zum Verzicht veranlassen und möglicherweise gerade auch den Zugang von Jugendlichen besonders einschränken. 4. stellt das Theater nach Inhalt und Form Anforderungen an Wissen, Vorkenntnisse, Interessen und Kapazität seines Publikums; d.h. es setzt im Extremfall Fachleute, vielfach unbewußt Kenner und (im Umgang mit Modalitäten wie Interpretationen seiner Verkehrsform geschulte) Liebhaber, mindestens aber eine entwickelte ästhetische Empfänglichkeit voraus — Eigenschaften die, so wie die Dinge liegen, auch heute (noch) das Privileg verhältnismäßig weniger, nach Klasse und Bildung damit vertrauter Mitglieder unserer Gesellschaft sind. Dergestalt aber verwandeln die heimlichen und informellen Zwänge seiner ***materiellen, positionellen, habituellen*** und ***spirituellen Barrieren*** — Normen, Konventionen und Implikationen — eine prinzipiell gegebene Öffentlichkeit des Theaters praktisch wieder in jene Exclusivität, wie sie sich im Umfang und der sozialen Struktur seiner Zuschauer eben abbildet. Das nach außen dringende Bild dieses Publikums ist dann durchaus wieder dazu angetan, die solchermaßen beschaffene Beschränkung des öffentlichen Theaters auch noch unter seinen Besuchern wie unter seinen Nicht-Benutzern zu bekräftigen.[21]

Die politische Öffentlichkeit des Theaters, deren medienspezifische Grund-Qualität darin besteht, daß es den durch sein Forum dargestellten Vorgängen und Beziehungen einen konstitutiv nicht-privaten Charakter zu verleihen imstande ist — wird durch jenen klassenmäßig beschränkten Charakter nur gebrochen, nicht aufgehoben. Indem sich diese politische Öffentlichkeit nur im Medium sozialer Reflexivität und spielerischer Modellhaftigkeit realisiert, behauptet sie sich als Tendenz zur ***Veröffentlichung*** — freilich dann beengt und einseitig — auch gegen ein Publikum, dessen Mehrheit Öffentlichkeit für theatrale Verlautbarungen vielleicht gar nicht hergestellt wissen will. Die arbeitsteilige Organisation des Theaters macht, daß gerade die Kritik an der Gesellschaftsordnung, deren Anerkennung oder sogar aktiver Stützung das klassenspezifische Publikum größtenteils eher nahesteht, auf der Bühne in einem damit kaum positiv korrelierenden Verhältnis erscheint. Immer aufs neue stößt daher die unentrinnbare mediale Qualität theatraler Manifestationen in ihrer sprachlich-leibhaftigen Sinnfälligkeit mit den Einstellungen und Haltungen von Zuschauern zusammen, die fälschlich glauben, ihre Gesellschaft als Publikum repräsentieren zu können. Andererseits schafft die Drohung des mengenmäßigen Ausbleibens solchermaßen attackierter Besucher bei den Theaterschaffenden just jenes Korrektiv an ›Sensibilität‹ für die Grenzen, in denen sich auch ein kleinbürgerliches Parkett noch vom Wahrheitsgehalt von ›Kunst‹ infragestellen — und schon von der Unwirklichkeit-Unwirksamkeit ihrer exclusiven Sphäre wohlig umfangen läßt. Die skandalöse und die psychohygienische Potenz des Theaters scheinen, aktualisiert, schwerlich voneinander zu trennen zu sein. Es bliebe aber zu überprüfen, inwieweit beider Stellenwert sich mit der Funktion der Einrichtung im Zeitalter der (auch öffentlichen) Beeinflussung durch massenhaft verbreitete elektronische und fotochemische Audiovisions-Medien nicht entscheidend verändert hat.[22]

2.2 Theater-Betrieb

2.21 Arbeitsrahmen

Nach einer begrenzt brauchbaren terminologischen Unterscheidung in den einschlägigen Disziplinen verfolgt ein Unternehmen ein wirtschaftliches oder ideelles Ziel (wie das Theater das des Gewinns bzw. der Unterhaltung), ein Betrieb aber einen Zweck, der unmittelbar arbeitstechnische Merkmale hat: er besteht in der Leistung bestimmter Arbeiten, die von bestimmten Arbeitskräften mithilfe bestimmter Arbeitsmittel und nach Maßgabe bestimmter Arbeitsnormen bzw. unter Anwendung bestimmter Arbeitsmethoden auszuführen sind. Diese verschiedenen personellen und sachlichen Bestandteile bzw. Bedingungen eines Betriebs werden durch eine bestimmte Art der Leitung zu einer funktionsbezogenen Zusammenarbeit in einem zweckgerichteten Arbeitsablauf dauerhaft geordnet. Versteht man die Organisation des (westdeutschen) Theaters als geregelten Zusammenhang seines Systems, als Ordnung der einzelnen Betriebe in ihm und als Ablauf von deren konkreten Operationen — so handelt es sich hier also darum, die strukturelle Beschaffenheit der Institution als Muster ihrer zweckmässigen ***Arbeitsteilung*** auf dem Hintergrund des Einsatzes von Werkzeug und Tätigkeit zu untersuchen, um sie hernach durch eine Analyse der dabei maßgeblichen rechtlichen Bedingungen und des faktischen Gangs der Geschäfte zu ergänzen. Dabei soll vom öffentlichen, einspartigen Theater insofern ausgegangen werden, als man es den Privatbühnen und Dreisparten-Betrieben als Institutionen weitgehend vergleichen kann (deren Arbeitsrahmen allenfalls noch vielfältiger gegliedert bzw. aufgedunsener beschaffen ist).[1]

Der ***Betriebszweck*** der Einrichtung Theater besteht in der Veranstaltung von Theater und der dauerhaften Ermöglichung bzw. Verwirklichung regelmäßiger Theater-Veranstaltungen. Dementsprechend überlagern und verknüpfen sich im Theater praktisch ständig grundlegend die Organisations-Elemente von drei nach Dauer wie Zweck klar unterschiedenen Arbeitsvorgängen und Funktionskreisen: 1. die Regulierung der meist auf jahrelange Sicht planenden bzw. geplanten ***Institution*** , 2. eine das Muster der einzelnen zentralen Dienstleistung herstellende, in der Regel mehrwöchige ***Produktion*** und 3. die (fast immer) täglich bzw. allabendlich fällige, durchschnittlich zwei- bis dreistündige ***Präsentation*** (die allerdings von der nicht unmittelbar zur Theaterarbeit zu rechnenden Rezeption durch das Publikum inanbetracht von beider veranstaltungsmäßiger Integration nur begrenzt abzutrennen ist). So nimmt beispielsweise ein Schauspieler an einem beliebigen Arbeitstag je eine auf diese drei Funktionskreise bezogene Aufgabe unmittelbar hintereinander wahr, wenn er zunächst in einer Sitzung des Personalrats Klagen über die Kantine prüfen hilft, dann zur Kostümprobe für eine vor der Premiere stehende Inszenierung geht, um schon wenig später in einem anderen Stück vor dem Abendpublikum seine Rolle zu spielen.[2]

Nicht alle ***Arbeitskräfte*** sind in allen Funktionsbereichen und auf vergleichbare Weise tätig. Am Theater wird im allgemeinen das ***künstlerische,***das ***technische*** und das ***administrative Personal*** voneinander unterschieden — ohne daß insbesondere die Arbeit der beiden ersten Gruppen stets klar zu trennen wäre. Immerhin ist aber die administrative Tätigkeit überwiegend im Funktionskreis Institution, die technische und künstlerische praktisch ausschließlich bei Produktion und Präsentation zu vollziehen. Die ***Arbeitsmittel*** aller drei Personenkreise fallen zunächst einmal weitgehend mit ihrer speziell ausgebildeten Arbeitskraft zusammen; für die Techniker sind darüberhinaus eine Reihe von handwerklichen Geräten und maschinellen Apparaturen unentbehrlich, während die Künstler in der Regel auch eines symbolischen Mediums als Spielvorlage bedürfen.[3]

Die ***Produktion*** kann man als das sachliche, zeitliche und — atmosphärische Medium der Arbeit am Theater ansehen. Sie wird von der Institution ermöglicht und von der Präsentation vorausgesetzt; ihre von der Institution bestimmten Bedingungen bestimmen daher ihrerseits wesentlich die Beschaffenheit der späteren Vorstellungen — des ›Produkts‹ Inszenierung — und wirken dergestalt wieder auf die Einrichtung als ganze zurück. Am Theater wird dabei bemerkenswerterweise unter ›Produktion‹ primär der von der Präsentation unterschiedene Funktionskreis mit seinen Organisations-Elementen — also eine sachlich-funktional definierte Zeiteinheit — und nur sekundär auch der Arbeits-Vorgang, die ›Herstellung‹ als Prozess (im Sinn von allmählicher Erzeugung bzw. Aneignung) verstanden. Tatsächlich handelt es sich ja auch bei der Vorbereitung einer Präsentation nicht um eine Produktion wie die von Strohhüten oder Häusern: Im Zentrum des spielerischen Handlungsmusters, das als Resultat dieses Produktion genannten Prozesses von extremer Planung und Übung einer Verkehrsform letztlich nur in Köpfen, Körpern und Notationen jeweils überdauernde Gestalt gewinnt, gibt es kein dingliches Produkt. Und auch die Dienstleistung, als welche man die Präsentation als ganze in ihrer ökonomischen Formbestimmtheit verstehen kann, fällt nicht nur mit dem wirklichen Verkehr der Schauspieler untereinander, sondern auch mit dem inbezug auf das rezipierend-reagierende Publikum untrennbar zusammen — ohne in jener ›Produziertheit‹ bzw. der übrigen ökonomischen Formbestimmtheit aufgehen zu können.[4]

Das Organisations-Schema der einzelnen Theater-Produktion ist im Prinzip verhältnismäßig einfach zu durchschauen (und wird hier im Zusammenhang mit der Charakterisierung der dabei beteiligten Tätigkeiten und Personen untersucht): Entsprechend einem von der Institutions-Leitung meist langfristig vorgelegten bzw. gebilligten Spiel- sowie Haushaltsplan (als eng aufeinander bezogenem Doppelkonzept für die Verwirklichung umfassender künstlerischer und ökonomischer Zielvorstellungen) beschafft und präpariert der für die Auswahl, theoretische Interpretation und — z.T. auch — Planung der praktischen Realisierung von Spielvorlagen zuständige Fachmann, der ***Dramaturg,*** jeweils rechtzeitig ein literarisch (bzw. musikalisch, selten choreografisch) dokumentiertes Handlungsmuster — das ***Drama*** (in einem weiteren, alle theatralen Aktions-Vorwürfe hier umfassenden Sinn). Diese Spielvorlage wird dann gemäß der personellen und sachlichen Disposition durch die Theaterleitung in der Regel unter Führung eines Spiel-Leiters — des ***Regisseurs*** (bzw., beim Tanztheater, des ›Choreografen‹) — von einer entsprechenden Zahl von ***Schauspielern*** (einschließlich der zur Schauspielerei mindestens in bescheidenem Maß fähigen Sänger und Tänzer) für die auswendige szenische Aufführung vor Zuschauern eingeübt. Diese ***Inszenierung*** — terminologisch als Prozeß wie als (fertiges) Werk verstanden — kann durch weitere Zuarbeiten und Zutaten technischer und künstlerischer Art raffinierter bewerkstelligt und effektiv erweitert bzw. technisch erleichtert und künstlerisch perfektioniert werden.[5]

Sieht man hier einmal zunächst von den wesentlichen institutionellen Faktoren der Quantität und Qualität einer Produktivkraft ab, wie sie als pro Theater höchst unterschiedliches Maß an Produktionszeit, finanzieller bis technischer Ausstattung und Vermögen des Personals das Gelingen der einzelnen Leistung beeinflussen, so ist jene ›Produktion‹ in ihrem Kern bestimmt: Fähigkeit und Bereitschaft bei den beteiligten Individuen vorausgesetzt, sind letztlich nicht mehr ***Spielmittel*** für Theater nötig als ein Spielraum, eine Spielvorlage und das Publikum. In der Geschichte gerade der hier behandelten Institution aber haben sich längst viele weitere Tätigkeiten, Verfeinerungen und Mittel ausgebildet, die ihrerseits die Erwartungen der mit ihr praktisch umgehenden Interessenten normativ geprägt haben — und die daher den meisten Machern wie Zuschauern von Theater wohl als wünschenswert, ja z.T. als unentbehrlich für seine volle künstlerische Gestaltung und Entfaltung erscheinen. Diese Elemente manifestieren sich in der materiellen und personellen Ausstattung des (westdeutschen) Theaters so, daß sie fast durchwegs als konstitutiver Teil der Organisierung von Produktion und Präsentation einbezogen werden — obwohl Theater ohne ihr Funktionieren, mindestens aber ohne ihre profesionelle Perfektionierung in der Geschichte lange ausgekommen ist und auch in anderen Kulturen und Einrichtungsweisen existiert.[6]

Im Speziellen verändern ***Masken***- und ***Kostümbildner*** das körperliche und besonders das physiognomische bzw. das textile Aussehen der Akteure entsprechend ihrer von Drama, Rollenfigur und Regiekonzept her bedingten Erscheinung (wobei die handwerkliche Arbeit der Schneiderei von einem ›Gewandmeister‹ ausgeführt werden kann). Der ***Bühnenbildner*** (auch ›Bühnenbauer‹ oder seltener ›Bühnenarchitekt‹ und gelegentlich ›Szenograf‹ genannt) — handwerklich insbesondere wieder unterstützt von ›Theatermalern‹ bzw. ›Theaterplastikern‹ — erstellt und gestaltet den räumlichen Rahmen bzw. die dinglich sichtbare Markierung der Szene (also der Spiel- und Handlungsorte) speziell durch die Erzeugung optisch verhältnismäßig selbständiger Ausdruckselemente und Reize; dabei kann er durch einen allein für Innenraum-Ausstattungen zuständigen ***Dekorateur*** sowie den (ansonsten) für die Besorgung gegenständlicher Spielmittel zuständigen ***Requisiteur*** ergänzt werden.[7]

Zu den inbezug auf die Bühnenvorgänge versehenen technischen Funktionen — und meist von vielen gleichzeitig wahrgenommen, hier aber der Einfachheit halber weiter stets im Singular angesprochen — gehören dann die Tätigkeit des ***Beleuchters*** (der für den besonderen Einsatz elektrischen Lichts auf der Szene zuständig ist) und die des ***Bühnen-Technikers*** (im engeren Sinn); in dieser Funktion kooperieren meist mehrere Personen (in der Regel unter Leitung eines ›Bühnenmeisters‹ und unterstützt durch die Körperkraft unspezifischer Bühnenarbeiter), um das Theaterspielen vor allem maschinell zu ermöglichen und zu vervollkommnen — sei's durch Heben, Senken, Schieben und Drehen der Bühne selbst, sei's durch Bewegungen von Gegenständen unter, über, neben und auf ihr. Auch die Bühnen- und Beleuchtungs-Technik, deren grundlegende Einrichtungen in der heutigen Institution der Blütezeit des ›barocken‹ höfischen Theaters (vom 16. bis zum 18. Jahrhundert) zu verdanken sind, ist seit der Entdeckung und Entwicklung der Elektrizität gewaltig verändert worden; sie befindet sich aber insgesamt noch immer erst auf dem Weg vom handwerklich-mechanischen bzw. maschinellen in ein elektronisches und Computer-Zeitalter. Nur große Häuser verfügen heute schon über elektronische Speicherungs- und Steuerungsanlagen und die von ihnen aus programmierbaren multiplen licht- und bühnentechnischen Apparaturen. ***Tontechniker*** fungieren unter diesen Umständen, insbesondere im Bereich des Musiktheaters, längst schon als hochqualifizierte Elektroakustiker.[8]

Ansonsten wird bei Aufführungen im Musiktheater ein ***Orchester*** und, jedenfalls in der Regel, ein gemischter ***Chor*** benötigt, die beide während der Produktion von einem Korrepetitor bzw. Chordirektor einstudiert werden. Im übrigen ist die Beschäftigung von ***Assistenten*** in fast allen aufgezählten Tätigkeitsbereichen (vom Regie- bis zum Beleuchtungs-Assistenten), teils als unqualifizierte Hilfsarbeit — teils als volontierendes Praxislernen fungierend, selbstverständlich. Darüberhinaus setzt das Theater von Fall zu Fall Gruppen oder gar Mengen von ***Statisten*** ein: sie haben nicht-individuelle Figuren von meist Quantität oder Anonymität repräsentierender Bedeutung (wie ›Volk‹ oder ›Wirtshausgäste‹) in eher nebensächlicher Funktion und gering entwickelter Artikulation darzustellen und setzen sich dementsprechend aus (nach Stunden — schlecht — bezahlten) Laien bzw. un- und noch nicht ausgebildeten Freiwilligen zusammen.[9]

Die Arbeiten von Masken-, Kostüm- und Bühnenbildner — gelegentlich auch nur Teile davon — werden im Theater als ***Ausstattung*** begrifflich wie betrieblich zusammengefaßt (wobei die Bezeichnung sowohl die Leistung wie den Funktionskreis bei einer bestimmten Produktion als auch jenen Arbeitsbereich der Institution überhaupt meinen kann). Gerade das Ausstattungswesen hat im 20. Jahrhundert — d.h. vor allem seit es üblich geworden ist, pro Inszenierung ein neues Bühnenbild und mindestens umgearbeitete Kostüme einzusetzen — an ökonomischer Bedeutung für die Institution Theater und an ästhetischer für seine Präsentationen, daher an organisatorischer für die Produktion, erheblich zugenommen. Insbesondere aber bei Inszenierungen im Musiktheater wird die Ausstattung schon traditionellerweise stark beansprucht und erhöht die ohnehin hohen Kosten der Gattung beträchtlich. Das hat wohl nicht allein mit der Herkunft gerade der Oper aus dem institutionellen Zusammenhang höfischen Prunks, ja duodezfürstlicher Hyper-Repräsentation zu tun, sondern dürfte seine Wucherungen (klassisch verdinglicht im sog. Austattungsstück) auch aus der naheliegenden Tendenz zum vielsinnig wirkenden ›Gesamtkunstwerk‹ herleiten: die gattungskonstituierende Musik legt dem Auge das Schwelgen des Ohrs nahe — und wo die einseitige Betonung der auditiven Wahrnehmung den Zuschauer einer für sich genommen oft wenig ergiebigen Handlung zu langweilen droht, muß seine emotionale Anmutung von der akustischen Komposition erst recht durch eine solche mit optischem Glanz, farbigen Reizen und szenischem Pomp aufgefangen und aufgewogen werden.[10]

Die Produktion im einzelnen verläuft als Prozeß einer zunehmend integrierten organisatorischen Beziehung und ästhetischen Verdichtung von ***Entwurf, Probe*** und ***Einübung*** der angestrebten Inszenierungs-Gestalt; ihr Kern, die unmittelbar praktische Bühnenarbeit, dauert heutzutage im westdeutschen Theater im allgemeinen ungefähr zwischen drei und acht Wochen. Diese Produktion geht von einer — wie lang und wie gut auch immer vorbereiteten — Gesamt-Konzeption im Hinblick auf die theatrale Verwirklichung einer Spielvorlage aus und bezieht die gleichzeitig in separierten Teilarbeiten entstandenen Elemente wie Bild oder Kostüm allmählich in ihre Gestaltung ein. Dieses (mißverständlich einseitig) ›Proben‹ genannte zentrale Stadium der Produktion beginnt in seinem Kern häufig mit der auf die Gesamt-Bedeutung und -Interpretation eines Stücks bezogenen ›Leseprobe‹ (als einer gemeinsamen, erörternden Lektüre der Spielvorlage mit verteilten Rollen); an sie schloß sich früher eine — heute immer seltenere — ›Stellprobe‹ als vorläufiges Angeben bzw. Aushandeln der groben Bewegungs-Strukturen der Dramen-Handlung an. Den ausgedehntesten Teil der Proben aber bildet dann das stets zusammenhängende Entwerfen, Ausprobieren und Üben der jeweils einzelnen Szenen oder Passagen auf und an der Bühne — auch ›Stückprobe‹ genannt; sie mündet traditionellerweise in der zweiten Hälfte der (wochenlangen) Produktionzeit (und meist wohl eher gegen deren Ende) in einen ersten Versuch zum ›Durchlauf‹ der gesamten Inszenierungsgestalt — d.h. in das Dauer und Rhythmus, Proportion und Geschlossenheit prüfende Spiel des noch unvollkommenen Ganzen. An den (oft zwei oder drei) letzten Tagen vor der Première (als erster fertiger Präsentation) wird das Werk dann von der Probenmaterie abgenabelt, indem man die komplette ›echte‹ Aufführung durch ein bis zwei ›Hauptproben‹ und eine (öfter teilöffentliche) ›Generalprobe‹ mit zunehmender Strenge — einschließlich des Veranstaltungs-Arrangements — simuliert. Zuvor aber werden in der Kernphase gerade auch die simultan und separiert voneinander laufenden Arbeiten miteinander verknüpft, die oft in Entwurfsform schon (einmal) eng aufeinander bezogen waren: etwa zur gleichen Zeit mit dem Beginn der szenischen Proben setzen so z.B. die Entwurfs-Phasen in der Ausstattung ein und führen zunächst einmal zum Bühnenbild-Entwurf oder auch (dreidimensionalen) -Modell sowie zu den ›Figurinen‹ als den künstlerisch-technischen Bild-Vorschlägen des Kostümbildners inbezug auf jede einzelne Dramen-Figur. Von diesem Stadium aus entwickeln sich dann diese Vorbereitungen mithilfe der meist handwerklichen Herstellungsarbeiten in den einschlägigen Werkstätten bis zu jener Form, in der sie — beklagenswerterweise — erst in die Schlußphase der Stückprobe Eingang finden; dabei können Bau-, Dekorations- und Kostümproben ebenso wie weitere Einzelproben auf allen möglichen Einzelgebieten jener Integration vor- oder nachgeschaltet sein. Zu einem verhältnismäßig späten Zeitpunkt erst treten dazu neben einer Beleuchtungsprobe bzw. dem ›Ausleuchten‹ (als heikler Suche nach dem besten

Licht) meist noch Prüfung und Übung des rein (bühnen-)technischen Ablaufs und Werkzeuges (einschließlich einer der ›Requisitenliste‹ entsprechenden Präparation) — im Hinblick auf die veranstaltungsmäßige Präsentation; das Proben von ›Vorhängen‹ und ›Applausordnungen‹ schließlich nimmt dann das Ende der Präsentation in der Rezeption vorweg.[11]

Die Aufführung oder — wie man in beziehungsvoller Absetzung von Produktion wie Rezeption und in bewußter Einräumung auch z.B. stärker improvisierter Szenen vielleicht besser sagen kann — ***Präsentation*** ist zugleich der letzte Akt der Produktion (nämlich als spezielle Re-Produktion des zuvor produzierten Musters) und in doppelter Weise ein qualitativ neuer Vorgang: einmal bezieht sie sich auf ihre Rezeption durch ein Publikum in einem Veranstaltungs-Zusammenhang (durch den die Reproduktion ihre jeweils konkrete, durchaus schwankende Verlaufsform gewinnt) — zum anderen figuriert sie im Normalfall von Anfang an als (z.B. durch den Schauspieler) gedachtes Glied in einer Kette von im Prinzip gleichartigen, im einzelnen jedoch stets neuen Wiederholungen. Diese Präsentation bedarf einiger zusätzlicher Arbeitsleistungen sowie der Einbeziehung vorheriger und erübrigt andere teilweise oder gänzlich. So werden nun in der Regel Bühnenbildner, Dramaturg oder Regisseur nicht mehr gebraucht, während beispielsweise der Maskenbildner — häufig ergänzt durch einen Friseur — alle Hände voll zu tun bekommt. Ein ***Inspizient*** muß nunmehr von einem Schaltpult aus (dem meist seitlich hinter der Szene postierten und mit einer Wechselsprech-Anlage ausgerüsteten ›Stellwerk‹) den veranstaltungsgemäßen Ablauf der Bühnenvorgänge regeln; er gibt also sowohl den Einsatz für die Auftritte einzelner Akteure — ›ruft‹ sie ›ein‹ — wie er auch den Umbau der Dekorationen überwacht (wobei ihm als oft aus dem Schauspielfach herübergewechselten Bühnenroutinier solch langjährige Erfahrung bei seinem schwierigen Geschäft zustattenkommen mag). Ähnliches gilt auch für die nun — in der Regel vor dem Publikum verborgen — jede Vorstellung konzentriert am Textbuch entlang verfolgende ***Souffleuse***; daß ihr Beruf schon aus stimmphysiologischen Gründen wirklich fast ausschließlich von Frauen wahrgenommen wird, führt im übrigen hier zur Abweichung von einem ansonsten vereinfachten maskulinen Deklinieren solcher Funktionen (honni soi qui mal y pense!). Auch scheint mir eine geradezu ›mütterliche‹ Beruhigung, die Schauspieler durch ihre Präsenz gewinnen, fast als genauso wichtig zu gelten wie das Anschlagen eines allenfalls vergessenen Stichworts durch die ›Flüsterziege‹. Souffleuse wie Inspizient werden, dies sei nachgetragen, auch ihrer elementaren Bedeutung für die Aufführung wegen, beide schon frühzeitig in den Probenprozeß einbezogen.[12]

Produktion und Rezeption werden durch den Ablauf einer ***Veranstaltung*** miteinander gekoppelt, der ebenso der personellen und sachlichen Besorgung vor wie hinter der Bühne bedarf. Die Gesamtleitung einer Veranstaltung (also einschließlich z.B. späterer Umdispositionen oder der Ankündigung spezieller Umstände gegenüber dem Publikum) liegt dabei meist in der Verantwortung des (daher gelegentlich noch als ›Abendregisseur‹ bezeichneten) Inspizienten und wird durch den ›Abenddienst‹ jeweils eines ›Bühnenvorstands‹ organisatorisch ergänzt. Beider unterschiedliche Aufsicht gewährleistet im übrigen allein die allabendlich gleich sorgfältige Reproduktion der erarbeiteten Inszenierung, schlägt sich aber häufig nur als Notat von besonderen Vorkommnisse (wie von Verzögerungen oder Unterbrechungen sowie der Anzahl von beifallsgemäßen ›Vorhängen‹) im sog. Rapportbuch nieder. Zur Veranstaltung gebraucht wird für den Schauspieler insbesondere die ›Maske‹, evtl. ergänzt durch spezielle Ankleider oder ›Garderober‹. Verschiedene ***Hilfskräfte*** wie Einlasser, Garderobiers und Programmheftverkäufer (als häufig nicht fest am Theater beschäftigtes Personal) sowie Kassierer kümmern sich daneben ausschließlich um das Publikum und sind z.T. schon dem Funktionskreis der Institution zuzurechnen.[13]

Nur zum Funktionskreis der ***Instutition*** (im engeren Sinn) gehören alle Vorgänge, Arbeitsbedingungen und Beschäftigten des Theaters, die nicht in Produktion und Präsentation aufgehen und insbesondere den dauerhaften Rahmen der Ermöglichung und Verwirklichung regelmäßiger Veranstaltungen betreffen. Dies sind vor allem ***organisatorische, verwalterische*** und ***handwerkliche*** Arbeiten, Mittel und Berufe, bestimmte Wartungen von Haus und Ausstattung sowie die Gesamt-Leitung des Betriebs bzw. Unternehmens. ›Institution‹ ist hier also nicht in der (auch gebrauchten) Bedeutung zu verstehen, die den ganzen Zusammenhang einer Einrichtung mit all ihren Teilen, Prozessen und Leuten meint — sondern jenem engeren Umfang des Begriffs entsprechend, wonach darunter alle dem spezifischen Zweck einer Einrichtung äußerlichen, in ihr aber vorhandenen (und nicht etwa ihrer Unspezifität wegen überflüssigen) Elemente fallen; man denke etwa daran, daß viele in den Theater-Werkstätten beschäftigten Handwerker ihre Fach-Arbeit ebenso in einer Fabrik oder im eigenen Betrieb fern jeder Assoziation mit dem Theater ebenso vollziehen könnten wie das Büro-Personal oder der kommerzielle Geschäftsführer. Als Grenzfall ist schließlich die Position des sog. (Ober-)***Spielleiters*** anzusehen: wo er existiert, fungiert er quasi als — zu einigen künstlerischen Produktions-Leitungen vertraglich verpflichteter — angestellter Haus-Regisseur, ist aberauch gleichzeitig an der institutionellen Planung von Engagements, Regie-Vergaben und dgl. beteiligt.[14]

Im Funktionskreis der Institution vollziehen sich: 1. die ***Planung***, 2. das ***Arrangement*** und 3. das (übrige) ***Management*** von Produktion und Präsentation bzw. Rezeption: die Institution verwirklicht sich also z.B. in den Verhandlungen mit einem Dramatiker oder in der Verpflichtung eines Gesangs-Solisten durch die Intendanz, in der Disposition und Bekanntgabe von Spielplan ebenso wie von Proben- und Veranstaltungs-Terminen — oder in der Betreuung von Abonnements, Werbung und Presse (wie sie sich je nach der Größe eines Betriebes bzw. arbeitsteilig mit Aufgaben der Dramaturgie überschneidet). Von diesen Tätigkeiten und Gebieten z.T. kaum klar zu trennen ist die mehr strukturell-formelle, rechtliche und finanzielle Verwaltung einer Bühne — wenn sie nicht (wie bei bestimmten öffentlich-rechtlichen Betriebsformen) ganz verselbständigt geführt wird. In ihren Zuständigkeitsbereich fallen also vor allem die Abwicklung der wirtschaftlichen, juristischen und (sonstigen) bürokratischen Aufgaben des Theaters mit dem administrativen Kern des ***Personal-*** und ***Rechnungswesens:*** dazu gehören z.B. Haushaltsplanung, Lohn- und Gehaltsabrechnung, Produktions-Kalkulation, Materialanschaffung und -inventarisierung, Führung von Urlaubs- und Krankenlisten, Abrechnung des Eintrittskarten-Verkaufs und vieles mehr. Bei größeren Häusern gliedert man dabei insbesondere die schwierigen Probleme der personellen und technischen Disposition von Produktionen und Präsentationen — die sich zwischen der unmittelbaren Organisation ihres Ablaufs und ihrer längerfristigen Dauerplanung bewegen — als Aufgabe eines sog. ***Disponenten*** aus oder teilt sie, noch spezialisierter, zwischen einem ›künstlerischen‹ und einem ›technischen‹ Betriebsbüro.[15]

Einem Grenzbereich zwischen Verwaltungs- und Handwerks-Sektor sind die ***Magazine*** zuzuordnen, in denen bestimmte Sachausstattungen der Institution gesammelt bzw. aufbewahrt werden. Solcherlei Wäsche- oder Rüstkammern u.dgl. können in verschiedenen Abteilungen einer Bühne getrennt voneinander eingerichtet und z.B. den Werkstätten angeschlossen werden, aber auch, wie beispielsweise die Bibliothek (der Dramaturgie), weiteren Funktionen dienen. Der zentrale ***Fundus*** als Arsenal aller möglichen gegenständlichen Spielmittel — von Requisiten und Perücken bis zu Bühnenbild-Resten und Kostümteilen — soll ein möglichst vielfältiges, schnelles und billiges Arrangement von Produktionen gewährleistet und hatte in früheren Epochen der Theatergeschichte oft ›fundamentale‹ Bedeutung für eine Bühne: sein durch die heutigen extensiven, ja exzessiven Ausstattungs-Usancen stets überladenes stilles Museum macht jedoch, abgesehen vom enormen Kostenverschleiß, meistens eine die Verfügbarkeit eher erschwerende Aufteilung oder gar Auslagerung seines Inventars erforderlich.[16]

Was ein Regisseur an Dingen dergestalt für eine bestimmte Produktion benötigt, wird weitgehend durch ein zur Institution gehöriges ***Handwerk*** bearbeitet oder neu angefertigt. Das betrifft einerseits gewöhnliche und außergewöhnliche Gebrauchsgegenstände des heutigen Alltags — bestimmte Zimmereinrichtungen vor allem und technische Szenenaufbauten, aber auch einen bestimmten Schnabelschuh, einen hölzernen Phantasie-Vogel oder einen Trickkoffer — zum anderen natürlich die vielfältige Breite aller möglichen Dinge aus früheren Epochen und fremden Kulturen: einen Louis-XVI-Stuhl, eine flämische Bürgertracht des 17. Jahrhunderts, eine Sänfte aus Venedig und die Pendeltür eines Western-Saloons. Zu den hauptsächlichen ***Werkstätten,*** die dementsprechend an vielen Theatern bestehen, zählen daher — neben dem ›Malersaal‹ als eher bloß technischem Realisationort der Bühnenbilder — vor allem eine eigene Schreinerei, Schneiderei und Schlosserei. Allerdings verfügen über einen solchen Komfort fast nur die sehr großen bzw. Mehr-Sparten-Betriebe mit hoher Ausstattungs-Intensität — wie sie umgekehrt just durch die Existenz solcher (sonst vielleicht brachliegenden) Kapazitäten hervorgerufen wird. Die Notwendigkeit der Beibehaltung solcher (teueren) Werkstätten — insbesondere aber derart spezialisierter wie der von Schustern, Polsterern, Tapezierern oder Rüstungsschmieden — ist aus finanziellen Gründen heute begreiflicherweise äußerst umstritten.[17]

Sieht man hier einmal von den nur reisenden Truppen ab, so gehören zur Institution Theater schließlich vor allem auch bestimmte ***Baulichkeiten*** und deren ***Inneneinrichtung*** als je örtliche Einheiten verhältnismäßig getrennter Räume von Produktion, Präsentation/Rezeption und (übriger) Institution. Dementsprechend enthält der architektonisch eigens für Theater konstruierte Baukomplex — wie er seit Mitte der sechziger Jahre praktisch bei allen westdeutschen Bühnen (wieder) vorhanden ist — neben den (leichter abtrennbaren) Räumlichkeiten für Verwaltung und Leitung eigenständige kleinere Arbeitsstätten für die Produktion bzw. die bei der Produktion anfallenden technisch-handwerklichen Arbeiten, hauptsächlich also Probegelegenheiten und Werkstätten. Das baulich auch äußerlich immer in den Mittelpunkt des Theaters gestellte Element aber bildet diesbezüglich ein zentraler Trakt mit dem Raum oder vielmehr den Räumen, die der integrierten Veranstaltung von Präsentation und Rezeption der Produktion dienen sollen — ein Raumkomplex nebenbei, der total von Tageslicht und -lärm abgedichtet ist! Dieses ***Theatergebäude*** (im engeren Sinn eines speziell der veranstalteten Verkehrsform gewidmeten Baukörpers) setzt sich — wiewohl historisch außerordentlich stark präformiert — dementsprechend in der Regel zusammen aus den drei erforderlichen Funktions-Trakten: 1. dem Spielraum, 2. dem Zuschauerraum und 3. beider technisch-räumlichem Rahmen. Dabei ergibt sich aus der geschichtlich bedingten Beschaffenheit der beiden funktionalen Haupträume und ihrer jeweiligen Beziehung zueinander eine Reihe bestimmter baulicher Formen bzw. Typen von Theater, wie sie dem Bau neuer Bühnen immer aufs neue zugrundegelegt werden; sie haben fundamental mit den konzeptionellen Vorstellungen von Bauherren, Architekten und Theaterleuten inbezug auf das konstitutive Verhältnis von Präsentation und Rezeption zu tun und gehen ihrerseits als Produktionsbedingungen von Theater in dessen konzeptionelle Arbeit tief bedingend ein.[18]

Der ***Spielraum*** des Theaters kann im Prinzip eckige, runde oder andersförmige Abmessungen haben, höher oder tiefer als bzw. genauso hoch wie der Zuschauerraum liegen und vom Publikum teilweise oder ganz umgeben sein bzw. sich ihm gegenüber befinden; außerdem ist der Spielraum als völlig selbständige, möglicherweise durch mobile Mittel definierte Raumeinheit — oder als mit anderen Räumen mehr oder weniger eng verbundene Stätte denkbar. Dementsprechend ist der ***Zuschauerraum*** (selten) ring- oder (im Normalfall) segmentförmig und hat im Grundriß eine am Rechteck orientierte Hufeisen-, Glocken- oder Keilform: er schließt sich im allgemeinen unmittelbar an den Spielraum an, liegt flach und häufig von vorne nach hinten ansteigend bzw. wird durch Teilüberbauung mit einzelnen Stockwerken und durch abgegrenzte Teilräume weiter gegliedert. Die bauliche Zuordnung von Spiel- und Zuschauerraum in ihrer architektonischen Determination richtet sich dabei im wesentlichen nach bestimmten konzeptionell interpretierten Erfordernissen im Hinblick auf die für Theater konstitutive akustisch-optische Wahrnehmungs-Beziehung zwischen Bühne und Zuschauern. Durch den baulichen ***Rahmen*** von Spiel- und Zuschauerraum und insbesondere dessen innenarchitektonische Raum-Formung und -Gestaltung wird vor allem bestimmender Einfluß auf die Verkehrsform Theater insofern genommen, als hier Erwartungen ebenso wie Haltungen und Verhalten der Besucher — für sich und inbezug auf die Bühne — durch kalkulierbare Raum-Anmutungen und manifeste topologische Strukturen berührt und stillschweigend festgelegt werden.[19]

Man muß die Vielzahl der jeweils einzelnen baulich-räumlichen Konstellationen und ihrer möglichen Kombinationen schon erst einmal in dieser abstrakten Fassung und schulmeisterlichen Aufzählung ihrer bloß meßbaren Parameter vor Augen führen, um auf die Einseitigkeit und suggestive Selbstverständlichkeit der Festlegung aufmerksam zu machen, wie sie sich — bei aller Mannigfaltigkeit äußerer und innerer Konstruktions-Varianten — hinter dem dominierenden Theaterbau-Typ (klein-)bürgerlicher bzw. (west-)deutscher Provenienz verbirgt. Bei eben diesem Grundtypus bleibt — dies seine elementare Form — der leicht erhöhte Spielort (die Bühne) von einem ihm genau gegenüberliegenden trapezförmigen und leicht gestaffelten Zuschauerraum (dem

Parkett) dergestalt strengstens geschieden, daß die Grenze zwischen beiden (die Rampe) klar gezogen wird, um dem Publikum Einblick in den Spielraum ausschließlich von vorne und durch eine zur Zentralperspektive disponierende rechteckige Umrandung (den Rahmen) zu geben. Eine solche mehrfache Determination der elementaren Beziehung zwischen Bühnengeschehen und Zuschauern durch die ***Rahmenbühne*** (bildhaft auch ›Guckkastenbühne‹ genannt) schließt in der Regel konsequenterweise auch die doppelte und innerlich zusammenhängende veranstaltungsmäßige Separierung von beider Sphären ein: sowohl vor und nach dem Spiel (bzw. in dessen Pausen) als auch insbesondere während seiner Realisierung müssen Wände, Vorhänge, Beleuchtung und andere Einrichtungen oder Machenschaften für die strikte Verbergung aller der Elemente und Personen sorgen, die der unmittelbaren Präsentation im rahmen- und rampensicheren Spielraum ›nur‹ durch Vorbereitung und technisch-künstlerische Arrangierung oder Perfektionierung zugeordnet sind. Dieser durch die Raumorganisation intallierte Druck eines weitgehend starren, kognitiv und kommunikativ eng kanalisierten Verhältnisses zwischen Theatermachern und Theaterbesuchern wird durch die Anordnung und Gliederung des Zuschauerraums häufig noch verstärkt und in sozialen Spezifizierungen verankert: das Publikum sitzt in verschiedenen Stockwerken (den Rängen) übereinander, deren mit Höhe und Bühnenentfernung abnehmende Platzgüte und Preisstufe eine entsprechende status- bis klassenmäßige Schichtung nahelegen — wobei eine kleinere Anzahl von Zuschauern sich häufig auch noch ihre Absonderung von der Menge in separierten Kammern (den Logen) erkaufen kann. Dieses ***Rang-Logen-Theater*** entstammt historisch der stark hierarchisch gestuften höfischen Feudal-Gesellschaft und korrespondiert in seinen räumlich angelegten Zuschauer-Haltungen bzw. internen Publikums-Beziehungen als Rezeptions-Bedingungen schlüssig mit einer raumorganisatorisch gewährleisteten Ritualität der Präsentation. Eine Verkehrsform insbesondere, bei der die Zuschauer den Spielraum von mehreren oder allen Seiten umgeben — (daher auch) Raum bzw. Arenabühne genannt — kann unter diesen Umständen im westdeutschen Theater schon technisch nur in seltensten Fällen erwogen werden und taucht praktisch überhaupt nur in zählbaren Veranstaltungen punktuell und ansatzweise auf; auch eine mobile Konstruktion bzw. Realisation des Verhältnisses von Bühne und Zuschauerraum bzw. einzelner Elemente von beiden kommt höchstens als Ausnahme vor.[20]

Die übliche, vor allem dem Parkett- und Rang-Logen-Theater entsprechende (Rahmen-) ***Bühne*** besteht, legt man die baupolizeilichen Maßstäbe zugrunde, bei kleineren Häusern aus einer Grundfläche bis zu 100 qm, bei mittleren aus einer solchen bis zu 150 und erreicht bei den großen ein Mehrfaches davon — wobei die Breiten, Höhen und Tiefen der Bühnen immer von einigen Metern bis zu einigen zehn reichen; die Entfernung zwischen Rampe und letzter Parkett-Sitzreihe liegt im heutigen westdeutschen Sprechtheater — bedingt durch objektive Anforderungen von Sicht- und Hörbarkeit — maximal zwischen 20 und 25 Metern. Als Haupt-Typen gebräuchlicher technischer Bühnen-Systeme sind Podiums-, Dreh-, Wagen- und Versenk-Bühne zu betrachten. Ihre z.T. auch kombinierte Apparatur wird durch eine komplexe und komplizierte (übrige) Bühnenmaschinerie ergänzt, mit deren Hilfe insbesondere die Szene jeweils auf-, um- und abgebaut bzw. mit einzelnen Bauteilen oder Bewegungen versorgt wird und durch deren Technik vielfältige Formen von Versenkung, Verschiebung, Hängung u.dgl. bewerkstelligt werden können. Die Ebenen der meisten Bühnen sind mindestens maschinell zu heben und zu senken und bestehen wenigstens zu einem Teil aus in sich noch einmal verstellbaren Bauelementen oder gänzlich mobilen, podestartigen ›Praktikabeln‹. Dabei ist die Hauptbühne umgeben von Hinter-, Ober- und Unterbühne sowie von zwei Seiten- oder Nebenbühnen, die den vor dem Publikum verborgenen technischen Rahmen für die Praktizierung der Präsentation und ihre mechanische, elektrische sowie handwerkliche Ergänzung bilden oder enthalten. So dient bei einem durchschnittlich ausgestatteten Theater eine vor allem in der Oberbühne (bzw. dem ›Schnürboden‹) untergebrachte Kombination von Befestigungs- und Ziehvorrichtungen (›Brücken‹ bzw. ›Züge‹) dem technischen Arrangement von Teilen der Beleuchtung und der (szenischen) Dekoration. Die Beleuchtung wiederum läßt sich umfänglicher in eine Spielflächen-, Vorbühnen- und Horizont-Beleuchtung (räumlich) und in Allgemein- sowie Effekt-Beleuchtung (funktional) aufteilen; sie kann in den unterschiedlichsten Stärken, Farben oder Streuungen eingesetzt und nach Quelle bzw. Gerättyp variiert werden (eine Vielfalt im übrigen, deren jeweils für eine Produktion entwickelten Einsatz dann eine ›Lichtpartitur‹

schriftlich oder — technisch angemessen — computergespeichert festhält).[21]

Im weiteren Sinn zum technischen Arbeitsrahmen der Bühne gehören auch die ihr funktional und daher örtlich zugeordneten ***Nebenräume,*** darunter vor allem die Garderoben der Akteure und die ›Maske‹ (mit den Vorrichtungen für die unmittelbare Herstellung der Auftritts-Erscheinung von Schauspielern bei der Präsentation). Der sonstige Aufenthaltsraum für die Bühnenschaffenden — in der Regel ein sog. ›Konver‹(sationszimmer) — ist meist kärglich und wird auch deswegen leider häufig in die Kantine verlegt: ebenso mangelt es vor allem in den älteren Häusern an angemessenen Probebühnen. Die Zusammenfassung aller dem Theater-Betrieb unmittelbar zugeordneten Räumlichkeiten unter einem Dach — und damit eine sinnvolle, zweckmäßige und überschaubare Koordination aller Tätigkeiten und Funktionen — bleibt bislang die Ausnahme. Wie inbezug auf den Bühnenbau und besonders die Raumorganisation der Verkehrsform Theater hat es in der Architekturgeschichte des 20. Jahrhunderts zahlreiche, z.T. radikal-revolutionäre Erneuerungs-Entwürfe gegeben — die aber bezeichnenderweise fast immer Papier geblieben sind.[22]

Im Alltag des Theater-Betriebs durchdringen und bedingen einander die drei Funktionskreise von Produktion, Präsentation und Institution bzw. ihre Arbeitsbereiche und -vorgänge vielfach und vielfältig. Der einfache Kern des Betriebszwecks bleibt dabei nach Richtung, Sinn und Fluidum letztlich immer die (regelmäßige) Präsentation — die beifällig rezipierte und längerfristig erfolgreiche zumal. Die ***Organisation*** der entsprechenden Arbeitskräfte und Arbeitsmittel wird aber am Theater durch mehrere Umstände sehr erschwert: 1. hängen die angemessenen Methoden von Arbeit und Arbeits-Organisation im Sinne des Betriebszwecks untrennbar mit den ideellen und den materiellen Seiten der präzisen Zielsetzungen des Unternehmens zusammen (an denen es weithin völlig fehlt). 2. bringt die hohe Personalintensität des Betriebs im Zusammenhang mit der geringen Austauschbarkeit spezifischer künstlerischer, aber auch technischer Leistungen zum einen — im Hinblick auf die gleichzeitige Zugehörigkeit vieler Arbeitskräfte zu mehreren eigendynamischen Funktionskreisen zum anderen große Dispositions- und Koordinations-Schwierigkeiten mit sich. 3.

wird die Flexibilität des Arbeiters am Theater entscheidend (und bis zur völligen Blockierung) gehemmt durch die Starre, Enge und Unzweckmäßigkeit der baulich-räumlichen Traditionen (bzw. ihnen entsprechender aktualer Verhältnisse). 4. leidet die Theaterarbeit insbesondere der öffentlichen Bühnen unter den Wucherungen der Verwaltung im allgemeinen und der Bürokratisierung künstlerisch orientierter Tätigkeiten und Entscheidungen insbesondere — zumal dort, wo die kameralistische Haushaltsführung der öffentlichen Hand jede finanzielle Mobilität und Improvisation lähmt. 5. setzt sich die traditionellerweise hierarchische Leitungsstruktur dieses Theaters — im technischen Bereich leicht auch mit vorkapitalistisch-handwerklichen Ideologie-Zügen, im administrativen (öffentlicher Bühnen) oft von einem System dienstrangmäßiger Kompetenzen durchsetzt — auch in seinem heutigen kleinbürgerlichen Betrieb gegen die Notwendigkeiten demokratisch-kooperativer Arbeit häufig routinemäßig oder brachial durch. 6. sind Tätigkeiten und Abläufe im Kernbereich der Theaterarbeit nur in geringem Umfang auf technische Weise programmierbar bzw. industriell fertigbar und stehen als aufwendige, meist täglich zu erbringende Dienstleistungen von hoher Komplexität fast immer unter Zeitdruck. Mangelnde Zweck-Ziel-Relationen, hohe Dispositions-Intensität, raumorganisatorische Dysfunktionalität, spezifische Bürokratisierung, autoritäre Leitungsstrukturen und besondere Produktivkraft-Einschränkungen des kleinbürgerlichen Theaters wirken in seinem westdeutschen System so zusammen, daß die Organisation der Arbeit in ihm mittlerweile zu einem alle anderen Probleme der Betriebe aufsaugenden Dilemma geworden ist.[23]

Was die ***Arbeitsleitung*** anlangt, so steht an der Spitze der gesamten Institution Theater bei öffentlich getragenen Einrichtungen der — nach einer feudalen Verwaltungsfunktion und ihrer Einführung ins Hoftheater so genannte — ***Intendant.*** Große bzw. Mehrsparten-Betriebe können gelegentlich einen (eher statussymbolisch so titulierten) ›General-Intendanten‹ als Gesamtleiter haben; mindestens er verfügt dann auch über einen ›persönlichen Referenten‹. Gewerbliche Bühnenunternehmen werden meist von einem ***Direktor*** geführt (der manchmal mit dem oder einem der Besitzer identisch ist). Intendant wie Direktor figurieren als die nach innen wie außen umfassend alleinverantwortlichen Chefs des jeweils ganzen Theaters, das sie leiten.

Heute sind die meisten Bühnenleiter ehemalige Schauspieler, häufig mit Erfahrung bzw. Renommee im Inszenieren — andere kommen direkt aus der Regie, aus der Dramaturgie oder ähnlichen Funktionen; als Akteure betätigen sie sich dann in der neuen Position meist eher selten, als Regisseure jedoch häufiger (oft vor allem auch am eigenen Haus). Einmal auf einen solchen Posten gelangt, wechseln Intendanten ihn örtlich mit verhältnismäßig hoher Frequenz — was infolge ihrer umfassenden betrieblichen Dispositionsfreiheit die jeweiligen personellen Konstellationen, seltener auch die objektiven Arbeitsverhältnisse erheblich verändert. Obwohl — oder vielleicht gerade weil — die Bühnenleiter sich im Betrieb also meistens ›von der Pike auf‹ hochgedient zu haben rühmen können, beharren viele unter ihnen, allen einschlägigen Auseinandersetzungen und Argumenten zutrotz, auf der ungeteilten Ausübung ihrer Herrschaft und der alleinigen Wahrnehmung ihrer Verantwortlichkeit im Theater.[24]

Wenn nicht — wie insbesondere beim Vorhandensein einer General-Intendanz — noch Schauspiel- bzw. Operndirektor dazwischen geschaltet sind, dann delegiert im Prinzip der Bühnenleiter einen bestimmten Teil seiner Entscheidungsbefugnisse an die beiden Leiter von Verwaltung und Technik (›Verwaltungs-‹ bzw. ›technischen Direktor‹ oder Leiter); sie sind ihm im übrigen — soweit das Funktionieren der Bürokratie hier nicht ohnehin Entscheidungen vorwegnimmt — insbesondere im öffentlichen Theater in verschieden begrenztem Maße verantwortlich. Beim Verwaltungsleiter ergibt sich eine weitgehende — oft (inbezug auf den Intendanten) konfliktprogrammierende — Eigenverantwortlichkeit aus seiner Rechenschaftspflichtigkeit gegenüber dem politischen Mandats- bzw. öffentlichen Rechtsträger, während der technische Leiter auf strenge baupolizeiliche, Unfallverhütungs- und andere Sicherheits-Vorschriften verpflichtet ist. Die Leitung in dem — neben Technik und Verwaltung — dritten, künstlerischen Bereich fällt mit dem Kern der theaterspezifischen Verantwortlichkeit zusammen und wird daher in der Regel vom Intendanten unmittelbar selbst wahrgenommen. Er teilt sie per Delegierung mit den sog. (künstlerischen) ***Bühnenvorständen***: zu ihnen gehören im allgemeinen (wenn man sie mit ihren teilweise traditionellen Rangbezeichnungen so aufführen will) ›Chef-Dramaturg‹/-Dramaturgen, ›Ober-Spielleiter‹, (erster) Bühnenbildner bzw. Ausstattungsleiter (als der er häufig fest engagiert wird) oder — je nach dem — auch die Leiter von Maske und Kostüm, Tanz und Musik. Auf der untersten Kompetenz-Stufe stehen dann in diesen Bereichen die verschiedenen Assistenten. Die Schauspieler als personell zentraler Körper des Theaters sind in dieser Form seiner Leitung an ihr bzw. an ihrer Delegierung und an förmlichen Entscheidungs-Prozessen meist nicht beteiligt, so daß ihr entsprechender begrenzter Einfluß auf die gesetzlichen Organe wie Betriebs- bzw. Personalrat beschränkt bleibt.[25]

Die Kompetenzen- und Verantwortungs-Verteilung im Leitungsgefüge des Theaters hängt wesentlich mit seiner Form von Arbeitsteilung zusammen, wie man sie klassischerweise als Trennung von körperlicher und geistiger Arbeit versteht. Die wesentlichen Führungsposten im Theater — und die der Bühnenleiter zumal — betreffen die Disposition fremder Arbeitskraft und zwar als einer vorwiegend körperlichen bzw. handwerklichen oder einer zunehmend entqualifizierten geistigen Fähigkeit, Fertigkeit und Tätigkeit. Die Theaterarbeit ist also, verstärkt durch verselbständigtes bürokratisches Funktionieren, für den ganz überwiegenden Teil der an ihr Beteiligten durch ***Fremdbestimmung*** geprägt. Insbesondere bei den Bühnenschaffenden im engeren Sinn vorwiegend künstlerisch tätiger Theaterleute treten diese Konstellation und ihre Erfahrung — daß sie nicht über das Eigentum an ihren ›Produktionsmitteln‹ verfügen, den Sinn ihrer Arbeit nicht selbst setzen bzw. gewinnen können — in einen starken Gegensatz zum subjektiv angestrebten und objektiv proklamierten Ziel und Inhalt einer Beschäftigung, für welche die freie persönliche Beteiligung des Individuums als geradezu konstitutiv gilt. Bei den Schauspielern vor allem, deren Produktionsmittel überhaupt nicht dinglich oder mechanisch abtrennbar von ihrer Person und Persönlichkeit erscheint, führt die dennoch dauernd praktisch geforderte Selbstenteignung zu einem Konfliktpotential, das die Arbeit entscheidend mitbeeinflußt und häufig stark beeinträchtigt.[26]

2.22 Rechtsverhältnisse

Recht als gesellschaftliches System der allgemeinverbindlichen formellen Regelung von Beziehungen zwischen Menschen ist deren eine Seite — und ihr wirklicher Umgang miteinander die andere. Auch das Theater entwickelter Gesellschaften ist in seinen sozialen Funktionen wie für sein inneres Funktionieren auf einen bestimmten rechtlichen Rahmen angewiesen. Er wird im hierzulande geltenden bürgerlichen Recht zunächst durch das Grundgesetz, darüberhinaus durch die allgemeine Gesetzgebung geschaffen und durch ein eigenständiges Bühnenrecht ergänzt, das materielles und Prozeßrecht umfaßt. Dabei bestehen die für Bühnen und Theaterleute wichtigsten rechtlichen Regelungen in den Bestimmungen über die Rechtsform ihrer Unternehmen und die Betriebsverfassung, in den tarifvertraglichen Vereinbarungen über die arbeitsrechtlichen Beziehungen bzw. in den einschlägigen Bühnenbräuchen sowie in einer durch die Praxis der Bühnen-Schiedsgerichte geschaffenen Rechtsprechung; die juridischen Beziehungen zwischen dem Theater und den Autoren seiner Spielvorlagen ebenso wie der Leistungsschutz der Bühnenangehörigen sind durch das Urheberrechtschutz-Gesetz und verwandte Gesetze gesondert geregelt.[1]

Als künstlerische Verkehrsform ist Theater in allgemeinster Weise durch die ***Verfassung*** der BRD angesprochen, in der (in Artikel 5) unter anderem die Freiheit von Kunst und Wissenschaft grundsätzlich gewährleistet wird. Nach der herrschenden Auffassung betrifft diese ›Kunstfreiheits-Garantie‹ — freilich in permanenter Spannung zum allgemeinen ›Gemeinschaftsvorbehalt‹ — in erster Linie den gesetzlichen Schutz der Kunst vor staatlichen Eingriffen und Bevormundungen (insbesondere auch vor Zensur). Daneben wird daraus jedoch auch — der ›Sozialstaatsnorm‹ gemäß — die aktive Pflicht des Staates zur materiellen Sicherung dieser Freiheit abgeleitet; sie wird aber als Aufgabe der Bundesländer und Gemeinden angesehen, weil ›Kunst‹ zu ›Kultur‹ gerechnet und die ›Kulturhoheit‹ dieser Gebietskörperschaften durchs Grundgesetz verbürgt ist — wobei die Kompetenzen der Länder und Kommunen aus der ›Zuständigkeitsabgrenzung› (Artikel 70 bis 82 Grundgesetz) und der Klärung des Verhältnisses zwischen beider Aufgabenbereich (Artikel 82,2) hervorgehen. Mit der ›Drittwirkung‹ der Grundrechte wird darüberhinaus anerkannt, daß die Staatsbürger in deren Wahrnehmung und Beanspruchung auch den Anspruch auf gesetzlichen Schutz untereinander genießen. Dabei geht die Rechtsprechung bisher einhellig — wenn auch nicht (mehr) unbestritten — davon aus, daß die ›Kunstfreiheitsgarantie‹ im öffentlichen Theater durch den Intendanten verkörpert bzw. durch die positive Sanktionierung seines Allein-Entscheidungsrechts gewährleistet werde; bei Privatbühnen fällt sie auch formell mit dem Recht des Unternehmers auf Ausübung seiner vom Privateigentum am Betrieb abgeleiteten Bestimmungsgewalt zusammen. Der Anspruch von Intendant und Direktor auf ihren Gebrauch der Kunstfreiheit bekommt also in der Regel den absoluten Vorrang vor dem gleichen Recht des übrigen Bühnenpersonals eingeräumt.[2]

Durch die allgemeine ***Gesetzgebung*** wird Theater vor allem insofern geregelt, als es als Unternehmen bzw. Betrieb erscheint. Das Grundproblem dieser Regelungen besteht also in einer formellen Vereinbarung der ideologisch-künstlerischen mit der materiell-arbeitsmäßigen Seite von Theater. Die weitestgehenden rechtlichen Bestimmungen unter diesem Aspekt betreffen die ***Rechtsform*** des Bühnen-Unternehmens sowie die ***Vertragsverhältnisse*** der eben dort Tätigen: Die Rechtsform (auch ›Unternehmensform‹) richtet sich — einer im kontinental-europäischen politischen Denken historisch tief ausgeprägten Unterscheidung gemäß — entweder nach dem öffentlichen oder nach dem Privat-Recht. Im Privatrecht (und insbesondere durch dessen Kernstück, das ›BGB‹) werden dabei die Beziehungen der einzelnen Bürger zueinander, die Verhältnisse nicht-hoheitlicher Gemeinschaften (wie Ehe, Gesellschaften u.dgl.) zu- und untereinander sowie öffentliche Gemeinwesen in ihrem nicht-hoheitlichen Auftreten geregelt; diesbezüglich fallen an sonderrechtlich geordneten Gebieten für den Bereich der Theaterbetriebe insbesondere das Handelsrecht, das Wirtschaftsrecht, das Recht der immateriellen Güter und das Arbeitsrecht an. Die Vertragsverhältnisse im Theaterbereich basieren zunächst allgemein auf den vertragsrechtlichen Bestimmungen des BGB (Buch 1 und 2), folgen dann deren arbeits- und insbesondere tarifvertragsrechtlichen Ausgestaltungen und werden schließlich durch ein eigenes Bühnenrecht moduliert.[3]

Als ***öffentlich-rechtliche*** Einrichtung kann Theater in seiner Unternehmensform (nach dem Teilsystem des Verwaltungsrechts) im Prinzip nach drei Mustern organisiert sein: 1. als ***Regie-Betrieb*** und 2. als ***Eigen-Betrieb*** (nämlich jeweils von Ländern und Gemeinden), sowie 3. als juristische Person mit ***eigener Rechtspersönlichkeit*** in Form einer Körperschaft, Anstalt oder Stiftung (des öffentlichen Rechts). Als ***privatrechliche*** Organisation ist Theater demgegenüber entweder ebenfalls erklärterweise als Betrieb (und zwar nach dem Teilsystem des Handelsrechts bzw. sonderrechtlichen Ergänzungen des BGB) oder (nach dem speziellen Gemeinschafts- und Vereinsrecht des BGB) als Vereinigung einzurichten, d.h.: 1. als ***Einzelunternehmung,*** 2. als ***Personengesellschaft*** (vor allem als OHG, im Zweifelsfall auch mal als sog. BGB-Gesellschaft), 3. als ***Kapitalgesellschaft*** (besonders GmbH und AG), 4. als ***Genossenschaft*** und 5. als ***Verein*** — wobei auch 6. verschiedene ***Kombinationsformen*** dieser privatrechtlichen Organisationweisen (wie z.B. die GmbH & Co KG) möglich und üblich sind. Mit Ausnahme der Genossenschaft sind im übrigen unter den westdeutschen Theaterbetrieben z.Zt. alle Typen von Rechtsform vertreten. Dabei dominieren aufseiten der Privatbühnen Einzelinhaberschaft und (etwas seltener) GmbH, beim öffentlichen Theater deutlich (noch) die Regiebetriebe: der Größenordnung nach stehen z.Zt. gut 50 Regiebetriebe knapp 40 Einzelunternehmungen gegenüber, die von jeweils etwa 30 Vereinen und GmbHs (als Rechtsform sowohl öffentlicher wie privater Bühnen) und einer Handvoll von Theatern der restlichen Organisationsweisen ergänzt werden.[4]

Theater können rechtlich von einer oder mehreren natürlichen oder juristischen Personen privater oder öffentlicher Art getragen werden und werden von dieser ***Rechtsträgerschaft*** umfassend bestimmt; das öffentliche Theater hat in der Regel eine Stadt oder/und ein Bundesland (gelegentlich auch mehrere Gemeinden, einen Bezirk oder einen Landkreis) zu Rechtsträgern. Theater, die aus privater Initiative betrieben werden, können auch nur privatrechtlich eingerichtet sein. Dagegen besteht bei einer von der öffentlichen Hand getragenen, d.h. gemeinnützigen Bühne sowohl die Möglichkeit, sie auch öffentlichrechtlich zu organisieren — wie die, ihr der Form nach privatrechtlichen Status (z.B. den einer GmbH) zu verleihen. Und zwar hat es sich wohl eingebürgert, ungeachtet dieser Rechtsform dann von öffentlichem Theater zu sprechen, wenn der faktische Träger der Rechte (im Sinn juristisch nur repräsentierter Verantwortung insbesondere auch materieller Art) ein Organ öffentlicher Mandatsträger ist; es hat sich aber auch gezeigt, daß in den (wenigen) Fällen hoher öffentlicher Zuschüsse an Privatbühnen dieses Kriterium unscharf wird. Versuche, den z.Zt. noch weithin klar anwendbaren Terminus z.B. durch eine quantitative Bestimmung dergestalt zu festigen, daß man ihn an Subventionierungen von über 50 Prozent eines Theater-Etats bindet, weisen nur auf die sich faktisch anbahnende Relativierung hin.[5]

Die traditionelle, heute noch überwiegende Rechtsform des öffentlichen Theaters in (West-)Deutschland ist die des sog. ***Regiebetriebs;*** dabei kann man als ihre Stufen den Regiebetrieb mit reiner Intendantenverfassung, den mit Intendant und (evtl. sogar gleichberechtigtem) Verwaltungsdirektor sowie den mit einer Trennung von (zentralisierter) Theaterverwaltung und Bühnenleitung unterscheiden. Hauptmerkmal des Regiebetriebs ist seine rechtliche Unselbständigkeit — bei gleichzeitiger Zugehörigkeit zum öffentlichen Eigentum einer Gemeinde oder eines Bundeslandes; sie bedingt einerseits seine Leitung durch von dort eingesetzte und dementsprechend in bestimmtem Maß weisungsgebundene bzw. rechenschaftspflichtige Beamte oder Angestellte — andererseits vor allem seine eng an den Haushalt jener Behörde gekoppelte Etat-Planung und Abrechnung. Vor allem diese — nach ihrer Herkunft aus dem merkantilistischen Haushaltswesen des Absolutismus so genannte — ›kameralistische‹ Buchführung mit der für sie konstitutiven Rechnungslegung nach ›Bruttoprinzip‹ (d.h. insbesondere einer praktisch beziehungslosen Auflistung von Einnahmen und Ausgaben nach streng geschiedenen Haushaltsposten) wird als steifes Rückgrat dieser Form von Theater angesehen. Es ist unbestritten, daß die für den Kernbereich der öffentlichen Verwaltung zumindest politisch legitimierbare Ausdifferenzierung der exakten Kontrolle behördlichen Finanzgebarens bei den öffentlichen Bühnen zu zahlreichen rechnerischen Komplizierungen und bürokratischen Hemmungen führt; sie dürften sich auf das Erfordernis von Millionenbeträgen an öffentlichen Subventionen insgesamt kaum dämpfend, sondern eher noch treibend auswirken. Verglichen mit der in privatwirtschaftlichen Betrieben üblichen ›kaufmännischen‹ Praxis einer Herstellung von detaillierten Beziehungen zwischen Aufwand und Ertrag,

Kosten und Nutzen, Investition und Rendite muß die kameralistische Haushaltsführung zumindest im Prinzip auf Effektivität, Rationalität und Flexibilität verzichten: stattdessen sind bei ihrer Handhabung allgemeine etatistische Prinzipien starr auf die geschäftliche Wirklichkeit zu projizieren — so z.B. das der ›Spezialisierung‹ (d.h. des Gebots, alle ökonomischen Vorgänge nach extrem formalisierten Einzel-Posten minutiös aufzuschlüsseln) oder die der ›Nicht-Deckungsfähigkeit‹ und der ›Non-Affektation‹ (Verbote, Mehrausgaben auf einem — mit geringeren auf einem anderen Sektor zu verrechnen und über evtl. Mehreinnahmen frei zu verfügen). Das zwangsläufige Mißverhältnis zwischen einer auf Kalenderjahre bezogenen Etat-Planung der öffentlichen Verwaltung einerseits und den an Spielzeiten (mit herbstlicher Eröffnung) orientierten Dispositionen der Bühnen tritt erschwerend dazu. Ein aktives strukturelles Eingehen der behördlichen Administration auf die spezifischen Erfordernisse der Theater widerspräche nicht nur dem prinzipiell nicht auf die Rationalität von Gewinn-Maximierung angelegten politischen Zusammenhang dieses Öffentlichkeits-Instituts — sondern insbesondere auch allen Wahrscheinlichkeiten bürokratischer Beharrungskraft. Darüberhinaus verbietet die gesetzlich vorgeschriebene Kontrolle der öffentlichen Betriebe durch die Rechnungshöfe mögliche interne Absprachen zur Duldung vereinfachender Praktiken — ja es ist dieser peniblen Überprüfungsinstanz die in Formalitäten häufig ebenso laxe wie im Wirtschaften luxuriöse Theaterpraxis schon immer ein Dorn im Auge.[6]

Der öffentlich-rechtliche ***Eigenbetrieb***, die zweite Form von öffentlich-rechtlicher Bühnen-Organisation ohne eigene Rechtspersönlichkeit, ist als Rechtsform für das Theater eher unüblich; die ›Deutsche Gemeindeordnung‹ sieht sie (in § 72) nur für Betriebe vor, die — wie z.B. städtische Schlachthöfe und Gemeindeforsten — kostendeckend funktionieren oder sogar mit Gewinnerzielung und Rücklagenbildung arbeiten können. Der Eigenbetrieb bleibt zwar rechtlich unselbständig, genießt aber in mehreren Beziehungen eine vermögens- und verwaltungsrechtliche Sonderstellung; auch die Einräumung von Übertragungs- und Deckungs-Möglichkeiten oder die Angleichung von Spiel- und Geschäftsjahr rücken seine Anwendung aufs Theater kaufmännischen Formen und Praktiken schon verhältnismäßig nahe.[7]

Die dritte Rechtsform, in der Bühnen nach dem öffentlichen Recht betrieblich verfaßt werden können, besteht in der Konstruktion von öffentlich-rechtlichen Institutionen mit ***eigener Rechtspersönlichkeit.*** Da es die ›Stiftung‹ von Theater bislang nur in einer eher ausnahmsweise gewählten Form (nämlich neuerdings inbezug auf die ›Bayreuther Festspiele‹ und das mit ihnen verknüpfte Wagner-Erbe) gibt, kommen dafür vor allem die ›Anstalt des öffentlichen Rechts‹ und die ›öffentlich-rechtliche Körperschaft‹ infrage: es handelt sich dabei um Formtypen, nach deren Muster hierzulande z.B. Rundfunkanstalten, Universitäten, Landesbanken oder Bundesautobahnen organisiert sind. Wenn Theater sich — seltenerweise — in dieser Weise konstituieren, so geschieht das meist bei den Landesbühnen oder den Gemeinschaftstheatern von Städten: für ihre je selbständigen Nutzer bzw. institutionellen Interessenten besteht dabei wohl in der Delegierung der (aus jener Rechtsträgerschaft erwachsenden) Rechte an die übliche Theaterleitung und in der damit verbundenen Kontrolle durch mindestens zwei satzungsmäßige Gremien (Kuratorium, Hauptversammlung u.ä. bzw. Verwaltungsrat, Vorstand u.ä.) die praktisch optimale Lösung. Eine allgemeine Vorschrift für das Rechtsstatut dieser Unternehmensform gibt es nicht: Rechte, Aufgaben und formale Strukturen eines solchen Instituts werden jeweils durch eigene gesetzliche Bestimmungen geregelt.[8]

Im Prinzip ist auf alle diese Rechtsformen bzw. die in ihnen geleistete Arbeit ein Begriff von ***öffentlichem Dienst*** anzuwenden, wie er — schon seit 1933 häufiger eingesetzt — nach 1949 formell in Verfassung und Gesetzgebung in der BRD eingegangen ist. Allerdings sind die politischen Konsequenzen einer solchen förmlichen Zuordnung — wie sie insbesondere aufgrund der verfassungsmäßig höchst dubiosen ›Extremisten-Beschlüsse‹ von 1973 hierzulande in jüngster Zeit für Lehrer, Verwaltungsbeamte, Rechtsreferendare u.a. gezogen werden — im Theaterbereich in mehrfacher Hinsicht besonders schwer zu legitimieren: 1. stehen Arbeiter und Angestellte des öffentlichen Diensts — und unter den Bühnenkünstlern gibt es keine Beamten — prinzipiell in einem privatrechtlichen (im allgemeinen tarifrechtlich geregelten) Dienstverhältnis. 2. nehmen auch die rechtlichen Regelungen von ›Fristvertrag‹ bzw. ›Tendenzschutz‹ diese Art öffentlich Bediensteter von den Normalbedingungen des öffentlichen Diensts praktisch aus. 3. aber sind Ansprüche, wie sie (insbesondere im Hinblick auf die ›Treuepflicht‹) im allgemeinen auf Angehörige des öffentlichen Diensts rechtlich gerichtet werden, besonders sorgfältig an den elementaren Rechten zu messen, wie sie sich aus der verfassungsmäßig fundamental garantierten Freiheit der Kunst ergeben.[9]

Das nicht-öffentliche, zunächst also politisch, dann aber auch wirtschaftlich betrachtet ***private Theater*** ist heutzutage in Westdeutschland an keine besonderen juristischen Konzessionen mehr gebunden, sondern unterliegt nur der allgemeinen behördlichen Verwaltungsaufsicht (von Gewerbeamt, Baupolizei usw.) und der üblichen Besteuerung. Seine durch Eintragung ins Handelsregister begründete Rechtsform ist von keinerlei Bindung an eine mandatstragende öffentliche Gewalt determiniert — kann und muß sich dementsprechend eindeutig(er) nach dem jeweiligen Verhältnis von Unternehmensziel und Betriebszweck bzw. nach privaten Interessen und Verantwortlichkeiten seiner Träger oder Leiter richten. Das A und O des Privattheaters sind die Beschaffung und Vergrößerung seines Kapitals — bzw. die erfolgreiche Disposition über die zu Kostendeckung, ja möglichst zu Gewinn führenden Faktoren. Die Wahl der einschlägigen Rechtsform ist daher von Kriterien abhängig, die sich auf jenes materielle Ziel als Mittelpunkt beziehen: 1. (sächlich) Finanzierungsweise und Rentabilität (insbesondere auch im Hinblick auf steuerrechtliche Bedingungen), 2. (personal) Leitungsbefugnis und Risiko (bzw. Haftung). Bezogen darauf und inanbetracht der im konkreten Fall höchst mannigfaltig zu berücksichtigenden Faktoren verschränken sich jedoch die Vorzüge und Nachteile der einzelnen Organisations-Muster so differenziert (und werden durch formelle Kombinationen noch optimiert bzw. kompliziert) — daß man schwerlich einzelnen Typen die größere Solidarität der wirtschaftlichen Basis, den geringeren Einfluß des Eigentümers auf künstlerische Entscheidungen u.dgl. zuschreiben kann. Festzuhalten ist aber, daß der Tendenz nach wohl ein Einzelinhaber in seiner Bestimmung über die künstlerische und kommerzielle Geschäftsführung am unbeschränktesten, aber auch persönlich am wenigsten abgesichert verfügt. Demgegenüber werden Leitung, Haftung und unmittelbar geschäftliche Organisation bei den Personengesellschaften meist klar nach Kompetenzen geteilt, andererseits noch eng aufeinander bezogen; bei den Kapitalgesellschaften schließlich sind sie weitläufig delegiert bzw. völlig voneinander getrennt. Die allgemeinen formellen Strukturen dieser letztgenannten Art von Organisation sind durch besondere Gesetze (GmbH-Gesetz, Aktiengesellschafts-Gesetz usw.) festgelegt. Die Verfassung eines Theaters nach dem Vereinsrecht folgt demgegenüber in erster Linie dem Erfordernis, einer Vielzahl von Mitgliedern die Beteiligung an Rechtsträgerschaft und Entscheidungskontrolle bzw. an einer Erwirkung des Vereinsziels zu ermöglichen.[10]

Eben diese (dem BGB folgende) Rechtsform des Vereins ist eines der beiden privatrechtlichen Organisations-Muster, die vor allem gewählt werden, wenn das faktisch öffentliche Theater — meist primär aus Gründen der betrieblichen Beweglichkeit und Rationalität — in der Zwitterform einer zivilrechtlichen Unternehmensform mit öffentlicher Rechtsträgerschaft, also ***halböffentlich*** eingerichtet wird. So erlaubt z.B. die Vereinsgründung den Landesbühnen eine verhältnismäßig unkomplizierte Vereinigung ihrer möglicherweise zahlreichen öffentlichen Träger (etwa vieler kleinerer Kommunen). Auch enthält das Vereinsrecht klare Kontroll-Sicherheiten ingestalt eines bestimmten Verhältnisses von Satzung, Mitgliederversammlung, Vorstand und anderem; im übrigen können ›wirtschaftlicher‹ und ›nichtwirtschaftlicher‹ Verein unterschieden und auf unterschiedliche Weise rechtsfähig werden. Ebenso wie in der Form des Vereins kann das öffentliche Theater in einer GmbH völlig unberührt von den verwaltungsmäßigen und insbesondere haushaltstechnischen Vorschriften des öffentlichen Rechts betrieben werden, von dessen Mandatsträgern es gleichwohl weiterhin ökonomisch getragen und rechtlich kontrolliert wird. Vor allem für die von einem Land und einer Gemeinde gemeinsam getragenen Staats- und Stadttheater, aber auch für den Regiebetrieb einzelner öffentlicher Rechtsträger, ist eine derartige Umwandlung in GmbHs nach dem zweiten Weltkrieg mehrfach vollzogen worden. Die GmbH muß — nach dem GmbH-Gesetz — durch mindestens zwei Gesellschafter sowie mit einer finanziellen Mindesteinlage (z.Zt. DM 20.000) gegründet werden und ist zur Einrichtung von Geschäftsführung und regelmäßiger Gesellschafterversammlung verpflichtet, zur Wahl eines Aufsichtsrats berechtigt. Die ***Theater-GmbH*** wird in ihrer Organisation — wie bei andern Betrieben auch — in einem (der Satzung eines Vereins entsprechenden) ›Gesellschaftervertrag‹ festgelegt, der die Kompetenzen ihrer einzelnen Organe definiert. Die Geschäftsführung — meist ein im Prinzip gleichberechtigtes Duo von künstlerischem Geschäftsführer (Intendant) und kommerziellem (Verwaltungschef als kaufmännischem Leiter) — ist das entscheidende Exekutivorgan und folgt bei der Verfügung über das von den Gesellschaftern eingebrachte Betriebskapital (also die sonst umstandslos so genannten Subventionen) allgemeinen privatwirtschaftlichen Usancen bzw. den handels- und andersrechtlichen Bestimmungen. Der Aufsichtsrat, in dem beispielsweise die Gesellschafter Stadt und Land durch ihre Kultur- und Finanz-Dezernenten sowie andere Mandatsträger vertreten sind, fungiert als beschlußfassendes und genehmigendes Kontrollorgan der von ihm ggfls. gewählten Geschäftsführer; wenn auch diese Kontrolle sich formell insbesondere auf ›Wirtschaftsplan‹ und ›Jahresabschluß‹ (die beiden dem Haushaltsplan und seiner Abrechnung im Regiebetrieb entsprechenden Einrichtungen) erstreckt, darf die Gefahr der offenen (partei-)politischen Einflußnahme hier nicht unterschätzt werden — zumal in keinem halböffentlichen Theater der kommerzielle dem künstlerischen Geschäftsführer eindeutig untergeordnet sein wird. Nach dem Gesetz bleibt allerdings jegliche staatliche Reglementierung der Kunstfreiheit auch in diesem de jure privaten, de facto öffentlichen Theater weiterhin absolut unzulässig.[11]

Die zwischen allgemeiner Unternehmensstruktur und innerer Betriebsorganisation vermittelnden ***Leitungsverhältnisse*** können bei den privaten und halböffentlichen Bühnen schon durch die Bestimmungs-Grundlagen der Rechtsform dergestalt festgelegt sein, daß die genauen Kompetenzen eines Geschäftsführers (einschließlich der Modalitäten seiner Bestellung und Ablösung) darin vertraglich fixiert sind und er selbst sie durch einen zusätzlichen Dienstvertrag nur konkret moduliert und ergänzt. Beim kommerziellen Theater sind ohnehin gelegentlich Inhaber und Bühnenleiter identisch oder es ist der Direktor dem Eigentümer gegenüber mehr oder minder weisungsgebunden. Bei den öffentlichen Bühnen jedoch, auch und gerade den öffentlich-rechtlich verfaßten, ist bemerkenswerterweise nirgends eine eigenständige formelle Definition des Theater-Betriebs und seiner Unternehmens-Ziele aktenkundig; selbst die Geschäftsführung wird außer durch allgemeine öffentliche Vorschriften nur durch (z.B. behördlichen) ›Haushaltsvermerk‹ oder ›Dienstanweisungen‹ und dgl. — als durch protokollarische Übereinkünfte inhaltlicher Art, die kasuistisch eingeführt wie abgeschafft werden können — meist nur ungenau bestimmt. Insofern bekommt hier der Dienstvertrag des Bühnenleiters eine doppelte Bedeutung als rein arbeitsrechtlicher Kontrakt über eine einzelne Leistungs-Beziehung — und als verkappte rechtliche Verfügung über eine ganze Institution durch die personelle Einsetzung eines Einzelnen in die Funktion eines das Theater insgesamt konzipierenden, koordinierenden und repräsentierenden Sachwalters. Mit der Wahl bzw. Berufung eines Intendanten nimmt mithin der öffentliche Rechtsträger insbesondere auch seinen einzigen unmittelbar rechtlich ausgewiesenen Einfluß auf die künstlerische Linie einer Bühne — macht also durchaus offiziell Kulturpolitik personeller Art! — und delegiert zugleich wesentliche andere Rechte längerfristig an den Bühnenleiter als seinen Vertreter bzw. Beauftragten.[12]

Im Hinblick auf die gleichartigen Konstellationen, die zwischen öffentlichen Rechtsträgern und den jeweiligen Leitern ihrer Bühnen in der Regel gegeben sind und ähnlicher Kodifizierungen bedürfen, hat sich eine Art formeller Orientierungsgrundlage historisch herausgebildet. Der ***Indentanten-Mustervertrag (IMV)*** des DBV — in der Fassung des Jahres 1954 — regelt direkt die Rechte und Pflichten der Leiter von öffentlichen Theatern und dient den Mitgliedern des Bühnenvereins als verbindlicher Bezugsrahmen für den jeweils einzelnen Dienstvertrag zwischen Mandatsträger-Vertretung und Intendant. Sein bedeutsamer Kern ist die (in § 2 getroffene) Feststellung, daß der Intendant die künstlerische, wirtschaftliche und administrative Leitung des Theaters im Rahmen der einschlägigen rechtlichen Bedingungen innehabe. Dementsprechend wird ihm einerseits das gesamte künstlerische, technische und administrative Personal — und er seinerseits einem zuständigen Vertreter des Rechtsträgers (häufig also dem Kulturdezernenten einer Gemeinde) unterstellt. Diese Kompetenz-Bestimmung schließt insbesondere drei besondere Vertragsgegenstände fundamental ein, nämlich: das umfassende und alleinige Recht des Bühnenleiters 1. zur ***Spielplan-Gestaltung*** sowie 2. zur ***Personal-Disposition*** (sei's längerfristig durch Engagement, Verlängerung und Kündigung — sei's kurzfristig z.B. durch Rollenvergabe und andere künstlerische Besetzungen), 3. aber auch die elementare Pflicht des Intendanten zur ***Haushalts-Disziplin*** (worunter seine Bindung an die präzise Einhaltung von Haushaltsansätzen einschließlich nachprüfbarer Rechnungslegung zu verstehen ist). Gerade in der ohne jegliche inhaltliche Dimension festgelegten Verpflichtung des Bühnenleiters auf ein bestimmtes Haushaltsgebaren wird die allgemeine Disziplinierungs-Potenz dieses Mustervertrags und seine tendenzielle Funktion als konservatives Administrierungs-Instrument kenntlich. Im übrigen regelt ein den Mustervertrag jeweils konkret ausfüllender einzelner Dienstvertrag die fallweise variierenden Bedingungen genauer: so z.B. eine etwaige künstlerische Betätigung des Intendanten und deren Vergütung (z.B. Inszenierungs-Honorare), seine Urlaubs-und Gehaltsansprüche sowie die Modalitäten von Vertretungsbefugnis, wechselseitiger Information und Verhandlungen über Vertragsverlängerungen (im Verhältnis zum Rechtsträger). Die ebenfalls im Dienstvertrag festgelegte kontraktmäßige Dauer des Diensts unterschreitet drei Jahre in der Regel nicht und dürfte heute durchschnittlich eher bei fünf Jahren liegen.[13]

Die rechtlichen Verhältnisse innerhalb des Betriebs sind im Prinzip durch die allgemeinen Bestimmungen von Arbeits- und (öffentlichem) Dienstrecht geordnet; sie werden für das Theater durch die Gesetze über ***Betriebsverfassung*** bzw. ***Personalvertretung*** spezifisch geprägt und ansonsten weitgehend durch ***Tarifverträge*** zwischen den Interessenvertretungen von Belegschaft und Unternehmern — also zwischen theaterbezogenen ›Arbeitnehmer-‹ und ›Arbeitgeber‹-Verbänden — konkret geformt. Auf diese rechtlichen Beziehungen gründet sich dann der jeweils einzelne Arbeits- bzw. Dienstvertrag eines am Theater Beschäftigten. Das eigenständige ***Bühnenrecht*** erstreckt sich vor allem auf diesen arbeitsvertraglichen Bereich; es erwächst aus der Tarifordnung bzw. gewohnheitsrechtlichen ***Bühnenbräuchen*** als Quellen des materiellen Rechts und wird verfahrensrechtlich durch eine besondere ***Bühnenschiedgerichtsbarkeit*** verwirklicht.[14]

Unter vertragsrechtlichen Aspekten zerfällt das Personal des Theaters zunächst einmal klar in zwei Gruppen — nämlich die mehr technisch oder administrativ (u.ä.) und die überwiegend künstlerisch tätigen Beschäftigten. Zur ersten Einheit werden vor allem Verwaltungsleute, Handwerker und Bühnentechniker, aber auch z.B. Chor- und Orchester-Mitglieder von Opernhäusern gerechnet — während zur zweiten insbesondere Schauspieler, Sänger und Tänzer, sowie Dramaturgen, Regisseure, Bühnenbildner und dgl. zählen. Der Einfachheit halber ist von ihnen hier, wo sie getrennt werden, als von ›Theater-Arrangeuren‹ bzw. ›Bühnen-Künstlern‹ — und wo sie insgesamt gemeint sind als von ***Theaterschaffenden*** (oder auch ›Bühnenangehörigen‹) die Rede. Die Theater-Arrangeure bestehen aus Arbeitern, Angestellten und Beamten, die vertraglich nach den allgemeinen arbeitsrechtlichen Bedingungen ohne Befristung beschäftigt werden; insbesondere haben sie daher auch Anspruch auf die uneingeschränkte Geltung der Gesetze über Kündigungsschutz, Lohnfortzahlung im Krankheitsfall, Urlaub, Sozialversicherung und Rentenversorgung. Außerdem richtet sich das Arbeitsverhältnis dieser Gruppe nach dem öffentlichen Dienstrecht, d.h hauptsächlich nach den Tarifverträgen für den öffentlichen Dienst bzw. für Bühnentechniker. Dagegen werden die Bühnen-Künstler in der Regel nur auf begrenzte Zeit beschäftigt, so daß wesentliche sozialstaatliche Standards des Arbeitsrechts — wie z.B. inbezug auf Mutterschutz oder Rentenversicherung — für sie nicht oder nur sehr eingeschränkt gelten: sie beziehen sich eben auf den Regelfall unbefristeter und nicht auf die Ausnahme befristeter Arbeitsverträge. Diese befristete Bedienstung, die nach dem Gesetz explizit durch besondere sachliche Umstände legitimiert sein muß (damit nicht so z.B. das Recht auf Kündigungsschutz einfach unterlaufen wird), gilt im Hinblick auf Bühnen-Künstler juristisch als gewohnheitsrechtlicher ›Bühnenbrauch‹ und damit als legale Quelle eines im Kern tarifvertraglich anerkannten eigenständigen Bühnenrechts.[15]

Der konkrete Dienstvertrag des einzelnen Bühnen-Künstlers wird in der Regel auf der Grundlage eines sog. Normalvertrags geschlossen, den DBV und GDBA wiederum als Teil eines umfassenderen ***Tarifvertrags*** zur verbindlichen arbeitsrechtlichen Basis der von ihnen vertretenen Parteien erklärt haben. Dieser Tarifvertrag enthält neben einer Festlegung der Modalitäten von Tarifverhandlungen sowie von tarifvertraglichen Streitigkeiten (durch Tarifausschuß und Bühnenschiedsgericht) ein Abkommen für technische Bühnenvorstände, Büroangestellte und Maskenbildner, je eine Dienstordnung für Inspizienten und Souffleure sowie eine Urlaubsregelung für Bühnen-Künstler. Der wichtigste unter den vier speziell für ›Chor‹ und ›Tanz‹ sowie für ›Bühnentechniker‹ und ›Solisten‹ abgeschlossenen Grundverträge ist jedoch der ›Normalvertrag‹ für die Bühnen-Künstler stehender Theater, der auch kurz ›Normalvertrag Solo‹ genannt wird.[16]

Der ***Normalvertrag Solo*** von 1924 — derzeit gültige Fassung vom 17.5.1976 — erstreckt sich (ohne eine haarscharfe Grenze) auf die ›überwiegend bühnenkünstlerisch‹ tätigen Beschäftigten des Theaters und hält in 23 Paragrafen die Rechte und Pflichten der Vertragspartner fest. Insbesondere sind hier Richtlinien für Umfang und Modalitäten der vertraglichen Dienstleistungen sowie für deren Vergütung im allgemeinen fixiert; ferner werden hier Krankheitsschutz, Urlaub, künstlerische Nebentätigkeit und der (eingeschränkte) ›Anfänger‹-Status geregelt. Der ›NV‹ bestimmt auch die Dauer der schauspielerischen Tagesarbeit, indem er dem Akteur einen Anspruch auf sog. Ruhezeiten verbürgt: sie gelten z.Zt. für die Frist von vier Stunden vor Beginn und zehn nach Ende einer Vorstellung (mit der Ausnahme von Haupt-, Generalprobe u.ä.). Besonders wird auch die sog. Mitwirkungspflicht der Bühnen-Künstler dergestalt verankert, daß sie z.B. zur Darstellung von Neben- oder Statistenrollen bzw. zur Teilnahme an Veranstaltungen, die über eine routinemäßige Vorstellung hinausgehen, gezwungen werden können; Querelen können diesbezüglich vor allem bei Fernsehübertragungen, öffentlichen Proben und dgl. entstehen. Die ›Hausordnung‹ regelt darüberhinaus u.a. die Modalitäten von Urlaubsgesuch und Krankmeldung, Rollenübernahme und Probenverhalten der Bediensteten, sowie z.B. die ›Residenzpflicht‹, wonach speziell alle Darsteller innerhalb bestimmter Zeiten vor einem jeweiligen Vorstellungsbeginn unmittelbar für den ›Dienstherrn‹ erreichbar bleiben müssen; Verstöße gegen derartige Vereinbarungen werden u.a. sogar mit finanziellen Ordnungsstrafen bedroht...[17]

Der heikelste Punkt des (auch als ›Fachvertrag‹ bezeichneten) ›NV Solo‹ scheint, gerichtsnotorisch demonstriert, der auf die sog. ***Kunstfach-Forderung*** gestützte ***Beschäftigungs-Anspruch*** der Schauspieler zu sein! Nach § 2 des Normalvertrags muß bei darstellenden Mitgliedern einer Bühne die Kunstgattung und das Kunstfach, in dem sie zum Auftritt verpflichtet werden — evtl. näher gekennzeichnet oder ersetzt durch die Angabe eines bestimmten Rollengebiets — im Dienstvertrag konkret angegeben sein. Nach § 5 des gleichen Vertrags dürfen dem so Engagierten ohne seine Zustimmung keine darstellerischen Aufgaben übertragen werden, die dieser Vertragsspezifizierung fernliegen. Nach § 6 schließlich ist der Akteur im Rahmen der vorherigen Vertragsbestimmungen von der Bühne angemessen zu beschäftigen. Der Vertrag fixiert also einen engen Zusammenhang zwischen einem einzelnen Aspekt des Arbeitsinhalts (Fach) und dem gesamten Arbeitsumfang (Produktion). In der quantitativen Auslegung des Beschäftigungsanspruchs — der ja für einen Schauspieler durchaus das schwer veräußerbare Recht auf berufliche Anerkennung und damit Selbstverwirklichung wie Existenzbehauptung bedeutet — geht die heutige Rechtsprechung seit längerem davon aus, daß der einzelne Darsteller erwarten (und gegebenenfall einklagen) könne, pro Saison in mindestens zwei ›Fachpartien‹ (d.h. zwei Hauptrollen seines speziellen Fachs) besetzt zu werden. Dabei muß nach dieser Interpretation auch die veranstaltete Darbietung dieser Leistungen im Zweifelsfall in die sog. Ansehzeit (von Dezember bis März) fallen, die als vertragsgemäße Gelegenheit für den Akteur dahingehend betrachtet wird, daß er nur so seine Fähigkeiten mit der Aussicht auf neue Vertragsabschlüsse (inbezug auf die jeweils folgende Spielzeit) rechtzeitig zu präsentieren die Chance habe. Immerhin wird ein so verstandene Beschäftigungs-Anspruch ernst genug genommen, um dem Theater die rechtliche Zumutung nicht zu ersparen, daß es auch seinen Spielplan gegebenenfalls auf solche Vertragsfolgen einrichten müsse.[18]

Die große Problematik der Kunstfach-Forderung besteht einmal darin, daß die von ihr erheischte Klassifizierung und Spezifizierung darstellerischer Fähigkeiten und Aufgaben außerordentlich schwer zu bewerkstelligen — und im übrigen höchstens ein einzelner Aspekt in einer vielfältigen, längerfristig höchst gegensätzlichen, kollektiven und überhaupt inhaltlich schwerlich sinnvoll quantifizierbaren Arbeit ist. Mit dem qualitativen Kern und Maßstab von Theaterarbeit ist die Zurichtung auf bestimmte individualisierbare Inhalts-Stereotypien des Schauspielens kaum in Einklang zu bringen (wenn man vielleicht einzig von den erweiterten Stimmlagen-Bezeichnungen der Oper, wie Heldentenor oder Wagnerbaß, einmal absieht). Tatsächlich ist es ein höchst fragwürdiges Gemisch sozialpsychologischer Klassenklischees, genrehafter Handlungsfunktionen und interpretatorischer Stilfixierungen, welches die überkommenen (noch dazu häufig importierten) ***Rollenfächer*** da heute noch zusammenbrauen: von ›jugendlichem Held‹ und ›femme fatale‹ über ›Intrigant‹ und ›Bonvivant‹, ›Naturbursche‹ und ›Nervenspielerin‹, ›Lokal-‹ und ›Charakter-Komiker‹ bis zu ›polternder Alter‹ und ›père noble‹... — all diese nostalgisch getönten Karteikarten waren bestenfalls einmal in einem geschichtlich knappen (Entstehungs-) Zeitraum des deutschen Theaters dazu geeignet, auch nur die Zusammensetzung eines Ensembles im Hinblick auf seine Arbeit konstruktiv zu beeinflussen; die Verzerrung des je eigentümlichen Sinns und personalen Beziehungsgeflechts von Dramen sowie die Beschneidung der Ausdrucksvielfalt des individuellen Schauspielers durch praktische Trimmung auf theatrale Rollenfächer steht ohnehin außer Zweifel. Und heute räumt zwar auch die GDBA das unübersehbare Mißverhältnis zwischen dem Niveau der künstlerischen Bühnen-Praxis und den Zumutungen der Kunstfach-Forderung ein — besteht aber des formellen Beschäftigungs-Anspruchs wegen weiter kompromißlos auf jener anachronistischen Detaillierung. Auf diese Weise werden Individualisierung und Formalisierung eines Problems weiter so angestrengt betrieben, daß sie den Blick bzw. die aktive Hinwendung auf jene kollektive Selbstbestimmung und persönlichkeitsfördernde Entfaltung der Bühnenarbeit eher verstellen, wie sie zum elementaren Interesse der Schauspieler gehören — und für die der Zusammenhang von ›Rollenfach‹ und ›Beschäftigungsanspruch‹ doch nur der rechtliche Ausdruck einer zur Befriedung gedachten Vorenthaltung sein kann.[19]

Der eigentliche einzelne Arbeitskontrakt zwischen Bühne und Bühnen-Künstler ist der in der Regel auf den Kodifizierungen des ›Normalvertrags Solo‹ beruhende ***Dienstvertrag.*** Vertragspartner eines Schauspielers, Sängers, Dramaturgen usw. ist dabei an den Privattheatern meist der Direktor oder Geschäftsführer, bei öffentlichen Bühnen im allgemeinen der Intendant in seiner — wenn auch häufig auf Gegenzeichnung der Behörde angewiesenen — ›arbeitgeberähnlichen‹ Stellung eines ›konkreten Prinzipals‹. Ein solches Engagement wird im Normalfall wenigstens ein halbes Jahr vor Beginn der entsprechenden Spielzeit getätigt und dabei manchmal durch einen Vorvertrag abgesichert. Der Vertrag umfaßt neben der dubiosen Kunstfach-Bezeichnung vor allem genaue Angaben über das Gehalt und möglicherweise Vereinbarungen über weitergehende Beschäftigungen eines Bühnen-Künstlers (wie etwa das ihm eingeräumte Recht auf eine Regieführung am Haus oder auf sog. Gastierurlaub). Während aber am Theater die Gagen von Mitgliedern der Opern-, Orchester- und Ballett-Kollektive durch entsprechende tarifliche Rahmen — insbesondere ›NV‹ Chor und ›NV‹ Tanz — klar festgelegt sind, müssen die Gehälter des nach ›NV‹ Solo angestellten Personals jeweils individuell ausgehandelt werden. Abgesehen von dem die künstlerische Zusammenarbeit leicht beeinträchtigenden Argwohn vieler Solisten, Kollegen gegenüber finanziell benachteiligt zu werden, verhindert diese — selbstverständlich mit entsprechender Heimlichtuerei inbezug auf die Gagenabsprache verbundene — Individual-Praxis jede kollektive Erwirkung einer tarifpolitischen Lohngerechtigkeit, durch die z.B. seltene Stargagen zugunsten einer Staffelung von soliden Durchschnitts-Verdiensten abgebaut werden könnten. Die kürzlich erfolgte Aufhebung der juristisch-fiskalischen Fehleinstufung von (solistischen) Sängern, Tänzern und Schauspielern (usw.) als ›selbständiger Unternehmer‹ hat dafür auch die gesetzliche Voraussetzung geschaffen; erst den ›arbeitnehmerähnlichen‹ Erwerbstätigen, als die jene Theaterschaffenden nunmehr endlich anerkannt werden, ist der Weg zu Tarif-Absprachen kartellrechtlich nicht länger versperrt.[20]

Die zweifellos am meisten umstrittene und insbesondere von der GDBA seit Jahren heftig befehdete Bedingung des individuellen Arbeitskontrakts betrifft jedoch die ***Vertragsdauer;*** sie erstreckt sich — vom kasualen Stückvertrag abgesehen — rechtlich in der Regel auf wenigstens eine Saison, häufig aber auch auf zwei Spielzeiten. Über diesen entscheidenden Inhalt ist weder im Normalvertrag Solo noch in dessen tarifvertraglichen Rahmenbedingungen Näheres ausgesagt — obwohl (bzw. gerade weil) die prinzipiell befristete Anstellung des Bühnen-Künstlers ja arbeitsrechtlich gesehen einen ausgesprochenen Sonderfall bedeutet. Die Rechtsprechung füllt diese absichtsvolle Lücke teilweise mit dem Rückgriff auf einen sog. Bühnenbrauch: nach seinem ungeschriebenen Gesetz wird die allgemein praktizierte Befristung jener Verträge als gebräuchlich und inanbetracht der besonderen sachlichen Umstände, wie sie bei der Arbeit am Theater vorlägen, als gerechtfertigt angesehen. Immerhin wird aus dieser den ›Arbeitgeber‹ ausgesprochen begünstigenden Vertragslage wenigstens eine gewisse Verpflichtung zu seiner sorgsamen Handhabung dieser Ausnahms-Disposition rechtlich abgeleitet: nach einem zwischen DBV und GDBA 1947 geschlossenen Abkommen — das seit 1978, in modifizierter Form, auch Tarifvertrags-Recht ist — besteht im Fall von Vertragsbefristungen gemäß ›NV Solo‹ für die Bühnenleitung eine bestimmte ***Mitteilungspflicht*** dergestalt, daß sie einem Beschäftigten die beabsichtigte Nicht-Verlängerung eines Vertrags frühzeitig schriftlich anzukündigen habe. Diese ausdrückliche Mitteilung muß dem Betroffenen bis spätestens 31. Oktober der laufenden Vertrags-(Spiel-)Zeit zugehen (bei über achtjähriger Betriebszugehörigkeit noch ein Vierteljahr früher) und ist gekoppelt an die Pflicht zur Anhörung des Beschäftigten (oder/und dessen Interessenvertreter) — ohne daß jene Bestimmung vertraglich etwa bereits im Vorhinein durch Zusatz-Klauseln suspendiert werden dürfte. Dementsprechend kann der Einzelne widrigenfalls rechtmäßig davon ausgehen, daß er nach Ablauf der Vertragsfrist mit Sicherheit weiter an der gleichen Bühne beschäftigt werde (auch wenn ihm daraus im Zweifelsfall nur ein materielles Entschädigungs- und kein einklagbares Anstellungs-Recht erwächst). Im übrigen dürfen Angehörige einer Bühne, die an ihr mehr als fünfzehn Jahre beschäftigt sind, nicht mehr durch Nichtverlängerungs-Mitteilung faktisch ›gekündigt‹ werden, können aber wohl vertraglich andere Funktionen als zuvor angetragen bekommen.[21]

Wenn die mehrmalige aufeinanderfolgende Verlängerung gleichartiger befristeter Arbeitsverträge im Bühnenrecht — ganz im Gegensatz zum allgemeinen Arbeitsrecht — (bislang) nicht als ›sittenwidriger‹ Abschluß eines ›Kettenvertrags‹ beurteilt wird, so stützt sich eine solche Bewertung auf die herrschende Unterstellung historisch und sachlich ausgewiesener Ausnahme-Umstände. Ganz allgemein haben sich bestimmte Gewohnheitsrechte, vor allem im Verhältnis von Theaterleitung und Bühnen-Künstlern, zum besonderen Komplex der ***Bühnenbräuche*** verdichtet und standardisiert. Neben den inzwischen direkt vom Tarifvertrag geregelten bzw. respektierten Ansprüchen (auf Beschäftigung bzw. ausdrückliche Mitteilung einer geplanten Nicht-verlängerung) gehören dazu noch eine Reihe anderer bemerkenswerter Konventionen: so z.B. das Recht der Bühnen-Künstler auf Namensnennung im Theaterprogramm, auf die Bekanntgabe einer evtl. Indisposition, auf die Teilnahme an einer den Proben folgenden Aufführung und auf den Ausschluß theaterfremder Personen von der Generalprobe. Es gilt aber z.B. auch als Gewohnheitsrecht, daß etwa ein Schauspieler nicht fristlos entlassen werden darf, nachdem ihn ein Bühnenleiter in Kenntnis des zur diesbezüglichen Begründung herangezogenen Vertragsbruchs zunächst weiterbeschäftigt hat. Entsprechend ihrem Charakter als des von historischen Verkehrssitten können Bühnenbräuche allerdings auch von einem bestimmten Zeitpunkt an als erloschen betrachtet werden; ein Beispiel dafür gibt die in den zwanziger Jahren noch häufig praktizierte ›Benefiz-Vorstellung‹ ab, die als einmalige Veranstaltung zugunsten eines bedürftigen Akteurs arrangiert werden konnte.[22]

Ganz allgemein werden die Rechte von abhängig Beschäftigten eines Betriebs — insbesondere eben auch die für ihre Einstellung bzw. Entlassung geltenden — im Betrieb selbst und gegenüber dem jeweiligen ›Arbeitgeber‹ vom ***Betriebsrat*** bzw. vom ***Personalrat*** wahrgenommen. Die Einrichtung von Betriebsräten in der Privatwirtschaft ist durch ein Bundesgesetz über ***Betriebsverfassung*** geregelt, während die der Personalräte in den öffentlichen Betrieben bzw. Verwaltungen — da sie in den Bereich des (partiell länderhoheitlichen) öffentlichen Dienstrechts fallen — durch einzelne, recht unterschiedliche Ländergesetze über ***Personalvertretung*** (auf der Grundlage eines rahmenverordnenden Bundesgesetzes) bestimmt wird. Was die wirtschaftlichen Dispositionen von Unternehmen anlangt, die ja letztlich als maßgeblich für die Entwicklung der Konstellationen von Betrieb und Personal gelten können, so ist der Einfluß jener Gremien sicher eher gering zu veranschlagen; dagegen stehen ihnen aber eine ganze Reihe von gesetzlichen Möglichkeiten zu Gebot, inbezug auf arbeitstechnische Belange, soziale Probleme und personelle Maßnahmen bei entsprechenden betrieblichen Entscheidungen mitzuwirken und mitzubestimmen. So können persönliche Härtefälle gemildert, schlimmste Benachteiligungen gelegentlich vermieden, Kündigungen und Massenentlassungen aufgeschoben oder organisatorische Forderungen der Beschäftigten punktuell durchgesetzt werden.[23]

Das Betriebsverfassungsgesetz schränkt aber auch die bereits zusammengestutzten Rechte des Betriebsrats noch einmal drastisch dadurch ein, daß es — in § 118 — eine Reihe von Einrichtungen von der Gültigkeit seiner Vorschriften insoweit ausnimmt, als ihnen eine bestimmte ›Eigenart‹ dieser Einrichtungen entgegenstehe: Unternehmen und Betriebe, die z.B. politischen, konfessionellen, erzieherischen, wissenschaftlichen oder künstlerischen bzw. Zwecken der Berichterstattung und Meinungsäußerung dienen, sollen — wie Kirchen, Schulen, Parteien, Verlage, so auch die Bühnen — bei der Verfolgung ihrer geistig-ideellen ›Tendenzen‹, der verfassungsmäßigen Garantie von Meinungs-, Presse-, Glaubens- und Kunstfreiheit gemäß, auch betrieblich besonders in Schutz genommen werden. Der dementsprechend so genannte ***Tendenzschutz*** setzt die ihm subsumierbaren Unternehmen weitgehend von den üblichen Mitbestimmungsrechten des Betriebsrats frei, indem er der Schutz- und Förderungswürdigkeit jener Tendenz-Bestrebungen den absoluten Vorrang vor anderen elementaren Rechten einräumt. Nach der herrschenden Auffassung schützt zwar die Ausnahmeregelung des Betriebsverfassungsgesetzes nicht die Tendenzen von Personen, sondern von Unternehmen (weswegen auch die übliche Rede von ›Tendenz-Betrieben‹ eine legere Irreführung enthält); wenn aber nach dieser Bestimmung der unternehmerischen Initiative und Entscheidung gerade in personeller und personalpolitischer Hinsicht — und übrigens völlig unabhängig vom Grad des damit verbundenen Gewinnstrebens — derart der Rücken freigehalten wird, so wird damit eben letztlich doch auch oder gar primär die von einem Unternehmer als (wenn auch vielleicht nicht einziger) Person verfolgte Tendenz geschützt! In jedem Fall aber steht dabei das Ausmaß, in dem die Beschäftigten eines solchen Unternehmens ihren prinzipiell gleichberechtigten Anspruch auf Verfolgung jener Tendenz durchsetzen können, in einem klaren Mißverhältnis zum machtvoll verwirklichbaren Tendenzstreben des Unternehmers: seine Freiheit steht höher — und die wahrscheinliche Konstellation, daß die von der unternehmensmäßigen oder auch nur unternehmerischen Tendenz abweichende eines Beschäftigten immer noch durch ihre Partialität in einem Betriebsgefüge relativiert würde, gilt als nicht ins Gewicht fallend. Im übrigen stellt das Bundesrahmengesetz zur Personalvertretung den Ländern anheim, analoge Einschränkungen inbezug auf die Kompetenzen der Personalräte zu verfügen.[24]

Für das Theater bedeutet der Tendenzschutz-Paragraf zunächst eine faktische Entmachtung der Betriebsräte an den privaten Bühnen — und zwar einschließlich derer an den formal transformierten ›halböffentlichen‹ Theatern. Damit kann sich die unter anderen Aspekten vielleicht recht vorteilhafte ›Entstaatlichung‹ von Regiebetrieben personalpolitisch durchaus wieder als Verschlechterung der Lage der Theaterschaffenden auswirken. Zwar — die Einschränkungen der betrieblichen Mitbestimmung durch den Tendenzschutz gelten nicht immer unbedingt für ein ganzes Unternehmen bzw. alle Bereiche und Beschäftigten eines Betriebs (und verhindern schon gar nicht etwa die Einrichtung des Betriebsrats als solchen!): Betriebsangehörige, deren Tätigkeit qualitativ praktisch unabhängig von der Eigenart eines ›Tendenzbetriebs‹ ist, fallen nicht unter diese Regelungen. Beim Theater jedoch kann diese ›Verschonung‹ natürlich nur das administrative und technische Personal betreffen — die Bühnen-Künstler, durch den Fristvertrag schon einmal fundamental aus dem allgemeinen Arbeitsrecht eliminiert, werden auch um elementare Rechte in der generellen Betriebsverfassung gebracht. Die ***Theater-Tendenz,*** das künstlerische Ziel der Bühne, wird ausschließlich dem Bühnenleiter überantwortet. An den öffentlichen Bühnen allerdings ist diese Disposition so eindeutig nicht: die Personalvertretungs-Gesetze der Länder haben die Analogie zum ›Tendenzschutz‹ sehr unterschiedlich weit gefaßt. Die Mitwirkung des Personalrats an den entsprechenden Entscheidungen und Maßnahmen öffentlicher, damit in der Regel ›tendenzhafter‹ Gewalten und Verwaltungen kann (wie in Bayern und Nordrhein-Westfalen) so gut wie ausgeschlossen sein, bleibt stark eingeschränkt (wie im Saarland oder in Schleswig-Holstein) oder völlig offen (wie allein in Bremen). Daß der übliche, häufige, Ländergrenzen ignorierende Wechsel vieler Theaterschaffender und ganzer Ensembles zwischen den Theatern von Hoheitsgebieten mit solcher erheblichen Rechtsungleichheit der Kenntnis und Wahrnehmung der jeweiligen Rechte in keiner Weise förderlich ist, kann wohl als evident gelten.[25]

Die mehrfache, absolute rechtliche Ausnahme-Situation, in der sich die Bühnen und ihre Angehörigen in Westdeutschland heute befinden, vollendet sich in einer ebenfalls einzigartigen Institution. Die ***Bühnen-Schiedsgerichtsbarkeit*** stellt einen merkwürdigen juristischen Sonderfall dar: durch Tarifvertrag, also an sich privatrechtlich, zwischen DBV und GDBA vereinbart — und unter Leitung von Berufsrichtern mit Sachverständigen beider Parteien als Beisitzern ausgestattet — haben ihre beiden Instanzen (das in fünf westdeutschen Städten eingerichtete Bühnenschiedsgericht und das in Köln residierende Bühnenoberschiedsgericht) anerkanntermaßen verbindliche rechtsprechende Gewalt. Das Schiedsgericht ist prozeßrechtlich für die zahlreichen arbeitsvertraglichen Streitfälle zwischen Bühnen-Künstlern und Bühnenleitung — insbesondere also für Auseinandersetzungen um Erfüllung, Verletzung, Kündigung und (Nicht-)Verlängerung von Dienstverträgen — zuständig, ja vielmehr zwingend vorgeschrieben. Immerhin müssen alle theaterspezifischen Rechtsstreitigkeiten zwischen den tarifvertraglich verbundenen Betriebsangehörigen — also nicht etwa nur die von DBV- und GDBA-Mitgliedern! — mindestens vor jenen beiden Instanzen ausgetragen werden, bevor sie gegebenenfalls von der ordentlichen Arbeitsgerichtsbarkeit behandelt werden können. Diese prozeßrechtliche Sonderstellung des (west)-deutschen Theaters entstammt einer Epoche (vor 1871), in der arbeitsrechtliche Belange allgemein gesetzlich nur notdürftig erfaßt und wenig spezifisch geregelt waren. Wo solchermaßen die Bühnenschiedsgerichte ursprünglich einmal der besonderen Sachlage des Theaters — beispielsweise inbezug auf seine dem Kunstcharakter gemäße Abschwächung von Betriebs-Usancen wie Direktionsrecht und Gehorsamspflicht — gerecht werden sollten, da sind sie heute nicht länger zu legitimieren. Das moderne Arbeitsrecht ist längst umfassend und differenziert für komplizierteste Bereiche und Probleme ausgestaltet worden: es macht die eigengesetzliche Handhabung des Bühnenrechts nicht nur überflüssig, sondern inanbetracht einer allgemeinen Tendenz zur Internationalisierung des Arbeitsrechts auch zu einer rückschrittlichen Praxis. Nach dem Grundgesetz und seinem Verbot von Ausnahmegerichten bzw. des Richterentzugs zumindest nicht zweifelsfrei legal, wird die Schiedsgerichtsbarkeit aber heute doch allgemein sowohl durch die Zivilprozeßordnung (§ 1025 f.) wie auch durch das Arbeitsgerichtsgesetz (§ 101) gesetzlich eingeräumt; für die Bühne ist sie schließlich durch ein Urteil des Bundesarbeitsgerichts 1963 auch formell anerkannt und eine entsprechende Verfassungsklage verworfen worden. So sehen sich die Verteidiger der Institution auch juristisch bestätigt, wenn sie den Bühnenschiedsgerichten weiter den enormen Vorteil installierter rechtlicher Spezialisierung und sachverständig-fachnaher Begutachtung zuschreiben — mag diese Sondergerichtsbarkeit (über den Grauzonen von Betriebsjustiz und dgl.) auch noch so einzigartig dastehen! Gegen die Einrichtung aber spricht nicht nur allgemein die für Bühnen-Künstler dergestalt massiv bestehende Rechtsungleichheit und Rechtsunsicherheit, sondern u.a. auch die erhebliche konkrete Benachteiligung, die sich für einen Kläger durch die zwangsläufige Verlängerung des Instanzenzugs einstellt. Da gerade diese Erschwernis dazu führt, daß kaum ein Verfahren von exemplarischer Bedeutung bis in die ordentliche Gerichtsbarkeit vordringt, bleibt freilich auch eine etwaige allmähliche Anpassung des Bühnenrechts an das allgemeine Arbeitsrecht kraft seiner Ausgestaltung durch die Rechtsprechung weitgehend aus. Gerade dieser Umstand aber trägt wiederum dazu bei, die Entwicklung eines fortschrittlichen betrieblich-syndikalistischen Selbstverständnisses der Bühnen-Künstler — etwa in dem Sinn, daß sie sich konstitutiv als abhängig Arbeitende unter anderen abhängig Arbeitenden in einer Klassengesellschaft verstünden und ihre Rechte mit ihnen durchzusetzen versuchten — gesetzmäßig beharrlich zu blockieren.[26]

2.23 Geschäftsgang

Die praktische Abwicklung des Betriebs an einem Theater, wie sie innerhalb des Arbeitsrahmens auf der Grundlage der Rechtsverhältnisse vor sich geht, läßt sich nicht leicht generalisieren. Einmal hängt sie ja von den eben recht unterschiedlichen Voraussetzungen der jeweils spezifischen Institution ab, die sich in deren besonderer Rechtsform, Betriebsgröße, Gattungsart, Personalkonstellation usw. manifestieren; zum anderen zeichnet sich der Arbeits-Alltag am Theater — darin im übrigen nur vielleicht stärker ausgeprägt als andere Dienstleistungs-Betriebe auch — u.a. dadurch aus, daß sein Verlauf sich keineswegs im Vollzug schematisch beschreibbarer Aufgaben oder klar objektivierbaren Rechten und Pflichten gemäß erschöpft. Vielmehr scheint sich hier, krasser als in den meisten vergleichbaren Unternehmen, über einen kaum näher bestimmbaren geschichtlichen Zeitraum hinweg jene eigenartig faszinierende und zugleich abstoßende betriebliche Atmosphäre des Intituts Theater eingestellt zu haben, die aus einer stets zur hochgespannten Ballung, immer zum kläglichen Auseinanderfallen neigenden Verquickung heterogener Strebungen besteht: der mechanischen Absolvierung zwangsläufiger Tätigkeiten, der improvisierten bis schlampigen Suspendierung formeller Regelungen, der selbstvergessenen bis total übergeschnappten Entbindung schöpferischer Energien oder der traditionellen und rituellen Überformung aller Beziehungen. Noch ganz im Vorfeld dieser schwer exakter auszumachenden Eigenarten gibt es im (westdeutschen) Theater einige Usancen und praktische Vorgangsweisen, die das Arbeiten an seinen Betrieben tagtäglich und jahraus-jahrein bestimmen — und die hier untersucht werden sollen, auch wenn sie nicht unbedingt mit dem Anspruch musterhafter Geltung zu einer Struktur verknüpft werden können. Insofern wird dafür hier auch der Ausdruck ***Geschäft*** gewählt, weil er in seiner vagen Mehrdeutigkeit vielleicht am ehesten geeignet ist, den schlagseitigen Zusammenhang von betrieblichem Funktionieren und persönlichem Verhalten — die permanente Präjudizierung von Rationalität durch Routine ebenso wie den von Zwielichtigkeiten nie ganz freien Handel mit Werten — atmosphärisch anzuspielen, wie er für die Produktion und den Betrieb von Theater charakteristisch zu sein scheint.[1]

Man kann zunächst einmal allgemein davon ausgehen, daß die zentrale Aufgabe der Institution Theater die auf Dauer gestellte Ermöglichung und Verwirklichung ihrer Produktionen bzw. Präsentationen ist. Im Hinblick auf die Abwicklung dieses Hauptgeschäfts ist die wichtigste sachliche Handlungs- und Orientierungs-Grundlage ein jeweils längerfristig angelegter Rahmenplan, der geeignet sein muß, sowohl materielle und ideelle Unternehmensziele miteinander zu vermitteln wie auch die dementsprechenden Vorgänge im Einklang mit den übrigen institutionellen Gegebenheiten zu konzipieren, zu kalkulieren und zu organisieren. Dies sind, als aufeinander bezogene Programme des Theaters sein ***Haushaltsplan*** (bzw., bei Privatbühnen, ›Wirtschaftsplan‹) und sein ***Spielplan.*** Ihr Doppelkonzept wird im allgemeinen für mindestens eine Saison erstellt — bei größeren Bühnen und vor allem bei der Oper häufig auch (mit zeitlich abnehmender Genauigkeit) für mehrere Spielzeiten — und bildet das Gerüst längerfristiger Theaterarbeit überhaupt. Nach ihrem Entwurf werden die Arbeitskräfte einer Bühne verpflichtet und verplant, Produktionskosten berechnet und Subventionen bewilligt, Regisseure engagiert und Rollen vergeben, Abonnements zusammengestellt und Probenzeiten kalkuliert... Nach einer mehr oder minder unter Beweis gestellten Fähigkeit zu entsprechender Planung und Planungs-Organisation in der Position des letztlich Verantwortlichen wird schließlich auch und gerade ein Theaterleiter offiziell bestellt: nach den Erfolgen und Mißerfolgen bei der Verwirklichung jenes Doppelkonzepts bestimmt sich nicht nur dessen vertragliches Schicksal, sondern formen sich auf die Dauer auch wesentlich Profil und Milieu eines bestimmten Hauses — seine Attraktivität für Theatermacher und Theaterbesucher ebenso wie letztlich wieder der Spielraum für Entwurf und Realisierung neuer Pläne.[2]

Der ***Haushaltsplan*** eines öffentlichen Theaters umfaßt dessen betriebswirtschaftliche Gesamt-Kalkulation für ein Spieljahr und wird in der Regel von den kaufmännischen (bzw. administrativen) Leitungskräften einer Bühne in Absprache mit den künstlerisch Verantwortlichen rechtzeitig vor Beginn einer Saison entworfen. Die verhältnismäßig große Gleichförmigkeit der wichtigsten Produktionsbedingungen des Theaters im Zusammenhang mit der relativen Stetigkeit seiner jährlichen Zuwendungen bzw. Eigeneinnahmen erlaubt dabei eine nicht schon allzu eng mit den konkreten Produktions-Details belastete Rasterung und Auflistung ökonomischer Posten und Vorgänge — durch deren Korsett allerdings eben jene starre Gleichheit wirtschaftlicher Verläufe am Theater auch aufrechterhalten wird. Der Haushaltsplan wird vom politisch zuständigen Gremium des Rechtsträgers (z.B. einem Kulturausschuß oder Gemeinderat) im Rahmen seiner allgemeinen Haushaltsberatungen verhandelt — wobei er häufig zwischen Bühnenleitung und Kulturdezernent bereits entsprechend vorberaten ist — und dann womöglich gebilligt. Dabei stand im westdeutschen Theater bis vor einem Jahrzehnt einer vielleicht murrenden, insgesamt aber doch eher selbstverständlichen bis routinemäßigen Verabschiedung jeweils etwa gleichbleibend hoher bzw. (gegenüber dem Vorjahr) nicht allzu kraß gestiegener Budgets meist nichts im Wege; aber wenn auch weiterhin Finanzexperten und Verwaltungsfachleute einerseits, die Mängel an organisations- und kulturpolitisch durchdachten Alternativen der Parteien zum anderen solche formelle Fortschreibung fast automatisieren — so hat doch in den Rathäusern und Regierungen die Tendenz zur genaueren Überprüfung des Finanzgebarens von Theatern in mehrfacher Hinsicht zugenommen. Hier paart sich, oft unheilvoll, die Neigung zur Kompensation von Kapitalpflichten — durch die Kürzung von ›freiwilligen‹ Kultur-Leistungen — mit der Versuchung, die Gelegenheit zur illegalen Abrechnung mit politisch mißliebigen Spielplänen oder Produktionen zu nutzen. Das Haushaltsvolumen bzw. die Etatplanung eines Theaters bestimmt den Spielraum seiner konkreten Alltagsarbeit und deren künstlerisch-gesellschaftliche Linie natürlich grundlegend: dementsprechend sind mit der politischen Entscheidung darüber — und insbesondere über die Bewilligung der finanziellen Mittel — politische Entscheidungen über Kultur und Kunst zwangsläufig verbunden (wenn auch etwa das Auseinandertreten von Spiel-und Haushaltsjahr oder die manchmal nur sehr pauschale Interferenz von Spiel- und Haushaltsplan unmittelbare Bezugnahmen weithin verhindern). Und wohl schlägt sich die grundgesetzlich garantierte Freiheit der Kunst (insbesondere von staatlicher Bevormundung) in der künstlerischen Dispositions-Freiheit eines Intendanten nieder, der seine inhaltlichen Konzepte ja (laut Mustervertrag) dem Rechtsträger nur zur Kenntnisnahme vorzulegen hat — aber freilich ist Papier geduldig und die Geschichte der nicht in den Akten enthaltenen Zensur erst noch zu schreiben.[3]

Der ***Spielplan*** besteht im allgemeinen aus einem Konzept, das — ausgehend von den institutionellen Bedingungen einer bestimmten Bühne — eine begrenzte Anzahl von Spielvorhaben für eine Saison sachlich bzw. aufeinander bezogen zusammenstellt und im Hinblick auf ihre Produktion bzw. Präsentation zeitlich (z.T. auch im Hinblick auf leitendes Personal) ungefähr disponiert. Dieser Entwurf wird meistens von der Dramaturgie in engem Kontakt mit der Theaterleitung erarbeitet, in Beratungen mit der kaufmännischen bzw. Verwaltungsspitze zumindest abgesprochen und im Regiebetrieb vor seiner Veröffentlichung dem Rechtsträger zur Information vorgelegt. Beim Privattheater und seinem viel häufiger (auch der längerfristigen Spieldauer nach) vom Erfolg noch stärker abhängigen Serienspiel einerseits, seiner weitgehenden Unabhängigkeit von Haushaltsjahren zum anderen ist die Bedeutung der Spielplan-Planung geringer. Der Jahres-Spielplan der öffentlichen Bühnen gilt demgegenüber stets als so etwas wie ein künstlerisches Manifest und als institutionelle Selbstdarstellung, ja als politische oder kulturpolitische Willenskundgebung eines Hauses und wird von der Presse gelegentlich (gerade inbezug auf die führenden Theater des Systems) auch so gewürdigt. Während dieses Programm also immer die gesamten Projekte einer ganzen Spielzeit ausweist, entspricht der Monats- oder mehrwöchige Spielplan (wie er z.B. der öffentlichen Plakatierung zugrundeliegt) in etwa der Reichweite der genauen Planung von Präsentations-Frequenzen. Zwischen beiden Systemen muß sich dann die Disposition der einzelnen Produktionen abspielen, von denen vor der engeren Phase ihrer Realisierung oft nicht viel mehr feststeht als der Regisseur, die Besetzung und der Premierentermin...[4]

Die in einem Spielplan zusammengestellten Arbeitsvorhaben betreffen im westdeutschen Theater zu neunundneunzig Prozent Projekte, bei denen der stets ähnliche Grundvorgang in der Inszenierung eines Dramas (einer Oper usw.) besteht; dabei entstammt wiederum die ganz überwiegende Zahl der entsprechenden Spielvorlagen einer Art welt- bzw. gesellschaftsgeschichtlichem ***Repertoire*** als mehr oder weniger begrenzter (An-)Sammlung von Bühnenwerken. Dieses Arsenal literarischer und musikalischer Werke (seltener auch choreografischer Vorwürfe) umfaßt längst nicht alles, was in der Welt je fürs Theater geschrieben worden ist; vielmehr handelt es sich dabei um eine Art virtuelles Museum, von dessen verhältnismäßig großem Grundbestand stets eine (noch immer beträchtliche) Teil-Menge — epochalen Selektionen ebenso ausgesetzt wie kurzatmigen Moden — in den Blick einer bestimmten Gesellschaft gerät. Weniger daß sich das Repertoire wirklich in Archiven und Bibliotheken herausgebildet hätte: es sind die nationalkulturell spezifischen Entwicklungen von Kunststilrichtungen und Publikumsneigungen, die klassenbedingte Literatur- und Kulturpflege im allgemeinen und die landläufigen Theatertraditionen im besonderen, die sich im Rahmen der übergreifenden gesellschaftsgeschichtlichen Geschehnisse und Gegebenheiten in den Köpfen von Generationen von Theaterschaffenden und -rezipienten zu jenem System vergegenständlichter Vorstellungen, Interessen, Vorlieben und Erinnerungen ideell verfestigt haben. Umfang und gedankliche Gliederung des (westdeutschen) Theater-Repertoires sind ganz allgemein Voraussetzung und zugleich ständig erneutes Resultat der Denkmuster, zu denen sich die Erwartungen der gewohnheitsmäßigen Zuschauer gegenüber der Bühne und die Vorstellungen der Theaterleute von ihrem Publikum auf die Dauer verflechten; und tief eingedrungen sind die herrschenden Normen und Wertorientierungen auch in die Art der praktischen Sichtung, der die Spielplan-Planer sie von Zeit zu Zeit unterziehen.[5]

Privattheater spielen das, was sie spielen, häufig nur unter dem Aspekt des erhofften Publikumserfolgs und gestalten ihren Spielplan insofern, was dessen Linie und Kontinuität anlangt, oft beliebig; Boulevardtheater zumal greifen dabei gern auf neue oder neuere Stücke lebender Autoren zurück, die — wie vor allem angloamerikanische und französische ›Unterhaltung‹ — umstandslos einzurichten und risikolos zu produzieren sind, weil sie die praktischen Bedingungen jener Gattung von Bühne (wie Personenarmut, Kürze, bequeme Verständlichkeit und dgl.) immer schon in ihrer Entstehung berücksichtigen. Dagegen ist nach einer gängigen Auffassung von der Funktion des öffentlichen Theaters — auch soweit sie sich nachprüfbar in seinen westdeutschen Spielplänen niederschlägt — dessen Bühne primär der Ort für die Präsentation einer jeweils begrenzten Anzahl von Exemplaren jenes unsichtbaren Arsenals, ja eine Art Ausstellungsstätte für einige illustre Exponate jenes virtuellen Museums; unter ihnen mögen dann auch jeweils jüngst entstandene Werke sich befinden. Das geschichtliche Alter von Stücken ist für ihren jeweiligen aktuellen Stellenwert in jenem Repertoire nicht ganz unbedeutend, ja für seine objektive Standardisierung mit ausschlagebend: was sich hält und viel gespielt wird, gilt von einem unbestimmten Punkt an als ›klassisch‹ — und muß in gewissem Maß vom Theater präsentiert werden. Dabei steht aber diese Entwicklung spezifisch theatraler ***Klassiker*** durchaus nur in bedingtem Zusammenhang mit deren Pflege durch eine höhere Schule: sie konzentriert sich diesbezüglich traditionellerweise auf die deutsche bürgerliche Literatur einer etwa von 1750 bis 1850 reichenden Epoche — Klassiker der Bühne zu sein aber heißt mehr und anderes! Und das westdeutsche Stadttheater wäre kein Subventionstheater, wenn es nicht in seinen von Klassikern geprägten Spielplänen gerade auch diese Funktion als kleinbürgerliches Bildungstheater übernähme.[6]

Aufs Ganze gesehen richtet sich das durchschnittliche ***Spielplan-Konzept*** der öffentlichen Bühnen freilich nicht nach einigen wenigen, gar formulierten Kriterien. Ein allgemeinerer Schlüssel jedoch, wie er aus den seltenen offiziellen Begründungen und den im Werbematerial vorgenommenen Klassifizierungen zu ermitteln wäre, müßte etwa Kategorien wie ›Lustspiel‹, ›psychologisches Drama‹, ›Zeitstück‹, ›Gesellschaftskritik‹, ›Tragödie‹ oder eben ›Klassik‹ zusammenbinden. Ihr bunter Strauß von epochalen, gattungsmäßigen, personalen und anderen Stereotypen wird dann gerne noch garniert mit einer Ur- oder deutschen Erstaufführung. Ferner ist — durch eine sog. Kalender-Dramaturgie — auf eventuelle inhaltliche Beziehungen zwischen einzelnen Produktionen und Festtagen bzw. Jahreszeiten (wie Weihnachten und Sommer) Rücksicht zu nehmen oder dem dezimalen Jubiläumsjahr eines Dichter-Geburts- bzw. -Todestags Rechnung zu tragen. Variationen im jeweiligen örtlichen Profil vorausgesetzt, kann dann ein solches Schema als gedankliches Raster unterstellt werden, das in Interferenz mit theaterpraktischen Bestimmungsgrößen den konkreten Spielplan letztlich determiniert: Stücke bedürfen einer je spezifischen Qualität von Regie und Darstellung, müssen nach Quantität und Kapazität des Personals besetz- bzw. technisch machbar sein und dürfen weder das Stammpublikum vergraulen noch den Freiverkauf drastisch sinken lassen. Schließlich muß der prominente Regisseur mit dem Stück geködert werden, das er gerne ›machen‹ würde, eine wenig erfolgversprechende Produktion gleichzeitig durch eine zugkräftige aufgefangen werden (was auf Dauer als Pendel zwischen der steten Furcht vor dem ›Flop‹ und der scheelen Hoffnung auf den ›Renner‹ über den Leitungsetagen schwingt) — und zuletzt auch der Beschäftigungsanspruch einzelner Schauspieler bedacht sein. Der so zustandegekommene Spielplan läßt begreiflicherweise ein auf ideelle Zielsetzungen und medienspezifische Qualitäten gegründetes Programm oft kaum noch erkennen — von einem schlüssigen Zusammenhang solcher Projekte, die nicht primär binnertheatral motiviert sind, ganz zu schweigen. Vielmehr fungiert eine solche Produktliste eher als bloßes Rezept zur Bedienung und Nivellierung der heterogenen Ansprüche und Erwartungen, in deren Verfolgung Theaterbesucher und Theaterleute sich langfristig nur zu leicht assimilieren: der windige Pluralismus spiegelt im krämerischen Warenangebot die vielfältigen Widersprüche der Klassenkultur.[7]

Einen Zusammenhang brandaktueller Veranstaltungen kann der Spielplan einer Saison nicht entwerfen. Schließlich muß er spätestens im letzten Drittel einer (seiner Realisierung vorausgehenden) Spielzeit schon deshalb feststehen, weil die unerläßliche Werbung für den periodischen Fixbesuch (›Abo‹/Besucherorganisationen) und die rechtzeitige Planung einzelner Produktionen (etwa im Hinblick auf Terminabsprachen mit vielbeschäftigten Gastregisseuren) seinen Rahmen erfordert, ja ggfls. auch seine etatmäßige Beratung nottut. Da aber die genaue Disposition einzelner Produktionen zahlreiche personelle, sachliche, vertragliche, interpretatorische Probleme und andere Fragen aufwirft, steht zum Zeitpunkt der Spielplan-Veröffentlichung oft noch nicht viel mehr fest, als daß ein bestimmtes Stück — gelegentlich werden ja auch noch vorläufige Stückalternativen angegeben — ›gemacht‹ und evtl. von einem bestimmten Regisseur inszeniert werden soll. Tatsächlich genügt es häufig auch zunächst für das interne Funktionieren des Theaterbetriebs und die externe Routine (etwa der Abonnement-Verlängerung), wenn jene Projekte und künftigen Präsentationen zu diesem Zeitpunkt als ›Nummern‹ von Produktionen, Etikette von Vorstellungen figurieren. Im Stadium und im Bereich der Planung von Spielplan-Vorhaben sind sie innerhalb der Institution zunächst immer erst einmal inhaltslose zeitlich-sachliche Betriebseinheiten. Die entsprechende ***Disposition*** von Personal, Zeit und

Sachen, d.h. vorhandener Produktivkraft, nach ihrem sachlich-zeitlichen Zusammenhang bildet organisatorisch gesehen den eigentlichen dauerhaften Halt des Theaters. Allerdings drängen sich, je mehr auch der spezifische Inhalt von Objekten der Disposition als austauschbar zu erkennen ist, die organisatorischen Probleme leicht um zu mehr in den Vordergrund: zu berücksichtigen ist, daß ein personenreiches Stück die gleichzeitig laufenden Proben für ein anderes ebenso erschwert wie die permanent erforderlichen Umbauten für eine technisch schwere Präsentation Kapazitäten für andere Arbeit lahmlegen — zu beachten ist, daß ein bestimmter Regisseur die knapp kalkulierten Proben nicht vor einem bestimmten Termin aufnehmen, ein konkret datiertes Abonnement aber auch nicht verschoben werden kann, wenn die Premiere sich hinauszögert — zu denken ist daran, daß Akteure weder an zuvielen Produktionen beteiligt sind (um nicht beispielsweise in einer anderen mühelos einspringen zu können) noch in weniger Hauptrollen besetzt, als daß ihr Beschäftigungsanspruch erfüllt würde. Die Aufzählung der disponiblen Bedingungen ließe sich noch beträchtlich verlängern — und erstaunlich bleibt sowohl die Tatsache, daß längst nicht alle Bühnen über einen (bzw. mehrere) Disponenten verfügen, als auch der Umstand, daß die anderwärts betriebstechnisch fortgeschrittenen Verfahrensweisen zur Bewältigung solcher zentralen Schwierigkeiten noch so geringen Eingang ins Theater gefunden haben. Nur ein Teil der Probleme wird häufig durch (oft wöchentliche) ›Regie-Sitzungen‹ zwischen technischen Vorständen, künstlerischen Produktionsleitern und Disposition zu lösen versucht.[8]

Die einzelne ***Produktion,*** in der sich ein Spielplan dann nach und nach verwirklicht, verläuft in der Regel nach einem organisatorischen Muster, das man in drei Phasen gliedern kann: 1. Phase der konzeptiven Vorbereitung, 2. Phase der praktischen sukzessiven Teil-Realisierung, und 3. Phase der probeweisen Gesamt-Präsentation. Dabei gibt es für die konzeptive Vorbereitungs-Phase kein Stichdatum und keine sachliche Grenze: sie kann unter Umständen Jahre dauern, längere Korrespondenzen und ausgiebige Vorgespräche (bis zu denen über ein werdendes Stück) ebenso wie andere Präparationen (z.B. Reisen oder Recherchieren) umfassen — und setzt im durchschnittlichen Betrieb gewissermaßen meist zweimal ein, weil oft erst Vorgespräche zur Verpflichtung eines Regisseurs führen, der dann zum gegebenen Zeitpunkt (d.h. wenn das Projekt aktuell wird) in engere Auseinandersetzungen über seine Arbeit eintritt. Die (zwangsläufig) frühe Engagierung eines Regisseurs — die an einem Theater von seinen eigenen Beschäftigten geführte Regie dürfte hierzulande der statistisch seltenere Fall sein — bleibt im Hinblick auf die sachlich-inhaltliche Verwirklichung der entsprechenden Produktion meist eher ein formaler Akt: man regelt das Vertragliche und Terminliche, spricht Konzeptionelles möglicherweise in Konturen an. Im allgemeinen kennt man ja in der Tat die Arbeitsweise, die Ergebnisse und den ungefähren politischen bzw. künstlerischen Standort eines solche Aspiranten von anderen Produktionen bzw. Präsentationen — oder bekommt die entsprechende Information auf einem grauen Markt der Empfehlungen, Kritiken, Gerüchte und Kolportagen angetragen, wie er von der Fluktuation der Kollegen und ihrem schon berufsspezifischen Klatsch lebt. Der gefragte Gast-Regisseur ist viel unterwegs und auch der Theaterbetrieb steht nicht still — so daß häufig ein einziges Vorgespräch zwischen den an der Inszenierung beteiligten Bühnenvorständen ausreichen muß, um das Grundlegende halbwegs zu klären: die Umstellungen im Stück, die personelle Besetzung, Übersetzungsfragen gegebenenfalls, Kürzungen (›Striche‹) und dgl. mit der Dramaturgie, die szenografische Anlage und das technisch Machbare an ihr mit Bühnenbildner bzw. Ausstattungsleiter und anderes mehr. Auch angesichts der aus solcher Notlage entstehenden Unsicherheiten ist der prominentere Regisseur daher längst dazu übergegangen, bei einer Gastregie seinen ›eigenen‹ Bühnenbildner, evtl. auch seinen Regieassistenten und gelegentlich sogar seine Protagonisten unter den Schauspielern an die betreffende Bühne mitzubringen.[9]

Ein entscheidendes Stadium erreicht die Vorbereitungs-Phase mit der Erörterung und Festlegung inbezug auf die Verteilung der zu spielenden Rollen eines Stücks unter den Schauspielern, d.h. der ***Besetzung.*** Die Besetzung muß natürlich zumindest so rechtzeitig stattfinden, daß die personelle Planung anderer Produktionen und Präsentationen davon nicht aufgehalten wird — und daß andererseits einem Akteur hinreichend Zeit gegeben wird, sich auf seinen Part einzustellen. Verständlicherweise ist gerade dieser Vorgang ausgesprochen heikel: nicht nur, weil er in den unauflösbaren Zusammenhang von schauspielerischer Qualität, Mentalität, Selbstdarstellungslust, Arbeitsmoral und Existenzangst mit konkreten Entscheidungen wertend eingreift, sondern insbesondere auch, weil von ihm natürlich wesentlich die Produktivität und die (für das Theater potentiell sogar gefährliche) Spannung einer mehrwöchigen Arbeit entscheidend abhängen. Besetzungen sind — zumal ohne intensiv gemeinsam erarbeitetes Inszenierungs-Konzept (eines dazu oft auch noch mit dem Ensemble unvertrauten Gasts) — nicht so exakt zu kalkulieren wie Produktionskosten und sicherlich nicht immer so schlüssig zu begründen wie Interpretationen einer Fabel oder (später) Gänge und Gesten; am westdeutschen Theater aber sind sie leider nur zu häufig makabre Feierstunden von Routine, Irrationalität und einer Art von behende-oberflächlicher Charakter-Typologisierung, wie man sie bei allen Kompensationen von Sachproblemen durch Personaldiskussionen antrifft. Nicht nur steht die Besetzung oft in keinem oder einem nur dürftig entfalteten Zusammenhang mit der Darlegung einer Regiekonzeption, aus der sie sich allenfalls schlüssig ergeben könnte. Auch ist die gebräuchliche Skala der Prädikate, mit denen man die weitgehende Blöße der interpretatorischen und darstellungstechnischen Vorstellungen zu bemänteln sucht, groß: sie reicht von einfachen Gewichtsmetaphern (›schwer‹, ›leicht‹) über platte Temperaments-Etikette (›zu ernst‹ oder ›schwierig‹) und verwandte Klischees (›Ausstrahlung haben‹, ›vital sein‹) bis zu subkulturellem oder haussprachlichem Jargon (›Spielastik haben‹ oder ›eher ein Gretchen sein‹). Man muß sich allerdings auch in Erinnerung halten, daß solche vagen Charakterisierungen bei entsprechendem Protektionismus (bis hin zur ›erschlafenen‹ Rolle!) eine erhebliche interpretatorische Bandbreite immer zulassen. Die Schauspieler selbst im übrigen — obwohl zwar häufig nicht mit der bestimmten Zuschreibung solcher Kategorien, wohl aber überhaupt mit der Benützung solcher ›Hausnummern‹ durchaus einverstanden — werden an dieser Rollen-Erörterung meist immer noch nicht beteiligt: oft erst kurz vor dem Beginn der unmittelbaren Produktion finden sie die Besetzung am schwarzen Brett ausgehängt.[10]

Die Phase einer praktischen sukzessiven Teil-Realisierung der Produktion richtet sich für die beteiligten Bühnen-Künstler in der Regel nach dem gleichen (täglichen) ›Dienstplan‹, der ihnen gegebenenfalls auch ihre jeweilige Beteiligung an einer abendlichen Vorstellung verbindlich mitteilt. Die ***Produktions-Zeit*** für eine Inszenierung währt im westdeutschen Theater heute ungefähr zwischen drei und acht Wochen und ist in dieser Kapazität natürlich eine der für die Güte der Ergebnisse entscheidenden Größen. Das zeitliche Maß für die jeweilige Realisierung eines Projekts am Theater hat sich keineswegs primär aus der praktischen Einsicht in die durchschnittlich notwendige Dauer des Aufwands ergeben, der zur angemessen stimmigen und durchgearbeiteten Vollendung eines bestimmten Darstellungs-Musters erforderlich sein könnte. Ein solches Maß läßt sich für künstlerisch orientierte Leistungen — im Hinblick aufs Theater müßte man wohl sagen: leider — kaum so klar geltend machen wie bei der Herstellung von Schuhen oder beim Haareschneiden. Vielmehr steht die Produktionszeit der Bühnen fundamental im Zusammenhang mit den ökonomischen Bedingungen der Hervorbringung von Theater im Sinn quantitativer Beziehungen zwischen Produktion, Distribution und Rezeption. Es läßt sich dieser enge Zwangszusammenhang durch eine — ich betone — schematische Rechnung in seiner Struktur genauer veranschaulichen: Wenn z.B. das Schauspielhaus einer kleineren Großstadt von (samt Hinterland) 200.000 Einwohnern rund 5 % davon, also 10.000 Leute, zu seinem potentiellen Publikum rechnen kann, so spielt es demnach in seinem 500 Zuschauer fassendem Haus — einmal angenommen es gelänge Werbung und Abonnement wirklich, alle möglichen Besucher (und zwar gleichmäßig nacheinander) zum Ansehen der gleichen Inszenierung zu veranlassen — spätestens von der 21. Vorstellung an vor leeren Plätzen. Nach dieser Vereinfachung müßte daher eine solche Bühne bei 300 Spieltagen im Jahr genau 15 verschiedene (aber natürlich jeweils genauso zugkräftige) Inszenierungen produzieren, um ihr Haus ständig voll zu kriegen. Dies aber ergäbe eben — wenn man die 300 Spieltage (d.h. Präsentations-Abende) auch als 300 Werktage (d.h. Produktions-Einheiten) nimmt — gerade eine mögliche durchschnittliche Einzel-Produktionszeit von 300 : 15 = 20 Tagen, also rund drei Wochen. Und je nach dem, in welchem Ausmaß an einem Theater (räumlich, personell usw.) gleichzeitig, parallel produziert werden bzw. es zu kleineren Überschneidungen zwischen zwei Produktionen kommen kann — oder der Betrieb sich ›dreißigste‹ Vorstellungen vor nur halb vollem Haus bzw. eine größere Menge an spielfreien Tagen leisten darf, ist diese Produktionszeit auszuweiten; sie umfaßt im übrigen, bei Repertoirespiel und inanbetracht der Ruhezeiten, nur die (Vor-) Mittagsstunden sicher. Bei mehr Zuschauern und weniger Produktionen können einer Erhöhung der Spielfrequenz, d.h. einer Verlängerung der ›Laufzeit‹, weitere Verbesserungen abgewonnen werden.[11]

Die solchermaßen für die Produktion des Theaters bis zur unmittelbaren Formbestimmung ihrer Präsentations-Muster maßgebliche Rezeption gehört ihrer Organisierung nach wesentlich zum Geschäft des Theaters selbst. Im allgemeinen wird die Rezeption als Aufführungs-Besuch durch eine bestimmte Art der ***Distribution*** von Teilnahmerechten dergestalt geregelt, daß man pro Vorstellung ein bestimmtes gleichen Kontingent an Eintrittskarten vertreibt — und zwar im Prinzip auf sechs verschiedene Arten: 1. durch den sog. freien Verkauf (einen tage- oder wochenlang laufenden Vorverkauf bis hin zu dem an der Abendkasse), 2. durch pauschalen Vertrieb an einen privaten Zwischenhandel (etwa Konzertbüros), 3. durch verbilligte Abgabe an Vereine, öffentliche Institute und andere Organisationen (Besucherringe, Schulen und dgl.), 4. durch fast kostenlose oder völlig unentgeltliche Überlassung von Billets (›Steuer-‹, ›Freikarten‹) gegenüber irgendwie Bevorrechtigten (Rezensenten, Honoratioren, Kollegen u.a.), 5. durch ein Abonnement-System (›Anrecht‹, ›Platzmiete‹ usw.), und 6. durch verschiedene andere Absatzformen (wie den Verkauf ganzer Vorstellungen von Landesbühnen an bestimmte Gemeinden oder etwa Gratis-Veranstaltungen). Werbung, Verkauf/Absatz und Abrechnung bzw. Geschäftserfolg stehen also in einem engen Zusammenhang untereinander und mit der spezifischen Qualität des konzeptionellen Ganzen bzw. seiner einzelnen Produktionen; zur positiven Beeinflussung dieser Beziehungen klammert man mancherorts noch in der Dramaturgie künstlerischen und kaufmännischen Bereich aneinander (die ansonsten aber eher klar getrennt werden).[12]

Absatz-Werbung auf kulturell-künstlerischem Gebiet gilt traditionellerweise als unüblich, ja verpönt — und wird auch vom Theater aus systematisch fast nur für eine einzige Distributions-Form betrieben: nämlich das ***Abonnement.*** Das Abonnement ist das für die Distribution von Vorstellungen des kleinbürgerlichen Theaters besonders charakteristische und für dessen westdeutsche Produktionsverhältnisse außerordentlich prägende Verkaufs-System. Es hat sich im Verlauf seiner — in Deutschland — nun schon drei Jahrhunderte währenden Entwicklung so tief im Theater eingebürgert, daß es geradezu als dritte und letzte Seite eines Typs von Stadttheater angesehen werden kann — wie es als Subventions- und als Bildungstheater schon näher bestimmt ist. Im Prinzip handelt es sich heute beim Abonnement, kommerziell gesehen, um nichts anderes als um eine differenzierte kombinatorische Form des Angebots, Verkaufs und Gebrauchs von Theaterkarten im Paket und zu Mengenrabatt — und zwar von der Art, daß der Käufer eines Abonnements sich mit dessen Erwerb im Vorhinein das Anrecht erkauft, je eine Vorstellung mehrerer oder gar aller in einer Spielzeit als fertiggestellt zu erwartenden Produktionen zu besuchen. Für das Theater besorgt diese Verkaufsform (neben der auf Besucherorganisationen bezogenen) den wichtigsten Teil seiner selbständigen Finanzierung (und zwar als Vorschuß); sie ermöglicht organisatorisch eine zahlenmäßige Nivellierung des (sukzessiven) Besuchs von einzelnen Vorstellungen der gleichen Inszenierung ebenso wie einen Besucherausgleich im Hinblick auf einzelne Vorstellungen verschiedener (nämlich attraktiver und weniger populärer) Inszenierungen — im Normalfall die Anbindung etwa des unbekannteren Gegenwartsstücks an den beliebten Klassiker, im Extremfall ein ›Huckepack‹-Verfahren, durch welches Experiment oder mißlungene Produktion mit dem Kassenschlager bzw. dem soliden Durchschnitt ›an den Mann‹ gebracht werden. Darüberhinaus soll der verbilligte Mengenkauf natürlich auch zu vermehrtem Theaterbesuch überhaupt anreizen, ja sanft nötigen.[13]

Der zentralen Bedeutung ihrer Distributions-Funktion für das Theater entsprechend haben sich bis heute die vielfältigsten Formen von ***Abonnement-Programmen*** entwickelt: sie reichen vom Modus des verhältnismäßig kontinuierlich über eine Saison verteilten Besuchs (fast) aller Vorstellungen einer Gattung (insbesondere des Schauspiels und der Oper) über inhaltlich, altersmäßig oder durch andere Merkmale bestimmte Programme (›Klassiker-‹, ›Jugend-‹ oder ›modernes Abonnement‹) bis hin zur bunten Mischung von Genre und Inhalt (›gemäßigte Moderne‹, ›Komödien mit Niveau‹ u. dgl.) — und werden dann durch Veranstaltungs-Modalitäten wie Bestimmungen von Platzgruppe, Preiskategorie oder Besuchstag (›Sonntags-‹, ›Balkon-‹ und ›Premièren-Abo‹ beispielweise) noch variiert. Derartige Abonnements werden im westdeutschen (öffentlichen) Theater fast ausnahmslos ›aufgelegt‹ — meist etwa vom letzten Viertel einer Spielzeit an zur ›Zeichnung‹ für die neue, gelegentlich auch für Kalenderjahre. Der Anteil der solchermaßen insgesamt (durchschnittlich) abgesetzten Eintrittskarten bewegt sich seit Jahren stetig (und natürlich örtlich wie gattungsspezifisch schwankend) zwischen einem Viertel und einem Drittel der jeweils verkauften Plätze — wobei ihre Ermäßigung gegenüber den normalen Eintrittspreisen etwa 20 bis 25 Prozent beträgt. Insgesamt nimmt dabei der Umfang des einzelnen Abonnements eher ab: war man nach der Durchsetzung des bürgerlichen Zutritts zum Hoftheater Ende des 18. Jahrhunderts in der Regel noch auf alle Inszenierungen einer Bühne abonniert — und ihre Zahl lag bei erheblich anspruchsloseren Produktionsweisen und niedrigerer Vorstellungsfrequenz weitaus höher als heute — so hat sich die Situation inzwischen doch erheblich verändert. Zwar lag die durchschnittliche Größenordnung Anfang unserer fünfziger Jahre, als die Wahl-Abonnements sich durchzusetzen begannen, noch zwischen 10 und 20 Vorstellungen; sie dürfte aber heute wahrscheinlich auf ungefähr (höchstens) ein Dutzend gerutscht sein und nur noch im selteneren Fall das ganze Programm eines Theaters umfassen. Die letzte deutsche Nachkriegszeit schließlich, in der die Theater tatsächlich ›ausabonniert‹ waren und Wartelisten für Platzmieten-Anwärter eröffnen mußten, figuriert für die heutigen Bühnen unter den — je nach dem — wehmütigen oder skeptischen Erinnerungen...[14]

Immerhin ist das Abonnement nicht unumstritten — wenn auch für die meisten Theater, der zum Teil heftigen Kritik daran zutrotz, praktische Alternativen nicht in Sicht sind. Als fundamentale Form der Distribution — und als dauerhaft, institutionell und habituell verfestigte zumal — wirkt das Abonnement in erheblichem Maß auch auf die spezifische Rezeptionsweise des Publikums und damit zweifach zurück auf die Produktion: was man einem guten Viertel seiner Besucher verkaufen will (und einem weiteren Viertel organisierter Besucher ja ebenfalls en gros zuweisen, zum Erwerb verlockend machen möchte), das muß schon prospektiv die Schwelle ihres Geschmacks passieren — und wenn die später sich dazu gesellende (gute) Hälfte der völlig freiwilligen Gelegenheits-Zuschauer mit noch so großem Abstand die verständnisvollere, tolerantere oder experimentierfreudigere wäre!

Dementsprechend wird diese eher stumme Einstellung der Habitués ebenso stillschweigend von denen antizipiert, die den Spielplan entwerfen (und häufig auch von denen nachvollzogen, die seine Projekte verwirklichen): Abonnement und Besuchervereinigungen diktieren nicht das Programm des Theaters, aber sie moderieren und nivellieren es doch in starkem Ausmaß. Und das ***Abonnement-Publikum*** kann seiner ganzen Einstellung nach schon insofern als konservativer Kern einer ohnehin nicht zu Fortschritts-Denken neigenden Besucherschaft des kleinbürgerlichen Theaters betrachtet werden, als es eine Affinität zwischen solcher Art periodischer Kultur-Vereinnahmung und der Fetischisierung von Bildungs-Besitz einerseits, zwischen solcher Art Freizeit-Planung und allgemeiner habitueller Immobilität geben dürfte! Darüberhinaus schleppen sich Abonnements auch noch traditionell, ja generationenmäßig in Familien fort und schaffen durch ihre manchmal das regelmäßige Zusammentreffen der gleichen Abonnenten (einer Reihe) installierende Organisationsweise gelegentlich spezifische Formierungen, d.h. meist eher eigentümlich lähmende Gesellungsformen der Rezeption. Beim Theater prägen die Abonnements in ihrer besonderen Beschaffenheit und Wirkungsweise auf die Dauer lokale Faustregeln aus, wonach z.B. ein Stück versprechen muß, für dreißig abonnierte Vorstellungen sich verkaufen zu lassen, um die ohnehin defizitäre Produktion ökonomisch zu rechtfertigen. Dementsprechend zerfallen allerorten ganze Spielpläne bzw. Dispositionen in die von ›freien‹ bzw. ›Abonnement-Produktionen‹ — und wehe dem Projekt, das mißlingt, obwohl die Zuschauerplätze für seine fortlaufende Präsentation schon vermietet sind: sie muß durchs Abonnement ›gezogen‹ werden und wäre es eine Qual für beide Seiten! Daß dabei (inanbetracht der nur gut zwanzig-prozentigen Selbstfinanzierung der westdeutschen Theater) durch den Abonnements-Verkauf im allgemeinen nicht einmal 10 Prozent des Gesamt-Etats gedeckt werden, gibt dem Dilemma der vorherrschenden Orientierung am Abonnements-Publikum allerdings noch einen weiteren aufschlußreichen Aspekt.[15]

Dieser ganze eingespielte Betrieb bedarf in mehrfacher Hinsicht der ständigen ***Reproduktion,*** d.h. es müssen die verbrauchten Finanz- und Sachmittel erneuert und die ausscheidenden bzw. ›verbrauchten‹ personellen Kräfte ersetzt werden. Auch dieser Funktionskreis der Reproduktion entwickelt dabei eigenständige Gesetzmäßigkeiten und überschneidet sich zugleich insbesondere mit den Sektoren von Institution und Produktion. Während diesbezüglich, jedenfalls beim öffentlichen Theater, der hauptsächliche Anteil der Sachmittel bis hin zu den Kosten baulicher Instandhaltung (oder gar Renovierung) verhältnismäßig selbstverständlich von den Gremien bzw. Vertretern der Rechtsträger-Seite organisiert wird — macht die personelle Reproduktion der Theater einen Kern seiner Betriebsprobleme aus. So ist vor allem, den Tarifvereinbarungen entsprechend, alljährlich — bislang — etwa im ersten Drittel der Spielzeit über viele Beratungen auf der Leitungsebene hinweg (und meist, da es um politischen Zündstoff gehen kann, in informatorischem Kontakt mit dem zuständigen Rechtsträger-Vertreter) über die Verlängerung bzw. Nicht-Verlängerung von Verträgen einzelner Solo-Kräfte (Schauspieler, Dramaturgen u.a.) zu entscheiden; so fällt vor allem im zweiten Drittel einer Spielzeit — d.h. vor dem öffentlichen Auflegen des Abonnements — das Verhandeln bzw. das Einigwerden mit den für die folgende Saison vorgesehenen Regisseuren und Schauspielern an. Die Unsicherheit vieler künstlerischer Bühnenangehöriger im Hinblick auf ihre existentielle Zukunft bestimmt dabei im einen Fall oft spürbar die Beziehungen zwischen dem Ensemble und einer Leitung, die ihre ganze Geschäftigkeit auf ein sich im Reisen, Telefonieren, Konferieren und dgl. verzehrendes Suchen nach personeller Innovation richtet. Selten werden in diesem Betrieb (künstlerische) Stellen öffentlich ausgeschrieben, vielmehr unter der Hand vergeben. Die Anstellung von Personal für eine oder mehrere Spielzeiten — bei Bühnen-Künstlern also das ›Engagement‹ — erfolgt dabei im öffentlichen Theater (anders als die nach Maßgabe des ›Gastetats‹ verhältnismäßig beliebige Verpflichtung von Mitwirkenden pro Produktion) auf der Grundlage eines im Haushalt des Rechtsträgers ausgewiesenen ›Stellenplans‹; diese administrative Festschreibung einzelner Positionen nach Funktion und Zahl sowie ungefährem Gehalts-Spielraum wird unterschiedlich streng gehandhabt und dient insbesondere bei einem Leitungswechsel zur Orientierung für Verhandlungen über eine (verbesserte) personell-finanzielle Ausstattung. Die Umstände bei einem solchen Wechsel der Leitung — am häufigsten aus Gründen der Karriere, der (ökonomischen) Erfolglosigkeit, des Eklats und des Alters — lassen sich kaum allgemein bestimmen; in der Regel wird jedoch ein neuer Bühnenleiter von dem innerhalb der Rechtsträger-Körperschaft für Kultur Verantwortlichen (dem Dezernenten oder Minister) gesucht, handelt mit ihm bzw. einem entsprechenden Gremium (meist dem Kulturausschuß) seine Vertrags-Bedingungen aus und wird dann, ggfls. nach einer Wahl, gemäß IMV bestellt. Und mit dem neuen Intendanten geht das Theater wieder — seinen alten Geschäftsgang...[16]

2.3 Theater-Spiel

2.31 Spielmittel

Der Schauspieler, der vor die Zuschauer tritt, um Theater zu spielen, braucht dazu einen Gegenstand und ein Medium seiner Darstellung. Solche Mittel sind primär durch eine symbolisch dokumentierte ***Spielvorlage*** (Drama, Oper und dgl.) sowie durch einen bestimmten Standard an leibhaftig-sprachlichem ***Ausdrucksgebaren*** (Gestik, Mimik, Gesang und dgl.) gegeben; sie werden durch ein von Fall zu Fall unterschiedliches Ausmaß an dinglichen und zeichenhaften Elementen der ***Raum-, Handlungs-, Figuren-*** und ***Szenen-Gestaltung*** (Bild, Licht, Maske, Kostüm, Dekor, Requisiten u.a.) ergänzt. Spielmittel sind aber auch, häufig indirekt oder stillgelegt, in einem bestimmten, meist traditionsbestimmten Arrangement von ***Spielplatz*** und (baulich oft kaum davon zu trennendem) ***Veranstaltungsraum*** — also in der Regel Bühne und Theatergebäude — manifest vorhanden. Im Prozeß der Inszenierung und in der Präsentation von deren Resultat als Vorgang werden alle diese Elemente dann letztlich planvoll miteinander in Beziehung gebracht.[1]

Die Spielvorlage der Art von Theater, für die ihre gesprochene Sprache einen charakteristischen Bestandteil ausmacht, ist im allgemeinen ein ***Drama*** — d.h. das Produkt einer literarischen Gattung, deren formtypische Kunst in der Erzeugung lebhafter Vorstellungen vom Handeln und Verhalten bestimmter (gedachter) Menschen allein durch die Formulierung ihrer sprachlichen Beziehungen untereinander, kurz: ihres Dialogs besteht. Das Drama ist ein (inbezug aufs Theater) autonomes sprachliches Gebilde — also weder immer schon als Spielvorlage für die Bühne geschaffen noch in seiner Wirkung unbedingt auf sie (allein) angewiesen; aber es entsteht freilich in Kenntnis des Theaters und also stets in Schöpfungsprozessen, die sich nur nach dem Grad und der Qualität einer aktiven Bezugnahme darauf unterscheiden. Nicht nur läßt beispielsweise in den ›Akten‹ eine Aufführung ihre literarischen Sinneinheiten erkennen oder in den szenischen Bemerkungen und Regieanweisungen ein Drama seine theatrale Verfassung. Vielmehr haben sich insbesondere in Europa Drama und

Theater einer gesellschaftsgeschichtlich distinkten Kultur — wo sie beide vorhanden waren — stets in enger Wechselwirkung ihrer spezifischen Formeigenschaften und Traditionen, ihrer Konventionen und Leistungen entwickelt; ja man kann ganz allgemein feststellen, daß die Probleme der einen Gattung historisch immer auch zum Schicksal der anderen geworden sind. Insbesondere trifft dies für die fundamentale Krise des modernen Dramas zu, die im europäischen Theater des ausgehenden 19. Jahrhunderts an einem unbewältigbaren Widerspruch aufgebrochen ist: nämlich zwischen der Gattungs-Konstitution des Dramas, daß Handlungen von wenigen leibhaftig erscheinender Menschen durch ihre sprachliche Beziehung symbolisiert werden — und der sozialen Realität, daß in den entwickelten Industrie-und zumal in den kapitalistischen Gesellschaften deren handlungsbestimmende Gewalten als zusehends jenseits einzelner Personen liegend erkennbar werden. Die wachsende Entfremdung dieser Einzelnen aber läßt sich gleichzeitig immer schwerer als individuelle Ausdrucksspur dialogisch aussprechen und leibhaftig zeigen.[2]

Das ***deutsche Drama,*** das evidenterweise von besonderer Bedeutung für das deutsche Theater war und ist, steht zumindest der Tendenz nach in einer spezifischen Situation insofern, als es häufig und epochenlang nicht nur neben der Bühne, sondern auch ausgesprochen fern von ihr und der praktischen Kenntnis ihrer Möglichkeiten und Erfordernisse entstanden ist. Sieht man nämlich von wenigen Ausnahmefällen (wie zuletzt besonders dem Brechts) ab, so haben die Entwicklung unseres Theaters weniger bühnenpraktische Stückeschreiber wie Aischylos, Shakespeare, Molière, Goldoni oder Nestroy geprägt — als vielmehr dramaturgisch interessierte Literaten wie Gottsched, Lessing, Schiller und Hebbel (von der komplizierteren Stellung Goethes hier einmal nicht zu reden); im übrigen bleibt dementsprechend auch der zu systematischer dramaturgischer Reflexion fähige Regisseur bei uns bis heute eine eher seltene Entscheidung. Die spirituelle Kompensation einer unserer Nation auffällig mangelnden politisch-praktischen Veränderungs-Neigung — wie sie Werk und Begriff der deutschen ›Dichter und Denker‹ mit hervorgebracht hat — schlägt sich in einer gesellschaftsgeschichtlich bestimmten Einrichtung der zu fiktiver Praxis-Aufhebung disponierenden Gattung: im deutschen Theater noch einmal als Wucherung des literarisch-reflexiven Elements nieder! Die deutsche Dramen- und Theatergeschichte bildet so das tragische wie das sozialkritische Drama als geradezu landestypische Hybriden aus. Dagegen hallt in einem Land, das dem Dramaturgen bis heute zu einer (in Europa) einzigartigen professionellen Funktion und arbeitsteiligen Bühnenferne verholfen hat, die alte Klage über das Fehlen eigenständiger Komödien und ›gutgemachter‹ Boulevard-Stücke immer aufs neue wider: die ihnen zugehörigen theatralen Genres wie das ›Komödiantische‹ — das in seiner gelehrten Verherrlichung von Schreibtischen und Kathedern aus dann gerne wieder zum Fetisch einer urigen sinnlich-artistischen Spontanität erhoben wird — gelten hierzulande zurecht für nicht heimisch, für romanisch zumal. So akademisch wie sein Name — ›Lustspiel‹ — sind die wenigen ›ernsthaften‹ deutschen Vertreter der theatralen Vergnügungs-Gattung ihrer Herkunft nach gewesen; und so wenig in unserer nationalen Klassenkultur Heiterkeit mit ›Tiefsinn‹ traditionellerweise als vereinbar gilt, so selten fanden auch in der Moderne ihre wenigen leichten Exponenten (wie Zuckmayer oder Cort Goetz) Aufnahme im Stadttheater-Repertoire.[3]

Insofern auch die Verfassung des deutschen Theaters nur den herrschenden Ideen einer bestimmten Klasse und Epoche folgen kann, geben solche spezifischen nationalkulturellen Traditionen des besonderen Wechselverhältnisses von literarischer und theatraler Produktion zumindest auch das allgemeine Milieu für jener ideologische Fixierung an ein bestimmtes Repertoire ab. Das Arsenal der Dramen, die dem Theater als ***Klassiker*** gelten, macht besonders vorzüglich eine Kontur der Neigungen und Interessen sichtbar, wie sie sich in ganzen Besucher- und Macher-Generationen herausgebildet haben. So gehören zum dauerhaften Bestand des westdeutschen Schauspiels vor allem die sog. Klassiker der Antike (Aischylos, Sophokles, Euripides, Aristophanes) und der feudalen bzw. frühbürgerlichen Epochen damals weiter fortgeschrittener Nachbarländer (Shakespeare, Calderon, Molière, Goldoni u.a.); ganz besonders zählt dazu natürlich die einheimische Klassik eines ungefähr durch Goethes Lebenszeit bezeichneten Jahrhunderts (in dem neben seinen eigenen großen Dramen u.a. die von Lessing, Schiller, Kleist, später die von Büchner und Hebbel entstanden) sowie — mit Abstand — die des österreichischen Vormärz-Zeitalters (vor allem von Grillparzer, Raimund und Nestroy).

Danach wird dann die Eindeutigkeit des Arsenals unklarer — auch wenn man gelegentlich von ›Klassikern der Moderne‹ (oder solchen des 19. Jahrhunderts) spricht. Immerhin aber lassen sich bis zum Ersten Weltkrieg noch einige Schwerpunkte des Stück-Repertoires feststellen: so bei den Dramatikern des vorrevolutionären Rußland (Ostrowski, Tschechow, Gorki), bei den skandinavischen Krisen-Literaten des Fin de Siècle (Ibsen, Strindberg), bei den mehr oder weniger offen sozialkritischen Dichtern der deutschen wilhelminischen und der donaumonarchischen Vorkriegs-Ära (Hauptmann, Schnitzler, Sternheim) und bei einigen stärker singulären Autoren (wie Shaw, Zola oder Hofmannsthal). Mit dem Expressionismus entsteht dann zwischen den beiden Weltkriegen nur noch eine einzige allgemeinere literarische bzw. theatrale Stilrichtung, aus der dramatische Werke (wie die von Kaiser, Toller, Barlach oder Bruckner) auf die Dauer ins gängige Stückverzeichnis aufgenommen worden sind. Brecht avanciert dann mit seinen rund 30 größeren Stücken und Stückbearbeitungen zum bislang letzten europäischen Klassiker des deutschen Theater-Repertoires; wenn viele seiner mit ähnlicher politischer Orientierung schreibenden Zeitgenossen, wie Horvath, Wolf oder Feuchtwanger, erst jetzt wieder entdeckt werden, so verweist auch das auf die unscharfen Ränder und diskontinuierlichen Veränderungen jener Sammlung.[4]

Vollends bei den nach 1945 erschienenen Werken verschwimmt dann vorläufig die Grenze zwischen Stilen und Moden, Eintagsfliegen und Jahrhundert-Giganten. Unter den Dramen der ***Moderne*** scheinen aber besonders die Stücke zweier künstlerischer Bewegungen die Spielpläne der westdeutschen Theater umfassend beeinflußt zu haben (und damit übrigens ästhetische Manifestationen, die ganz allgemein den Schwerpunkt ihrer Entfaltung im Theater gefunden haben dürften): nämlich das ›absurde‹ Drama der fünfziger Jahre (also etwa Ionescos, Becketts, Genets, Pinters oder Kopits) und das dokumentarisch-politisierende der sechziger (wie von Weiss, Hochhuth, Kipphardt, Arrabal oder Gatti) — wobei der Absurdismus vor allem in Frankreich und angloamerikanischen Ländern, der Dokumentarismus besonders ausgeprägt in Westdeutschland entstand. Nationale Herkunft aber spielt im westdeutschen Dramen-Repertoire eine untergeordnete Rolle: sein Internationalismus, nach 1945 zunächst ganz zwangsläufige

Bedingung von Modernität, hat sich unabhängig vom Wiederentstehen einer nationalkulturellen Theaterliteratur gehalten und entwickelt. Neben die z.T. nachträgliche Adaption und Rezeption von Stücken Horvaths, O'Caseys, Pirandellos, Lorcas, O'Neills, Giraudouxs, Zuckmayers u.a. treten in der Restaurations-Zeit der auf Wohlstand setzenden BRD dann vor allem erklärterweise politisch orientierte Moralisten und Sozialkritiker wie Frisch und Dürrenmatt, Osborne und Wesker, Sartre und Camus oder christlich geprägte wie Claudel und Fry — seltener sozialistisch orientierte Dramatiker aus der östlichen Hemisphäre wie Majakowski und Pogodin, Hacks und Baierl. Daß dementsprechend die (westdeutschen) Zeitgenossen unter den Theaterautoren, insbesondere jüngere, gar debütierende Literaten, im Schatten jenes weltgeschichtlichen Repertoires an erfolgserprobten Stücken stehen dürften, ist schon ohne Rücksicht auf andere dazu führende Umstände leicht zu vermuten.[5]

Außerhalb des Sprechtheaters findet man die Verhältnisse inbezug auf die Standardisierung eines Repertoires an Spielvorlagen nur noch krasser ausgeprägt. Bei der ***Oper*** ist die Sammlung der Werke, die in den Spielplänen stehen, dem Umfang der Entstehungszeit wie der Zahl ihrer Autoren nach erheblich kleiner als im Schauspiel. Darüberhinaus liegen dieser Gattung — sofern nicht teilweise die literarische Qualität eines u.a. auch vertonten Dramas halbwegs für das Niveau der poetischen Handlung sorgt — oft ausgesprochen dünne bis dümmliche Libretti zugrunde. Die frühesten Klassiker können (wie Monteverdi, Händel, Gluck) nur aus dem Zeitalter der Ursprungs- und Frühgeschichte der Oper, d.h. aus dem 17. bis hin zur Mitte des 18. Jahrhunderts stammen. Der Schwerpunkt aber liegt ganz eindeutig auf Werken aus der zweiten Hälfte des 18. Jahrhunderts bzw. noch weitaus stärker im 19. und ist klar durch ein, zwei Dutzend Klassiker bestimmt. Darunter führen bei uns — mit Abstand — Mozart, Verdi und Wagner, denen eine zweite, umfangreichere Gruppe von vielleicht zwanzig Komponisten (wie Lortzing, Puccini, Leoncavallo, Flotow, Nicolai, Mussorgsky, Bizet) folgt. Eine Reihe weiterer Opernschöpfer nimmt interessanterweise praktisch jeweils nur mit einem einzigen zum Schlager gewordenen Standardwerk an diesem Repertoire teil — so z.B. Kreutzer, von Weber, Beethoven oder Gounod. In unserem Jahrhundert sind nur noch wenige Komponisten (wie Hindemith, Orff,

Strauß, Bartok, Strawinsky, Debussy, Britten u.a.) dazugekommen, während die Zeitgenossen im Repertoire eher noch deutlicher zu Raritäten werden.[6]

Die Standard-Nummern der ***Operette*** schließlich schrumpfen gänzlich auf eine Reihe von Werken (wie insbesondere von Offenbach, Johann Strauß, Millöcker, Lehár, Kálmán und Suppée) zusammen, die alle etwa zwischen 1850 und 1920 entstanden sind — also nicht zufällig in einer Zeit, die in Deutschland vom Scheitern der bürgerlichen Revolution und dem Ende des Kaiserreichs begrenzt wird (und in den meisten mitteleuropäischen Nachbarländern ähnliche Entwicklungen aufweist). Nur zu häufig auch faßt ihr Genre bloß den falschen Glanz, die dumme Eleganz und die sentimentale Idyllik dieser von bourgeoiser Rückwärtsgewandtheit tief geprägten Epoche in Wort und Ton. Das zwischen ›haute volée‹ und ›Bohème‹ schwankende Milieu von ›Gräfin Mariza‹ und ›Zigeunerbaron‹, die ›Weiber‹-Geschichten von ›Lustiger Witwe‹, ›Schwarzwaldmädel‹ und ›Madame Pompadour‹ oder das ›Temperament‹ von ›Wiener Blut‹ und ›Czardasfürstin‹ — die Titel, Themen und Handlungen der großen Erfolgs-Operetten liegen ganz auf einer Linie: Kompensation des kleinbürgerlichen grauen Alltags durch glanzvolle Adelswelten, wohlige Abweichung von ökonomischen Sorgen und moralischen Normen durch ihre phantastische Aufhebung, und Bekräftigung der bestehenden Herrschaftsverhältnisse durch oberflächliche, von bequemen Sensationen gespeiste ›menschliche‹ und ›zwischenmenschliche‹ Verwicklungen in ihnen — Pflege der Verhaltens-Stereotypen von Geschlechts-Beziehungen zumal. Schier unerschöpflich scheint der Operette vor allem der Stoff, den die Ehe als bürgerlich institutionalisierte Monogamie im Zusammenhang mit einer ihr zuarbeitenden verlogenen Sexualmoral (gerade auch der Mittelschichten) für eine Form von Umspielung abgibt, durch deren Koppelungen von Situations-Komik und musikalischer Trivialität Elemente einer überfälligen Gesellschaftsordnung vor allem unterschwellig eingebleut werden. Das Kitschbild von der Frau, das die Operette dabei kolportiert, zeigt sie selbstverständlich nur als männerverführendes ›Weib‹ und naturwüchsiges ›Weibchen‹, das sich mehr oder minder bewußt und geschickt zur Begattung präsentiert — ein sentimentales Dummchen oder eine laszive Sphinx, nach der die Männer (selbstredend fast nur Künstler, Adelige, Offiziere und ähnliche Prominenz) sich ingestalt von Casanovas und Don Juans, von Herrenreitern und Salonlöwen auf die Jagd machen, um in Casinos und einfachen Hütten, bei klarem Wasser und perlendem Sekt ihre Erfolge zu planen oder zu feiern und ihre Sehnsüchte zu genießen. Die Spiel- und insbesondere öffentliche Subventionswürdigkeit der Operette ist, sicher zurecht, erheblichen Zweifeln ausgesetzt. Allerdings bleibt festzuhalten, daß die Grenze zwischen ihr und der Oper nach Form wie Stoff kaum klar sich ziehen läßt und in der Tat vieles, was die Operette fast naiv oder offen klischeehaft thematisiert, die nach ihrer musikalischen wie gesellschaftlichen Bedeutung höher eingestufte Gattung nur sublimer und sublimierter enthält; oft genug figurieren auch in ihr der treuherzige Bauernbursch und der dämonische Verführer, der großmütige Edelmann und die standhafte Prinzessin nur als pathetisch angehobenes Personal jener allgemeinen Bekenntnisse zu Humanität und Freiheit, die in ihrer harmonisch eingängigen Paraphrasierung bereits jede konkrete Widersprüchlichkeit und schroffe Alltäglichkeit aus solchen Wertorientierungen und Normen heraustreibt.[7]

Allein die moderne amerikanische Version von Singspiel und Operette, das ***Musical,*** hat, wo schon nicht in seinen (traditionellen) Inhalten, so doch in seinen musikalisch-theatralen Formen, besseren Anschluß an vitalere Elemente der neueren, massenmedial geprägten Shows und Unterhaltungsmusik (einschließlich Jazz und Rock) gefunden und zugleich das Erbe der älteren Revue mit angetreten. Sein flotter Ausweg aus der kompositorisch vorgezeichneten Alternative von Esoterik und Banalität jedoch, inhaltlich ohnehin durchaus konventionell, hat sich im westdeutschen Theater gegenüber der Operette kaum in breitem Umfang als Gattung durchgesetzt: das Musical bezieht hierzulande die stabilen Erfolge seines äußerst schmalen Repertoires — wie ›Kiss me Kate‹, ›My Fair Lady‹ oder ›Hello Dolly‹ (typischerweise lauter Schlagern mir Titelheldinnen) — noch immer aus den USA (als dem Land mir der am perfektesten sexualisierten Unterhaltungs-Branche). Auch das ***Ballett*** hat schließlich seinen Archiv-Schwerpunkt — vor allem soweit er größere Handlungs-Ballette betrifft — etwa in der gleichen Epoche wie die Operette. Daneben greift die Gattung aber, begünstigt durch die verhältnismäßig geringe unmittelbare Sinn-Fixierung ihrer tänzerischen Elemente an die sie jeweils stimulierende, begleitende oder kontrapunktierende Musik, sowohl auf ältere (ursprünglich womöglich nicht zum Tanz gedachte) wie auf moderne und aktuelle Kompositionen — von Beat und Folklore bis zu seriellen und elektronischen Werken — zurück; das Ballett entwickelt so zumindest partiell eine ansonsten im antiquierten Musiktheater fast verschüttete Affinität zu experimenteller Zeitgenossenschaft.[8]

Eine über geschichtliche Klassifizierungen hinausgehende Charakterisierung des westdeutschen Schauspiel-Repertoires nach seinen stofflichen ***Inhalten*** — etwa nach Themen, Genres, Figuren, Motiven, Stilen, Rezeptionsgeschichte und dgl. — beginnt die Grenzen der Bedeutung von Stücken als von Spiel-Mitteln zu sprengen; man kann sie aber auch nicht in Kürze abgeben und überhaupt sinnvoll nicht zusammenfassen, solange nicht detaillierte Spielplan- und Aufführungs-Analysen zugleich vorliegen — weil mehr als in jeder anderen Gattung der stofflich-inhaltliche Sinn einer Spielvorlage sich in seiner spezifischen Bedeutsamkeit nur am sinnfälligen Material ihrer Inszenierung dingfest machen läßt! Man kann aber einstweilen immerhin schon vorsichtig konstatieren, daß zumindest im eingebürgerten Register der als Repertoire geltenden Schauspiele — und zwar unter denen, die überhaupt für die Qualität der Gesellschaftsordnung im ganzen sich interessieren — diejenigen deutlich hervortreten, in denen die jeweils konkret angesprochenene politische Herrschaft, die bürgerliche bzw. kapitalistische vor allem, kritisiert, ja z.T. heftig, sarkastisch und kompromißlos attackiert wird. Daß die Proportionen einer solchen Tendenz als epochaler allerdings durchaus auch erst von der gesellschaftsgeschichtlichen Entwicklung selbst im Nachhinein hergestellt werden können, läßt sich z.B. an der mittlerweile fast totalen Ignorierung einiger der prominentesten wilhelminischen Dramatiker — Freytag, Heyse, Sudermann oder Wildenbruch — deutlich machen. Im übrigen muß man auch einschränkend hinzufügen, daß jene Angriffe sich bis auf wenige geschichtliche Ausnahmen (wie vor allem die Brechts oder zeitgenössischer Werke, etwa des Dokumentarismus) weniger auf die ökonomischen Grundlagen und die daraus herrührenden politischen Grundbedingungen der kapitalistischen Gesellschaftsordnung richten — als vielmehr auf das schroffe Mißverhältnis zwischen ihrer geltenden Ordnung und den in ihr proklamierten Normen und Wertorientierungen einerseits, der sozialen und zumal privaten Alltags-Wirklichkeit andererseits.[9]

Das ***Ausdrucksgebaren*** von Menschen ist als Spielmittel nicht statisch vorhanden — d.h. weder symbolisch wahrnehmbar gespeichert wie ein Drama noch dinglich parat wie ein Requisit; vielmehr besteht es in einer durch Ausbildung gewonnenen bzw. geschulten Fähigkeit des Schauspielers (und wenigstens ansatzweise auch von Sängern und Tänzern) zur artistischen Erzeugung des leibhaftigen Ausdrucks als Kapazität, die sich allein in ihrer unmittelbaren Verwirklichung äußert. Der mögliche Umfang dieses sichtbar-hörbaren menschlichen Ausdrucks ist zunächst unabhängig von den wechselnden Formen und Einrichtungen seiner künstlich-künstlerischen Hervorbringung zu beschreiben: betrifft er doch alle optischen und akustischen Ausdrucks-Elemente, wie wir sie auch im Alltag form- und absichtslos von Menschen mitgeteilt bekommen und an ihnen wahrnehmen, zu einem Eindruck zu verarbeiten und in ihrer Bedeutung zu verstehen suchen oder auch wirklich verstehen (und gegebenenfalls selbst in leibhaftiger Weise erwidern). Leibhaftig ist der ruhende und bewegte Ausdruck von Gestalt und Gesicht, Gliedmaßen und anderen Teilen des menschlichen Körpers in seinen sozialen Beziehungen; insbesondere aber das Mienenspiel eines Menschen und die Bewegung seiner Extremitäten bzw. seine Gesamt-Motorik gelten — als ***Mimik, Gestik*** und ***Pantomimik*** — für die reichhaltigsten Quellen und kennzeichnenden Zentren des je spezifischen Ausdrucksgebarens einer bestimmten Gesellschaft und eines Individuums in ihr. Dazu tritt, auf der Ebene des unmittelbaren Aus- und Eindrucks betrachtet, die Sprache eines Menschen — und zwar als sein ***Sprechen*** (seine Stimme, seine Sprechweise); und eng damit zusammen hängen ferner alle möglichen anderen Formen akustischer Verlautbarung — vom unartikulierten Geräusch (wie Stöhnen oder Schluchzen) über Lachen und Weinen bis hin zum Singen — die man als Laute, umfassender und unter Akzentuierung ihrer aktiven Seite: als ***Lautung*** bezeichnen kann. Daneben haften am Menschen über seine anthropologisch konstitutiven Ausdrucks-Eigenschaften hinaus noch die mehr oder minder festgewachsenen seiner jeweiligen zivilisatorischen Selbstgestaltung: diejenigen durch Mittel von Körperpflege und Körperbearbeitung, Kleidung, Schmuck und dgl. hervorgerufenen erscheinungsformenden leibhaftigen Merkmale also, die hier als Medium der ***Körperkultur*** apostrophiert werden sollen. Sie alle — Mimik, Gestik, Pantomimik, Sprechen, Lautung und Körperkultur — treten als Zusammenhang leibhaftiger Ausdrucks-Mittel nur in Form jeweils gesellschaftsgeschichtlich spezifisch geprägter und sozial gelernter Zeichen von enger Wechselbeziehung auf. Gleichwohl — als Mensch ist man Körper stets a priori, während man Bewußtsein und Sprache ›nur‹ (gelernt) hat: die damit berührte untrennbare Einheit von bloß physischer Tätigkeit und Existenz zum einen, von leibhaftiger Erscheinung und Ausdruckswirkung zum anderen — schließt ein, daß die bewußte Steuerbarkeit der vielfältigen sinnlichen Körperzeichen nur geringe Ausmaße hat. Insbesondere verglichen mit der zweckmäßigen, im Idealfall exakt berechenbaren Beeinflußbarkeit der Objektwelt einerseits — der willentlich-bewußten Sinn- und Ausdrucks-Gestaltung von Sprache zum anderen, erscheint die Unwillkürlichkeit des leibhaftigen Ausdrucksgebarens den Menschen von jeher als besonders groß. Menschlicher Körperausdruck kann und muß als aufschlußreich-verläßliches Medium des Ungesagt-Unsagbaren und als praktisches Korrektiv von Sprache zur Information gerade in einer Gesellschaft dienen, deren Ordnung bereits die Artikulation gegen sie gerichteter Wünsche, Bedürfnisse, Emotionen und Reflexionen systematisch unterdrückt.[10]

Dieses das Sprechen mitumfassende leibhaftige Ausdrucksgebaren des Menschen als unmittelbare Erscheinung und Beziehung seiner sozialisierten Natur tritt mit dem, was in ihm vorgeht an Empfindung, Gefühl, physiologischen Prozessen und insbesondere an ***Denken,*** in vielfältige Beziehung — für die seine ***Sprache*** der entscheidende Angelpunkt ist: sie allein ist abstrakter Gedanke und konkreter Ausdruck zugleich, sie nur ist — als gesprochene — selbst unmittelbar körperlich und zugleich ganz geistige Äußerung, drückt Einheit und Unterschied von Natur-Sein und Bewußtsein eines Menschen sinnlich und sinnfällig aus! Solche Sprache muß sich in charakteristischer Wechselwirkung mit einem (übrigen) leibhaftigen Ausdruck entfalten, dessen vielfältige Formen ja ihrerseits nicht bloß zeichenhafte Bekundungen physischer Zustände oder wahrnehmbare Nachrichten-Signale, sondern eben je Teil-Ausdrücke, Mitteilungen eines ganzen, bewußten und sinnlichen Menschen sind. Das Drama als elementare Spielvorlage des Theaters ist wesentlich allein durch die dokumentierte Sprach-Beziehung von Personen konstituiert, die als wirklich handelnde, zueinander sich verhaltende und leibhaftig erscheinende man sich davon ausgehend vorzustellen hat. Die Sprache eines Dramas ist also die einzige Hülle, Spur oder Kontur jenes vielfältigen Ausdrucks der Beziehungen zwischen bestimmten imaginierten Menschen — die konkrete Abstraktion ihrer bestimmten Form von Verkehr. Sie ist das einzige Mittel, die Mitte für deren phantastische Wiederbelebung auf der Bühne — das Medium der künstlichen (Re-)Konstruktion von intersubjektiver Wirklichkeit durch ein theatrales Ausdruckgebaren, welches weder bloße Illustration von Sinn sein will noch reine Bewegung sein kann.[11]

Pantomime und Ballett kultivieren ihren formtypischen Verzicht auf die Sprache der in ihren Handlungen lebendig erscheinenden Personen, indem sie deren (übrigen) leibhaftigen Ausdruck komprimieren und — versprachlichen! Teils zeichenhafte Gestik-Mimik, teils expressive Anmutung — hier stärker in ihrer motorisch-rhythmischen Artistik, dort mehr in ihrer sozial-funktionalen Imitation: so gestalten jene Gattungen sprachlose — nein nur schweigende, verstummte Beziehungen. Zu tief und konstitutiv ist unsere Gesellschaft von Sprache geprägt, als daß deren Nichtvorhandensein in einem Gesellschaft selbst irgenwie darstellenden Zusammenhang nicht permanent als absichtliche Aussparung erzeugt, aufgewogen und verstanden werden müßte! Aber wird so auch schon das gesellschaftliche Fundament an Sprache nicht aufgehoben, so erscheint es doch in seiner Bedeutung relativiert. Und wenn die Oper es unternimmt, diese Beschränktheit der Sprache in der Richtung zu überschreiten, daß sie ihr im (instrumental-musikalisch gefaßten) Gesang einen entfalteteren sinnlichen Ausdruck zu verleihen sucht — so hebt sie mit der Lautung nur wieder ein anderes partielles Ausdrucks-Element hervor und nimmt mit der solchermaßen komprimierten Expressivität von real Leibhaftigem die dargestellte Unwahrscheinlichkeit ihrer Erscheinungsformen in Kauf. Die ***Gebärde*** als sprachähnliche, distinkte Ausdrucks-Bewegung mit einer ausgesprochenen Neigung zur Integration vorsprachlicher und nachsprachlicher Kundgaben kann man dementsprechend auch als ein jenen Gattungen gemeinsames Spielmittel verstehen, die zusammen mit dem (Sprech-)Schauspiel das Theater als umfassendere Verkehrsform konstituieren. Motorisch-rhythmischer, sozial-funktionaler und musikalischer Szenen-Ausdruck jener Art kultivieren die Gebärde je spezifisch (d.h. als ästhetische Gattung) — ohne doch ihren Sequenzen den Charakter eigenständiger Sprachen verleihen zu können. Eine Gebärden-Sprache als autonomes Zeichen-System der Bühne kann es (im Hinblick auf leibhaftigen Ausdruck als Medium) nicht geben: gerade zu den Vorzügen leibhaftigen Ausdrucks gehört doch, daß er kein eindeutiges Repertoire an Bedeutungs-Elementen und keine begrenzten Regelsätze über deren Beziehung und Verknüpfung — Grundmerkmale einer Sprache. — enthalten kann![12]

Eine ›Grammatik der Schauspielkunst‹ existiert nicht für Schauspieler eines Theaters, das die Beziehungen zwischen lebenden Menschen bei seiner Darstellung erdachter als praktisches Maß im Auge hat — und dementsprechend weder bloß als Begleiterscheinung von Sprache noch jenseits von ihr den leibhaftigen Ausdruck intersubjektiver Beziehungen gestaltend als Teil gesellschaftlicher Wirklichkeit präsentiert. Zwar, das ›Sprech-Schauspiel‹ (wie es denn doch nicht ganz unzutreffend von den verwandten Gattungen unterschieden zu werden scheint) gibt der gesprochenen Sprache Entfaltungsraum von bestimmendem Ausmaß; aber erst die Realisierung der allerdings nur in ihrer dialogischen Spur vorhandenen Spielvorlage durch eine Inszenierung wirft die Frage nach dem Stellenwert der Sprache bei der praktischen Arbeit auf, durch die den redend vorgestellten Figuren in der Darstellung die ganze Ausdrucks-Wahrheit ihrer Erscheinung und Beziehungen verliehen werden soll. Als auf dialogische Strukturen — und in der Regel zeitlich-handlungsmäßig bemessene Sinneinheiten (Akte, Szenen und dgl.) — gegründete Spielvorlage verlangt das Drama dabei von einer theatralen Realisierung seine fundamentale Anerkennung und Interpretation als Dokument sinnbezogener sozialer Beziehungen, aus deren gedanklich-körperlich vorgestellter Wirklichkeit ihr sinnfälliger Ausdruck zu entwickeln wäre. Nach einem Begriff Brechts wird diese gedanklich-körperliche Haltung von Dramen-Figuren zueinander, wie sie deren Denk- und Verhaltens-Muster in einzelnen sinngemäßen Sequenzen eines Dramas motivisch bestimmt und anschaulich prägt, hier als ***Gestus*** verstanden. Das Ausdrucksgebaren ist mithin, was die Interpretation seiner Bedeutung anlangt, als theatrales Spielmittel nur aus den sozialen Sinneinheiten einer Spielvorlage zu gewinnen: es bedeutet diese Auffassung aber auch, daß es als Spielmittel wesentlich nur im methodischen Vermögen des Schauspielers zu seiner je konkreten Erarbeitung existiert.[13]

Welche Fähigkeiten zur methodischen Erarbeitung des theatralen Ausdrucksgebarens und zum Umgehen mit seinen Mitteln gewinnt der Schauspieler in seiner ***Ausbildung?*** Soweit sich die theaterpädagogischen Konzepte bei der unkontrollierbaren Ausbildungssituation inbezug auf die westdeutschen Bühnen überhaupt beurteilen lassen, gehen sie weder von Sinn und Ziel der gesellschaftlichen Einrichtung Theater und deren medienspezifischen Qualitäten noch von der zentralen Bedeutung einer methodischen Erlernung des Gestus-Findens für die dominante arbeitsteilige Tätigkeit des Schauspielers aus. Im Zentrum der westdeutschen Ausbildung von Schauspielern steht vielmehr deren jeweils einzelnes Studium, das jeweils isolierter Rollen zumal — und zwar mit dem Hang zur Aneignung eines ausdruckspsychologisch abgeleiteten leibhaftigen Zeichen-Repertoires, dessen vergegenständlichte Kalküle beliebigen Figuren und Szenen aufgrund technischer Fertigkeiten darstellerisch eingepflanzt, ja aufgepfropft werden können. Zwischen dem Vorspielen einzelner, aus ihrem Dramen-Zusammenhang gerissener und um ihren Gestus gebrachter Rollen-Teile, wie es die Eignungs-Prüfung erfordert — und der Selbstofferierung des fertigen Schauspielschul-Absolventen durch das ›Vorsprechen‹ auf dem Arbeitsmarkt kann fast nur eine Ausbildung sich vollziehen, deren fragwürdige Qualitäten auf einer Verschärfung jener Desintegration von Fähigkeiten und Fertigkeiten beruhen. Muß der perfekte Schauspieler zur flexiblen Übernahme jeder einzelnen Rolle sich eignen — so soll er doch gerade ein Mehr an persönlicher Ausstrahlung in sie einbringen, worüber (bei so gearteter Erziehung) nur der festgelegte ›Typ‹ verfügt; und übt er auch gleich ein ›Handwerk‹ (nämlich der artistischen Erzeugung beliebiger leibhaftiger Zeichen) aus — so soll er es doch stets durch einen Überschuß an Expressivität als ›Kunst‹ (nämlich der affektiven Verschmelzung von zeigender und gezeigter Person) qualifizieren.[14]

Der angehende Schauspieler wird zunächst in dreifacher Hinsicht in den ***Techniken*** seiner künftigen Tätigkeit unterwiesen: nämlich durch Körper-, Atem- und Sprech-Erziehung. Dabei lehrt man in der Sprech-erziehung tatsächlich fast ausschließlich die Beherrschung des eigenen Sprechens, wie sie von der Beschaffenheit eines jeweils gesprochenen Inhalts unabhängig gedacht und gelernt werden kann (so durch Stimmbildung, Phonetik, Chorsprechen u.a. bis hin zum Gesang). Etwa ebensolang wie eine standardisierte Schulung für die Sprechtechnik (den ›Kleinen Hey‹) gibt es dabei im Hinblick auf die sog. Bühnenaussprache ungefähr seit der Jahrhundertwende verhältnismäßig verbindliche Regeln (den ›Siebs‹), die zusammen vor allem auf das Muster einer mundartlich ungetrübten, klar wahrzunehmenden Artikulation der deutschen Hochsprache abzielen; die absolute Künstlichkeit, ja prädisponierte Gekünsteltheit solchermaßen erzeugter bzw. anerzogener Sprechweisen — wie sie bezeichnenderweise auch als Gegenstand theaterinterner Selbstironie beliebt sind — muß dann z.B. durch ebenso pure Dialektstudien wenigstens teilweise wieder mit Wirklichkeitsnähe ausgestattet werden. Die für Sprache und Körperbewegung gleichermaßen bedeutsame Funktion des Atmens wird dem Schauspielschüler durch anatomisch-physiologische Tatsachen-Vermittlung und durch praktische Atemschulung beigebracht; von ihrem Erfolg hängt vor allem die Ausbildung einer tragfähigen Stimme und der Fähigkeit zur unverkrampften Körperlichkeit entscheidend ab. Die Körpererziehung kann man schließlich schon tendenziell in ein (ebenfalls) normatives Training (wie durch Gymnastik, Akrobatik, Rhythmik, Bewegungsschulung bis hin zum Tanz) und einen eher gesellschaftsgeschichtlich orientierten Unterricht in bestimmten körperbetonten Verkehrsformen (wie im Fechten, Ballett, historischen Gesellschafts-Tanz und dgl.) gliedern (auch wenn beides gelegentlich ineinander übergeht). Die ***Gegenstände*** seiner künftigen Tätigkeit — im Sinn der jeweils stofflich-konkreten Qualitäten von Theaterarbeit — lernt der werdende Schauspieler in drei weiteren Ausbildungs-Sektoren kennen und gegebenenfalls beherrschen: nämlich einmal durch das Studium der Darstellungs-Prozesse, dann durch das der Darstellungs-Inhalte und schließlich durch eine Befassung mit allgemeineren Wissenschafts-Disziplinen — wobei sich insbesondere die beiden letztgenannten Fachbereiche z.T. durchdringen und bedingen, im übrigen aber deutlich im Schatten des ersten Gebiets stehen. In der westdeutschen Theaterausbildung der öffentlichen Schulen werden die speziell von der inhaltlich-stofflichen Seite des Mediums Theater und seinen Funktionen nach innen und außen handelnden Fächer (wie Dramenkunde, Literatur- und Theatergeschichte, Bühnenrecht, Dramaturgie oder Kostümkunde) nicht nur insgesamt sträflich vernachlässigt, sondern auch höchstens weitgehend isoliert von gleichzeitig ablaufenden praktischen Lernprozessen, dementsprechend mit dem starken Hang zu Historisierung und Positivierung betrieben. Die allgemeine sozialwissenschaftliche Lehre schließlich — für das Studium eines Mediums bzw. einer Tätigkeit von konstitutiver Gesellschaftlichkeit immerhin fundamental — steht meistens sachlich und zeitlich vollends am Rande des übrigen Lehrplans: Soziologie, Psychologie, Politologie und dgl. werden ihm allenfalls wie Zusatzkurse angehängt...[15]

Mit dem Kern und der Problematik der im Mittelpunkt seiner späteren Theaterarbeit stehenden ***Darstellungs-Prozesse*** wird der Schauspielschüler praktisch nur in einem kleinen, zudem in der Regel erst im mittleren oder Schluß-Abschnitt umfassend aufgefächerten Teilgebiet seiner Ausbildung konfrontiert: im szenischen Training und in Improvisations-Übungen, in psychotechnischen und gruppendynamischen Sensibilisierungs-Experimenten, im Rollenstudium und im Ensemblespiel werden die später erforderten Prozesse der Darstellung auf der Bühne und ihrer Erarbeitung antizipierend reflektiert und praktiziert. Nur hier treten also thematisch und fundamental praktisch die Verhältnisse von Einzelrolle und Rollenregister, Protagonist und Ensemble, Szene und Stück, Dialog und Leibhaftigkeit auf. Hier nur können mit der Lehre methodischer Arbeit im Beruf Grundlagen für deren ästhetisch reflektierte Konzeption geschaffen und damit zugleich bewußtseinmäßige Vorbereitungen für die Haltung des Schauspielers zu seinen Zuschauern getroffen werden; immerhin materialisieren sich ja gerade darin bedeutsame Entscheidungen inbezug auf die Gesellschaft, in der und für deren Teile ein Akteur sein Leben lang spielt. Dem fundamentalen Mangel an sozialwissenschaftlichem Begreifen und Betreiben von Schauspielerei und Theater gemäß aber herrschen an den Schulen heutzutage Verfahren vor, bei denen die Appelle (des Lehrers) an soziale Wahrnehmung, emotionalen Ausdruck, phantastische Vorstellung und körperliche Lockerung (des Schülers) meist ausgesprochen willkürlich gemischt und gekoppelt sowie gleichzeitig mit den Gebärden- und Sprech-Konventionen des überkommenen Theaters durchwirkt werden. Der unselige Umstand, daß die Schüler (insbesondere privater Institute) traditionellerweise von Lehrern ausgebildet werden, die ihrerseits meist allein durch eine höhere Zahl von Berufsjahren und (bestenfalls) entsprechenden Nachruhm als Kenner des Mediums und Pädagogen ausgewiesen sind — obwohl es sich bei ihnen vielleicht nur um alternde ›Mimen‹ von genauso schlechter Ausbildung und deren Anerkennung durch eine schlechte Praxis handelt — hat u.a. auch leicht den Effekt, daß die Immunisierung von Bühnenkonventionen gegen außertheatrale Wirklichkeit haltungsmäßig dauerhaft erlernt wird und die Krücke schließlich zur wirklichen Verkrüppelung führt. Da inzwischen mindestens in den öffentlichen Schulen das Dilemma gespürt wird, das in der völligen Desintegration eines ziel- und methodenlos zusammengestellten Fächer-Programms sich bemerkbar macht, werden Reformen hier seit einiger Zeit immerhin diskutiert oder zögernd ausprobiert: in der Kernfrage nach der Lehrbarkeit des methodischen Erarbeitens von zusammenhängenden leibhaftig-sprachlichen Darstellungen aber ist man dabei — einleuchtende Konsequenz der manifest fortbestehenden Geringschätzung einer sozialwissenschaftlichen, kommunikationstheoretischen und medienspezifischen Bestimmung von Theater! — über den Gedanken, verschiedene prominent gewordene ›Methoden‹ durch gleichzeitige Unterrichtung quasi zur Verfügung zu stellen, noch nicht hinausgekommen. Die Manifeste Artauds und die Schriften Grotowskis, die ›Methode‹ Stanislawskis und (leider seltener) die Theaterarbeit Brechts oder ähnliche Vorbilder können allerdings ihre — durch falsche Hoffnungen auf Zerschlagung des gordischen Knotens oft modisch verstärkte — Anziehungskraft als (vermeintliche) programmatische Lösungen hier nur um den hohen Preis ihrer gesellschaftsgeschichtlichen Abschneidung von Entstehungszusammenhang, Zielsetzungen und Medienverständnis gewinnen.[16]

Neben dem Ausdrucksgebaren der Schauspieler kommen im westdeutschen Theater noch eine ganze Reihe anderer Spielmittel vor, nämlich dingliche und gestalterische Bau- und Szenenelemente, deren Bedienung und Besorgung im übrigen wieder anderenorts institutionell zu erlernen ist; sie betreffen vor allem Innenraum-Konstellationen, ferner die Steigerung des optischen und akustischen Ausdrucks im engeren Bühnenraum sowie die Wirkung des Schauspielers in seinem äußeren Auftreten — also ***architektonische*** und ***mediale, szenische*** und ***figürliche Effekte.*** Wenn man den leibhaftig-sprachlichen Ausdruck des Schauspielers als unentbehrliches und die symbolische Spielvorlage als praktisch selbstverständliches Spielmittel unterscheidet, so kann man die Gruppe dieser Spielmittel im großen und ganzen als (graduell) nach Belieben bzw. nach Bedarf einsetzbar charakterisieren.[17]

Geht man diesbezüglich von den wenig variablen Gebäude-Typen des westdeutschen Theaters aus, so erscheinen die baulich-räumlichen Gegebenheiten im allgemeinen weniger geeignet zur Benützung als Spielmittel- und vielmehr prädestiniert zur Berücksichtigung als Spielhemmnisse. Die starre architektonische Verklammerung von Spiel- und Zuschauerraum im traditionell vorherrschenden Schauspielhaus bestimmt die Verkehrsform Theater nach Technik, Spielkonvention und Publikumserwartung mittlerweile derartig stark, daß bald jedes geringfügig darüber hinausgehende Spiel mit Raum, Bau und Haus unter den Druck des Unselbstverständlichen — sei's des Gag-Verdachts, sei's des experimentellen Anspruchs — gerät; damit im Zusammenhang und darüberhinaus verstärken sich die dagegen mobilisierbaren Widerstände der (weithin routinebedachten) Verwaltung, der (streng auf Einhaltung von Sicherheitsvorschriften pochenden) Ordnungsbehörden und der (überlasteten) Technik. Die nach drei Seiten hin vor dem Publikum verdeckte ***Guckkastenbühne*** bietet im Regelfall die spielerisch einsetzbaren Möglichkeiten, sie ganz oder teilweise zu heben, zu versenken, zu verschieben oder zu drehen — während auf oder über ihr Akteure wie Dekorteile mithilfe von Flug- und Zugvorrichtungen ins (solchermaßen räumlich abgedichtete) Geschehen eingespielt werden können. Die Verlagerung von bildlichen oder handlungsmäßigen Teilen des Spiels, insbesondere auch von einzelnen Auftritten, in den ***Zuschauerraum*** wird gelegentlich als Effekt eingesetzt, dessen Pointe gerade auf der punktuell täuschenden Aufhebung jener starren Sphären-Trennung beruht. Als eine Art zwichen den ›Fronten‹ liegender Spielort wird häufiger das Proszenium auch szenisch benützt und dabei insbesondere zur spielerischen Überbrückung notwendiger Umbauten auf der Hauptbühne verwendet; der dementsprechend oft hinter einem auf der Vorbühne spielenden Akteur kurzzeitig geschlossene Akt-Vorhang kann dabei das beirrende

Changieren der Zugehörigkeit seiner Person zwischen Bühne und Zuschauerraum reizvoll als Medium entfalten.[18]

Eine mediale Erweiterung der traditionellen theatralen Spielmittel kann im Prinzip schon seit dem 19. Jahrhundert mit Hilfe von ***Foto*** und ***Film*** stattfinden — in jüngster Zeit auch durch Fernsehen bzw. Video. Allerdings sind die technischen Audiovisions-Medien — nach ihrer vorübergehenden Entdeckung in den zwanziger Jahren und insbesondere ihrer stürmischen Vervielfältigung durch Piscator — heute noch kaum als selbstverständliche Ausdrucks- und Kommunikations-Mittel ins ästhetische Instrumentarium des Theaters integriert worden! Die Projektion von Schrift (wie einleitende Informationen oder Zwischentitel) und Bild (als Zwischenakt-Illustrationen, Bühnenbild-Ergänzungen u.a.) durch Diapositive wird ebenso verhältnismäßig selten eingesetzt wie das Einspielen kinematografischer Bilder (sei es ebenfalls als — dynamische — Bühnenbild-Ergänzung, sei's durch den Einschub ganzer Kurzfilme). Im übrigen sind die entsprechenden technischen Vorrichtungen dafür — Bildgeber (ähnlich wie im Kino) im Rücken der Zuschauer, Projektionsschirme und dgl. auf der Bühne — an vielen westdeutschen Theatern (und jedenfalls in den großen Häusern) durchaus vorhanden.[19]

Der szenische Ort theatraler Handlungen wird für das Auge herkömmlicherweise durch das ***Bühnenbild*** bezeichnet bzw. kontrapunktiert. Dabei hat man unter dem — üblichen, aber irreführenden — Terminus ›Bühnenbild‹ freilich nicht nur speziell eine (etwa auf einen Prospekt gemalte) zweidimensionale optische Darstellung zu verstehen, wie sie die Szene in der Funktion von bedeutungstragenden Wänden begrenzt; vielmehr wird mit dem Bühnenbild die gesamte raumbildende und atmosphäreprägende Dekoration einer Theater-Produktion, d.h. der szenische Bühnenbau und -aufbau (bis an die Grenze von Mobiliar und Requisiten), bezeichnet. Wände, Treppen, Zimmereinrichtungen, Landschaft-Dekorationen oder Straßen-Cafés usw. usf. mit all ihren mannigfaltigsten farblich-formalen Reizen, gesellschaftsgeschichtlich bezeichnenden Merkmalen oder Einrichtungsgegenständen und sonstigen sinnlich-sinnfälligen Qualitäten verleihen dem Bühnenbild spätestens von unserem Jahrhundert an jene nächst der Regie größte Bedeutung bei der vorbereitenden Theaterarbeit, wie sie in der zugleich eigenständigen und eng mit der Inszenierungs-Tätigkeit gekoppelten Herstellung dieses Spielmittels auch organisatorisch sich ausdrückt. Der jeweils inhaltlichen Bindung von Bühnenbildern an bestimmte Theaterstücke und ihrer eigenständigen stilgeschichtlich bedingten Bedeutung gemäß erscheint daher auch eine systematische Reflexion ihrer Funktion für die Szene (hier) nicht möglich bzw. sinnvoll.[20]

Die das äußere Auftreten des Schauspielers im szenischen Zusammenhang figürlich prägenden Effekte werden vor allem durch die textile Gestaltung seines Ausdrucks, d.h. sein ***Kostüm,*** sowie durch eine der Inszenierung entsprechende kosmetische Bearbeitung seines Körpers und seines Kopfes (insbesondere seines Gesichts), d.h. seine ***Maske,*** hervorgerufen. Ähnlich wie der Bühnenbildner — wenngleich in der Regel weniger autonom als er — entwirft der Kostümbildner durch die mit dem Regisseur abgesprochene Konzipierung von Kleidung und gegenständlicher Ausstattung der Rollenfiguren ein Szenenelement von zugleich enger funktionaler Abhängigkeit und eigenständiger sinnlicher Wirkungskraft. Üblich ist dabei jedenfalls der Gebrauch der differenziertest simulierten bzw. suggerierten historischen, klassen- und ständemäßigen, fremdländischen oder phantastischen Kleider — und so gut wie ausgeschlossen das Spiel in unverändert-privater, selten das in neutralisierter Aufmachung. Dem Kostüm wird eine wesentliche szenische Bedeutung bzw. deren aktive ausdruckshafte Vermittlung im Theater zugemessen. Ebenso fraglos ist die Einbeziehung der maskenbildnerischen Arbeit als Spielmittel in das Bühnengeschehen so, daß es in der Regel geradezu als kosmetische Kunst erachtet wird, Kopf, Körper und Gesicht eines Akteurs durch die Verwendung von Perücken, falschen Bärten und dgl., sowie insbesondere Schminkzeug — möglichst unmerklich (für den Zuschauer) dem gewünschten Aussehen der gespielten Figur (im Sinn der Inszenierung) anzugleichen. Die auffällige, demonstrativ angelegte Gesichtsmaske, wie sie für Jahrhunderte im europäischen Theater (und noch heute in einigen seiner Exempel) sowie für das Schauspiel vieler außereuropäischer Kulturen auch gegenwärtig charakteristisch ist — nämlich häufig gerade in ihrer Betonung der Unverwechselbarkeit von Rolle und Spieler — bleibt im westdeutschen Kleinbürger-Theater von heute traditionsgemäß die Ausnahme! Das Tragen einer dinglichen oder gemalten Halb- und Ganzmaske insbesondere (z.B. aus Leder, Stoff, Kunststoff oder Schminke) beschränkt man hierorts auf gelegentliche Regiekonzeptionen und Experimentalfälle — oder auf den Anlaß von Stücken, bei deren Inszenierung die Benützung solchen Accessoires (wie bei der antiken Klassik, bei Brecht oder bei Spielvorlagen der Commedia dell'arte und ihres Einflußbereichs) als gesellschafts- und theatergeschichtlich typisch unterstellt wird.[21]

Eine weitere Gruppe von Spielmitteln betrifft allgemeiner optische und akustische Effekte, besonders aber Licht und Ton. Insbesondere das ***Licht*** bestimmt und beeinflußt die moderne Szene in ganz erheblichem Maß — was vor allem mit der (in den achtziger Jahren des vorigen Jahrhunderts einsetzenden) Entwicklung und künstlerisch-technischen Ausdifferenzierung der elektrischen Beleuchtungsmittel zu erklären ist. Die Bühnenlichter, -leuchten und -scheinwerfer sind heute fast überall rund um die Bühne postiert und finden in vielfältigen Stärken, Streuungen und Farben Verwendung. Sie dienen zum Teil der Gestaltung des figürlichen, zum Teil der des szenischen Ausdrucks und werden sowohl nach ihrer Postierung (Horizontleuchte) wie nach ihrer Technik (Breitstrahl-Scheinwerfer) als auch nach ihrem Effekt (Verfolgungs-Scheinwerfer) eingesetzt bzw. bezeichnet. Der szenische Einsatz des Lichts bis hin zur eigenwertigen bzw. verspielt verselbständigten Lichtregie liegt bei seiner weithin üblichen Funktionalisierung im Hinblick auf die Begünstigung der allgemein angestrebten Bühnenillusion ganz auf der Linie der übrigen Spielmittel. Auch der ***Ton*** hat an Gebrauch und Bedeutung im modernen Theater Westdeutschlands, mitbedingt durch die allmähliche Ausstattung akustisch ohnehin sorgfältig konzipierter (wenn auch trotzdem oft noch mißlungener) Neubauten mit hochwertigen elektroakustischen Anlagen, erheblich zugenommen. Bühnenmusikalische und bestimmte geräuschhafte Einlagen sind heute ebenso unproblematisch per Tonbandgerät einzuspielen wie der natürliche Ton von Akteuren elektroakustisch raffiniert verstärkt oder zu besonderen Effekten verwendet werden kann. Es erscheint aber auch bemerkenswert, daß im gleichen elektronischen Zeitalter eine Reihe von üblichen Geräusch-Effekten — wie die Simulation von Regen, Donner, Sturm und dgl. — noch immer durch den z.T. schon seit der griechischen Antike geläufigen Handbetrieb (von Erbsensieb, Donnerblech, Windmaschine usw.) hinter der Bühne hergestellt werden (müssen).[22]

Die gegenständlichen Spielmittel des Theaters sind im Prinzip begreiflicherweise unendlich vielfältig oder können zumindest alles umfassen, was auf der Bühne praktisch Platz findet und dort bewegt werden kann. Das ***Requisit*** erstreckt sich dementsprechend von alltäglichen Gebrauchsgegenständen wie Schirm, Kofferradio oder Zeitung bis hin zu eigenständigen Dekorations- bzw. Bühnenbild- und Kostüm-Elementen wie Autos, Fabeltieren oder artifiziellen Riesen-Puddings. Die aufgrund des standardisierten Dramen-Repertoires etwas häufiger benötigten Gegenstände — wie Degen, Leuchter, Trinkbecher, Siegel-Briefe, Koffer oder Gitarren — sind dann allerdings meist in reichlicherem Ausmaß und variabler Gestalt im Fundus vorhanden, damit auch sie ihre Funktion im Verein mit jenen anderen Spielmitteln erfüllen und die ›Echtheit‹ des bloß Gespielten mit simulieren und suggerieren können.[23]

2.32 Schauspieler

Im Zentrum des Theaters steht die Präsentation seiner Produktion, in deren Mittelpunkt der Akteur — vor allem der ***Schauspieler.*** Die für ihn kennzeichnenden Eigenschaften und Verkehrsformen werden zunächst grundlegend durch die Besonderheit der theatralen Dienstleistung bedingt, wie sie an seiner Person hängt und mindestens durch drei Qualitäten zu charakterisieren ist. Es sind dies die Seiten 1. der ***Personalität,*** 2. der ***Kommunikativität,*** und 3. der ***Fiktionalität*** an seiner Arbeit. Dabei meint ›Personalität‹ den Umstand, daß die Ausübung der Dienstleistung durch den Schauspieler prinzipiell an die zeitlich-räumlich unmittelbare Präsenz der ›dienenden‹ (inbezug auf die ›bediente‹) Person gebunden ist (ebenso wie z.B. beim Dienst von Friseur oder Prostituierter — und anders als etwa bei Journalist oder ›Volksvertreter‹). Mit ›Kommunikativität‹ ist die Theater konstituierende Disposition angesprochen, daß Schauspieler sich sowohl untereinander (auf der Bühne) wie mit dem Publikum permanent verständigen (müssen) — was zwar eine vielfach nebenbei oder partiell auch bei vielen anderen Dienstleistungs-Betrieben (wie Behörden, Banken, Gaststätten und dgl.) vorkommende Seite, keineswegs aber ihnen allen dauernd eigentümlich oder unentbehrlich ist. ›Fiktionalität‹ zuletzt bezeichnet den für die Präsentations-, damit aber auch für die Produktions-Arbeit in ihrer Permanenz fundamentalen Appell des Schauspielers an die Vorstellungskraft (seiner selbst, der Bühnen-Partner und der Zuschauer), die Gegenwart effektiv nicht real anwesender Personen dennoch für anschaulich gegeben zu halten — wie das außerhalb des Theaters (und verwandter, Schauspielerei einsetzender Medien) nur noch höchst selten und schon gar nicht systematisch geschieht.[1]

Dieser für das Theater charakteristische Zusammenhang von Personalität, Kommunikativität und Fiktionalität enthält eine verhängnisvolle Eignung dazu, daß einer Fehleinschätzung der ihn stiftenden Arbeit Vorschub geleistet wird. In der heutigen westdeutschen Einrichtung — und natürlich nicht nur in ihr — wird die Person des Schauspielers tendenziell als außergewöhnliche ***Persönlichkeit*** ›serviert‹, die im Licht aller von ihm fingierten Rollen bzw. des durch ihre summierte Vielfalt suggerierten psychischen Reichtums als fiktive ***Promi-***

nenz erscheint und in einer auf einseitige Unterhaltsamkeit eingeschränkten Unterhaltung eine Art von ***Spontanität*** zugeschrieben bekommt, die nicht diskursiv bzw. praktisch sich messen lassen muß. Im Gegenteil disponieren die Normen und Wertorientierungen der bestehenden Gesellschaftsordnung das Theater ausgesprochen dazu, aus der Personalität, Fiktionalität und Kommunikativität der schauspielerischen Dienstleistung eben jenes für seinen Betrieb erforderliche Milieu von Personenkult, Illusion und Scheinunterhaltung mit abzuleiten, das in den wechselseitigen verzerrten Vorstellungen der Schauspieler und der Zuschauer voneinander sein Elixier hat und sich in der Institution und deren Verkehrsformen umfassend niederschlägt.[2]

Insbesondere der Schauspieler versteht sich dementsprechend meist nicht primär oder gleichrangig als gegen Lohn abhängig Arbeitender und als dienstleistender Beschäftigter (wie die meisten Erwerbstätigen), nicht als Vertreter eines besonderen Berufs (unter vielen arbeitsteiligen eines ökonomischen Systems) und als Kommunikations-Partner (von anderen); vielmehr begreift er sich zuerst eben als irgenwie besonders charakteristisches Individuum in einer unpersönlichen Masse — wenigstens als ›Original‹ (und besser noch als ›Genie‹) — als Künstler und als Beherrscher des Publikums. Aus der gattungsmäßigen Verfassung des Theaters im Hinblick auf die daran aktiv beteiligten Menschen — nämlich, daß er dessen ästhetischer Bedeutungsträger in Person, das Subjekt des Theaters schlechthin ist — leitet der Schauspieler umso mehr die Bestätigung dafür ab, daß er sich überhaupt als einzigartiges ***Individuum*** fühlen darf. So kann die einer personenverhafteten Dienstleistung durchaus nicht ungewöhnlicherweise innewohnende Qualität, daß an ihrer Arbeit tatsächlich manches auch Grundlegende sich nicht objektivieren oder leistungsmäßig normieren lassen wird, eine geheime Verquickung mit der keineswegs zwangsläufigen Kunstkonvention des (kleinbürgerlichen) Theaters eingehen — wonach man bei seiner Präsentation möglichst alle Arbeits-, Herstellungs-, Handwerks-Spuren seiner Produktion ausgelöscht haben oder überspielen soll: dies aber wirkt dann wieder zurück auf elementare Konflikte und Auseinandersetzungen des Schauspielers in seiner alltäglichen Arbeit (und zwar als Verdrängung, Verlagerung, Rationalisierung eben jenes Zwiespalts) — worin jener

Schein von besonderer Subjektivität des Akteurs in krassen Widerspruch zu objektiv über ihn verhängten Bedingungen seiner Existenz gerät.[3]

Tatsächlich muß es den Vertretern eines Berufs, dessen spezifische Leistung gerade in einer bestimmten Form der Herstellung von Schein besteht, doch schwerfallen, den Schein, durch den ihnen Größe, Bedeutung und Einmaligkeit angedichtet wird, zu durchschauen, mehr noch: praktisch zu durchbrechen — je mehr ihnen derart vielfach, dauernd und hartnäckig die ***Zentralität*** ihrer Position nahegelegt wird! Denn nicht nur steht ja der agierende Schauspieler Abend für Abend allein sichtbar im Rampenlicht eines Geschehens, dem eine Menge namenloser Zuschauer aus dem Dunkel des Saals passiv (und wie von ihm gebannt) folgt — sondern es dreht sich dementsprechend letztlich auch im Betrieb, in Institution und Produktion, alles um ihn: vom Schneidern der Kostüme bis zur Werbung fürs Abonnement, vom Rotieren der Verwaltung bis zu den Berichten der Presse, vom Toben des Regisseurs bs zu dem des Publikums, von morgens bis abends und von der ersten bis zur letzten Vorstellung... Der sichere Instinkt für die uralte Tatsache, daß beim Theatermachen letztlich alle Personen außer ihm entbehrlich sind, hat sich beim Schauspieler gegen alle jüngere Praxis untrüglich (wenn auch durchaus nicht unbedingt zu seinem Vorteil) gehalten — sei das die Aufwertung von Autor, Regisseur und Bühnenbildner oder sei das die zwangsläufig zunehmende Umwerbung und aktive Einbeziehung der Theaterbesucher. Zu alledem liegt das deutsche Schauspielhaus, ein stattlicher Repräsentationsbau, immer noch wie seit Jahrhunderten inmitten einer modernen Stadt, deren Gesicht in den vergangenen Jahrzehnten ansonsten — gerade auch was die bauliche Verdrängung traditionell prägender Funktionen aus ihrem Zentrum anlangt — erheblich entstellt worden ist. Immer noch kommt man zu den Präsentationen dieses unverrückten Theaters als zu (publizistisch entsprechend aufmerksam gewürdigten) Ereignissen von öffentlichem Rang und gesellschaftlicher Würde; und man will dort — auf ›Brettern, die die Welt bedeuten‹ — bedeutsame Vorgänge zwischen Menschen vorgeführt bekommen, wie kein Medium sonst sie so lebendig abbildet und zur Sprache bringt! Wie sollte der Schauspieler das Theater etwa nicht für das Zentrum der Welt halten und sich für seinen Mittelpunkt?[4]

Mit der objektiven Zentralität des Akteurs korrespondiert die psychische Grund-Disposition, die den Schauspieler dieser Art von Theater erst befähigt und treibt, Schauspieler zu werden bzw. zu sein: eine Persönlichkeits-Spaltung dergestalt, daß er die leibhaftigen Zeichen von wirklichen menschlichen Zuständen, Handlungen und Verhaltensweisen, insbesondere aber von Affekten, inneren Bewegungen, als zusammenhängende Kontur einer Rolle äußerlich erzeugen kann und können muß — unabhängig von seiner eigenen wirklichen psychischen Verfassung. Insofern diese professionelle Artifizialisierung des eigenen Ausdrucksgebarens sich permanent im Zwang und im Vermögen zur Aufrechterhaltung der Verfügungsgewalt inbezug auf das Bild verkörpert, das andere von ihm gewinnen sollen, ist dieser Schauspieler — per Beruf und per Persönlichkeit untrennbar zugleich — konstitutionell zu einer latenten Form von ***Psychose*** disponiert. Dabei geht die Desintegration insbesondere von Affekt und Affektausdruck einher mit zahlreichen Folge- und Begleiterscheinungen der Manipulation beider, unter denen die (oft bis zum Narzißmus gesteigerte) Eitelkeit wohl der am häufigsten charakteristische Zug ist.[5]

Die Verdeckung, ja Verdrängung einer Sache durch die Person, die Verhinderung wechselseitiger Anerkennung durch einseitige Bewunderung und die Ablenkung allgemein vorhandener schöpferischer Vorstellungskraft in die passive Hinnahme professioneller Phantasie-Produkte — verstärkt durch die in ihrer Bühnen-Erscheinung artistische Abbildungs-Aktivität des Schauspielers — sie nähern seine Tätigkeit und sein Verständnis dem allgemeinen Bild der bürgerlichen Gesellschaft vom ***Künstler*** an. Vielfache praktische Beziehungen zwischen Schauspielern und Musikern, Malern, Tänzern, Literaten usw. unterstreichen dieses Selbstverständnis ebenso wie die rechtliche, ästhetische und kulturelle Zuordnung das Fremdverständnis der Gesellschaft. Entscheidend dabei aber ist heute, daß jene auf wenig wirklicher Kenntnis seiner Arbeit, Psyche und Lebensweise beruhenden gesellschaftlichen Vorstellungen vom ›Künstler‹ sich — vor allem unter dem Einfluß der Massenmedien — längst völlig zu einem Klischee verdinglicht haben, dessen Kontrolle mehr an einem von der kleinbürgerlichen Norm abweichenden Sozialverhalten der Person als an den unsicheren Qualitäten ihres Werks orientiert ist. Ein solches Stereotyp freilich ist durch ausdruckshafte Selbststilisierungen, wie sie der Schauspieler professionell beherrscht, verhältnismäßig einfach zu bedienen und läßt im übrigen beide Beteiligte an seinem Nutzen und Wert partizipieren. Für den so prestigemäßig anerkannten ›Künstler‹ insbesondere eignet sich die dadurch gewonnene psychische Befriedigung hervorragend dazu, daß er seine wirklichen materiellen und habituellen Benachteiligungen als Schauspieler durch ideelle Gratifikationen und Imaginationen besser verschmerzt; ja noch dem (anders als er) dauerhaft angestellten Techniker und dem Verwaltungs-Beamten im eigenen (Schauspiel-)Haus kann er so täglich voller Herablassung begegnen...[6]

Die nach Berufstätigkeit, Sozialprestige und Selbstverständnis sich manifestierende Zugehörigkeit des Schauspielers zur gesellschaftlichen Gruppe der Künstler verschränkt sich mit der traditionellen Zuordnung seines Standes, seiner Lebensweise und seines Normen- und Werte-Systems zu einer stärker marginalen, ja ausgesprochen außenseiterhaften ›Subkultur‹: der ***Bohème.*** Die Haltung des Bourgeois gegenüber dem Bohèmien schwankt in der Geschichte zwischen schaudernder bis lüsterner Neugier auf sein als unmoralisch, unkonventionell, unordentlich gewähntes Leben — und argwöhnischer bis entrüsteter Mißbilligung seiner nichtsnutzigen Künste, seiner liederlichen Arbeitsmoral und lockeren Diesseitigkeit, der Abweichung von der Norm für ihr Ghetto und Milieu allerdings beschränkt eingeräumt werden. Als solche historischerweise gesellschaftliche Subkultur teilen Schauspieler bis heute deren allgemeine Neigung zur Ausbildung eines spezifischen, durch die Abgrenzung gegenüber ›Fremden‹ aktivierbaren Gefühls von Zusammengehörigkeit; zu ihm und der Demonstration der spezifischen Gruppen-Zuordnung sind auch der Umgang in eigenständigen Verkehrsformen, insbesondere die Pflege von Jargon und Ritualen zu rechnen. Es ist mit dieser Art subkultureller Selbststilisierung durchaus vereinbar, daß der nicht-seßhafte ›Komödiant‹ von einst, heute außerhalb des Betriebs häufig in völlig normalen ›bürgerlichen‹ Verhältnissen lebend, gleichzeitig volle bürgerliche Anerkennung verlangt. Er teilt ja in der Regel mit seinem Zuschauer die bürgerlich-kleinbürgerliche Gegenwart seiner Existenz objektiv und hat häufig auch die klassenmäßig gleiche Herkunft wie er. Freilich leben Theaterleute traditionellerweise in gesellschaftlichen Enklaven, ja Ghettos. Umso weniger geschichtliche Erfahrung bringt der

Schauspieler im Hinblick auf die ihm permanent drohende Proletarisierung, seine Ausbeutung und Entfremdung mit. Gerade das gesellschaftliche Bild vom Künstler-Bohèmien blendet herkömmlicherweise doppelt aus, daß auch er, wo er (immer häufiger) mit fremden Produktionsmitteln arbeitet, nur seine Arbeitskraft warenhaft verkauft: einmal, insofern der ›Wert‹ Kunst in der herrschenden Ideologie von allen Assoziationen an nüchterne Kauf/Verkaufs-Akte gereinigt erscheint — zum anderen, indem Kunst stets in ihrer sinnlich-sinnfälligen Gestalt, als Resultat von Inspiration und dgl., und nicht als Prozeß und Arbeit (auch von vielen Künstlern selbst!) dargestellt wird. Die verkitschte Idolisierung einer romantischen Bohème, die als materiell arm — aber reich an Phantasie und Liebe, Witz und Kumpanei dargestellt wurde, hat bis heute Spuren in der gesellschaftlichen Vorstellung auch vom Schauspieler hinterlassen, zumal ein solches Heterostereotyp oft kokett von den Betroffenen selber gepflegt wird.[7]

In der bürgerlichen Gesellschaft der BRD heute hat sich der Akteur der (inzwischen so genannten) ›darstellenden Künste‹ — d.h. der Schauspieler, Sänger und Tänzer — längst die allgemeine Anerkennung seiner Zugehörigkeit zu ›den‹ Künstlern historisch verschafft. Er unterscheidet sich jedoch von deren immer schon unzweifelhaft akzeptierten Vertretern — wie Malern, Bildhauern, Komponisten, Dichtern und dgl. — vor allem in drei wichtigen Punkten: 1. Der darstellende Künstler übt im allgemeinen einen ***reproduzierenden*** (oder auch interpretierenden) Beruf aus; d.h. seine ›Kunst‹ der artifiziellen Wiedergabe eines zuvor schon in anderer Form ähnlich existierenden (Kunst-)Werks — eines Dramas, einer Oper usw. — dient (wie beim Pianisten oder Hörspiel-Sprecher auch) einer primären Sache. 2. realisiert sich die finale Tätigkeit des darstellenden Künstlers — bis auf die verhältnismäßig seltenen, eher situativen bzw. statistischen Ausnahmen von Solo-Tänzer und Pantomime — stets in einer Handlung, bei der er in artifiziellen Beziehungen zu mindestens noch einem Partner, meist aber zu vielen anderen mit ihm auftretenden Kollegen und sowieso fast immer zu mehreren Bühnenleuten arbeitend steht; d.h. seine künstlerische Tätigkeit ist elementar ***kooperativ*** (wie ansonsten selten im Kunstbereich, aber z.B. der Situation des Orchester-Musikers vergleichbar). Und 3. bestehen Aufgabe und Leistung des darstellenden Künstlers immer auch in einer bestimmten Form der mehr oder minder kunstvollen Präsentation von wahrnehmbaren Eigenschaften, Seiten, Teilen einer Person, deren vorgeführte Bedeutung an seinem Körper haftet; d.h. seine künstlerische Betätigung ist und geschieht ***leibhaftig*** (wie, zumindest mit dem Charakter der Unentbehrlichkeit, praktisch bei keinem anderen Künstler). Wenn es daher charakteristisch für den darstellenden Künstler ist, daß seine Arbeit bzw. Kunst in einer zugleich reproduzierenden, kooperativen und leibhaftigen Tätigkeit besteht, dann kennzeichnet der Zusammenhang dieser Merkmale auch wiederum die möglichen, ja wahrscheinlichen Konflikte, in die der Akteur mit einem gesellschaftlich vermittelten Anspruch gerät, absolutes Individuum — absoluter Künstler zu sein. Die Notwendigkeit, ein ursprünglich gegebenes Werk zu re-produzieren, engt die Freiheit zur Produktion der eigenen Originalität und Schöpferkraft ein und schiebt eine fremde Sache vor die eigene Person. Der Zwang zur Zusammenarbeit widerspricht zumindest teilweise der Lust zu individueller Phantasie bzw. persönlicher Anerkennung dafür und installiert ganz generell die Konkurrenz. Und die (in der Regel durch den Regisseur erhobene) fremde Forderung, den eigenen Leib als Arbeitsmittel und -gegenstand zu objektivieren und zu mediatisieren, greift die Unantastbarkeit des Subjekts an und macht jede Kritik an der Arbeit unmittelbar zum Angriff auf die Persönlichkeit! Die Austragung dieser für den darstellenden Künstler konstitutiven Widersprüche vollzieht sich darüberhinaus innerhalb des westdeutschen Theaters unter betrieblichen Bedingungen, die ihren Gegensatz eher noch verschärfen als mildern.[8]

Untersuchen wir die konkrete Manifestation all jener Zusammenhänge und Widersprüche und ihre Voraussetzungen in der sozialen Wirklichkeit des Schauspielers — in seinem ***Leben,*** seinem ***Alltag,*** seiner ***Arbeit!*** Der weiteste Rahmen für die verschiedensten Verkehrsformen und Entwicklungen des Schauspielers im Hinblick aufs Theater ist natürlich sein Leben (wenn man das hier als Dauer seiner biologischen Existenz versteht). Charakteristisch für dessen berufsaktive Phase, die oft vom ersten Engagement des noch jugendlichen Anfängers bis weit übers Rentenalter hinausreicht (bzw., als sozialstaatlich nur mangelhaft gesicherte Existenz, hinausreichen muß) — ist insbesondere ein (gemessen an nichtkünstlerischen Berufen) weit überdurchschnittlicher Positions- bzw. Institutions- und Ortswechsel. Der

Schauspieler muß sich also auf eine ***geografische Mobilität*** dergestalt klar einstellen, daß auch ein nur mittelmäßig beschäftigter Akteur gegen Ende seiner Laufbahn an vielleicht einem Dutzend von Bühnen fest engagiert war (obwohl die Seßhaftigkeit auch hier heute zugenommen haben dürfte). Neben dem äußeren Zwang dazu, wie er im eingebürgerten Verlangen der relevanten Öffentlichkeit nach dem Wechsel von Programmen, Stilen und — Gesichtern bzw. einer entsprechenden Vertragspraxis sich festgesetzt hat, besteht ein anderer Grund dafür auch in der verhältnismäßig großen ***positionellen Mobilität*** des Schauspielers: gemeint ist eine ausgesprochen starke, wenn auch statistisch gesehen selbstverständlich rare Disposition des Berufs zur plötzlichen Entfaltung persönlicher Karrieren (im Zusammenhang mit einer gattungsimmanenten Neigung zu Idolbildung und Persönlichkeitskult), ja überhaupt zum steilen Aufsteigen von Stars, zu dauerhaft unstetem Ruhm und zu unerbittlichem Versinken in namenlose Statisterie und vergessenes Altern — Dispositionen also, welche die Fixierung und die Hoffnung aufs Avancieren zum Motiv jedes Wechsels machen können. Seine mit der häufigen Veränderung von Haus und Ensemble verknüpfte Orientierung nach ›oben‹, die den Schauspieler auch an die attackierte Vertragsunsicherheit dauerhaft gewöhnt, und seine Zielsetzung, sich nach ›vorne‹ zu spielen — aus der ›Provinz‹ an die ›ersten Bühnen‹, von der Charge zum Protagonisten, von der Aufzählung unter ›ferner wirkten mit‹ zur Detail-Würdigung durch die überregionale Presse — all das gehört zum hoffnungslos optimistischen Erwartungszwang der noch nicht, vielleicht lebenslang nie Arrivierten, die doch zugleich als Vorhandensein von Durchschnitt erst Prominenz erlauben... Neben der eher zunehmenden intermedialen Mobilität, einfacher gesagt ***medialen Mobilität,*** wie die steigende Bedeutung vor allem von Film, Rundfunk und Fernsehen sie ermöglicht bzw. benötigt, ist die ›intramediale‹ wohl verhältnismäßig gering entwickelt: nur selten übernehmen Schauspieler innerhalb des Theaters andere berufliche Funktionen — am häufigsten die der Regie und gelegentlich (von dort aus) auch die der Intendanz — ansonsten ist ihre Wahl eines anderen Berufsfelds (und das nicht zu selten!) meist mit dem gänzlichen Abgang aus dem Theater verbunden.[9]

Die ***Berufs-Situation*** der Schauspieler in Westdeutschland ist alles andere als günstig! Die Zahl der Arbeitsplätze ist seit Jahrzehnten verhältnismäßig konstant geblieben und hat heute eher sogar rückläufige Tendenz. Noch ohne Rücksicht auf Wirtschaftskrisen ist die Arbeitslosigkeit im Schauspieler-Fach permanent hoch und wird durch das ständig erneuerte Überangebot (von alljährlichen Ausbildungs-Absolventen) definitiv erhalten. Für Schauspielerinnen verschärft sich die heikle Berufslage noch insofern, als die westdeutschen Ensembles traditionellerweise erheblich weniger Positionen für sie als für Männer aufweisen (was zunächst mit der Statistik des Dramen-Personals zusammenhängt) — der weibliche Zulauf zu diesem Beruf aber eher noch höher als der des anderen Geschlechts ist. Die im Arbeitsleben insgesamt noch allgemein verbreitete berufliche, insbesondere auch materielle Zurücksetzung von Frauen — auch am Theater etwa in Form niedrigerer Gehälter oder ihrer ausgesprochen seltenen Betrauung mit Leitungs-Funktionen sehr üblich — erhöht diese Schwierigkeiten und führt zu Stereotypbildungen im Hinblick auf die als spezifisch ›weiblich‹ geltenden Tätigkeitsbereiche (wie bei Kostümbildnerin oder Souffleuse) bzw. ›männliche‹ Domänen (z.B. Regie); ein Kind auszutragen und aufzuziehen, ist für die durchschnittliche Schauspielerin mit ihrer Karriere nicht vereinbar. Das durchweg übliche Engagement von Schauspielern auf Zeit- oder gar nur Stück-Vertrag und die systemspezifische Tendenz zur periodischen Auswechslung ganzer Ensembles — bei Änderungen in der Bühnenleitung — halten auch dem beschäftigten Akteur das Gespenst drohender Arbeitslosigkeit stets vor Augen. Bei den Sängern, für deren Tätigkeit sprachliche Barrieren eine erheblich geringere Rolle spielen, kommt darüberhinaus mittlerweile schon ein großer Anteil des Personals aus dem Ausland. Moral, Freiheit und Einkommen sinken rapide, wo auf eine Stelle von den etwa 3.000 bis 3.500 (westdeutschen) Arbeitsplätzen für Schauspieler immer schon durchschnittlich vier bis fünf arbeitslose ›Kollegen‹ warten könnten! Die mangelhafte Ausbildung, ein indefinites Muster der Arbeitssuche und ein grauer Markt der Arbeitsvermittlungen sowie eine unsichere Altersversorgung machen die Schauspielerei vollends zu einem außergewöhnlichen Risiko- und Durchsetzungs-Beruf. Die heute unwiderrufliche Verweisung des reinen Bühnen-Schauspielers in ein vor-massenmediales Zeitalter läßt dieses Berufsbild zwar vielfältiger — zugleich aber auch diffuser erscheinen.[10]

Die Verpflichtung von Schauspielern an einem Theater ist für sie im allgemeinen nur — und im doppelten Sinn — Engagement auf Zeit. Wer nur auf ein, zwei Spielzeiten angestellt ist, der lernt bald, prinzipiell auf eigene Faust zu handeln und sich nicht leichtfertig auf ein Kollektiv zu verlassen, das faktisch häufig eher eine Ad-hoc-Gruppe bildet, einen Gelegenheits-Verein. Wessen Chancen auf Verlängerung des alten oder Abschluß eines neuen Kontrakts u.a. entscheidend davon abhängen, daß und wie er sich in mögichst vielen Rollen möglichst vorteilhaft (nämlich vielfältig und doch als eindeutiger ›Typ‹) profiliert hat — für den wird die Bühne bald zum Markt: Die Darbietung einer Produktion ist vom Feilhalten der eigenen Person manchmal nicht mehr zu trennen. Die Arbeitsmarkt-Lage im Theaterbereich forciert den konstitutionell vorhandenen Drang des Schauspielers nach individueller Selbstverwirklichung und individueller Anerkennung im bzw. durchs Spiel und schürt das offene und heimliche Denken und Verhalten in Kategorien der ***Konkurrenz.*** Der Zwang zum Übertreffen des Mitspielers bzw. Rollen-Mitbewerbers und der Hang zum Erspielen des Erfolgs durch die Überwältigung des Zuschauers gehen als latente Dispositionen in die Aufführung ein. Außer daß sie der Mißachtung der Sache Vorschub leisten, machen solche Einstellungen aber auch den Schauspieler bis zur völligen Kritiklosigkeit empfänglich für alles, was ihm die begründete Aussicht auf eine Verbesserung seiner materiellen und psychischen Instabilität zu bieten scheint: ein schmeichelhaftes Urteil in der Tagespresse, ein Stirnrunzeln des Intendanten, das Angebot eines Bühnenagenten, die Teilnahme an einer sensationsversprechenden Inszenierung, den Szenenbeifall in der Premiere und eine Hätschelei des Regisseurs... Daß die Verhandlungen über Verträge und Vertragsverlängerungen bei Schauspielern in der Regel in individueller Isolation — selbst von einem vertrauten Ensemble — geführt werden (und die jeweils unterschiedlichen Gagen dementsprechend der Diskretion anheimfallen), hält diese Konkurrenz sicher nicht umsonst am Leben.[11]

Im ***Alltag*** des einzelnen Akteurs erscheinen die Widersprüche von Beruf und Existenz oft nur in schwer greifbaren, vielfältigen Verhaltensweisen und Verkehrsformen. Schon der allgemeine Tageslauf, dessen Organisation und Ablauf wie bei anderen Erwerbstätigen auch beim

Schauspieler wesentlich durch seine Arbeit bestimmt ist, unterscheidet sich erheblich von dem der meisten anderen arbeitenden Zeitgenossen (einschließlich derer im eher vergleichbaren Dienstleistungs-Sektor): 1. präsentiert das Theater seine Produktionen in der Regel während der Freizeit seiner Besucher, so daß der auftretende Schauspieler gerade (zumindest auch) dann Arbeit leisten muß, wenn die große Mehrheit der übrigen Bevölkerung, das Publikum im Prinzip eingeschlossen, sich ausruht — d.h. die Arbeit des Schauspielers steht zur allgemeinen in einem deutlichen Verhältnis der sozialen ***Phasenverschiebung.*** 2. verläuft die professionelle Tätigkeit der meisten Bühnen-Künstler (insbesondere an einem Repertoire-Theater) dergestalt, daß sie häufig tagsüber mit der Produktion einer, abends aber mit der Präsentation einer anderen Inszenierung beschäftigt sind — d.h. die Arbeit des Schauspielers basiert konstitutiv auf einer sachlichen ***Zweiteilung.*** 3. schließlich besteht zwischen Produktion und Präsentation eine strukturelle Ähnlichkeit und ein innerer Zusammenhang dergestalt, daß man als Mitspieler meist eben nur in manchen Szenen unregelmäßig gebraucht und gefordert, ansonsten beiseitegeschoben wird — d.h. die Arbeit des Schauspielers ist geprägt von einer leistungsmäßigen ***Diskontinuität.*** Dieser enge Zusammenhang von Phasenverschiebung, Zweiteilung und Diskontinuität im Rhythmus der Arbeit eines Schauspielers durchzieht und formt seinen Alltag wie auch den im Theater-Betrieb überhaupt — mit dem er ungewöhnlich stark zusammenfällt — vielfältig und tief. Die Anstrengungen einer mit verbissenem Charme stets als Unterhaltung präsentierten Nachtarbeit, die psychische wie physische Doppelbelastung durch Probe und Aufführung sowie die wechselnde Anspannung von Spiel-Präsenz und Pausen-Leerlauf wirken verschärfend auf die bereits bestehenden Widersprüche und Konflikte der Arbeits-Situation ein. Nur die Berücksichtigung dieser Bedingungen macht annähernd verständlich, inwiefern sich im Theateralltag eine Haltung zu seinem schöpferischen Zentrum atmosphärisch einstellen kann, die durch Nervosität (bis zur Hektik), Nachlässigkeit (bis zur Schlamperei) und Abspannung (bis zum Gammeln) gekennzeichnet ist; sie bringt schließlich eine Uneffektivität des Schaffens mit sich, wie sie kaum in einem anderen ernsthaften, geschweige künstlerischen Arbeitszusammenhang möglich zu sein scheint.[12]

Es ist bezeichnend für jene Zwiespältigkeiten des Bühnen-Milieus, daß viele Schauspieler ihre historisch mühsam errungenen tariflichen Mindest-Ruhezeiten (vor bzw. nach der aktiven Teilnahme an Produktion und Präsentation) ebenso wie sonstige ›müßige‹ Intervalle (etwa zwischen zwei Proben-Auftritten) oft geradezu zwanghaft in der Kantine bzw. einer theaternahen Stammkneipe verbringen, wo dann auf dem Boden von Anerkennungs- und Kompensationsbedürfnissen Klatsch, Kungelei und Blödelei mindestens ebenso gedeihen wie das aus und in der Probe verdrängte oder offen unterbundene Gespräch über Inszenierungs- und Rollenkonzeptionen, wie Versuche zu Probenkritik und zu Ansätzen betrieblicher Solidarität. Bei dieser Art von geselliger Kumpanei vor allem zwischen den Schauspielern — die in ihrer frotzelnd-fröhlichen Probenbeziehung bisweilen arbeitsmäßig und bei Premierenfeiern regelmäßig feierabendlich sich abbildet — handelt es sich in Wirklichkeit um eine ausgesprochene ***Pseudo-Gemeinschaft*** von einander häufig ziemlich fremden, entfremdeten, ja oft sogar miteinander direkt konkurrierenden Individuen. Gerade aber weil in der Arbeit sachliche Differenzen nicht ausgetragen werden (sollen), spielerische Beziehungen nur willkürlich hergestellt werden (können) und persönliche Probleme zwangsläufig ausgeklammert werden (müssen) — versichert man sich umso umfassender und demonstrativer seiner Zusammengehörigkeit durch ein reich entwickeltes System von Riten und Symbolen, Habitus und Vokabular; solche Konventionen haben zugleich den Vorteil, daß sie die unübersehbar mangelnde Verfügungsgewalt der Schauspieler inbezug auf den Sinn von produktionsweise polar wechselnden, von außen aufgezwungene Inszenierungs-Konzeptionen ebenso beschwören helfen wie im Hinblick auf den Erfolg der entsprechenden Präsentationen (und den eigenen labilen Leistungsanteil daran). Die gemeinsame Anerkennung von — möglichst einer ›out-group‹ zuzurechnenden — ›Sündenböcken‹ (wie Kritikern, Intendanten, politisierenden Dramaturgen u.a.) als Verursachern der schlechten Verhältnisse oder eines speziellen Mißerfolgs sowie die Pflege gemeinsamer ›Kasten‹-Werte (wie durch die Kolportierung von Witzen und Bühnen-Anekdoten) sind diesem Syndrom immanent. Die gewerkschaftliche Vertretung der eigenen Interessen in ihrer traditionellerweise rein betriebstechnischen und tarifpolitischen Verkümmerung läßt die Kollegialität, gar Genossenschaftlichkeit ihrer Mitglieder — dem hohen Organisierungsgrad von-

rund 3/4 zutrotz — ziemlich wirkungslos in jene allgemeine Pseudo-Gemeinschaft eingehen.[13]

Wechselseitige narzißtische Befriedigung bildet einen ganz wesentlichen Halt für die Beziehungen von Theaterleuten untereinander, insbesondere aber zwischen den Schauspielern. Selten wohl wird vor allem durch die Männer unter ihnen die Unterhaltung über das allgemein verdrängerisch so genannte ›Thema Nummer 1‹ — die Sexualität, genauer: sexuelle Beziehungen zwischen Männern und Frauen — in ihrer Dominanz als Element der Betriebsatmosphäre so infragegestellt wie hier durch die liebevolle Beschäftigung mit der eigenen Person! Beider Themen starker innerer Zusammenhang — vermittelt über ein berufsbedingt libidinöses Interesse an Körperlichkeit und die (wie auch immer) psychisch bzw. wahrnehmungsmäßig geschärfte Aufmerksamkeit für leibhaftige Zeichen — erzeugt im Theater-Betrieb generell eine ***erotische Atmosphäre*** von signifikanter Dichte. Gerade sie gewinnt natürlich auch im Hinblick auf die alltägliche Arbeit der Darstellung von Beziehungen zwischen Menschen eine konstitutive Bedeutung; und zwar ist diese Erotik weniger von Belang inbezug auf ihre stoffliche Verwandtschaft mit den im Drama (allerdings auch häufig) thematisierten Geschlechtsbeziehungen — als vielmehr durch ihr Potential für den Aufbau intersubjektiver Spannungen zwischen körperlichen, leibhaftig präsenten Geschlechtswesen und die Freisetzung ihrer lustvollen Energien in der Interaktions-Arbeit. Dabei spitzt sich die alltägliche Arbeits-Konstellation auf der Bühne noch durch den Druck des Widerspruchs zu, daß die Schauspieler hier berufstätig in Beziehungen zueinander treten müssen, in denen eine (zumindest häufig auch) auf leidenschaftliche körperliche Wirkung angelegte greifbare Nähe zueinander — mit einer bis zur scharfen Isolation und Selbstkontrolle disziplinierten inneren Distanz vereint werden muß. Diese konstitutive Erotisierung der intersubjektiven Beziehungen in Arbeit und Pausen — die denn doch über die übliche betriebsklimatisch fördernde Büro-Koketterie ebenso wesentlich hinausgeht wie über die schleichende Sexualisierung anderer Branchen — hat offenkundig entscheidend mit der Persönlichkeits-Struktur des Schauspielers zu tun; der schwierige Zusammenhang zwischen Sozialisation, Sexualität und Sinnlichkeit ist jedoch im Hinblick auf Theaterleute noch nicht näher untersucht worden.[14]

Zumindest auf der Oberfläche von Verhalten und Beziehungen wird beim Schauspieler eine Neigung zur Abweichung von Normen und Wertorientierungen der Gesellschaftsordnung sichtbar, wie sie durch die Sozialisation vermittelt sein muß; sie steht in engem Zusammenhang mit einer (nur) scheinhaften Unterlaufung gesellschaftlich verbindlicher Identitätsmuster insofern, als die sozial (auch) geforderte symbolische Bekundung der Treue zu ihnen durch die konstitutive Fähigkeit des Schauspielers zur leibhaftig-zeichenhaften Simulation eben solcher Muster düpiert werden kann. Eine solche Tendenz zur Unangepaßtheit manifestiert sich evidenterweise auch und gerade im ***abweichenden Sexualverhalten.*** Daß man am Theater davon — und nicht bloß von einer erotischeren Atmosphäre — sprechen kann, wird u.a. durch eine zumindest offenkundigere Praktizierung von homosexuellen Beziehungen unterstrichen: sie insbesondere hat ja auch geradezu eine historische Kraft der Verunsicherung von Gegnern des Theaters — und sicher auch die Gewalt seiner Faszination gegenüber Anhängern und Liebhabern mit ausgebildet, wie sie durch eine auf diesem Gebiet heute oberflächlich liberalisierte öffentliche Bewertung noch kaum an spezifischer Wirkung verloren hat. Insbesondere im Ballett scheint der konstitutive Zusammenhang von eigener Ausdruckspflege, erotischem Selbstbezug, Rollenspiel und Homosexualität unübersehbar zu sein — aber auch im Schauspiel-Betrieb dürften Homosexuelle, schichtenspezifisch gesehen und verglichen vor allem mit nichtkünstlerischen Arbeitsbereichen, stark überdurchschnittlich vertreten sein; die sozial kaum gebrochen fortbestehende Tabuisierung und Diskriminierung von Homosexualität verwehrt hier differenziertere Untersuchungen und gibt u.a. Spekulationen über den am Theater praktizierten Protektionismus jener Minderheiten-Angehörigen untereinander herkömmlicherweise ständig Nahrung. Erst auf der Grundlage solcher Untersuchungen aber könnte ohne Gefahr der Fixierung an den Zusammenhang von historischem Hetero-und Auto-Stereotyp inbezug auf den Schauspieler z.B. ausgemacht werden, ob seine sexuelle Promiskuität — zumal im Theaterbereich selbst — wirklich signifikant höher liegt als unter ihm ähnlichen Personen (wie insbesondere der vielfach historisch hergestellte Bezug von Schauspielerei und Prostitution nahelegt).[15]

Die eigentliche ***Arbeit*** des Schauspielers wird hier unter Absehung von ihren prozessualen Beschaffenheiten und betrieblichen Einbindungen nur unter dem Aspekt der jeweils individuellen Leistung betrachtet — d.h. auch gerade entgegen dem normalerweise auf die künstlerische Interpretation (und bestenfalls die kräftemäßige Verausgabung in leidenschaftlichen Ausbrüchen) gerichteten öffentlichen Interesse. ***Ergonomisch*** gesehen hat der Akteur dann vor allem drei Formen von Arbeitskraft aufzubieten, die durch ein permanentes Training erst prinzipiell zu ermöglichen und in Produktion und Präsentation zu synthetisieren sind: es handelt sich dabei sowohl um ***körperliche*** als auch um ***geistige*** wie um ***seelische Leistungen.*** Gerade die konventionellerweise einseitige Beurteilung des Schauspielens nach der Seite seines Kunstprodukts hin rückt ja meist nicht nur die Anstrengungen einer dem Blick und dem Interesse des Publikums entzogenen Vorbereitungs-Tätigkeit völlig in den Hintergrund — sondern sie leistet auch einer starken Unterschätzung der auf offener Szene vollbrachten Arbeit nur zu leicht Vorschub! Tanz, Gesang und Rollenspiel in der vom Zuschauer erwarteten Perfektion aber basieren schließlich auf einer permanenten hochgradigen Beanspruchung von Muskeln, Knochen, Nerven, Kreislauf, Stimmbändern und Gehirn. Enorme physische Kraft, psychische Energie und spirituelle Konzentration müssen aufgewandt werden, um eine Rolle zu memorieren, zu trainieren, zu variieren und zuletzt fehlerlos-schwerelos zu präsentieren (um sie dann noch Abend für Abend zu reproduzieren...). Und dabei hebt ja der zeitlich jeweils nächste Schritt nicht einfach den vorangegangenen auf: gerade das Merken auswendig gelernter Texte z.B. wird zwar durch ihre Bindung an bestimmte gestisch-szenische Bewegungen im allgemeinen erleichtert, aber eben kaum ersetzt.[16]

Die Belastung der ***schauspielerischen Psyche*** ist extrem groß — besonders unter den Bedingungen, nach denen im Betrieb des westdeutschen kleinbürgerlichen Theaters Darstellungen erarbeitet und ›gespielt‹ werden. Zwar, schon prinzipiell leisten Schauspieler nicht irgendeinen — zur Not von jedermann erlernbaren bzw. vertretbaren — Dienst und können sich weder allein auf eine geistige Leistung konzentrieren (wie ein Autor) noch auf eine körperliche (wie der Artist) oder auf eine psychische (wie ein Therapeut): von ihnen wird der ›ganze Mensch‹ erheischt — und zugleich ein weitgehender Verzicht auf die Geltung ihrer eigenen Identität! Aber erst eine bestimmte gesellschaftsgeschichtlich bedingte Auffassung von Theater zwingt den Schauspieler dazu, derart in das vermeintlich Innere der darzustellenden Gestalten mit Haut und Haaren einzudringen, daß er in der Identifikation als affektivem Sich-eins-Fühlen mit ihnen auch die Zuschauer zur Identifizierung mit ihm suggestiv bewegt. Eine dementsprechende Konzeption von Schauspielerei als einem bei der Präsentation dauernd doppelt zu erbringenden Akt der Überwältigung — nämlich der Spielfigur und des Publikums — zwingt allerdings permanent zu gewaltiger psychischer und physischer Leistung, deren Kehrseite die völlig unbeteiligte Reproduktion ausgeleierter Vorstellungen ist und als deren Komplement die totale Erschlaffung nach der großen Vorstellung gern idolisiert wird. Balanciert die schauspielerische Persönlichkeit schon im günstigsten Fall konstitutiv ständig zwischen der Kultivierung einer psychotischen Disposition zur Zersplitterung und professionell geforderten Brechung des Selbstbewußtseins und der Stärke und Einheitlichkeit eines intelligiblen Ichs, das zum interpretierenden Erfahren und sinnfälligen Zeigen der vom Theater dargestellten Beziehungen unerläßlich ist — so lebt die spezifische Verkehrsform, als die Theater sich hier und heute vollzieht, geradezu von dem andauernden sensationslüsternen Aufreißen jenes Zwiespalts im Schauspieler und dessen Ausbeutung durch sich und andere. Die Überbrückung wird durch eine den theatralen Veranstaltungen immanente Atmosphäre von Hemmung, Bannung und Blockierung aller Haltungen geschaffen, die Diskursivität, Dialog, Spontanität, Improvisation und Gelassenheit, kurz: wirkliche Unterhaltung ermöglichen würden. Der permanente Zwang zur Beherrschung des durchgeplanten Spiels und die herrschaftliche Bezwingung des Publikums sind durch Routine und Konvention einer Präsentation aneinander gekettet, durch die nur zu leicht tiefsitzende Angst bricht! Abergläubische Praktiken müssen dem Schauspieler die Kluft traumwandlerisch vergessen helfen, die er durchs Spiel doch zugleich immer wieder neu zwischen sich und die Zuschauer reißt. Im ›Lampenfieber‹ wird dann die zwiespältige Haltung als neurotische Produktivität vollends so idolisiert, als wäre gar gerade sie zuerst das Kennzeichen schöpferischer Spannung (und nicht das letzte warnende Symptom eines ›kranken‹ Theaters, wie es sich gleich darauf reproduziert).[17]

Der Schauspieler erscheint auf der Bühne sowohl als Artist wie als Arbeitskraft, als freier Künstler und als Lohnabhängiger, als abstraktes Äquivalent in leibhaftiger Individualität. Indem er sich produziert, produziert er eine Dienstleistung und während er kommuniziert, verkauft er ein Stück seiner selbst. Ballen sich schon darin, daß Kunst im Kapitalismus oft nur noch als Warenleib von Kapital figuriert, tiefe Widersprüche zusammen — so kann der Künstler, der durch seinen leibhaftigen Auftritt in ***Warenform*** anderen gegen Geld öffentlich einen kulturellen Dienst leistet, vollends nur mehr als personifizierte Verkörperung dieses gesellschaftlichen Zwiespalts erscheinen. So untrennbar aber gerade im Theater die Produktion in der Kommunikation, die Verwertung in der Wertorientierung und die Rationalität des Äquivalententauschs in der unveräußerlichen Sinnfälligkeit der Person enthalten ist, so wenig wollen die Beteiligten von dieser ihrer gesellschaftgeschichtlich bestimmten Form ihrer Beziehung bei deren Verwirklichung als Zusammenhang von Präsentation und Rezeption wissen: der Wunsch rückwärtsgewandter Kleinbürger beider Seiten nach solcher Verschleierung geht daher wesentlich in alle Bühnenarbeit ein.[18]

2.33 Bühnenarbeit

Als Bühnenarbeit wird hier die Arbeit verstanden, die bei der Produktion von Theater und — in relativierender Beziehung dazu — bei seiner Präsentation unmittelbar auf und an der Bühne zu leisten ist, damit eine Aufführung zustandekommt; Kern dieser Bühnenarbeit ist der Vorgang der ***Inszenierung.*** Die Inszenierung besteht in der Auslegung einer Spielvorlage durch die allmähliche praktische Erarbeitung eines ihr folgenden szenischen Handlungsmusters, das durch das leibhaftig-sprachliche Ausdrucksgebaren von Schauspielern und andere Spielmittel gestaltet wird; das Resultat dieser Prozesses von Inszenierung ist dabei eine verhältnismäßig exakt wiederholbare theatrale Präsentationsform, wie sie — als ›Inszenierung‹ in der zweiten Bedeutung einer fertigen konzeptionellen Verlaufsgestalt — für das zentrale Ziel dieser Art von Theaterarbeit überhaupt gehalten wird. Die so verstandene Bühnenarbeit umfaßt also weder alle Arbeit am Theater schlechthin noch alle Vorarbeiten einer Produktion und steht nicht in erster Linie als Schöpfung von Sinn oder Genuß von Sinnfälligkeit zur Debatte. Vielmehr geht es hier um diejenigen notwendigen und üblichen Tätigkeiten, die bestimmte Menschen unmittelbar auf und an der Bühne unternehmen, damit eine Inszenierung verwirklicht und präsentiert werde: Arbeit untersucht als Voraussetzung von Spiel — Spiel als Arbeit betrachtet.[1]

Mit der hier und heute höchst seltenen Ausnahme reiner Improvisationen vollzieht sich jeder theatrale Produktions-Prozeß als graduelles In-Szene-Setzen einer Spielvorlage — d.h. durch eine Inszenierung als komplexe Bühnenaneignung einer symbolischen Dokumentation (wobei die Aneignung Veränderbarkeit des eigentümlichen Gegenstands einschließt). Allgemeiner ausgedrückt handelt es sich bei der Inszenierung um die planhafte ***Herstellung*** einer szenischen ***Darstellung*** auf der Grundlage und im Medium verschiedener ***Vorstellungen*** über ein jeweils bestimmtes Handlungsmuster. Genauer besehen werden dabei die Vorstellungen von mindestens drei Personen bzw. Gruppen — nämlich von Dramatiker (bzw. Komponist und Librettist), Regisseur und Schauspielern — in einem sich praktisch zwischen Regisseur und Schauspielern abwickelnden Prozeß der Herstellung (nämlich einer spielerisch reproduzierbaren Bühnenhandlung) in eine einheitliche Darstellung (nämlich der durch andere Spielmittel unterstützten von Schauspielern) umgesetzt. Grundlage der Bühnenarbeit ist also ein prozessualer Zusammenhang zwischen den Vorstellungen eines primären Autors, der durch einen primären Interpreten angeleiteten Herstellung und der durch primäre Spieler vollzogenen Darstellung. Dabei enthält ja ein Drama (im ›Oper‹ umfassenden Sinn) die Vorstellungen seines Autors nicht allein im Hinblick auf die konkreten sozialen Beziehungen, deren sprachliche Spur er darin ausdrückt; vielmehr sind seine Vorstellungen fundamental auch und gerade geprägt durch die herrschenden Anschauungen einer Gesellschaft, in der er lebt oder gelebt und sein Stück geschrieben hat. Gerade in den Werken einer Gattung, in der Menschen als lebendig vorstellbare sich auf bestimmte Weise aussprechen, manifestieren sich also insbesondere auch die Vorstellungen ihrer Urheber von den Vorstellungen anderer. Die konstitutive Lebensnähe und Lebendigkeit speziell des theaterbezogen entstehenden Dramas verlangt dabei nicht nur, daß sein Verfasser in ihm aus einer Vorstellungswelt schöpft, die ihm bestens vertraut ist: vielmehr hat sie — besonders inanbetracht der grundlegenden Klassenbestimmtheit jener erdachten Vorgänge, wie sie für ein Medium von konstitutiver politischer Öffentlichkeit geschrieben werden — auch die umfassende gesellschaftsgeschichtlich charakteristische Prägung der Figuren und ihrer Beziehungen zur Folge.[2]

Die Schwierigkeit — wohl kann man aber auch sagen: die Erleichterung — bei der Inszenierung besteht grundsätzlich darin, daß in wenigstens neun Zehnteln der für das Theater-Repertoire typischen Fälle die Produktion eines Stücks ohne jeglichen Kontakt mit dem Autor realisiert wird — sei es, daß er längst tot ist, sei es, daß er aus Gründen geografischer Entfernung oder erfolgsbedingter Überlastung nicht verfügbar ist. Bei der Inszenierung kann man also fast immer die Vorstellungen des Dramatikers nur aus seinem Drama direkt — und aus seinen übrigen überlieferten Verlautbarungen (oder solchen über ihn und sein Werk) indirekt — herauslesen sowie durch weitere Kenntnisse und Information über Zeit und Ort, Gesellschaft und Geschichte inbezug auf Autor und Stück fundieren. Jede Inszenierung ist zwangsläufig eine ***Interpretation*** — und ihre Bedeutung (im doppelten Sinn von Sinngehalt und Gewicht) allein am Maßstab anderer Interpretationen und an dem ihrer verstehenden Rezeption zu bewerten. Die Propagierung von ›Werktreue‹ als Prinzip, das die absolute Richtigkeit bzw. Falschheit von Inszenierungen als wie nach objektiven Kriterien beurteilbar unterstellt, beruht auf der (meist unartikulierten) Torheit, symbolischen Verlautbarungen von höchster Komplexität überhaupt eine Eindeutigkeit ihres Sinns zuzutrauen (bzw. zuzumuten); dagegen wird die Mehr- oder Vieldeutigkeit eines Werks durch die interpretatorischen Stellungnahmen eines Autors selbst — bis hin zur (in Westdeutschland sehr seltenen) Inszenierung eigener Stücke — zwar eingeschränkt, aber keineswegs völlig um ihre Geltung gebracht. Nicht nur enthält jede poetische Objektivation per Definition sprachlich-gedankliche Verdichtungen, die sich der erschöpfenden Interpunktion durch den Kommentar verweigern: es erscheint auch der planmäßige Vorgang, durch den das Drama aus dem Modus der literarischen Dokumentation und ihrer verstehenden Wahrnehmung sich in eine Aufführung vom Modus des leibhaftig-sprachlichen Schauspiels und dessen verstehender Anschauung verwandelt, als Akt einer neuen Schöpfung. Unabhängig von ihrer jeweils spezifischen Qualität (im Sinn ihrer Originalität, ihres Niveaus usw.) ist jede Inszenierung als transformierte Spielvorlage und als Aufhebung des Dramas im Spiel zu begreifen, als theatrale Einheit von Reproduktion und Produktion.[3]

Bei jedem Leser eines Dramas erzeugt die Lektüre seiner dialogischen Spur unterschiedliche Vorstellungen davon, wie Handlungen und Verhalten der so bezeichneten Personen in Wirklichkeit abgelaufen sein oder ablaufen könnten — wenngleich sich dabei die Vorstellungen von Lesern unter gesellschaftsgeschichtlich gleichen Bedingungen und gar in klassenmäßig gleicher Lage aufs ganze gesehen relativ nahe kommen dürften. Die bloße Vorstellung von einem Geschehen, die das Drama weckt, gewährt die Freiheit zu je subjektiver Empfindung, Reflexion, Assoziation usw. und kommt definitionsgemäß nur jeweils im Bewußtsein des Einzelnen zustande: die Phantasie eines Dichters spricht die Phantasie (tausend oder hunderttausend mal) eines Lesers an, sich etwas allein kraft Sprache Wirkliches durch das gedankliche Spiel mit vielfältig eröffneten Möglichkeiten in dieser vielfältigen Unbestimmtheit als wirklich vorzustellen. Auf der Bühne dagegen besteht die Möglichkeit zur ***Verwirklichung*** einer einzigen, bestimmten Phantasie-Vorstellung — durch ihre anschauliche schauspielerisch-szenische Darstellung, d.h. das Theater kann einer dieser Phantasien sichtbar-hörbaren Ausdruck, einer der als möglich vorstellbaren Weisen der dramatishen Handlung die Kraft, den Aufwand und die Auszeichnung ihrer wirklichen Erscheinung zuteil werden lassen. So tauscht die mit dem Mangel an Wirklichkeit vermischte dramatische Lust zum Denken alles Möglichen ihr Vergnügen mit dem theatralen Genuß an der sinnlichen Erscheinung eines einzig Wirklichen; darüberhinaus aber wird durch diese Form der Verwirklichung den an ihr Teilhabenden der Reiz des permanenten Spiels zwischen der Wirklichkeit von Bühne und Schauspielern — der materiell aufgebauten Szene und ihrer aus Fleisch und Blut bestehenden realen Akteure — und der wirklichen Erscheinung jener bloßen Möglichkeit hinzugewonnen. Die Vorstellungen des Autors sind in seinem Werk interpretierbar enthalten, die von Regisseur und Schauspielern können sich bei dessen Inszenierung entfalten (im optimalen Fall durch jene Verwirklichung sich verwirklichen); allein die Vorstellungen des Publikums werden erst durch seine Rezeption der verwirklichten Phantasiegestalt insofern entbunden, als eben deren Inszenierung nicht nur als Transformierung einer Spielvorlage und als selbständige Schöpfung — sondern zugleich in der permanenten Antizipation von Kraft und Umfang der Zuschauer-Vorstellungen Wirklichkeit gewinnt.[4]

Die Relativität der Vorstellungen von Autor/Drama, Theatermacher/Inszenierungsprozeß und Publikum/Inszenierungsresultat — je für sich wie untereinander — kann also durch die Präsentation jener Verwirklichung nicht aufgehoben, wohl aber bis zur völligen Verbergung verschwiegen und verdeckt werden. Nicht ob die präsentierte Bühnenhandlung Spiel (im Sinn des wirklichen Simulierens einer Möglichkeitsform) sei, kann also strittig sein — sondern allein inwieweit dieses Spiel auch als Spiel verstanden, angelegt, präsentiert und aufgenommen wird. Bemerkenswerterweise hängt eben dieses Ausmaß der praktischen Selbstdeklaration von Theater als Spiel unmittelbar von dem Ausmaß ab, in welchem es auch als Arbeit erscheint: nur eine als Inszenierungs-Resultat verwirklichte Möglichkeit der Spielvorlage, die das Fertige zugleich als Angefertigtes und das Dargestellte auch als Hergestelltes zeigt, läßt in der Anschauung solchermaßen realisierter Wahl-Freiheiten die genießende Teilnahme an den Vorstellungen von ihren Spielräumen zu. Die Arbeit der konkret auf der Bühne erscheinenden Spieler, die jenes Spiel von der Produktion bis in die Präsentation einer Inszenierung trägt und prägt, wird hier dementsprechend — und unabhängig vom intendierten bzw. realisierten Verhältnis zwischen beiden Stadien — als ***Spielarbeit*** bezeichnet. Sie ist in der Regel bis zur engen Verschmelzung verquickt mit der interpretierend-koordinierenden Leitungstätigkeit, wie sie an der Bühne normalerweise von einem Regisseur ausgeübt und hier als ***Regiearbeit*** mit einem (noch) nicht gängigen, aber auch nicht ungebräuchlichen Wort bezeichnet wird. Spiel- und Regiearbeit in ihrer Wechselbeziehung und prozessualen Entfaltung sollen hier als Bühnenarbeit zusammengefaßt erscheinen, die ihrerseits den Kern aller Theaterarbeit überhaupt bildet.[5]

Die entscheidende Voraussetzung der Bühnenarbeit, zugleich Grundlage aller Verständigung zwischen ihren beiden Partnern und letztlich maßgebliches Medium für die Qualität des Resultats, ist das ***Bewußtsein*** von Schauspielern und Regisseur. Ohne Wissen und Erfahrung, Phantasie und Anschauungskraft bleibt künstlerische Arbeitskraft gelähmt, entfaltet eine Inszenierung nicht die Potenz ihrer medienspezifischen Konstitutionen, gewinnt eine Interpretation nicht den für die theatrale Produktion charakteristischen Reiz. Dabei verlangt die Vielfalt der für eine Inszenierung infragekommenden Dramen ein umfassendes Wissen über die gesellschaftlichen Beziehungen in Geschichte und Gegenwart, auf deren Verhalten und Verhältnisse solche Theaterstücke dialogisch verweisen. Die Bühnenarbeit erfordert ferner die zusammenhängende Kenntnis der historischen Gattungseigenschaften von Drama und Theater, wie sie in die konkrete Gestalt des einzelnen geschichtlich überlieferten Theaterstücks prägend eingegangen sind. Der sich stets wiederholende Grundvorgang der (Re-)Konstruktion bezeichnenden leibhaftigen Verhaltens aus einer bloßen sprachlichen Spur bedarf der geschulten Anschauungskraft — d.h. der entwickelten Fähigkeit zur lebendigen Integration von Beobachtungs-, Erinnerungs-und Vorstellungsvermögen im Hinblick auf das dokumentierte und das wirklich erscheinende Verhältnis von Sprache und (übrigem) Ausdruck. Für eine darauf gestützte Umsetzung der Spielvorlage auf der Bühne bzw. die durch sie initiierte Neuschöpfung sind dann wieder Erfahrung und geweckte oder wachgebliebene Erfahrungsfähigkeit inbezug auf die besonderen Eigenschaften, Konstellationen und Wirkungsweisen des Mediums Theater notwendig: mit dem schauspielerischen Zeichenvorrat und Spielvermögen, mit Kapazität und Effekten des körperlichen und szenischen Ausdrucks sowie seinen technischen Modifizierungen und Raffinierungen, mit den Erwartungshaltungen und Wahrnehmungsweisen, Widerständen und Widersprüchen des Publikums zuletzt. Phantasie als Motor all dieser Eigenschaften und Fähigkeiten und als Medium ihrer Entfaltung — nicht als deren Wissen und Denken ersetzende Grundlage und auch nicht als wuchernde Einbildung oder visionäres Spinnen — bleibt dann das A und O, das synthetische Element der Bühnenarbeit.[6]

Wie also erfüllen die an jener Arbeit Beteiligten diese Anforderungen und wie lösen sie deren vielfältige Probleme — die ***Schauspieler*** und der ***Spielleiter*** zumal und speziell im westdeutschen Theater? Nach der hierzulande eindeutig vorherrschenden Praxis ist der Spielleiter für die Realisierung einer Produktion letztlich allein verantwortlich: Er allein hat, wie man praktisch unterstellt, vor Beginn der Arbeit ein ›Regie-Konzept‹ im Kopf, er bestimmt im Zweifelsfall Prozeß und Resultat, seinen Namen trägt die Inszenierung. Der Dramaturg als einzig anerkannter konzeptioneller Mitarbeiter berät, wenn überhaupt, in Vorfeld und Hintergrund. Nur dem Regisseur wird herkömmlicherweise zugetraut (und zugemutet), daß er in entscheidendem Ausmaß über jenen komplexen Zusammenhang von Wissen, Anschauungskraft, Phantasie und Erfahrung verfügt, der für die (beste) Inszenierung eines Stücks notwendig ist. Freilich, der westdeutsche Schauspieler ist im Normalfall in der Tat für die Anforderungen der Regiearbeit nicht halbwegs ausgebildet — aber auch viele Regisseure teilen ja diese Ausbildung mit ihm; man muß mit Bedauern festellen, daß sie den spielenden Kollegen oft nicht viel mehr als Routine, Ehrgeiz oder Machtstreben (bzw. alle drei Qualitäten) voraushaben. In jedem Fall wird die heikle Aufgabe der praktischen prozessualen Verwirklichung einer Inszenierung durch ihre formelle Schaffung eines Interpreten und eines Ensembles von Ausführenden ebenso pragmatisch wie fatal vorstrukturiert. Dazu kommt, daß die Wahl eines bestimmten Regisseurs für eine bestimmte Inszenierung vonseiten des Theaters oft aus ganz anderen Gründen als aus dem getroffen wird, daß er just für das dabei zu interpretierende Stück die spezifischen Voraussetzungen mitbringt — und daß die Schauspieler, ohnehin weitgehend ausgeschlossen von dergleichen Entscheidungen, Regie wie Besetzung häufig erst durch einen Aushang am schwarzen Brett erfahren. Die beim Akteur dementsprechend einrastende Wechselwirkung von formeller Verhinderung an und sachlicher Unfähigkeit zu einer konstruktiven, systematischen Mitgestaltung der Inszenierung erneuert sich von da an täglich in arbeitsteiliger Zwanghaftigkeit: in ihr dominiert die Spezialisierung des einen ›Kopfarbeiters‹ auf inhaltlichen, insbesondere auch rollenübergreifenden Überblick mit letztinstanzlicher Urteilskraft inbezug auf szenische Anlage und Wirkung — gegenüber der bloß ›handwerklichen‹ Zeichenerzeugung der anderen und ihrer Partialphantasie.[7]

Regie heißt verantwortliche Leitung (dies übrigens auch die Gemeinsamkeit zwischen dem künstlerischen Begriff und dem der staatlichen Verwaltung, etwa inbezug aufs ›Regie-Theater‹); als Berufstätigkeit ist sie — ihrer verhältnismäßig jungen Tradition als einer maßgeblichen Bühnenarbeit zutrotz — schon tief mit den institutionellen Bedingungen des heutigen Systems verwachsen. Es kann als charakteristisch für die Bedeutung der Regie im westdeutschen Theater angesehen werden, daß eine schulische oder handwerkliche Lehre ihres Fachs hierzulande noch kaum existiert. Die wenigen hundert Schauspiel-Regisseure, die der hiesige Arbeitsmarkt benötigt, kommen — soweit sie nicht (seltenerweise) aus den darin meist besser gestellten Nachbarländern stammen — fast ausschließlich aus der sog. Theaterpraxis. Nach wie vor fangen Nachwuchs-Regisseure ihre Laufbahn in der Regel als Regieassistenten mehr oder weniger arrivierter ›Könner‹ an oder beobachten deren Arbeit aus der Perspektive des Akteurs; beides begünstigt auf unterschiedliche Weise eine Form von Lernen, bei dem die Merkfähigkeit für (erfolgreiche) Effekte extrem (mit) ausgebildet wird. Gerade die prominenteren unter den jüngeren Regisseuren des westdeutschen Theaters haben sich überwiegend bei einem ›Meister‹ hochgedient; als Assistenten meist über lange Spielzeiten hinweg in unmittelbarer materieller und spiritueller Abhängigkeit von seiner Autorität, stehen sie dann oft noch Jahre, gar Jahrzehnte nach der äußeren Lösung ihrer Zwangsbindung in deren Bann — sei es, daß sie Habitus und Konzeptionen des Vorbilds imitieren und modifizieren, sei es, daß sie gerade dagegen in ihrer Arbeit insgeheim revoltieren. Eine damit verknüpfte unheilvolle Folge des

Lernens im Abschau-Verhältnis des Schülers (wenn nicht gar ›Kulis‹) zum ›Chef‹ ist auch, daß sich Spiel- und Arbeits-Klischees unreflektiert fortschleppen, ja daß ihre Kenntnis bzw. Bedienung gerade als Ausweis der Verfügung über ›Theaterpraxis‹ kolportiert wird. Die Richtlinien, nach denen Regisseure dergestalt inszenieren, bestehen oft aus einer völlig unkontrollierten Mischung von sinnlosen Bühnenkonventionen und schlüssigen Kunstregeln; indem sie sich im Medium von kleinbürgerlicher Allgemeinbildung und einseitigem Stückstudium, politischem Halbwissen und sozialpsychologischen Gemeinplätzen realisieren, treffen sie mit oft noch irrationaleren Faustregeln und oberflächlicheren Techniken der Akteure zusammen. Es erscheint kaum als Zufall, daß unter den westdeutschen Regisseuren der Nachkriegszeit kein einziger die durch Brecht fundamental aufgeworfenen Probleme von Fach und Funktion reflektierend aufgenommen und weiterentwickelt hat: diese Regisseure sind weitgehend illiterat — am einen Ende ihrer Reihe steht der ›Macher‹ mit der ›Masche‹, am anderen der ›Magier‹ mit ›Visionen‹. Man braucht sich wohl kaum zu wundern, daß die professionelle Tätigkeit solch fungibler Autoritäten traditionell als patriarchalische Domäne, ihr Arbeitsfeld selbstverständlich als männliches Revier gilt.[8]

Es entspricht der herrschenden Regiepraxis und dem gering entwickelten Interesse an ihrer systematischen Verbesserung, daß das ***Regiebuch*** (bzw. das erst während der Produktion angefertigte ›Regieprotokoll‹) bisher kaum Gegenstand von Versuchen zur Verbesserung einer entsprechenden Ausbildung geworden ist. Allerdings scheint dieser Mangel vom Fehlen einer gängigen, zugleich einfachen und differenzierten Notationsweise inbezug auf den Verlauf der Bühnenarbeit immerhin mitbedingt zu sein. Es liegt aber auch der Verdacht nahe (den nur umfassendere Untersuchungen klären könnten), daß das Regiebuch — als Grundlage einer gedanklichen Antizipation jeweils konkreter Bühnenarbeit (in ihrer großen Linie) — dem Trend der ›Theaterpraxis‹ zur Intellekt-Feindlichkeit häufig recht gerne geopfert wird. ›Modellaufführungen‹ vollends, wie sie — nach Empirie und Begriff Brechts — auf der Basis der schlüssigen Begründung von Bühnenarbeit und aus der Anerkennung einer Priorität von brauchbaren Resultaten (vor persönlichen Profilierungen) sich ergeben könnten, sind unter solchen Umständen selbstverständlich erst recht kaum zu erwarten.[9]

Die ***Bühnenproben*** (als prozessuale Einheit von Entwurf, Probe und Einübung einer Inszenierung) können mit ›Lese-‹ und ›Stellprobe‹ als verhältnismäßig kurzen Verständigungen über die inhaltliche Struktur des anstehenden Dramas bzw. die groben Bewegungsabläufe seiner szenischen Verwirklichung beginnen. Jedenfalls setzt das Probieren im engeren Sinn (dann) mit den Einzelarbeiten der ›Stückprobe‹ ein: nach ihrer vorherrschenden Methode wird eine Szene so erarbeitet, daß die daran beteiligten Schauspieler die einschlägigen Passagen ihres Texts auf eine ihnen plausibel dünkende Weise sprechen und mit einem ihnen anschaulich-bezeichnend erscheinenden Ausdrucksgebaren illustrieren, unterstreichen oder kontrastieren. Der Regisseur unterbricht diese Versuche in kürzeren, unregelmäßigen Abständen, um die Ausdrucksweise der Schauspieler zu kommentieren und zu kritisieren, wobei er gelegentlich ihnen selbst Teile vorspricht und (seltener) vorspielt. Die Schauspieler versuchen, der Kritik praktisch Rechnung zu tragen und auf sie — in bescheidenem Umfang — diskursiv einzugehen. Das perfekte Ausarbeiten einzelner Szenen auf Anhieb wird nicht versucht — meist wird die Beschäftigung mit einem Teil der Spielvorlage mehrfach abgebrochen, an verschiedenen Tagen (und in zunehmendem Maß) an ihm ›gefeilt‹; ein Regieassistent hält die erarbeiteten szenischen Lösungen bzw. Veränderungen schriftlich fest. Die meisten Proben finden die längste Zeit ohne die späteren Bühnen-Kostüme und Bühnen-Bilder und dgl. statt und werden oft zumindest im Anfangsstadium auf (kleineren) Probebühnen abgehalten; sie dauern täglich in der Regel nur wenige Stunden und sind im allgemeinen durch Vertragsbestimmungen der Schauspieler, häufig auch durch technische Erfordernisse — etwa den notwendigen Umbau der Bühne für eine Abendvorstellung — eng begrenzt. Insgesamt beginnt die Inszenierungs-Arbeit meist an mehreren verschiedenen Szenen eines Stücks und vollzieht sich im Lauf der Produktion zunehmend in Entsprechung zum Gesamtablauf. Daß an vielen Theatern nicht nur Vorstellungen per Bühnen-Mikrofon an einem Lautsprecher (vor allem in der Intendanz) abzuhören sind, sondern ebenso auch Proben — das muß in unserem Orwellschen Zeitalter weniger praktisch als makaber wirken.[10]

Das ***Arbeitsverhältnis*** von Regisseur und Schauspieler bzw. ihr eng damit zusammenhängendes je praktisches Arbeitsverhalten ist schon deshalb schwer zu typisieren, weil es außer von den jeweils konkret beteiligten Personen immer auch entscheidend von allen möglichen Bedingungen der Institution, dem speziellen Spielvorhaben und vielem anderen abhängt. Generell aber scheint die Arbeits-Konstellation zwischen Schauspielern und Regisseur am westdeutschen Theater mindestens nach drei Seiten hin kennzeichnenden Zwiespältigkeiten unterworfen zu sein: 1. Die sich im Prozeß der Verwirklichung einer Inszenierung herauskristallisierende ***Leistung*** von Regisseur und (mehr noch) Akteuren schwankt in ihrer Intensität erheblich und läßt sich darin nur schwer meßbar kritisieren; sie hängt spürbar ab von Launen und Stimmungen, Allüren und Animositäten und realisiert sich im unzuverlässigen Medium von Einfällen und Zufällen. 2. Die zweckorientierte ***Kommunikation*** bei der Arbeit ist weitgehend kurzatmig und vage, rituell modulationsarm und bleibt aufgrund positioneller Ungleichheit ebenso wie unter dem permanenten Zeitdruck ständig merkbar gehemmt; die Verständigung geschieht grammatikalisch vielfach mittels Einverständnis vorspiegelnder Kürzel, weist viele inhaltliche Redundanzen auf und hantiert suggestiv mit den gedanklichen Schablonen eines als ›bau‹-spezifisch bzw. subkulturell anerkannten Jargons. 3. Die unterschiedliche ***Macht*** der Bestimmung über den Produktionsprozeß und die in ihm zu verausgabende Arbeitskraft gerade der Schauspieler wird in der Bühnenarbeit vorwiegend sprachlich sublimiert und habituell eher weggespiegelt; die Ausübung von Macht (des Regisseurs über die Akteure) vollzieht sich weniger durch das klar demonstrierte Fällen von Entscheidungen und den dominanten Einsatz vertragsgemässer Sanktionen als vielmehr durch unartikulierten psychischen Druck, sprachliche Riten und stillschweigende Unterordnung.[11]

Das ***Arbeitsverhalten*** im einzelnen ist also tief von den Widersprüchen zwischen Leistungsdruck und Lustprinzip, Unterhaltung und Pseudo-Kommunikation, Machtausübung und Gleichheits-Suggestion geformt. Die Neigung dazu, sachliche Auseinandersetzungen zu personalisieren und persönliche Konflikte subtil in die Sache zu verlagern, ist groß. Überhaupt bietet die Probenarbeit — vielfach auf die Verdrängung von Unsicherheiten und Unliebsamem fundiert sowie häufig ohne inhaltlich klare Zielsetzung und große Linie konzipiert — dem irrationalen Verhalten reichen Entfaltungsraum; zu rationalen Auseinandersetzungen, gar Klärungen kann es aber schon deshalb nur selten führen, weil Konflikte wie Gespräche gleichermaßen nur als Störfaktoren von zeitlich ohnehin immer knapp kalkulierten Produktionen gelten — müssen. So pendelt um die Bühne herum sich eine Atmosphäre ritueller Lässigkeit und sprunghafter Zweckgerichtetheit ein, deren routinierter Mitvollzug als zur ›Theaterpraxis‹ gehörig dauerhaft konditionierend wirkt. Die lichtscheue Künstlichkeit der Theater-Katakomben mag die Beteiligten in ihren oft merkwürdig unwirklichen Attitüden bestärken. Der durchschnittliche Tonfall des Regisseurs — selbst schon des jüngeren — bewegt sich im Normalfall zwischen jovialer Väterlichkeit (›aber Kinder!‹, ›nein Mädchen!‹), verniedlichender Herablassung (›komm Schätzchen!‹, ›mein lieber Freund!‹) und duzbrüderlicher Kollegialität. Die Varianten der Zeichenproduktion verlangt der ›Herr der Probe‹ den Schauspielern häufig durch punktuelle Appelle an eine vage beschworene Phantasie ab (›stell dir vor, du kommst also nachhause und...‹), forciert sie im kameradschaftlichen Einkäufer-Tonfall (›zeig mir das doch noch mal ein bißchen leiser!‹), dosiert und moduliert Ausdruck wie durch Orgel-Register (›das Lachen etwas zurücknehmen‹, ›da noch nicht in die Kraft gehen‹, ›den Ausbruch etwas später‹) — und suggeriert endlich gern eine bestimmte, durchaus noch genauso beliebige Variante durch klischierten Enthusiasmus als Lösung schlechthin (›das isses!‹, ›genau das!‹, ›das lassen wir stehn!‹). Viele Schauspieler, die ihrer gespeicherten Unlust an solcher Behandlung häufig durch Einlagen von Jux und Faxen oder mit kleinen, nicht ernstlich aufsässigen Maulereien Luft machen, nehmen ihre bescheidenen Anläufe zu eigener Mitarbeit von vornherein schon durch die ichschwache Ausdrucksweise ihrer Kritik (›meinst du nicht, man müßte...‹, ›ich frage mich allerdings, ob...‹) zurück; ihr szenischer Einfall, der Gag — bei klarem Inszenierungs-Ziel ein spielerisch-schöpferisches Mittel unter anderen — drängt sich in den Vordergrund, weil er momentanen narzißtischen Gewinn verheißt und im ungefährlich-verpflichtungslosen Luftsprung sogar noch die Illusion aktiver Arbeitsbeteiligung durch Beisteuerung einer individuellen Note gewährt. Das nur reaktive Verhalten des Schauspielers aber, der die Freiheit der ›Kinder‹ zur Verantwortungslosigkeit konsequenterweise regredierend in Anspruch nimmt, läßt den autokratischen

›Vater‹ Regisseur wiederum schlüssig als einzig angemessenen Funktionär pragmatischer Produktherstellung und künstlerischer Gesamtverantwortung figurieren — als der er durch Drill und Domptieren doch jene fidele Resignation der Beteiligten gleichzeitig erst erzeugt. So überspielt man oft eifrig die Widersprüche, kittet betulich die Brüche und verschiebt alle Auseinandersetzungen, indes sich aus Routine, Handwerkelei und Kunst die Inszenierung zusammenflickt.[12]

Gegen ***Haupt-*** und ***Generalprobe*** hin offenbart sich dann häufig die tatsächliche, oberflächlich beschwichtigte Zwietracht und bekommt die oft nur dünne Grundlage der konzeptionellen Gemeinsamkeit Sprünge; mit dem Nahen der Première wird unter wachsendem Zeitdruck das Mißverhältnis zwischen Anspruch und Leistung drängend, die Unzufriedenheit mit der permanenten Ausklammerung sachlicher und persönlicher Schwierigkeiten sprengkräftiger. Mißmut, Selbstzweifel und Frustration erzeugen eine allgemeine mürrisch-reizbare Stimmung der Unsicherheit, deren Projektion auf die als Tag des Gerichts fixierte Première knapp davor leicht massive Kräche an völlig nebensächlichen Problemen ausbrechen läßt. Die durch stärkere Domestizierung geprägte Mentalität der Schauspieler setzt solche Krisen in eine Häufung von Aufbegehren und Allüren um — Regisseure können ihre Unwirschheit zu aggressiven Attacken steigern und sich in jähzornigen Wutausbrüchen gehen lassen, wie sie von den Betroffenen seltsamerweise oft als genialische Begleiterscheinung von Autorität hingenommen werden. Bühnentechniker, Regieassistenten, Souffleusen oder irgendwie subalternes Personal dienen Schauspielern und Regisseur häufig als Blitzableiter solcher Spannung. Nicht selten teilt sich die aus einer zuendegehenden Produktion herrührende Nervosität einem ganzen Haus mit und färbt auf andere Vorgänge in ihm ab — wobei die traditionelle Abschirmung der Arbeit von der Öffentlichkeit die Hektik noch vergrößert. Unter solchen Umständen wird die Angst vor dem Veröffentlichungs-Datum der Arbeit zuweilen gigantisch gesteigert; der neurotischen Bindung von Theaterleuten an die Première entspricht umso mehr deren libidinöse Besetzung durch das eingesessene Premièrenpublikum. Und noch jede einzelne Veranstaltung bekommt etwas von jenem Zwang mitgeteilt, der von Anfang an über der Produktion lastet, ihr unter jenen Bedingungen innewohnt.[13]

2.4 Theater-Veranstaltung

Die Produktion von Theater realisiert sich in seiner Präsentation — die Präsentation wiederum realisiert sich in ihrer Rezeption. Den integrierten Vollzug von Präsentation und Rezeption organisiert die Institution als ***Veranstaltung;*** die einzelne und die wiederholte Veranstaltung von Theater stehen geradezu im Mittelpunkt des Betriebszwecks der Einrichtung. Ganz allgemein betrachtet wickelt sich die Theater-Veranstaltung bei uns heute nach einem verschiedenste Gattungen und Sparten umfassenden Muster des organisierten kulturellen Ereignisses mit Darbietungscharakter ab: sein Ablauf richtet sich nicht primär — oder doch zumindest nicht allein — nach funktionalen Erfordernissen, wie sie ein Versuch zur günstigsten Konfrontation der Besucher mit dem Präsentations-Gegenstand ergäbe. Vielmehr dienen die Modalitäten der Veranstaltung insbesondere dazu, daß die Bedeutung der höheren Wertsphäre von Kultur auch ihrer einzelnen Manifestation zuerkannt werde und die daran teilnehmenden Mitglieder der Gesellschaft sich als kultiviert, als Angehörige einer Kulturklasse und Kulturnation selbst begreifen bzw. wechselseitig anerkennen können. Die Veranstaltung von Theater ist sowohl als selbständiger Funktionskreis — wie aber auch als bereits in Produktion und Institution immer schon antizipiertes Medium zu verstehen; insofern wäre es trügerisch, vom ›Rahmen‹ einer solchen Veranstaltung so zu sprechen als ließe sich das Gerahmte ohne weiteres von ihm lösen oder mit einem anderen vertauschen. Die Produktion des Theaters ist Produktion für eine Präsentation/Rezeption, die als bestimmte Form von Veranstaltung mitgedacht und benötigt wird; die Präsentation/Rezeption von Theater ist die einer Produktion — und eben darin, diese Beziehung abgemildert oder gar unkenntlich erscheinen zu lassen, besteht schon eine Funktion der Veranstaltungsform. In der gesellschaftsgeschichtlich bestimmten Form heutiger Theater-Veranstaltungen drückt sich nichts dem Theater Äußerliches, gar Fremdes aus — sondern es realisiert sich so eben auf spezifische Weise seine Grund-Qualität politischer Öffentlichkeit.[1]

Die Veranstaltung von Theater läßt sich zunächst einmal — am Muster des einzelnen organisierten Ereignisses — nach den im zeitlichräumlichen ***Darbietungs-Umfeld*** sowie den in ***Präsentations-*** und ***Rezeptionsform*** wirksamen Elementen betrachten. Bau, Raum und innenarchitektonische Ausstattung des Theatergebäudes bestimmen die Atmosphäre der darin stattfindenden Veranstaltung. Die (erlernten) habituellen Gepflogenheiten der Besucher werden durch akustische, optische und haptische Dimensionen des Darbietungs-Umfelds verstärkt bzw. moduliert und drücken sich vor allem in den ***Gesellungs-, Bewegungs-*** sowie ***Kommunikationsweisen*** des Publikums aus; in sie geht die Form, in der die reinen ***Servicefunktionen*** — Kassenwesen, Garderobe, Programmheftbesorgung, Einlaß und Imbiß — organisiert sind , prägend ein. Darüberhinaus ist dann die einzelne Theater-Veranstaltung im Hinblick darauf besonders zu betrachten, ob und gegebenenfalls wie sie als einmaliges Ereignis oder als solches in einer Sequenz gleichartiger Veranstaltungen abläuft: typologisch läßt sich dabei von dieser ***Reproduktion*** (einer Inszenierung) als deren erste die ***Première*** abheben, die ihrerseits mit Galavorstellung und Festwochenereignis verwandte Züge aufweist.[2]

Zuerst und traditionellerweise das ***Darbietungs-Umfeld*** läßt klar erkennen, daß dieses Theater hier und heute sich nicht einfach als Verkehrsform der Präsentation/Rezeption einer ästhetischen Produktion abwickelt (und abwickeln darf) — sondern daß es als gesellschaftliches Ereignis begriffen und veranstaltet wird. Vielfältige Vorkehrungen und Arrangements dienen allein dazu, daß diese verhältnismäßig simple und in sich sinnvolle, ja auch sinnliche Verkehrsform insbesondere in einer gewissen Stimmung — nämlich vor allem der von Feierlichkeit sich verwirkliche. Das beginnt baulich mit der fast immer musealen äußeren Prunkgestalt des Hauses, setzt sich fort in der geschniegelten bis bombastischen Innenarchitektur marmor-samten und messingblech-gläsern ausgestatteter Wandelhallen und vollendet sich in den Plüschsesseln, Brokatvorhängen und Kristall-Lüstern des Zuschauerraums. Viele Schauspielhäuser vor allem des öffentlichen Theaters, die aus der wilhelminischen Epoche stammen (oder entsprechend restauriert worden sind), müssen ja durch ihr prätenziöse klassizistische Tempelgestalt ihren Besucher (und wieviel mehr wohl noch ihren notorischen Nichtbesucher!) gerade auf jene Vorstellung von Kunst als hehren, ätherischen, esoterischen Bereich einschwören, den auch das Tympanon in lateinischen Versalien proklamiert. Im Theatergebäude selbst sorgen dann meistens schon Beleuchtungseffekte sowie Fußboden-, Decken- und Wandgestaltung für jenes dem Kulturereignis gemäße Ambiente, zu dem Gedämpftheit und Dezenz, Gewichtigkeit und Etikette gehören. Die (im allgemeinen) wenigen Sitzmöbel im Foyer sind meist schwer, tief und immobil, zwingen ihre Benutzer nicht selten auf eine Art ›Präsentierteller‹; Bronzebüsten, Stahlskulpturen und Ölgemälde nötigen den Wandelgängen und den darin Promenierenden mindestens unbewußt Ernst und Würde des orginalen Kunstwerks ab, von dessen Aura sich der Besucher hier umfangen lassen soll.[3]

Die notwendigen bzw. als üblich etablierten ***Service-Funktionen*** des Theaters werden auf recht willkürlich erscheinende Weise — und pro Theater schwankend — in jene Gestaltungstendenz einbezogen. Insbesondere das Kassenwesen bleibt meist nüchtern organisiert, äußerlich kaum dekoriert und oft schon räumlich aus dem übrigen Gebäudekomplex abgesondert. Auch die Aufbewahrung der Garderoben erscheint in der Regel verhältnismäßig funktional arrangiert (wenn man einmal davon absieht, daß dem gehobenen Selbstgefühl der Besucher bezeichnenderweise nur höchst selten die erheblich praktischere Lösung zugemutet wird, ihre Ablage z.B. in selbstzubedienenden Spinden zu verstauen). Programmheftverkauf und Einlaß dagegen, meist unmittelbar als Schleusen zum Zuschauerraum fungierend, liegen fast immer in der Hand von herausgeputzten Hostessen und livrierten Logenschließern (die z.T. nicht nur tatsächlich noch Logen auf- und verschließen, sondern auch darauf achten, daß leerbleibende bessere Plätze nicht etwa von unberechtigten ›Nachrückern‹ eingenommen werden...); insbesondere obliegt ihnen auch die berüchtigte Aufgabe, Zuspätkommende nur auf bestimmte Klingelzeichen hin gesammelt einzulassen — wodurch zwar die Störung der theatralen Darbietung sicherlich vermindert, zugleich aber auch ihre rituelle Künstlichkeit wiederum um ein Stück gesteigert wird. Es gehört zu den eigentümlichen, wenn auch schlüssigen Konventionen des Theaters — auf deren Einhaltung jenes Personal gegebenenfalls pocht — daß ausgerechnet nur der (von Geräusch begleitete) Verzehr von Naschwerk im Zuschauerraum erlaubt ist; Essen und Getränke dagegen (deren leibhaftigen Genuß während des Spiels man im elisabethanischen, vorweimarischen oder Berliner Vorstadt-Theater des 19. Jahrhunderts für nicht gegen den Geschmack des übrigen sinnlichen Vergnügens verstoßend hielt!) — werden an den oft phantasielos desorganisierten Imbiß-Ständen des Foyers zur meist ebenso kargen wie teueren und unbequemen Notdurft erniedrigt. Die (zentrale) Vorstellungs-Pause, die solcher Erholung u. a. dienen soll, gewinnt unter solchen Umständen bestenfalls die Funktion einer profanen Erfrischung; die motorische, kognitive und kommunikative Bannung, aus der sie momentan zu erlösen verspricht, kann sie ohnehin wirksam nicht aufheben.[4]

Überall und ständig wird den Gegenständen, Personen und Beziehungen insgeheim eine Überhöhung zuteil, durch die sie für mehr stehen sollen als das, was sie unmittelbar und Tag für Tag sind: die Veranstaltung konstituiert sich durch Repräsentation und Ritual. Die weitaus meisten Besucher teilen und bekräftigen in ihrem Vollzug der herrschenden Konventionen solche Vorstellungen von der Bedeutsamkeit der Stätte, des Anlasses, ihrer selbst: die ›Herren‹ erscheinen mindestens im Anzug, die ›Damen‹, kosmetisch zugerichtet, wenn schon nicht im Abendkleid, so doch kaum in Werktags-Textilien (wie ein kleinerer, vorwiegend jüngerer Teil der Zuschauer) — über Rang und hintere Plätze ist die Ausbreitung von Pulli und Jeans bis heute nicht wesentlich hinausgekommen. So promeniert man gemessen durchs gedämpfte Vestibül, um sich Interieur und Milieu entsprechend dezent zu unterhalten und einander wechselseitig nach gesellschaftlichem Auftreten und Rang einzustufen. Bis auf die Ausnahme des organisierten Theaterbesuchs von Gruppen (gar geschlossener Veranstaltungen) bewegt sich das Publikum im wesentlichen in Formationen, die von einzelnen bis zu einigen wenigen (einander bekannten oder befreundeten) Leuten reichen — und ist im allgemeinen durch das Auftreten von Ehe- oder anderen (›normalen‹) heterosexuellen Paaren strukturiert. Die so habituell, durch Raum und Etikette eingeengten ***Gesellungs-*** und ***Bewegungsweisen*** des Publikums werden dann freilich noch weiter eingeschränkt, wenn es sich im Zuschauerraum zur Bühnendarbietung versammelt. Die Individuierung, ja Isolierung der Besucher gegeneinander wird von ihnen auf der Grundlage einer entsprechenden Raumordnung nunmehr aktiv aufgenommen: gelten schon im alltäglichen Umgang in unserer Kultur Konventionen, wonach auch flüchtige Körperberührungen zwischen Fremden sich nicht gehören — so verschärfen sich solche Gebote unter den Bedingungen der feierlichen Veranstaltung fast schon zum Tabu! Durch Gong, Klingeln oder die sanfte Frauenstimme eines Lautsprechers dazu gebeten, zwängt sich der Gast unter höflichen Entschuldigungen (und peinlich berührt, wo gleich mehrere andere dabei für ihn aufstehen müssen) in eine Art von Reihe und Sitz, die zu schweigender Passivität und gefühlsbereitem Versinken in kollektive Anonymität geradezu nötigen; gleichzeitig lädt die durch ungleichrangige Platzkategorien betonte soziale Abstufung zu etikettärem Benehmen überhaupt ein. Dementsprechend separiert die Bestuhlung des Saals seine Insassen im allgemeinen gerade auch körperlich, wendet sie möglichst voneinander ab und addiert sie zur förmlich gleichgültigen Menge statt sie zu spontaner, entspannt-gelassener Beziehung von — im Blick auf die Darbietung — interessierten Nachbarn zu disponieren. Der hermetisch vor dem Kommunikations-Gegenstand geschlossene Vorhang, die baulich akzentuierte Entrückung der Szene durch Rahmen und Rampe sowie ein schließlich leise ersterbendes Saallicht tun dann ein übriges, um eine alltägliche Versammlung von Zuschauern in eine andächtig aus dem nivellierenden Dunkel heraus lauschende Gemeinde von Hörigen zu verwandeln.[5]

Die ***Kommunikationsweise*** der Besucher des Theaters, die sie spätestens nach mehrfacher Anwesenheit bei einer solchen Veranstaltung bei der nächsten wiederum antizipieren, wird vom Eintritt in sein Darbietungs-Umfeld an vielfältig geformt, ja beschnitten — um in der grotesk reduzierten Ritualbeziehung von Präsentation und Rezeption schon geradezu selbstverständlich zu erscheinen. Insbesondere der stillschweigende Vollzug eines in der Tradition aufgehobenen Musters durch die Eingeweihten zieht den Novizen allmählich in seinen Sog und stößt das funktional, spontan, vernünftig oder einfach widerborstig davon abweichende Individuum als regelverletzenden Außenseiter ab: die Theater-Veranstaltung ist Ritus, Ritual! Nur so kann auch verständlich erscheinen, warum weder jene Menge einander und den Theaterleuten verhältnismäßig unbekannter ›Besucher‹ jemals von ihren ›Gastgebern‹ begrüßt oder verabschiedet wird — noch z.B. das Publikum, das ja normalerweise keinesfalls nur aus Routiniers und Fachleuten besteht, (üblicherweise) inhaltliche Erklärungen, technische Erläuterungen oder gar die Herstellung dialogischen Kontakts von der Rampe aus vor der Vorstellung zu gewärtigen braucht.

Allenfalls bei technischen Pannen, Umdispositionen oder in anderen Ausnahmefällen kommen die Besucher des Theaters in den Genuß minimaler artikulierter Beziehung zu dessen Vertretern. Die sprachliche Kommunikation zwischen den einander fremden Zuschauern bleibt auf Ausnahmen — wie insbesondere auch verbale Aggressionen bei ›Störung‹ der ›Andacht‹ — beschränkt und wird durch die theatrale Darbietung selbst nur in den seltensten Fällen ausgelöst; freilich nützt auch das Theater kaum die Chance, individuelle oder kollektive Gespräche in der Pause oder nach Vorstellungsende zu begünstigen bzw. einzurichten. Seiner Potenz zur öffentlichen Auseinandersetzung beraubt, verlagert sich der Diskurs als bestenfalls geringfügig erweiterter Dialog (mindestens am Ende einer abendlichen Theater-Veranstaltung) z.B. in die Gaststätte, das Restaurant — deren Besuch für einen Teil der Zuschauer zur Abrundung des kulturellen Erlebnisses gehört. Nur zu rasch zerstreut sich die flüchtig gebildete Interessen-Gruppe, die ihrer Geselligkeit selbst höchst ungewisse Pseudo-Gemeinschaft; stumm und ungenau hat eine Menge sich durch ihre Anwesenheit im Theater und die Anerkennung seiner Verkehrsformen wechselseitig als zu einer ›irgendwie‹ höheren Schicht gehörig anerkannt — ›Publikum‹ im qualifizierten Sinn repräsentativer politischer Öffentlichkleit ist sie nicht geworden.[6]

Freilich, die vorherrschende ***Präsentationsform*** legt es auf Kommunikation weitaus weniger an als auf eine kommunikative Elemente bloß kalkulierende Rezeption. Ist es ja für die Bühnenarbeit schon der Produktion im allgemeinen typisch, daß sie diesen ihren eigenen Herstellungscharakter zu beseitigen trachtet — so kommt erst recht bei der Präsentation alles darauf an, im und am Produkt die Spuren seiner Entstehung zu verwischen. Die Schauspieler dieses Theaters sollen, wenn sie dem Publikum erscheinen, vergessen lassen, daß sie Geplantes, Geprobtes, Eingeübtes, technisch Bewerkstelligtes vorführen — und schon gar nicht erklärterweise zeigen, daß und wie sie spielen. Dazu gehört, daß der sichtbare Auftritt eines Akteurs auf der Szene in aller Regel identisch ist mit seinem Eintritt in die von ihm übernommene Rolle — es sei denn, man spiele just Brecht oder ›brechtisch‹. Noch immer gilt der Rahmen, der die Szene zu den Zuschauern öffnet, strikt als ›vierte Wand‹ — als unsichtbare Blende hin zu einem Publikum, das sozusagen gar nicht da ist; unmerklich müssen sich die Lichtkegel der Verfolgungs-Scheinwerfer, die den Schauspieler illuminieren, ihm beigesellen — wie selbstverständlich sollen Dekorationen und Requisiten in ihrer spielfunktionalen Bedeutung schon auf der Szene parat sein. Umbauten zwischen zwei Szenen gehen meist hinter einem Schallvorhang oder flüsternd im Halbdunkel vor sich, damit weder Geräusch noch Arrangement die glatte Vorstellung der Einbildung stören; Verwandlungen größeren Ausmaßes werden gleich ganz hinter dem Aktvorhang bewerkstelligt. Die ungestelzte, unkaschierte, dem Blick der Zuschauer unmanipuliert zugängliche Einrichtung und Veränderung der Szene gibt es auf dieser Art von ›Guckkasten‹-Bühne nicht; dafür simuliert die sog. offene Verwandlung gelegentlich solches unbeschönigte Vorzeigen des Zeigens dergestalt, daß sie die Handwerksspuren der Produktion künstlich auffrischt und mit gespielter Unschuld präsentiert. Bis in die vielfach praktizierte Applausordnung reicht dieser fromme Betrug dort, wo in ihr die scheinbar fröhliche Unmittelbarkeit endlich aus ihrer Rolle tretender Schauspieler als zweites, raffinierteres Handlungsmuster mitinszeniert wird; noch durch ihre Verbeugungen, mit denen sie endlich Dank und Lob vonseiten der Zuschauer erwidern, behaupten sie das Ritual gegen Spiel und Spontanität.[7]

Die ***Rezeptionsform*** ist von dieser Art Präsentationsform und ihrem Darbietungs-Umfeld immer schon produziert. Eine artikulierte Beziehung zwischen Zuschauern und Schauspielern während der Präsentation ist undenkbar, eine offene wechselseitige Wahrnehmung nicht vorgesehen, das Übergreifen des Spiels in den Saal unerwünscht. Die dem Publikum der Konvention nach zugestandenen Reaktionen beschränken sich auf mehr oder minder standardisierte Ausdrucksformen von Beifall und (mit Vorbehalt!) Mißfallen, zwischen denen eine Skala von — außer dem Lachen — eher unterdrückten oder verhaltenen Äußerungen liegt: Räuspern, Raunen, Schnauben, Schneuzen, Schniefen, Niesen, Röcheln, Schluchzen und Husten — daraus besteht ansonsten das aktive Mitspiel-Repertoire der Besucher des westdeutschen Theaters, soweit Reiz-Raktionen über die beiden konstruktiven Wirkungselemente der Rezeption, Lachen und gespannte Stille, überhaupt hinausgehen. Ein Zwischenruf in solcher Veranstaltung bedeutet heute einen Fauxpas — das demonstrative Verlassen der Vorstellung einen Affront: beides leisten sich nur wenige. Neben dem als Stimulation aufgenommenen Lachen gehen Schauspieler und Zuschauer praktisch nur beim Akt-, Pausen- und Schlußbeifall (in der Oper auch öfter beim Szenenapplaus) eine deklariert-artikulierte Beziehung miteinander ein; das Ausmaß des rituellen Händeklatschens (vonseiten der Zuschauer) am Ende einer Vorstellung und die dementsprechende Anzahl der ›Vorhänge‹ (für die Schauspieler) machen die einzige offene Verständigung aller Anwesenden aus — wenige extremere Formen bleiben Sonderfällen vorbehalten. Kaum etwas dokumentiert schlagender den Mangel der Veranstaltung an kommunikativer Interpunktion als die oft im Publikum entstehende Unsicherheit, ob man nun — bei richtigem Mitzählen der auf dem Besetzungszettel angegebenen Szenen — in der Pause angelangt sei, ein Augenblick leicht hilfloser Starre, der manchmal ebenso bei einem unklaren Vorstellungsende zu beobachten ist; auch hier greift das Theater lieber auf die Konditionierung durch Signale des Saallichts als auf eine Deklaration des Spiels durch offene Angabe seiner Zäsuren zurück.[8]

Alle Informationen, die das Theater seinen Besuchern im Hinblick auf eine Veranstaltung geben will, werden — soweit irgend möglich (bzw. nicht schon außerhalb von Zuschauerraum und Haus kundgetan) — dem Publikum in gedruckter Form allabendlich bekanntgegeben: das ***Programmheft,*** meist ergänzt durch einen losen (flexibler korrigierbaren) Besetzungszettel, bindet dergestalt Produktion, Präsentation und Rezeption in einem von der Institution herausgegebenen Mitteilungsorgan zusammen. Neben den hier funkionsgerecht publizierten Namen und Daten, die Inszenierung und Vorstellung betreffen, enthält das (pro Produktion in der Dramaturgie erstellte) Programmheft meist eine recht buntscheckig erscheinende Aneinanderreihung von Dokumenten, Interpretationen, Informationen und Kommentaren zu einem Bühnenstück bzw. seiner szenischen Realisierung. Ein aus Zitaten und Textausschnitten, Sachangaben und Assoziationsmaterial, Fotos und Grafiken kompiliertes Sammelsurium — das meist noch mit allerlei passend-unpassender Anzeigenwerbung durchsetzt ist — wird so, mangels Besseren, der zerstreuten Lektüre durch die Theaterbesucher überantwortet. Vor Vorstellungsbeginn und in den Pausen sorgt das Programmheft zusätzlich dafür, daß sich ein Publikum in Vereinzelung verzettelt; fürs Theater bietet die Veröffentlichung zudem die praktische Möglichkeit, etwa die konzeptionelle Zielsetzung einer Produktion zusammenhängend darzulegen — ohne sich der Frage einer entsprechenden Rezeption vergewissern oder gar aussetzen zu müssen.[9]

Über das Gelingen von Produktion und Präsentation einer Inszenierung wird im westdeutschen Theater heute in der Regel nur einmal dezidiert vom Publikum geurteilt und hernach öffentlich — vor allem in der Presse — gehandelt, nämlich bei der ***Première.*** Zu dieser ersten Aufführung (bzw. Präsentation) einer Theater-Produktion — oft auch zu einem einmaligen Gastspiel — versammelt sich fast überall immer ein Publikum, das eigens eben diesen Anlaß sucht; dabei dürften im allgemeinen die Premièren im öffentlichen Theater eine größere gesellschaftliche und künstlerische, im privaten Serien-Theater erheblich stärkere finanzielle Bedeutung haben. Motive gesellschaftlicher Repräsentation spielen für den Besuch von Theater-Premièren, -Galavorstellungen und -Festspielen eine erheblich größere Rolle als bei der Teilnahme an späteren (bzw. anderen) Vorstellungen. Der textile bis kosmetische Standard der Selbstdarstellung steigt spürbar (wenn er auch zugleich, etwa aufgrund des ausnahmsweise höheren Anteils an elaborierten ›Kulturprofis‹ saloppe Kleidung leichter toleriert); die Robe taucht bei Frauen nun häufiger auf, in der Oper auch der Frack bei Männern. Luxus, Imponiergehabe und Riten von Festspielen wären nur gesondert und im einzelnen zu beschreiben; für die Kritik der vorherrschenden Form von Theater-Veranstaltung wirft ihre Untersuchung wenig ab. Beifall und Mißfallen haben in der Première eine von allen Beteiligten von Anfang an erwartete Bedeutung: dem oft durch Zusammensetzung und Einstellung dieses Publikums — die Übersättigung beruflicher Kultur-Rezipienten, die Borniertheit prestigeorientierter Banausen u.a. — ebenso wie von der produktionsbedingten Überspannung der Schauspieler verzerrten ›Ergebnis‹ dieser Darbietung wird dann insbesondere in der einschlägigen Presse wiederum (durch Rezensionen) eine Aufmerksamkeit gewidmet, die das Premièrenpublikum seinerseits reklamiert. Beifalls- und Mißfallens-Bekundungen werden oft unmäßig vergrößert, schaukeln einander oft auch hoch — und vor allem Pfiffe und Buhrufe (die ja bemerkenswerterweise in späteren Vorstellungen als absolute Provokation aufgefaßt werden) können, wiewohl vereinzelt, völlig disproportionale Bedeutung gewinnen. Immerhin gehört mindestens die kommerzielle —

im allgemeinen wohl auch die sonstige — Organisierung von Applaus und Auspfeifen durch eine ›Claque‹ nunmehr endgültig dem 19. Jahrhundert an; eher scheint es schon manchmal so, als ob der von der Produktion her inszenierte oder durch äußere Umstände initiierte Skandal in Rang und Parkett gelegentlich die Lethargie dieses Theaters durchbrechen, vielleicht aber auch nur werbende Funktion übernehmen solle.[10]

Nach der Première beginnt für das Theater wieder der Alltag — zu dem insbesondere für den (beteiligten) Schauspieler auch alle jene meist zahlreichen Vorstellungen gehören, die sich nunmehr an die erste Präsentation einer Produktion anschließen. An dieser Bühnenarbeit der ***Reproduktion*** eines Präsentations-Musters ist die Regie nicht mehr beteiligt: viele Regisseure verlassen das Theater, an dem sie ohnehin nur gastiert haben, noch am Tag nach der Première — ohne irgend weiteren Einfluß auf das Geschick ihrer Inszenierung zu nehmen. ›Nach-Regie‹, eine praktische Korrektur an der fertigen Produktion — etwa eine, die der Einsicht in die Schlüssigkeit von Kritik unter den öffentlichen Rezensionen, oder solche, die eigenen neuen Erkenntnissen in der von ›Stress‹ freien Zeit nach der Première entspränge — ist im westdeutschen Theater völlig ungebräuchlich. Auch aus diesem Grund gerät das Theaterspielen im Laufe eines bestimmten Vorstellungs-Zeitraums — oft von Wochen und Monaten — immer mehr zur unschöpferischen Abspulung einer nur noch erinnerten Form: die Inszenierung ›verschlampt‹. Während sich die Inspizienz damit begnügt, allzu große ›Hänger‹ oder Improvisationen zu protokollieren, beschränken regiemäßige Kontrollen sich notgedrungen darauf, gelegentlich nachzubessern, das Tempo wieder herzustellen oder Rollen-Übernahmen einzupassen. Die Konzentration der Schauspieler — insbesondere natürlich im Repertoire-Theater — richtet sich nach dem Münden einer Produktion in ihre Première mindestens teilweise auf die nunmehr anlaufenden neuen Projekte, die ihre Energie benötigen. Erschwerend tritt dazu, daß die allmähliche Verringerung der jährlichen Produktionen im westdeutschen Theaterbetrieb und die damit zusammenhängende durchschnittliche Verlängerung von Proben- und Laufzeiten vor allem Schauspieler und Techniker schon heute oft unerträglich belasten — zumal die Erweiterung der Produktionszeit ja durchaus nicht schon mit einer Verbesserung der

Arbeitsmethoden Hand in Hand geht. Dem Publikum bleiben diese Hintergründe des Bühnenalltags freilich fast gänzlich verborgen; wer als Besucher in die 20. Vorstellung einer Inszenierung kommt, der möchte nicht einer routinemäßigen Darbietung beiwohnen (die der Akteur vielleicht erlebt), sondern einer ersten und einmaligen (wie sie es faktisch für ihn ist). Ermüdung, Oberflächlichkeit, Ausgelaugtheit und Langeweile aber, wie sie sich mit zunehmender Häufigkeit jener Reproduktion begreiflicherweise im schauspielerischen Alltag einstellen können, sind in ihren Folgen für die Theaterarbeit auch dann nicht zu unterschätzen, wenn scheinbar nur der Kenner sie bemerkt. Teils als Ventil des Drucks, der zur unbewußten Entscheidung zwischen persönlichem Verschleiß und sachlicher Nachlässigkeit drängt — teils als auf Dauer nur bloßgelegter Ausdruck einer verkappten zwiespältigen Einstellung zum eigenen Beruf lassen Schauspieler in späteren Vorstellungen nicht selten eine merkwürdig abschätzige Haltung gegenüber ›ihren‹ Zuschauern erkennen; insbesondere Abonnement — oder von Besucher-Organisationen beschickte Veranstaltungen werden gern als solche zweiter Klasse angesehen. Ein paar Mätzchen unter Kollegen sind läßlich und ohnehin verzeihlicher als in der Première — wenn schon zwei Blicke (einer auf den Veranstaltungsplan, der andere durch das Vorhang-Guckloch) zeigen, mit welcher Art ›Sonntagspublikum‹ man es diesmal zu tun habe. Auch darin offenbaren sich die Verhältnisse dieses Theaters, daß und wie es nicht nur für die Première, sondern noch für seine letzte Re-Produktion produziert.[11]

3 Entwicklung

3.1 Ökonomische Entwicklung

Im Kapitalismus wird die ökonomische Entwicklung von dem eintönigen Motiv der Schaffung und Abschöpfung von Profit angetrieben; gleichzeitig bringt diese Entwicklung selbst eine Entfaltung der Produktivkräfte ständig hervor, die mit den Produktionsverhältnissen in Widerspruch gerät. Da allein menschliche Arbeitskraft Mehrwert schaffen, dieser nur im Verkauf von Waren und Dienstleistungen sich realisieren kann, hängt die Entwicklung des Kapitals im Prinzip entscheidend von der permanenten Optimierung des Verhältnisses zwischen dem billigsten Einkauf größtmöglicher Arbeitskraft, der umfassendsten Verfügung über Produktionsmittel und dem teuersten Verkauf meistmöglicher Ware ab. Dementsprechend gilt es in diesem System also ganz allein, die einzelnen Faktoren bzw. Stadien des ökonomischen Gesamt-Zusammenhangs — ***Produktion, Zirkulation*** und, vermittelt über den ***Austausch*** (bzw. Kauf/Verkauf), ***Konsumtion*** — jenem Motiv so planhaft wie möglich unterzuordnen. Im Hinblick auf kapitalistische Produktion bzw. Zirkulation wird dieser Druck dauerhaft umgesetzt vor allem in die Rationalisierung der Betriebe, die Verschärfung der Ausbeutung ihrer Beschäftigten und die Ausdehnung der Waren- bzw. Dienstleistungs-Produktion auf von ihr bis dahin noch unerfaßte Bereiche; ihm folgt ferner die Konzentration der Kapitale, die Beschleunigung ihrer Verwertungs-Bewegung und die bessere Organisation ihrer Quellen. In Austausch und Konsumtion macht die gleiche Tendenz sich primär bemerkbar als Auspressung alter und Eroberung neuer Märkte, als Verfeinerung von Marktkalkulation und Produkt-Werbung bzw. als Technisierung oder Raffinierung der Manipulation von Waren-Erscheinung und Verkaufs-Akt; sie erscheint ferner als Antreibung alter und Erweckung neuer Bedürfnisse, als Einschleusung kommerziellen Konsum-Verhaltens in ihm bis dahin unzugängliche Gebiete und als Konditionierung neuer Konsum-Gewohnheiten.[1]

Die wirtschaftliche Entwicklung auf dem ***tertiären Sektor*** (bzw. dem quartären) folgt dieser allgemeinen kapitalistischen Dynamik im Prinzip ohne Unterschied — es sei denn, man berücksichtigt die größere Eignung und Neigung von Dienstleistungen zur Einbeziehung von Persönlichkeits-Faktoren in den ansonsten unpersönlich-ökonomischen Vorgang ihrer Abwicklung (vor allem durch das Kapital). Ansonsten werden ganz allgemein immer mehr Bedürfnisse, Interessen und Wünsche in einer ökonomischen Form bedient, die nach dem Verwertungsinteresse des Kapitals organisiert ist — d.h. Dienste werden warenförmig produziert geleistet und unterliegen dem vollständig gleichen Zwang zur Optimierung ihrer Verwertungsdynamik wie die Warenproduktion. Bemerkenswerte Widerstände dagegen gibt es allenfalls vonseiten der kleinen selbständigen Handwerker und Gewerbetreibenden als dem Kern des traditionellen ›Mittelstands‹ — und der zunehmend lohnabhängigen, verwertet-vermarkteten Intelligenz. Der Bereich der Kultur, insbesondere in seiner öffentlichen Organisation und Finanzierung als Dienstleistung, bleibt von diesen Entwicklungen in keiner Weise ausgenommen.[2]

Dem Kapitalismus wohnt die wirtschaftliche ***Krise*** grundlegend inne. Wer privat für den Markt produziert, produziert letztlich definitionsgemäß ins Ungewisse gesellschaftlichen Bedarfs bzw. Kaufs und Verkaufs — ja es senkt eben die in dessen Interesse notwendig steigende Produktivität langfristig zugleich auch immer wieder zwangsläufig den einzelnen Profit aufs neue. Die kapitalistische Produktion beruht auf einer organisierten Form der permanenten Spekulation, das große Geschäft zu machen, ebenso wie auf dem unvermeidlich miterzeugten Risiko, die Riesenpleite zu erleben. Auf dem Markt erscheint nur offenkundig der in der Produktion schwer dingfest zu machende Grundwiderspruch, daß das allgemeine Interesse an der bestmöglichen Besorgung der gesellschaftlichen Lebensmittel nicht auch im allgemeinen Interesse — und gegebenenfalls durch dessen öffentliche Organisation — sondern im jeweils besonderen Interesse von Kapitaleigentümern an privater Bereicherung organisiert wird. Jede größere Krise kapitalistischer Unternehmen als deren drohende Verkleinerung oder gar Schließung mangels Rentabilität, Profitabilität gefährdet aber zugleich Arbeitsplätze — d.h. die Sicherung des Lebensunterhalts einer ganzen Reihe oder sogar Masse von Menschen — und berührt damit unmittelbar das öffentliche Interesse an ihrer Erhaltung. Wo daher die kapitalistische Krise systematisch, systemimmanent und systemweit, auftritt, gehört ihre vorbeugende Bannung bzw. rasche Beseitigung bald zu dem für selbstverständlich ausgegebenen Mandat der politischen Repräsentanten gesellschaftlicher Herrschaft — solange und insofern eine Beseitigung der Ursachen solcher Grundwidersprüche aufgrund von Machtkonstellationen nicht infragekommt. Zuzeiten ihres allgemeinen gesellschaftlichen Ausbruchs — der bei der engen Verflechtung aller Wirtschaftszweige und der Konzentration der großen (insbesondere auch der multinationalen bzw. monopolistischen) Kapitale immer selbstverständlicher wird, erscheint die praktische Bewältigung der Wirtschaftskrise allmählich als evidente Hauptaufgabe des Staats und wird als gleichbedeutend mit staatsmännischer Verantwortung und Regierungskunst überhaupt ausgegeben.[3]

In der allgemeinen Krise dürfen und müssen die politischen Interessen-Vertretungen des Allgemeinwohls die Probleme der Privatwirtschaft unmittelbar zu den ihren machen. Mit den allein der Arbeit aller Erwerbstätigen zu verdankenden Steuermitteln wird dabei das Eigentum der Kapitalisten — eben ihr Privateigentum an den gesellschaftlichen Produktionsmitteln — vor seinem drohenden Verlust gerettet. Solchem ***Krisen-Management*** dient vor allem die bloße Konstatierung der Oberflächen-Erscheinung zur Legitimation, daß an die Einbuße jenes Privateigentums in der Tat auch die des Unterhalts vieler arbeitenden Menschen untrennbar gekoppelt ist — die jenes Eigentum geschaffen haben und tagtäglich regenerieren bzw. vermehren. Die finanziellen Mitteln aber, die so der privaten Wirtschaft direkt (d.h. als Subvention, Investitionsbeihilfe u.dgl.) oder indirekt (d. h. durch Steuervergünstigungen, staatliche Aufträge u. dgl.) aus den öffentlichen Haushalten zugeschossen werden, müssen zwangsläufig andernorts eingespart werden. In unserer Gesellschaft richtet sich der entsprechende Entzug noch stets gegen diejenigen Interessen der arbeitenden Mehrheit, bei denen eine öffentlich Besorgung und allen zugängliche Einrichtung ganz offenkundig der Gleichheit und Freiheit sowie dem Wohlbefinden der Allgemeinheit dienen würde; gegen Sozialleistungen, gegen das Schul- und Bildungswesen, gegen die Gesundheitsversorgung, gegen die Informations- und Kommunikationsmittel-Organisation — und so eben auch gegen den Bereich der Kultur. Mit dem Zwang, sich dabei zwischen kurzfristigen Interessen von Einzelkapitalen und solchen Interessen ständig entscheiden zu müssen, deren allgemein nützliche Verfolgung längerfristig vielleicht sogar dem Kapital als ganzem nützen würde, ergeben sich dabei für den Staat permanent neue Konflikte. Die Verflechtung von Staat und Privatwirtschaft droht schließlich zum politischen Angelpunkt dort zu werden, wo die Verteidigungs-Lasten — darunter Milliarden-Beträge für privatwirtschaftlich produzierte Rüstungsgüter — nunmehr fast 1/3 des Bundes-Haushalts ausmachen.[4]

Seit den sechziger Jahren hat sich die Krisen-Anfälligkeit der wirtschaftlichen und damit der ganzen Gesellschafts-Ordnung in der BRD und West-Berlin drastisch gesteigert. Nach einer für das Kapital verhältnismäßig störungsfreien Prosperität der beiden ersten Nachkriegs-Jahrzehnte, in denen Restauration und Stabilisierung des Systems praktisch durch die Alleinherrschaft einer unmittelbar von den großen Kapital-Eigentümern (und deren konzeptiven Ideologen) bestimmten Fraktion politisch garantiert worden war — brach spätestens mit der wirtschaftlichen Rezession von 1966/67 die lange schon schwelende allgemeine Krise offen aus. In der zuvor auf höchster Regierungs-Ebene eingerichteten Bildung einer ›großen Koalition‹ (zwischen CDU/CSU und SPD) war eine solche ***Gesamt-Krise*** längst ins Auge gefaßt worden: ihre öffentliche, eruptive Entladung traf den Staat zwar ideologisch hart, aber strategisch und rechtlich nicht ganz unvorbereitet. Die ökonomischen Gesetzmäßigkeiten waren deswegen nicht leichter aufzufangen: die Bewältigung von Arbeitslosigkeit, Preissteigerung, Inflationierung, Betriebs-Stillegungen u.dgl. durch direkte und indirekte öffentliche Finanzierung hat bis heute nur oberflächlich gelingen können und ist erst recht durch die neuerliche Krisenwelle von 1973/74 wieder zurückgeworfen worden. Viele Probleme der Privatwirtschaft sind nur in die öffentlichen Haushalte verlagert worden und machen dort jetzt neben sozialfeindlichen Etatkürzungen permanente Steuererhöhungen u. dgl. Abwälzungen erforderlich; zu dieser Verlagerung gehören insbesondere auch die Folgen für den ›Finanzausgleich‹ zwischen Bund und Ländern, wie er diese vor allem die gigantisch gestiegene Höhe des Wehretats von jenem spüren läßt. Die ›öffentliche Armut‹ (wie man die vor allem durch eine systemimmanente Verschwendung von öffentlichen Geldern an die Privatwirtschaft bedingte zunehmende Mittelknappheit der Gebietskörperschaften auch verschämt nennt) hat insbesondere auch bei den Kommunen — als der durch den Finanzausgleich am härtesten betroffenen Instanz — objektiv beängstigende Ausmaße angenommen.[5]

Eine Einrichtung wie das ***Theater***, die in ihrer westdeutschen Organisation fast ausschließlich zur spezifisch städtischen Kultur gehört und bisher ganz überwiegend von den Städten subventioniert wurde, muß von solchen wirtschaftlichen Einwicklungen besonders hart angegriffen werden. Die Theater als ökonomisch nicht unmittelbar überlebens- und systemnotwendige Institutionen haben generell Mühe, ihre (teuere) Existenz als berechtigt nachzuweisen, und ihre Angehörigen kaum Erfahrung im alltäglichen Umgang mit Kategorien der Rentabilität — die Bühnen-Künstler der öffentlichen Betriebe zumal. Der ziemlich unverhofft im luxurierenden Spielraum grollende Ton großer ökonomischer Gewalten wirkte hier fast wie ein katastrophales Menetekel. Die nun von außen, d.h. vom Rechtsträger immer stärker an die öffentlichen Bühnen herangetragenen Aufforderungen und handfesten Zwänge zur finanziellen Optimierung ihrer Dienstleistungs-Produktion führen seit einigen Jahren zu möglicherweise tiefgreifenden Änderungen im westdeutschen Theater-System und in seinen einzelnen Betrieben. Die wichtigsten ***systemhaften*** Veränderungen dürften dabei — ökonomisch betrachtet — in der Liquidation, Fusion und Kooperation ganzer Institute bzw. in ihrer Spezifikation und Konzentration sowie ihrer Transformation als formeller Privatisierung bestehen. Die ***innerbetriebliche*** Entwicklung ist demgegenüber (bzw. damit zusammenhängend) vor allem durch Versuche zur Rationalisierung und durch die Einführung moderner Management- und Marketing-Methoden zu kennzeichnen. Die ökonomischen Vorgänge sind widersprüchlich verknüpft mit politischen — insbesondere gesellschafts-, kultur- und organisationspolitischen — Bewegungen im Bühnenbereich und pflanzen sich bis in die konzeptionellen Neuorientierungen des Theaters fort.[6]

Die ***Liquidation*** von Theater-Betrieben — d.h. ihre völlige Stillegung durch Auflösung — war bis zur Mitte der sechziger Jahre ein Verfahren, das man im Bereich der öffentlichen Bühnen fast nur vom Hörensagen bzw. aus der Privatwirtschaft kannte. Seit jedoch von der Mitte der sechziger Jahre an schon mehrere öffentliche Theater den Betrieb einstellen mußten — 1975/76 waren es allein drei — gilt die Schließung einer Bühne als Schreckgespenst des ökonomischen Zugriffs schlechthin. Proteste von Theaterleuten und einer durch sie bzw. die GDBA mobilisierten Lobby — insbesondere gegen Arbeitsplatzverlust einerseits, ›Kulturabbau‹ (so das gebräuchliche Schlagwort) zum anderen — haben partielle Erfolge gezeitigt, deren Dauer aber zumindest fraglich ist. Landesbühnen mit ihrer meist geringen traditionellen und rechtlichen Verankerung in einer Kommune sowie ihrer zersplitternden Bindung an steuerschwache Landgemeinden scheinen im übrigen von jener Liquidations-Tendenz besonders schnell bedroht. Neben den öffentlichen Theatern werden gelegentlich aber auch Privatbühnen quasi öffentlich geschlossen, bei denen die erhebliche Kürzung oder Aufkündigung von Subventionen häufig identisch mit dem ›Aus‹ ist.[7]

Eine bereits seit längerer Zeit vereinzelt angewandte Methode zur Erhöhung der Rentabilität von Theater-Betrieben für ihre öffentlichen Träger besteht in ihrer ***Fusion*** (d.h. in einer Form ihrer organisatorischen Zusammenlegung) bzw. in ihrer engeren institutionellen ***Kooperation***; ob sich allerdings entsprechende Einsparungen wirklich lohnen, ist — z.B. inanbetracht dabei neuentstehender Unflexibilität — stark umstritten. Auch fusioniert wurden seit Anfang der siebziger Jahre bereits mehrere öffentliche Bühnen und weitere scheinen folgen zu wollen. Ein solcher Zusammenschluß von (in der Regel) zwei einander räumlich-geografisch nahen Institutionen kann einhergehen mit der Reduzierung von zwei Personalkörpern auf einen einzigen — insbesondere auf nur ein künstlerisches Ensemble — oder mit der Teilung gattungsspezifischer Aufgaben (wie von Oper und Schauspiel) zwischen zwei einspartig weiterbestehenden Institutionen (und anderen Variationen). Eine engere Zusammenarbeit auf technischem und organisatorischem Gebiet suchen nun die Theater selbständig schon deshalb häufiger, weil sie drohende Liquidationen, Fusionen und ähnliche ›große‹ Lösungen vermeiden wollen. Kooperation wird bisher vor allem auf dem Gebiet des gastspielmäßigen Austauschs von Inszenierungen und durch Zusammenarbeit im Ausstattungs-Sektor (vom Dekorations-Leihverkehr bis zur Planung gemeinsamer Werkstätten) systematisch betrieben; sie hat u.a. das verstärkte Bemühen des ›Fachnormenausschusses Theatertechnik‹ (FNTh) im ›Deutschen Normenausschuß‹ nach sich gezogen, eine möglichst umfassende und klare Normierung von Bauteilen, Kulissen, Bühnenmaßen u.dgl. planmäßig zu erwirken.[8]

Spezifikation und ***Konzentration*** des Theaters schließlich als seine jeweilige gattungs- bzw. genremäßige Beschränkung etwa auf Tanztheater oder ›große‹ Oper sowie als seine etat- und statutenmäßig unterbaute Ballung künstlerischer Kräfte zu je spezifischen Aufgaben — setzen eine regionale Kulturplanung voraus (sofern über die blanke Fusion hinaus die Bühnen ihrer Funktion nach aktiv konzeptionell verändert werden sollen). Der prominenteste und insbesondere von der GDBA zu berüchtigter Bedeutung publizistisch aufgeworfene Fall dieser Art liegt im ›Strukturplan‹ von 1973 zur Neugliederung des Theaterwesens in Nordrhein-Westfalen vor; freilich hat er im dortigen Landtag, u.a. auch auf schärfste Angriffe der betroffenen Theater hin, bislang keinerlei Chance zur Realisierung gefunden. Tatsächlich muß eine solche überfällige Strukturplanung besonders starke Gegenkräfte nicht nur insofern hervorrufen, als sie jeweils einzelne eingefahrene Betriebe infragegestellt; vielmehr läuft sie auch auf eine gewisse Planierung der regionalen bzw. sachlich-gattungsmäßigen Streuung von Theatern (als von lokalen Prestigeobjekten) hinaus, deren historische Wildwüchsigkeit und zufällige Disproportion von ihren Verteidigern gerne organologisch als ›gewordene Kultur-Landschaft‹ stilisiert wird. Das deklarierte Ziel derartig strukturell orientierter Planungen von Spezifikation und Konzentration im Theaterwesen ist durch den Anspruch der Bevölkerung auf verhältnismäßig gleichberechtigte d.h. auch geografisch und sachlich relativ gleich gut zugängliche — Versorgung mit kulturellen Einrichtungen zweifellos fundamental legitimiert und hat in der (gerade im Ruhrgebiet wahrscheinlichen) engen Benachbarung aufwendiger Institutionen, die einander eher noch wechselseitig Zuschauer wegnehmen, einen weiteren demokratisch verbesserbaren Gegenstand; daß solche Pläne im engen Zusammenhang mit umfassenden Einsparungs-Maßnahmen der öffentlichen

Hand inbezug aufs Theater überhaupt entwickelt worden sind, hat ihnen allerdings vorläufig einen politischen Mißkredit beschieden, der die Behandlung der manifesten Strukturprobleme einstweilen auf die lange Bank schieben läßt.[9]

Die ***Transformation*** öffentlicher Theater ihrer Rechtsform nach schließlich — d.h. ihre formelle Umwandlung in privatwirtschaftliche Bühnen (insbesondere nach dem GmbH-Muster) — hat in den vergangenen Jahren ebenfalls zugenommen; sie bedeutet, wie schon dargestellt, einen wesentlichen Schritt auf die betriebliche Rationalisierung eines von kameralistischer Bürokratie überwucherten und verteuerten Instituts zu — schließt aber auch selbstverständlich die eigendynamische Entwicklung zur Versachlichung, ja Verdinglichung von Kultur als rein privatwirtschaftlicher Dienstleistungs-Produktion ein. Dieser Tendenz entspricht im übrigen nicht nur die Einsetzung eines gleichberechtigten kommerziellen Geschäftsführers in die Leitung etwa einer Theater-GmbH; auch scheint eine generelle Neigung der öffentlichen Rechtsträger erkennbar zu sein, ihre Intendanzen in zunehmendem Maß mit juristischen, administrativen oder betriebswirtschaftlichen Fachleuten als Managern zu besetzen.[10]

Im inneren Zusammenhang mit den genannten strukturellen und systemhaften Tendenzen, im einzelnen aber von ihnen durchaus unabhängig, haben sich im westdeutschen Theater außerdem eine Reihe von Techniken und Methoden entwickelt, die auch der innerbetrieblichen Anpassung der Bühnen an die angespannteren ökonomischen Bedingungen ihres äußeren Rahmens dienen sollen. Insbesondere ***Kostenverringerung*** der Dienstleistungs-Produktion, ***Absatzsteigerung*** und ***Preiserhöhung*** werden dabei am Theater ins Auge gefaßt. Die Überlegung, welches dieser Mittel mit welchem Erfolg und auf welche Weise anzuwenden wäre, ist dabei allerdings zunächst weniger vom Theater als von den öffentlichen Rechtsträgern ausgegangen. Seit Beginn der siebziger Jahre sind vereinzelt betriebswirtschaftliche Prüfungen öffentlicher Bühnen in Auftrag gegeben worten; auch die gesetzlich zur Prüfung des Haushaltsgebarens von öffentlichen Theatern verpflichteten Rechnungshöfe lassen eine dubios wuchernde Tendenz erkennen, personelle und sächliche Einsparungen im Theaterwesen druckvoll anzuempfehlen. Beide jedoch — öffentliche wie private Prüfer — haben deutlich Schwierigkeiten mit der Anlegung ihrer üblichen Maßstäbe an die spezifischen Betriebsbedingungen von Theater. Eine technische Rationalisierung nach industriellem Vorbild, insbesondere als mit entsprechender Investition verbundene Automation, scheidet inanbetracht der konstitutiven medialen Individualität, inhaltlichen Variabilität, zeitlichen Diskontinuität und personellen Fluktuation der Einrichtung zumindest im Kernbereich ihrer Arbeit — mit Ausnahme der Bühnentechnik — aus. Weitere Einsparungen im Personalwesen — das als mit Abstand größter Kostenfaktor des Theaters natürlich im Mittelpunkt entsprechender Überlegungen steht — werden vor allem im Hinblick auf einzelne Werkstätten erwogen; auch die z.T. unverantwortlichen Mißverhältnisse zwischen den Stargagen von Opernsolisten und ihren niedrigen Auftrittsfrequenzen werden vielfach kritisiert. Im sächlichen Bereich ist der Ausstattungs-Aufwand häufig Stein des Anstoßes; über das Maß hinaus, in dem den Beanstandungen durch verstärkte Kooperation Rechnung getragen wird, sind aber hier noch keine systematischen Ausgaben-Verringerungen zu beobachten. Schon seit längerem jedoch versucht man, den insgesamt anfallenden Produktionsaufwand von Theater durch Vereinfachung seiner Angebots-Vielfalt — etwa durch eine Reduzierung der jährlichen Zahl von Inszenierungen zugunsten von deren häufigerer Aufführung — stetig zu vermindern; abgesehen davon allerdings, daß die dadurch ermöglichten Kostensenkungen erst bei drastischer Reduzierung des Personalkörpers ins Gewicht fallen dürften, ist einer Erhöhung der Vorstellungs-Frequenzen bei z.Zt. bestenfalls schwach steigenden Zuschauerzahlen vorläufig mindestens auch diese Grenze des ›Absatzes‹ simpel vorgeschrieben. Die erheblich rationellere Umstellung vom Repertoiretheater-Betrieb auf den des Serientheaters — die freilich mit fundamentalen Umorientierungen auf allen Ebenen verbunden wäre — ist im Hinblick auf die öffentlichen Bühnen bislang nur als Denkmodell erwogen worden. Die vereinzelte Einführung periodischer spielfreier Tage als Mittel der Kostendämpfung wirkt wie ein hilfloses Manöver, mit dem man notwendigen Strukturreformen auszuweichen sucht.[11]

Die einzige vom Kapital stammende Bewegung, an der die öffentlichen Theater selbst auch aktiv mitwirken, ist die Dynamik, mit der auf ihren besseren Verkauf, ihre Erschließung neuer Kunden durch bessere Werbung u.dgl. hingezielt wird, kurz: ihr ***Marketing.*** Möglicherweise wird diese übermäßig und einseitig heftige Beteiligung der Institution am ökonomischen Trend wenigstens teilweise durch das schlechte Gewissen begünstigt, mit dem man die teueren Resultate öffentlich hochdotierter Produktionen an die stagnierende Minderheit distribuiert — möglicherweise tobt sich auch hier ein Teil der inneren Verwandtschaft von theatralem und Marktgebaren aus: fest jedenfalls steht, daß eben an diesem Punkt des Zwangs zur Erweiterung der ›Kunden‹ die ökonomischen Gesetzmäßigkeiten mit politisch überfälligen Anforderungen als eindeutige Interessen von Theaterleuten zusammenfallen. Allerdings bleibt höchst zweifelhaft, ob — bzw. in welchem Maße — die verstärkte Absatzwerbung der Theater auch die Bedienung von Bedürfnissen des herkömmlichen, gar derer eines neuen Publikums verbessert. Ruft man sich in Erinnerung, daß ein Markt über die in der Produktion enthaltenen Widersprüche nicht einen Schritt wirklich hinauszukommen vermag, so relativiert sich die demokratische Emphase, mit der die Theater nun seit einigen Jahren die ›Massen‹ umwerben, oft schnell als oberflächliche Betriebsamkeit: nach einem Dornröschenschlaf als selbstverständliche kulturelle Versammlungsstätte einer geschlossenen Gesellschaft holt das Theater nun das ganze Arsenal von Public-Relations-Techniken mit dem durch Existenzangst und Legitimationsdruck angespornten Eifer des Renegaten nach. Theaterfeste mit einem von Autogrammstunden über Oldtime-Jazz bis zur Versteigerung ausrangierter Kostüme reichenden Show-Programm sollen auch dem Fernstehenden das Elite-Institut sensationell als ›bürgernah‹ offerieren — die dabei dem Lokalkolorit angepaßten Speisen und Getränke demonstrieren seine ›Bodenverbundenheit‹. Schauspieler in Maske und Kostüm werben auf Wochenmärkten fürs Abonnement, das sich beflissen an die alte Kundenschicht als ›Senioren‹ und an eine neue als an ›Menschen unter acht‹ wendet. Popige Poster an Litfaß-Säulen, ganzseitige Annoncen in Massenblättern und grelle Spruchbänder an den Fassaden des sonst (immer noch) einschüchternd seriösen Schauspielhauses machen massiv Reklame für einen als ›live‹ gepriesenen Genuß, während sich das gestylte Signet der einst so steifen Bühne durch seine regelmäßige Wiederkehr im Layout keß illustriertenähnlich aufgemachter Programm-Zeitschriften als einprägsames Markenzeichen empfiehlt. Kein Gag ist zu abgeschmackt und keine Aktion hinreichend populär, keine Klamotte zu läppisch und keine Parole großspurig genug, als daß man nicht glaubte, damit auch Theater endlich ›unters Volk‹ bringen zu können...[12]

Der permanente Zwang zur ***Innovation*** der Dienstleistungs-Produktion schlägt sich nicht nur in solchen Markttechniken nieder, sondern dringt auch tief in die künstlerische Seite der Arbeit ein, um von dort aus erneut auf die ökonomischen Bedingungen der Institution zu drücken. Sensationelle Bühnenbilder, das Stück für hunderttausend Mark, sind kein Hirngespinst mehr und die Stargagen für Opernsänger werden — unter dem Einfluß internationaler Konkurrenz und forciert durch industriell hochgeschraubte Hi-Fi-Ansprüche — von den Bühnen selbst längst wechselseitig auf Zehntausende (DM pro Vorstellung!) gesteigert; nicht länger erscheint absurd, daß ein ›Theaterkommunist‹ Brechts ›Mahagonny‹ für ein Honorar inszeniert, das ungefähr fünfzigmal so hoch ist wie das Monatsgehalt eines mitspielenden Akteurs. Zur Innovation gehört dann — neben den letzten, dem Bau-Boom der sechziger Jahre nachhinkenden Neubauten — insbesondere auch, daß sich das ›Intendanten-Karussell‹ immer schneller dreht: drei Jahre — und der Mann ist verbraucht, wird vielleicht noch mit einer fünfstelligen Ablösungssumme (durchaus nach Art eines Bundesliga-Trainers) vorzeitig aus dem Vertrag gedrängt, eine Gelegenheit, die sein Nachfolger wieder zur ›Innovation‹ von Massenentlassungen nützt... Von den zunehmenden Zwängen, sensationelle Regienachwuchs-Entdeckungen zu machen oder immerhin die etablierte Prominenz, inzwischen auch im Bühnenbild-Fach, zu verpflichten — vom Druck, Stücke zu spielen, die ›in‹ sind oder Novitäten als Ur-, wenigstens Erstaufführungen einzukaufen, von weiteren Innovationszwängen in Produktion und Präsentation soll hier nicht gesprochen werden: ihre Aufzählung könnte nur ihre Funktion vervielfacht demonstrieren — daß sie für Abwechslung sorgen müssen, solange sich nichts wirklich verändert und daß ihre Neuigkeit zu übersehen hilft, wie doch alles beim alten bleibt.[13]

Das eigentümlich bizarre Mißverhältnis zwischen dem musischen Gebaren des (öffentlichen) Theaters und seinem Hang zu marktkonformem Image und Touch hat etwas naiv bis peinlich Jugendbewegtes, das bezeichnenderweise den ***Privatbühnen*** völlig abgeht. Kommerzielle Theater, häufig schon rein örtlich wie andere Geschäfte in eine Passage der Einkaufsstraße unauffällig integriert, haben im Verkauf Tradition und Augenmaß. Hier braucht sich im Prinzip nichts und niemand erst dem kapitalistischen Verwertungsmotiv und seiner Dynamik anzubequemen oder auf dem Markt an die Brust zu schmeißen. Allenfalls wird heute das Programm noch auf amerikanische Weise simplifiziert, allenfalls schließt eine der wenigen von der öffentlichen Hand wesentlich subventionierten Institutionen, allenfalls konzentrieren sich einmal drei, vier Bühnen in einer Kapitaleigentümer-Hand: eine Monopolisierung zur theatralen Unterhaltungs-Industrie legen die niedrige Produktivität und Rentabilität der Branche hierzulande nicht im entferntesten nahe. Selbst die bei uns vergleichsweise seltene Erscheinung einer über Monate, gar Jahre hin ausverkauften Serien-Produktion macht — so gut wie aufs Musical beschränkt — die Bedeutung spezifischer System-Unterschiede vor allem gegenüber dem Show-Business des Broadway klar.[14]

In die Marktlücke, die das öffentliche Theater in seiner Struktur räumlich-geografisch, in seiner Organisation zeitlich — und in seinen Präsentationen inhaltlich bisher nicht auszufüllen vermocht hat, stößt nun mehr und mehr die spezifische Form von Privattheater, die schon einmal die ersten Epochen seiner Geschichte (wenn auch unter ganz anderen Vorzeichen) bestimmt hat: das Wander- oder (wie es heute charakteristisch erscheint) ***Tourneetheater.*** Bei dieser Art von Institution, wie sie z.Zt. schon mit rund 20 Unternehmen die BRD überzieht, handelt es sich um die — im kapitalistischen Sinn — eindeutig ›produktivste‹ Dienstleistungs-Einrichtung im Bühnenbereich. Tourneetheater sind ihrer Rechtsform nach wie andere Theaterbetriebe auch organisiert und engagieren ihr Personal — insbesondere aber das künstlerische — fast ausschließlich per Stückvertrag. Jegliche Rücksichtnahme auf die über das Honorar hinausgehenden Leistungen und Ansprüche (wie Sozial-, Arbeits-, Krankenversicherung u.dgl.) kann dabei um so mehr entfallen, als die Tourneetheater wohlweislich nicht dem Bühnenverein angehören (an dessen tarifvertragliche Bindungen auch sie sich dann halten müßten); vielmehr ist ihre Organisation ein internationaler unterhaltungsgewerblicher ›Direktoren-Verband‹. Auch zeitlich nähert die Ausschlachtbarkeit fremder Arbeitskraft sich hier dem kapitalistischen Maximum: die meist im Omnibus umherziehenden Schauspieler gastieren Abend für Abend an einem Ort nach dem anderen — wobei der im Kauf ihrer Dienstleistung (durch den Zuschauer) mitenthaltene Wert ihres Transports sich für sie nur als unbrauchbare und ermüdende, unter- oder unbezahlte ›Tour de force‹ quer durchs Land niederschlägt. Darüberhinaus besteht beim Tourneetheater eine Tendenz, die Attraktivität der Inszenierung durch zwei oder drei — meist von Film und Fernsehen her populäre — Stars zu steigern und die durch solche Zugpferde anschnellenden Kosten mit der Unterbezahlung eines Rests von namenlosen Wasserträgern aufzufangen (die dann außerdem noch häufig jenen nur als Stichwortgeber dienen). Daß dabei die künstlerische Vorbereitung dieser Präsentationen, d.h. besonders die unmittelbare Produktionszeit, ebenfalls so knapp wie möglich kalkuliert wird, dürfte sich von selbst verstehen — für die inhaltliche Seite von Theater heißt das aber einfach: aufkosten künstlerischer Sorgfalt und zulasten aller Qualitäten, die nicht glatt konsumierbar zubereitet werden können. Die szenische Ausstattung zuletzt reduziert sich angesichts der großen Unterschiede in den Maßen der zu bespielenden Bühnen wie im Hinblick auf die Reduzierung von Transportkosten schon zwangsläufig rationell auf das Notwendigste.[15]

Die Präsentation der Tourneetheater-Produktion ist in der Regel auf Räumlichkeiten angewiesen, die eine bühnentechnische Minimalausstattung und den entsprechenden Komfort für Zuschauer enthalten. Sind das in den ensemblelosen Gemeinden — als den überwiegenden Spielorten — häufig öffentliche Mehrzweck-Gebäude mit meist allgemein kultureller Funktion, so findet das Gastspiel dort, wo ein eigenes Schauspielhaus betrieben wird (oder wurde), in der Regel in diesem statt. In beiden Fällen nehmen die Tourneetheater dabei durchweg nicht nur die öffentliche Hilfe von Vereinen, Kulturdezernenten u.dgl. bei der Organisation sowie öffentlich finanzierte Einrichtungen (wie die Bühnenräume) beim Spiel entschädigungslos in Anspruch, sondern sie gastieren auch generell nur für einen pauschalen Gesamtpreis ihrer Vorstellung — bei dessen Nichtdeckung durch den Platzverkauf gegebenenfalls der Vertragspartner des Unternehmers den Rest beizusteuern hat: das ist im ersten Fall (ensembleloser Kommunen) meist das Gemeindeamt oder ein von ihm (zumindest auch) subventioniertes ›Volksbildungswerk‹ u.dgl. — andernfalls eben das örtliche Theater selbst (das zur Aufnahme des ungeliebten Gasts schon aus Gründen der Wettbewerbsfähigkeit gezwungen sein kann oder auch z.B. spielfreie Tage füllen muß). Eine solche ***Mehrfach-Ausbeutung*** von Theatern, Theaterleuten und Theaterträgern ist aber noch zu optimieren: der Erfolg von einzelnen Produktionen öffentlicher Bühnen läßt sich kapitalistisch dergestalt ummünzen (bzw. schon im Vorhinein durch Absprachen so anlegen), daß man eine ganze Präsentation bei entsprechendem Erfolg im stehenden Theater — just in der auf öffentliche Kosten produzierten bzw. getesteten Form und gegebenenfalls mit den gleichen oder nur partiell ausgewechselten Kräften — sozusagen als ›Zweitnutzen-Theater‹ auf private Verwertungs-Geschäftsreise schickt...[16]

Die letzte und jüngste Quelle für eine auf der Linie des Tourneetheaters liegende exzessive Ankurbelung des Verwertungs-Prozesses inbezug aufs Theater betrifft seine ***mediale Reproduktion*** durch die Einsetzung audiovisueller elektronischer bzw. fotochemischer Techniken und Systeme — insbesondere zunächst von Film und Fernsehen. Einerseits können so zwar mit deren Hilfe Erfolgs-Produktionen der Massenmedien für das Theater umgearbeitet und sekundär verwertet werden — andererseits lassen sich aber auch vor allem Theater-›Hits‹ recht ergiebig als TV-Produktionen verfilmen und vermarkten. Daneben hat sich die direkte Produktion von Theater für eine dann ›live‹ abgefilmte Präsentation zur Reproduktion im Fernsehen — wie beim ›Ohnesorg-Theater‹ — längst als eigenständiger Typ kommerzieller Praxis und sogar als artifizielle Gattung etabliert. Mit der technischen und ökonomischen Weiterentwicklung insbesondere von Bildplatte, Bildkassette, Kabelfernsehen u.dgl. dürften dem Theater — vor allem eben dem privatwirtschaftlichen — auf diesem Gebiet aber noch eine Reihe weiterführender Verwertungs-Möglichkeiten erschlossen werden, deren Folgen für System und Betrieb der westdeutschen Bühnen kaum schon abzuschätzen sind.[17]

3.2 Politische Entwicklung

Politik als mit dem Interesse der Einflußnahme auf die Ordnung des gesellschaftlichen Zusammenlebens gerichtetes dauerhaftes Handeln wird in der bürgerlichen Gesellschaft umfassend, erklärter- und gesetzlicherweise durch den Staat verwirklicht. Alle staatliche Gewalt geht nach dem Grundgesetz der BRD vom Volke aus und die Parteien wirken — nach der selben Verfassung — bei seiner ***politischen Willensbildung*** mit. Besonders aus vier Gründen aber ist es damit, daß diese staatliche Gewalt auch tatsächlich ihren Ausgang ›vom Volke‹ nimmt, nicht allzu weit her: 1. besteht ›das Volk‹ nämlich zum größten Teil aus einer gegen Lohn in abhängigen Stellungen arbeitenden Bevölkerung, deren Möglichkeiten zur Ausbildung von Wissen über Gesellschaft, von gesellschaftlichem Bewußtsein — ideologische Grund lagen jeder willentlichen politischen Entscheidung — materiell erheblich geringer sind als die der herrschenden Klasse. 2. sind staatliche Gewalten ebenso wie die (sie vielfältig durchsetzenden) politischen Parteien ihrer Geschichte nach Funktionssysteme überkommener Herrschaftsordnungen, deren meiste Repräsentanten schon kraft ihrer klassenmäßigen Herkunft ihr Amt oder Mandat nicht zur Beseitigung der bestehenden Klassenherrschaft ausüben — staatliche Institutionen und Parteien aber sind die entscheidenden organisatorischen Instanzen jener politischen Willensausübung. 3. hat im bürgerlichen Staat das Kapital die legale Verfügungs-Gewalt über die ›Volks-Wirtschaft‹ — also über das unabdingliche materielle Zentrum allen politischen Handelns — und damit im Prinzip die entscheidende unkontrollierbar-private Macht zur Beeinflussung des Gemeinwohls. 4. wird Herrschaft heute in Staaten mit ganz unterschiedlicher Gesellschaftsordnung nur noch begrenzt persönlich und vielmehr durch Bürokratie ausgeübt — staatliches Walten gewinnt also Eigengewalt als Verwaltung.[1]

Bei förmlicher Gewährleistung der verfassungsmäßigen Konstitution, daß in ihm alle Staatsgewalt vom Volke ausgehe, fungiert und funktioniert der Staat hier und heute wesentlich als Institution der Bourgeoisie dergestalt, daß seine Gewalten den Kapitalismus fundamental stützen und legalisieren, zumindest dulden und regulieren, höchstens aber einschränken und mildern. Und nicht nur muß sich dieser Staat zu seiner widersprüchlichen Gesellschaftsordnung (einer ›freien Marktwirtschaft‹, ›pluralistischen Gesellschaft‹ u.dgl.) als demokratisch legitimer programmatisch bekennen, sondern es entwickelt sich auch seine moderne Institution selbst in entschieden kapitalistischen Formen zu der eines großen Unternehmers (etwa verstaatlichter Werke), zum bedeutenden Auftraggeber und Kunden der Privatwirtschaft (etwa im Rüstungsbereich) und zum volkswirtschaftlich bedeutendsten Dienstleistungs-Produzenten (in Verkehr oder Militär, als Behörde usw.). Die Einstellung zum Staat und seinem zwiespältigen Wesen gibt daher praktisch Aufschluß über die spezifische Konzeption politischer Organisationen, die mit dem erklärten Ziel ***antikapitalistischer Politik*** in dieser Gesellschaft auftreten bzw. einmal angetreten sind. Denn in der Tat hat es in der Geschichte der bürgerlichen Gesellschaft nicht an großen, großartigen Versuchen zur Durchbrechung und Aufhebung jenes verhängnisvollen Zusammenhangs von mangelndem politischen Bewußtsein und fehlender politischer Organisation, privater ökonomischer und öffentlicher bürokratischer Herrschaft gefehlt! Aber es scheint ein historisches Fundamental-Problem des Kampfes gegen den Kapitalismus, daß die ihn gemeinsam negierenden politischen Kräfte immer zugleich auch der Gefahr einer besonderen historischen Dialektik ausgesetzt sind: dabei erhebt die zur Aufhebung unrechtmäßiger besonderer Macht notwendige Gegenmacht sich kraft des ihr innewohnende Prinzips einer Repräsentation des allgemeinen Interesses selbst über jenes Allgemein-Interesse — weil Macht Beherrschung braucht und Herrschaft schnell zur Verselbständigung neigt.[2]

Zwischen den hierzulande zeitlich konzentriertesten Anläufen zum Umsturz staatlicher Gewalt durch die revolutionären Bewegungen von 1848/49 und 1918/19 manifestieren sich in der Organisation von ***Arbeiter-Parteien*** und ***Gewerkschaften*** die beiden in Deutschland langfristig einflußreichsten politischen Strategien mit erklärterweise antikapitalistischer Zielsetzung. Aber vom Bismark-Reich an zieht sich die militante Verfolgung sozialistischer Kräfte vonseiten des Staats durch die deutsche Geschichte — auch durch ihre junge republikanische. In der faschistischen Epoche werden die meisten kommunistischen Mitglieder jener Organisationen dann vollends ermordet und vertrieben; die einzige größere kommunistische Partei ist in der BRD kurz nach deren Konstituierung als verfassungswidrig verboten worden. Der politische Einfluß heutiger deklarierter Arbeiter-Parteien in Westdeutschland ist, gerade auch jener historischen Gründe halber, außerordentlich gering. So sind hier vor allem Funktion und Veränderung der ***Sozialdemokratie*** (SPD) und des ***Gewerkschaftsbundes*** (DGB) von Belang. Beide, Sozialdemokraten und Syndikalisten, hatten sich in der zweiten Hälfte des vorigen Jahrhunderts als entschiedene Gegner des Kapitalismus konstituiert; beide Vereinigungen zählen heute zu den einflußreichsten politischen Organisationen dieses Staats — und beide haben ihren Frieden mit ihm und einem Kapital gemacht, das sie als ›Sozialpartner‹ in einem ›sozialen Rechtsstaat‹ mit ›freiheitlich-demokratischer Grundordnung‹ anerkennen. Ja beide treten — wie vor allem die Gewerkschaft — groteskerweise heute selbst wieder u.a. als typisch kapitalistische Unternehmer auf! Beider Geschichte ist von der zähen, widersprüchlichen, aber umfassenden Durchsetzung des einen Axioms bestimmt, daß man mit ›dem Kapital‹ schon irgendwie vernünftig reden und sich partnerschaftlich mit ihm einigen könne — und läuft auf das programmatische Ziel hinaus, die relative Verbesserung der wirtschaftlichen, sozialen und rechtlichen Lage der Nicht-Kapitalisten mit dem Fortbestehen der kapitalistischen Wirtschaftsordnung dauerhaft zu vereinbaren. Beide Institutionen arrangieren sich spätestens im Ersten Weltkrieg — vermeintlich-vorgeblich im höheren Interesse der Nation — mit dem Kapital, und Funktionäre beider (damals noch) Arbeiter-Organisationen wirken nach jenem Krieg erstmals an der Niederschlagung von Arbeiter-Aufständen und der Rücknahme von Arbeiter-Rechten mit. Die Mitglieder beider Vereinigungen werden schließlich von 1933 an — als der Kapitalismus in Faschimus umschlägt, statt sich vielleicht erhoffterweise ›humanisieren‹ zu lassen — in Gefängnisse und KZs geworfen, wo sie zusammen mit den von ihnen zuvor bekämpften Kommunisten zu Zehntausenden ermordet werden.[3]

Imperialismus (als politischer Ausdruck für eine im Interesse des Kapitals sich vollziehende Einrichtung des Staats auf die Beherrschung anderer souveräner Staaten) und Faschismus (als auf der gleichen Grundlage beruhendes System der gesetzlichen und gewalttätigen Beseitigung des demokratischen Rechtsstaats) wohnen der bürgerlichen Gesellschaftsordnung dauernd als Möglichkeiten inne. Aus dieser Einsicht haben nach dem katastrophalen Ende einer durch beider Herrschaft bestimmten Epoche 1945 nicht nur die am Leben gebliebenen Kommunisten, Sozialdemokraten und Gewerkschafter den beschwörenden Schluß gezogen, daß man den Kapitalismus nunmehr endlich beseitigen müsse. Aber stark begünstigt vom Druck des US-amerikanischen Kapitals im Lager der alliierten Siegermächte kommen mit ›Christlich Demokratischer‹ und ›Christlich Sozialer Union‹ im ersten westdeutschen Parlament schließlich gerade wieder die Parteien an die Macht, die am stärksten durch die Bourgeoisie allgemein und durchs Kapital insbesondere bestimmt waren und sind. Die von einer fast zwei Jahrzehnte ungebrochen währenden Vorherrschaft der CDU/CSU tief geprägte Nachkriegsgeschichte der BRD ist die Geschichte der umfassenden ***Restauration*** des Kapitalismus in diesem Land — und zwar sowohl der Restauration seines wirtschaftlichen Systems wie der mit ihm verknüpften politischen und militanten Gewalten als auch der entsprechenden ideologischen Mächte. Wieder erzählt diese Geschichte aber auch zugleich die alte Leier von sozialdemokratischem und gewerkschaftlichem Arrangement mit dem Kapital.[4]

Mitte der sechziger Jahre bricht in der BRD und West-Berlin im Zusammenhang mit der ökonomischen auch die erste große und andauernde politische ***Systemkrise*** aus. Ihr Kern ist klar erkennbar der allmählich spürbar gewachsene Unwille vieler durch jene Sonderinteressen unterdrückter und ihretwegen unterprivilegierter Staatsbürger über die hierarchischen Strukturen und autoritären Bevormundungen in allen möglichen gesellschaftlichen Bereichen. Die aufflammende Ablehnung der herrschenden Gewalten wird geschürt von moralischer Abscheu gegenüber einem durch Korruption und Heuchelei, Karrieren alter Faschisten und neue Militarisierung diskreditierten Staat und formiert sich im praktischen Widerstand gegen unmittelbare Bedrohungen wie atomare Rüstung und Eingriffe in die Pressefreiheit. Sie wird schließlich als offene Auflehnung ausgelöst durch Ärger, Haß, Angst und Mitgefühl, wie sie sich vor allem aufgrund der Ausbildungs-Misere, gegen drohende polizeistaatliche Willkür (›Notstandsgesetze‹) und bei weltweiten Protesten gegen den US-Angriffskrieg in Vietnam zusammengeballt hatten. Insbesondere auch aus den kulturellen

Kommunikations- und Bildungs-Institutionen (wie Universitäten und Zeitungen) — also gerade den die Bürger und Kleinbürger immer noch mit Privilegien bedienenden gesellschaftlichen Einrichtungen — kamen entscheidende Impulse zu jener Revolte. Die sog. Studentenbewegung, der vielleicht heftigste öffentliche und manifeste Angriff auf die bestehende Herrschaft, brach nicht nur international aus, sondern verschränkte sich auch speziell mit vielerlei Aktivitäten in den Schulen, Verlagen, Rundfunkanstalten, Redaktionen und Theatern; ihr größter gemeinsamer Nenner war — neben dem Protest insbesondere gegen den imperialistischen Terror der USA — die bis heute umfassend nachwirkende Forderung nach einer wirklichen inneren Demokratisierung der Gesellschaft und ihrer verschiedensten Institutionen und Lebensbereiche.[5]

Mit der am Ende der ersten Restaurationsphase ausbrechenden Systemkrise in engem Zusammenhang steht eine speziellere politische Entwicklung, die man als ***Krise der Städte*** bezeichnen könnte. Lange Zeit blieben die besonderen Probleme der urbanen Entwicklung im Kapitalismus und vor allem der in der westdeutschen Nachkriegs-Restauration hastig wiederhergestellten Großstädte verkannt, verdrängt, fundamental unbewältigt: Das geduldete, ja begünstigte räumliche Eindringen von Warenhäusern und Konzernen in die historischen Stadtkerne zerstört deren je besonderes Gesicht und macht Lärm, Eile, Massenbetrieb und bloßes Funktionieren zu ihren neuen Charakteristika — für die zunehmende Ballung von Menschen in den großen Gemeinden werden durch massenhafte Hochhäuser-Vororte teuere, entnervende und brutalisierende Schlafstädte aus dem Boden gestampft — die von der Automobil-Industrie angeheizte und von der Kapitalisierung des öffentlichen Nahverkehrs-Betriebs begünstigte Entfaltung des motorisierten Individual-Transports verpestet und überlastet die engen Innenstädte und zieht mit dem dadurch bedingten Ausbau des Straßennetzes eine weitere Zerstörung von Wohn- und Grünflächen nach sich — eine einseitig an Arbeitsplatz-Beschaffung und Steuereinnahmen orientierte kommunale Förderung von Industrie-Ansiedlungen liefert die Metropolen ebenso wie ihre natürliche Umgebung ungeheueren Verschmutzungen, Vergiftungen und anderen ökologischen Gefährdungen aus — schließlich zerfällt die städtische Gemeinschaft, verwaltet durch lokal bornierte und skrupellos mit dem örtlichen Kapital verfilzte Funktionärs-Cliquen ohne Weitblick und Klassenbewußtsein, in arbeitende Massen und atomisierte Minderheiten (Kinder, Alte, Jugendliche, Arbeitsemigranten usw.), für deren sinnvolle Freizeit-Beschäftigung so wenig vorgesorgt ist wie für ihre Integration ins kulturelle Leben oder in Bildungs-Institutionen. Die Bewältigung all dieser Probleme — von anderen wie der städtebaulichen Sanierung, der steigenden Kriminalität oder der unzureichenden Krankenversorgung hier nicht einmal zu sprechen — wird noch wesentlich erschwert dadurch, daß die ohnehin vielfach verschuldeten Kommunen durch ihre benachteiligende Einbeziehung in den Finanzausgleich der Gebietskörperschaften von Bund und Ländern gezwungen sind, die krisen- und speziell rüstungsbedingte Mittelknappheit des Staats mit auszutragen! Die (Groß-) Städte gelten heute als ›krank‹ — aber man muß ihre ›Krankheit‹ im engen Zusammenhang mit dem Übel begreifen, dessen Wurzel in der Gesellschaftsordnung als ganzer steckt.[6]

Auch die ***Theater***, die — ihrem westdeutschen System entsprechend — im wesentlichen in jenen Städten betrieben werden, nehmen (vor allem als öffentlich getragene Institutionen) in den entscheidenden politischen Entwicklungen der vergangenen Jahre ihren Ausgang direkt oder indirekt von der aus Restauration und Rezession stammenden Krise des Systems und der Revolte seiner Gegner. Die charakteristischen Bewegungen dieser Art, die sich seither auf und an westdeutschen Bühnen abspielen, entspringen zugleich dem Legitimations-Druck (den die öffentlichen Träger der elitären Einrichtungen nun unverhohlen an diese weitergeben), dem Demokratisierungs-Interesse von aktiven Teilen der am Theater Beschäftigten und seines Publikums — und den darauf erfolgenden teils abwehrenden, teils unterstützenden Reaktionen von etablierten politischen Gewalten und Interessen-Gruppen. Besonders auf drei Ebenen kann man diese Veränderungen (bzw. entsprechende Bestrebungen) ausgeprägt verfolgen: nämlich im Bereich der Gesellschaft-, der Kultur- und der Organisations-Politik. Dabei ist den Entwicklungen auf diesen Gebieten vor allem gemeinsam, daß in ihnen das Theater — dessen politische Potenz und Brisanz zwar nie vergessen war, aber doch (wie sich noch am westdeutschen Brecht-Boykott nach dem Mauer-Bau von 1961 zeigte) lange nicht aktiv aktualisiert wurde — nun entschieden als Politikum verstanden und bewußt als solches interpretiert, geplant und eingerichtet wird.[7]

In diesem Sinn betrifft die ***Gesellschafts-Politik*** im Bereich des Theaters wesentlich die Propagierung einer antikapitalistischen Veränderung der Gesellschaftsordnung gegenüber seinem Publikum. Sie reicht inhaltlich von der dramatischen Analyse des kapitalistischen Systems bis zu konkreten Proklamationen antikapitalistischer Zielsetzungen und formell von bestimmten theatralen Manifestationen einer deklariert politischen Ästhetik bis zu ganz untheatralen Veranstaltungen an der Rampe und im Parkett. Mit dem vehementen Engagement für das auch konkret beim Namen genannte politische Ziel — daher nun auch die irreführende Rede vom ›engagierten‹ oder ›politischen‹ Theater (als hätte sich das Theater zuvor nicht etwa vor allem für die bestehende politische Ordnung engagiert) — befreien sich die westdeutschen öffentlichen Bühnen von den sechziger Jahren an wenigstens zum Teil und zeitweise von der erhaben-verschlafenen Apolitizität eines Restaurations-Jahrzehnts. Nun knüpft die Einrichtung an den Zug ihrer klassenmäßigen Frühgeschichte an, der sie als Tribüne und Tribunal gegen herrschende Unterdrückung ausformte, als Sprachrohr und Versammlungsstätte für Demonstrationen gegen die Ungerechtigkeit einer herrschenden Klasse — und sei das nun auch die Bourgeoisie selbst! Gleichzeitig und freilich in innerem Zusammenhang damit wird — wenn auch ohne ausdrückliche Erinnerung daran — eine spezifisch deutsche Tradition wieder aufgenommen, wonach (das öffentliche) Theater als ›moralische Anstalt‹, als Medium politischer Vernunft und gesellschaftlicher Aufklärung wirkt und zu wirken habe. Das beginnt vor allem mit dem (später so genannten) ›Dokumentartheater‹ der sechziger Jahre — der ersten auch internationalen Widerhall findenden neuen Stilrichtung des historischen Dramas bzw. aktuellen Theaters in der westdeutschen Nachkriegs-Entwicklung. Das Genre des ***Dokumentarismus*** gründet sich wesentlich auf die Kraft der Authentizität, die als von den in ihm poetisch verarbeiteten Dokumenten politischer Wirklichkeit (Gerichtsprotokollen, Amtsakten, Zeitungsberichten usw.) ausgehend erkannt wurde; wirksam werden konnte dieser neue Stil zumal dort, wo die Verkettung der (wieder) herrschenden staatlichen Organe in die deutsche faschistische Vergangenheit öffentlich gewissenlos verschwiegen und gleichzeitig z.B. die aktuelle Anzettelung von Kriegen des imperialistischen Haupt-Bündnispartners der BRD durch die totale Bewußtseins-Manipulation prokapitalistischer Massenmedien zu permanenter antikommunistischer Hetze gegen innere und äußere Feinde umgemünzt wurde! Kapitalismus, Imperialismus und Faschismus werden nun plötzlich auf der Bühne, wenigstens in der politischen Öffentlichkeit des Theaters, angeklagt. Und nicht nur tritt neben die dramatischen Angriffe aufs Systemganze der Gesellschaftsordnung gerade auch die theatrale Entlarvung alltäglicher bürgerlicher Herrschaft (ihrer Unterdrückung nonkonformer ethnischer, sozialer, sexueller u.a. Minderheiten oder ihrer moralischen bzw. religiösen Heuchelei); vielmehr entdeckt man nun auch in überlieferten und insbesondere klassischen Spielvorlagen vielfältige Möglichkeiten zu ihrer politisch aktuellen Inszenierung, die einer neugewonnenen Sensibilisierung für diese lange vernachlässigte Dimension oder auch nur der antiautoritären Lust zur provokatorischen Schockierung des bildungsbürgerlichen Publikums zu verdanken sind. Die Tendenz zur politischen Wirklichkeitsnähe, wie sie der Bühne hier zurückgewonnen wurde, hat sich seitdem — der Vielfalt des westdeutschen Systems und der Verkehrsform von Theater entsprechend — in vielfältigen Formen seiner Stückinhalte, seiner Inszenierungsstile, seiner Spielplan-Organisation und dgl. weiterentwickelt; zum heutigen Medium dieser Art von Realismus scheinen dabei z.B. eine ganze Richtung von Stücken aus der sog. Arbeitswelt, Mundartstücke und sog. Volksstücke (z.T. aus den zwanziger Jahren stammend) sowie Anknüpfungen an die dezidiert realistische Weltliteratur unseres Jahrhunderts zu gehören.[8]

Oft im Zusammenhang mit der bei vielen Theatermachern erfolgenden Weckung ihres politischen Bewußtseins durch inhaltlich-stoffliche Qualitäten des entschieden politischen Theaters (und natürlich umgekehrt darauf zurückwirkend) stehen auch die gleichzeitig sich entfaltenden Versuche zur Veränderung seiner Präsentation/Rezeption inbezug auf deren gesellschaftlichen Habitus und Ritus — ja ganz allgemein Ansätze zum praktischen Begreifen von Theater als ***politische Veranstaltung.*** Wo das Theater, wie etwa von den sechziger Jahren an, zum aktuellen Mitteilungs-Medium avanciert, aktualisiert es damit auch zwangsläufig seine Potenz, politischer Versammlungsort zu sein. Im Klima von allgemeiner Revolte und speziell theatralem Dokumentarismus beginnen Theaterleute, das allabendliche Theater-Arrangement nicht länger als bloße rituelle Zuordnung von (Dienstleistungs-)Produzenten zu Rezipienten, gar zu Konsumenten hinzunehmen: plötzlich gilt ihnen, aber auch einem (besonders jüngeren) Teil des Publikums, Theater als öffentliche Zusammenkunft, als aktuelle Versammlung verantwortlicher Staatsbürger. Schauspieler und Zuschauer hatten sich als vom Gezeigten real und unmittelbar persönlich betroffen zu verstehen, das Gespielte ernst zu nehmen und, Partei nicht nur innerlich ergreifend — zu handeln! So treten plötzlich Ensembles vor den Vorhang, und indem sie gegen die Verabschiedung der Notstandsgesetze oder gegen die Vernichtung Vietnams protestieren, rufen sie ihr ›Publikum‹ — die wiedererkannte (eigene) ›Öffentlichkeit‹ — zu Solidarisierung und Widerstand auf. Resolutionen gegen Eingriffe in die Demonstrations- und Meinungsfreiheit — auch die des Theaters — werden von der Bühne herab durch Akteure verlesen, die nicht länger mehr nur Kritik rollenhaft spielen wollen, und in den Programmheften nennt man den Kapitalismus bei seinen westdeutschen Namen. Unter dem Einfluß des von Laiengruppen vielerorts gegründeten Straßentheaters werden Song-, Revue-, Volkstheater- und Show-Elemente auf die politische Bühne zurückgeholt, auf der sie seit dem faschistischen Staatsstreich nicht mehr aufgetaucht waren. Schließlich verläßt das Theater auch seinen öffentlichkeits-beschränkenden Bau und geht selbst an größere Öffentlichkeiten: man spielt bei politischen Demonstrationen, auf studentischen Vollversammlungen, zum 1. Mai...[9]

Die etablierten politischen Gewalten und Mächte reagierten auf solche Politisierungen des Theaters uneinheitlich und diskontinuierlich. Vor allem die ***Kirche*** (und insbesondere die römisch-katholische, die hierzulande traditionellerweise in einem engen Machtbündnis mit der CDU/CSU stand und steht) versuchte vielfach und massiv, die Präsentation von Theaterstücken zu verhindern — antiklerikalen, atheistischen, sexuell enttabuierenden (und enttabuierten)... Mit Hirtenbriefen, Strafanzeigen, Hetzkampagnen, Boykottaufrufen und politischen Interventionen wird gegen die ganze Richtung des Theaters vorgegangen, die der konservativen Ideologie nicht paßt. So gilt es auch heute praktisch noch als selbstverständlich, daß in einem von seinem Bischofssitz geprägten (etwa bayerischen oder westfälischen) Ort entsprechende Stücke schon gar nicht in den Spielplan gelangen — sei es, daß kraft der Verquickung von Kirche und kommunal regierender ›C‹-Partei schon die Intendantenwahl solche Rücksichtnahme präjudizierte, sei es, daß erst die Scheu vor einschlägigen Konflikten Bühnenleiter oder Dramaturgen zur Selbstzensur motiviert. Die militant prokapitalistische ***Presse*** — insbesondere die des Springer-Konzerns (und mit besonders verhängnisvoller Monopolstellung in West-Berlin) — stößt seit Jahren ins gleiche Horn. Mit der Ausübung des durch tendenziöse Berichterstattung verschärften Drucks auf Öffentlichkeit und politische Mandatsträger hat diese Art von veröffentlichter Meinung seit der antikapitalistischen Wendung des Theaters sich besonders engagiert in personalpolitische Auseinandersetzungen, vor allem um die Anstellung, Spielplangestaltung und Inszenierungsweise von als ›links‹ geltenden Intendanten oder Intendanten-Kandidaten eingemischt und scheut auch heute nicht vor entsprechenden Kampagnen zurück. Die politischen ›Parteien‹ (im selektiven Sinn der z.Zt. im Deutschen Bundestag vertretenen drei Fraktionen) können zum gesellschaftpolitischen Engagement des öffentlichen Theaters — dessen Subventionierung durch die Hände ihrer eigenen Repräsentanten läuft — als ingestalt der Gesellschaftsordnung stets auch selbst attackierte nur ein höchst zwiespältiges Verhältnis haben! Keine dieser drei ›staatstragenden‹ Kräfte hat sich bisher fähig gezeigt, dem Theater auch nur andeutungsweise einen konkreten Stellenwert in ihrem gesellschafts- bzw. kulturpolitischen Programm zuzumessen. Immerhin lassen SPD und FDP in den entsprechenden personalpolitischen Entscheidungen, also insbesondere bei Intendantenwahlen, eine gewisse Bereitschaft zumindest zur Duldung und bescheidenen Förderung auch gerade systemkritischer Richtungen erkennen, während CDU und CSU heute eher noch dreister als zu früheren Restaurationszeiten nach Zensur rufen und in mehreren Fällen einschlägige Verbote auch schon erwirkt haben. Erste Versuche, die sog. Extremistenbeschlüsse auch aufs öffentliche Theater anzuwenden, machen aber neben den Unterschieden auch die Gemeinsamkeit im Demokratie-Verständnis der herrschenden Parteien fatal klar.[10]

Wenn vonseiten der politischen Parteien konzeptionelle Zuordnungen des Theaters, wie überhaupt generell Programme zur ***Kulturpolitik,*** nicht vorliegen — so heißt das doch keineswegs, daß die öffentlichen

Bühnen durch sie und in ihnen nicht kulturpolitisch behandelt und beeinflußt würden. Ein Grund für die mangelnde parteiprogrammatische Berücksichtigung von Kultur ist eben u.a. auch, daß inbezug auf ihren Bereich eine Bundeskompetenz verfassungsmäßig nicht gegeben und sogar viele kulturelle Aktivitäten ausgesprochen auf kommunale Institutionen und Aktivitäten beschränkt sind. Insbesondere die größeren Städte der BRD werden (wenn auch zur Zeit mit eher rückläufiger Tendenz) traditionellerweise politisch von der SPD geführt; diese Partei aber hat gegenüber der herrschenden bürgerlichen Kultur weder ein selbstverständliches kritisches Verhältnis entwickeln können — noch ist es ihr auch nur annähernd gelungen, Konzeptionen im Hinblick auf die Rolle einer emanzipatorischen Kultur in einer Klassengesellschaft zu entwerfen. Immerhin haben in den vergangenen Jahren eine Reihe von fortschrittlich gesonnenen Leuten als Kulturdezernenten und dgl. vor allem in den kommunalen Fraktionen der SPD politischen Rückhalt für Vorstellungen gefunden, die häufig aus der (in der Nachkriegszeit politisch traditionell ›linken‹) künstlerisch-literarischen Intelligenz, seltener aus gewerkschaftlichen Richtungen und gelegentlich aus dem liberalen Bürgertum stammen. Im Zusammenhang und teilweise auch in direkter Zusammenarbeit mit den Theatern sowie mit deren Interessen-Organisationen sind auf dieser Ebene immerhin Ansätze zur kulturpolitischen Einschätzung und Veränderung der Theater — insbesondere der öffentlichen — entstanden, für die der Einfluß von drei seit Anfang der siebziger Jahre enger zusammenhängenden Faktoren oder Konstellationen maßgeblich zu sein scheint: nämlich 1. die antikapitalistische Revolte von 1967/68 mit ihrem doppelten Herd der Unzufriedenheit von weiten Teilen der Arbeiterschaft und einer vielfach für deren Rechte engagierten, gerade auch an Kultur- und Bildungs-Institutionen interessierten Studenten- bzw. Akademikerschaft. 2. die Ballung und Vervielfachung der spezifisch urbanen und kommunalen Probleme einschließlich der mittlerweile breiteren Diskussion über praktische Lösungen zur Wiedergewinnung einer Lebensfähigkeit bzw. ›Lebensqualität‹ der Stadt. 3. die sog. Krise des (öffentlichen) Theaters selbst, insbesondere seine Legitimations- und Finanzierungs-Schwierigkeiten, seine innerbetrieblichen Strukturprobleme und seine dezidierte Politisierung.[11]

Der Nenner, auf den die wesentlichen kulturpolitischen Überlegungen, Vorschläge und Programme sich bringen lassen, ist der Versuch zu seiner ***Demokratisierung.*** Theater soll nach diesen Plänen endlich Teil einer ›Kultur für alle‹ werden, sich jedermann öffnen, ›bürgernah‹ werden — und selbst die mangelhafte Demokratisierung der Gesellschaft mit seinen Mitteln behandeln. Daß dabei die kulturpolitische Forderung nach der Demokratisierung der äußeren Funktion des Theaters und die organisations- und rechtspolitische nach Demokratisierung seines inneren Funktionierens eng zusammenhängen, wird jedoch nicht immer gesehen — oder auch gerne übersehen. Demokratisierung (nach außen) heißt nun in erster Linie Popularisierung, kann als Programm auch die spezielle Berücksichtigung benachteiligter Gruppen und Schichten heißen — und heißt jedenfalls nicht (mehr) ›Arbeiter ins Theater‹... Unter Berufung auf vergebliche Versuche der dezidiert politisierten Theater, Arbeiter zu einem neuen und möglichst breiten Teil ihres Publikums zu machen, wird das kleinbürgerliche Theater in jenen kulturpolitischen Proklamationen tendenziell als Einrichtung verstanden, die eben doch ein spezifisches Minderheiten-Vergnügen sei wie andere auch — mit dem Unterschied, daß man die Barrieren des Theaters, die manchem wohl doch den Zugang versperrten, noch stärker abbauen müßte. Wie aber wären die materiellen, positionellen, habituellen und spirituellen Schranken dieser Institution aufzuheben? Die am weitesten gehende Lösung von Besuchs- und Besucher-Einschränkungen, die durch den Eintrittspreis des Theaters bedingt sind, wird mit dem sog. ***Nulltarif*** vorgeschlagen: danach würde der Zutritt zum Theater kostenlos, der Einnahmeausfall vom Rechtsträger zusätzlich übernommen. Die Befürworter dieses Gratis-Modells, das noch nirgends praktiziert wird, sehen es in der schleichend auf hundertprozentige Subventionierung sich hin entwickelnden Bewegung der öffentlichen Theaterzuschüsse ohnehin angelegt; die Gegner der geschenkten Kultur machen sowohl die Gefahr geltend, daß der dabei möglicherweise entstehende Eindruck des Verschleuderns von Ladenhütern die Attraktivität der Bühnen vielleicht sogar eher senken würde, und daß vor allem das Theater mit der ›Abstimmung an der Kasse‹ jedes objektive ›Barometer‹ für Meinung und Neigung seines Publikums verlöre. Die einzige Form der Beseitigung habitueller Hemmungen inbezug auf den Theaterbesuch, die kulturpolitisch diskutiert wird, betrifft den Vorschlag der frühzeitigen Gewöhnung von Kindern an solche Kultur: ***Kindertheater,*** wie es verstärkt auch aus anderen Gründen gefordert und gefördert wird — insbesondere nämlich als anschauliches Erziehungsmedium (d.h. als pädagogisches Theater) und als erzieherische Interaktionstechnik (Theaterpädagogik) — bekommt hier eine höchst dubiose Zubringer-Funktion als perfider Ersatz für eine umfassende und gleichberechtigte Ausbildung angetragen, wie sie die Gesellschaftsordnung nicht wirklich zuläßt. Dementsprechend muß die Kulturpolitik alle auf eine Beseitigung der spirituellen Schranken gerichteten Wünsche und Vorstellungen einerseits in Bekundungen zur langfristigen Demokratisierung des Bildungswesens sich verflüchtigen lassen — und sie andererseits dem Theater selbst zur konkreten, damit dauerhaft kurzatmigen Erledigung per Öffentlichkeitsarbeit und Marketing anempfehlen. Mit dem Angriff auf die positionellen Beschränkungen, die eine Demokratisierung des Theaters beeinträchtigen — also den aus der geografisch-räumlichen Streuung und Lage einzelner Bühnen und ihrer Gattungen für große Teile der Bevölkerung erwachsenden Benachteiligungen — packt man, wie der praktisch einzige konzeptionell entfaltete Fall Nordrhein-Westfalen zeigt, ein für die unterentwickelte Theaterpolitik (noch) zu heißes Eisen an.[12]

Zur kulturpolitisch propagierten Demokratisierung gehören auch Forderungen nach einer demokratisch angemessenen und gerechten Gewährleistung seiner materiellen Existenz durch den Staat. Die entsprechenden Vorschläge, wie sie vor allem von der GDBA in den letzten Jahren vorgetragen worden sind, beziehen sich also im wesentlichen auf die ***öffentliche Finanzierung*** des Theaters. Einmal wird gefordert, die in der Kategorie der ›Subvention‹ enthaltene Diskriminierung von Kultur als eines zuschußbedürftigen, unrentablen Sektors — den man ›freiwillig‹ aushalte — dadurch zu beseitigen, daß die öffentliche Hand zur obligatorischen ›Finanzierung‹ von Theater übergehe. Ferner wird vor allem die ungerechte Verteilung der finanziellen Lasten im Hinblick auf die Unterhaltung der öffentlichen Theater beanstandet, deren Zuschüsse seit Jahren zu fast zwei Dritteln von den Gemeinden und nur zu gut einem Drittel aus den Ländern stammen. Und drittens richtet sich Kritik auf den Bund, insofern er sich von der Finanzierung der öffentlichen Theater mit dem Hinweis auf die ihm verfassungsmäßig versagte kulturpolitische Kompetenz stets ausgeschlossen hat. Eine verfassungskonforme Interpretation des Ansinnens durch die Interpretation von Theater als Bildungsaufgabe — für die sich in der Tat der Bund (kraft einer später ins Grundgesetz eingefügten Zusatzklausel) als zuständig erklären könnte — hat die Bundesregierung zwar bisher kategorisch abgelehnt, die Förderung eines speziellen, großangelegten theaterpädagogischen Bildungsprojekts jedoch inzwischen übernommen.[13]

Betrifft, vereinfacht gesehen, die Gesellschaftspolitik im Bereich des Theaters im wesentlichen das Verhältnis zwischen ihm und seinem Publikum inbezug auf den Staat, die Kulturpolitik umgekehrt das Verhältnis zwischen ihm und dem Staat inbezug auf das Publikum — so geht es bei der ***Organisations-Politik*** zentral um die Verhältnisse im Theaterbetrieb selbst, einschließlich der Beziehung des Staats als Rechtsträger zu ihnen. Vor allem die rechtliche Basis der Organisation im westdeutschen Theater stand selbstverständlich im Mittelpunkt eines politischen Interesses, wie es Mitte der sechziger Jahre an den Bühnen erwachte. In improvisierten basisdemokratischen Aktionen demonstrieren nun ganze Ensembles ihre Kritik am autoritären Leitungswesen der traditionalen Einrichtung und verlangen umfassenden Einfluß insbesondere auf die künstlerischen Entscheidungen in ihrem jeweiligen Betrieb: Spielpläne, Regievergaben und andere Engagements sowie Rollenbesetzungen sollen demokratischem Konsens unterworfen werden, alle Entscheidungen ›transparent‹, alle Beratungen ›öffentlich‹ gemacht, Intendanzen öffentlich ausgeschrieben werden! Bemerkenswert erscheint dabei, daß die Forderungen nach materiell-sozialer Sicherung der Beschäftigten ihrem Pochen auf die gleichberechtigte Verantwortung im unmittelbaren Arbeitsprozeß zunächst deutlich unter- und beigeordnet bleiben; es mag das mit der Überrepräsentierung der kleinbürgerlich-akademischen Elemente in jenen Kampagnen zu tun haben und deren innerlicher und äußerer Distanz von den (gleichzeitigen) Arbeitskämpfen in kapitalistischen Kernbereichen — jedenfalls kann man diese einseitigen Bestrebungen nicht nur als baren Ausweis redlicher politischer Vernunft verstehen. Die bald darauf drohenden Theaterschließungen, Massenentlassungen und dgl. ernüchtern solche Programme eilig zur puren Rationalität von Tarifverhandlungen und treiben zusammen mit der idealistischen Überschätzung der Kunstseite von Theater auch jeden struktur- und kulturpolitischen Schwung aus den Manifesten zu seiner Veränderung aus.[14]

In den Auseinandersetzungen um die formelle betriebliche Mitbestimmung, der sog. ***Mitbestimmungs-Debatte,*** erreichen die organisationspolitischen Diskussionen und Aktionen Anfang der siebziger Jahre ihren Höhepunkt; in ihr findet eine Bündelung und Umleitung der auf fundamentale organisatorische Veränderungen gerichteten Energien dergestalt statt, daß nun verschiedene Stufen formeller Mitbestimmung, Mitverantwortung und Mitwirkung an theaterbetrieblichen Vorgängen und Entscheidungen breit diskutiert, vielfach programmiert — und selten auch mehr als vorübergehend praktiziert werden. Kaum ein anderer Auseinandersetzungs-Gegenstand hat dabei im Theater derartig scharfe Kontroversen und folgenschwere Kräche ausgelöst wie dieser! Immer aufs neue stoßen die simplen Wünsche der Theaterschaffenden auf die vor allem von den Bühnenleitungen (damit auch häufig den Regisseuren) vertretene und von der bestehenden Lage erst einmal bestärkte Behauptung, daß einerseits Theater als ›Kunst‹ sich maßgeblicher Bestimmung durch Mehrheits-Entscheidungen prinzipiell verweigern müsse — andererseits seine Arbeit sich ja immer schon kollektiv-kollegial vollzogen habe, ohne dazu eben einer rechtlichen Formalisierung zu bedürfen. Die Befürworter der theaterbetrieblichen Mitbestimmung dagegen sehen die gesellschaftspolitische Gesamtentwicklung auf ihrer Seite: Im allgemeinen Wirtschaftsleben ist die Forderung nach Beteiligung auch von nichtleitenden Angehörigen eines Betriebs an den in ihm und über ihn fallenden Entscheidungen keineswegs mehr prinzipiell umstritten und von der Kapitalseite aus längst taktisch eingeräumt worden. Denn der letztlich berechtigte Wunsch nach völliger Aufhebung kapitalistischer Fremdbestimmung durch die Selbstbestimmung der Arbeitenden allein, der darin sich meldet, ist in der Mitbestimmung immer schon als Kompromiß-Angebot gefaßt. Bereits das diesbezüglich erstmals schlichtend-beschwichtigend eingreifende ›Betriebsräte-Gesetz‹ von 1920 — dem Sozialdemokraten und Gewerkschaften ihre Organisationskraft zur Durchsetzung liehen — enthält bestenfalls rudimentäre Formen faktischer, gar gleichberechtigter Beteiligung der Beschäftigten an der Betriebsführung; und selbst geringe Ansätze dazu werden durch die kaum arglos angelegte institutionalisierte Verselbständigung der gewählten ›Räte‹ gegenüber ihrer wählenden ›Basis‹ zur glatten Perversion des revolutionären Räte-Modells politischer Machtergreifung und -kontrolle, in dessen zeitlicher Umgebung, begrifflicher Nähe und parteilicher Konkurrenz das Gesetz bezeichnenderweise entstanden ist. Weder das 1952 gegen den Mehrheitswillen der beiden Träger von 1920 neugefaßte, noch das durch beider Kooperation 1972 revidierte ***Betriebsverfassungs-Gesetz*** rütteln ernsthaft am Doppelcharakter dieser umfassenden Regelungen der Beziehungen zwischen Unternehmen und Belegschaft: Die Betriebsräte bleiben dem Unternehmen gesetzlich haftbar und zur Vertraulichkeit verpflichtet — der Belegschaft nur moralisch verantwortlich, sie müssen unpopuläre Entlassungen in Betriebsinteresse mitvertreten (ja nun nach ›unten‹ rechtfertigen) — und können die Erhaltung von Arbeitsplätzen im ›Kollegen‹-Interesse doch nicht durchsetzen...[15]

Die Mitbestimmungs-Debatte ist mittlerweile abgeflaut, das formell meist nur schwach verankerte Mitwirkungsrecht eines die Intendanten-Verfassung grundsätzlich nicht antastenden Ad-hoc-Statuts inzwischen an den meisten Bühnen wieder eingeschlafen oder auch förmlich zurückgenommen. Die GDBA, Ende der sechziger Jahre erst durch Initiativen vor allem aus den Reihen des ›Arbeitskreises Bertolt Brecht‹ zur aktiven Vertretung von Mitbestimmungs-Forderungen hingeprügelt, hat inzwischen alle Ansprüche zur Organisation dieses Interesses an sich gezogen. Das ***Gewerkschafts-Modell,*** das mittlerweile vorliegt — die zwischen GDBA und ÖTV auf der allgemeinen DGB-Linie abgesprochene ›Rahmenempfehlung zur Mitbestimmung‹ von 1974 — bezieht dabei konsequenterweise grundsätzlich anders als die basisdemokratischen Entwürfe der ›ersten Stunde‹ die Betriebs- und Personalräte (die ja ungeachtet der ganzen Debatte lange schon an den Bühnen ›funktionierten‹) wieder entscheidend in seine Regelungen ein — und disponiert die geforderte weitergehende Beteiligung letztlich nur zu weiterer Bürokratisierung. Ohnehin aber ist die Mitbestimmungs-Frage z.Zt., schon aus Mangel an entsprechendem epochal-situativen Druck der (eher von Restriktionen geängstigten) Ensembles, kein Haupt-Verhandlungsgegenstand der beiden Tarif-›Partner‹ (mehr). Der DBV als ›Arbeitgeber‹-Vertretung hat sich nach Abgabe seiner hinhaltenden und verwaschenen Zustimmung zu einer ›funktionsgerechten Demokratisierung‹ am Theater (von 1973) längst taktisch auf Defensive eingestellt — um die Mitbestimmung ist es eher still geworden. Die verständliche Rückführung der Debatte auf die schiere Ökonomie, einhergehend mit dem Hang zu gesellschafts- und kulturpolitischer Entqualifizierung, ist entscheidend auch und gerade das aus Verdienst und Schuld zusammengesetzte Produkt gewerkschaftlicher Politik. Noch erscheint fraglich, ob und gegebenenfalls wann die GDBA den in verdinglichten Tarif-Auseinandersetzungen und militanten Aktivitäten um die bloße Bewahrung von Status quo und Bühnen-Besitzstand verausgabten politischen Energien einen revolutionären Impuls zurückgewinnen kann; ihre jüngst erschienen Vorstudie zu einem kulturpolitischen Konzept — die ›25 Fragen zu einem Programm gewerkschaftlicher Kulturpolitik‹ von 1975 — läßt diesbezüglich die schwache Hoffnung zu, daß es sich (dem deutlich von bloßer Imagepflege und von Rechtfertigungs-Strategien bestimmten, platitüdenreich vertretenen Kultur-Pluralismus des Entwurfs zutrotz) hier um den Ansatz zu einer entsprechenden Besinnung gerade auch auf die besondere Qualität von Theater in einer Klassengesellschaft handeln könnte.[16]

Immerhin existieren seit dem Höhepunkt der Mitbestimmungs-Debatte im westdeutschen Theater aber auch zwei herausragende Modelle praktizierter nicht-autokratischer Organisation — nämlich als ***Direktorial-Verfassungen:*** die ›Schaubühne am Halleschen Ufer‹ in West-Berlin und das ›Frankfurter Schauspielhaus‹ (bzw. die ›Städtischen Bühnen‹). Die Ende 1969 Gestalt annehmende Konzipierung des Frankfurter Modells war wesentlich einer günstigen — aber freilich nicht zufälligen — personalen und sachlichen Konstellation zu verdanken: nämlich von sozialdemokratisch engagiert verantworteter Kommunal- und Kulturpolitik in einem von Studenten-Bewegung und Experimentaltheater-Praxis empfänglich und aktionsbereit gewordenen Gruppen-Zusammenhang, der auch eine ausreichende Anzahl unmittelbar an Organisations-Veränderungen in Richtung Selbstbestimmung interessierter Bühnenangehöriger einschloß. Dabei gab es von Anfang an viele Querverbindungen und Parallelen zwischen den Frankfurter Plänen und denen in Berlin: Hier allerdings entsprang die 1970 verwirklichte (Neu-)Einrichtung der ›Schaubühne‹ (wenn auch unter grundsätzlich ähnlichen Einflüssen und Eindrücken der gleichen aufrührerischen Zeit) eher einer Art ›Kuhhandel‹ zwischen einer in Westdeutschland verjagten Theater-Linken — und dem auf's bestmögliche kulturelle Aushängeschild für die Vitalität und Weltoffenheit der angekränkelten ›Inselstadt‹ bedachten Senat konservativer sozialdemokratischer Provenienz (wobei die Befriedung des akademischen Unruheherds der ›Studentenrevolte‹ durch das politisch-ästhetische Identifikations-Zentrum durchaus erwünschte Nebenwirkung gewesen sein mag). In beiden Fällen hat im übrigen — obwohl die ›Schaubühne‹ nach Herkunft und Rechtsform (als GmbH) privatwirtschaftlich, das ›Schauspielhaus‹ öffentlich-rechtlich verfaßt ist — eine (SPD-regierte) Kommune für das Zustandekommen einer Betriebs-Konstruktion gesorgt, die vor allem zwei entscheidende Kollegial-Organe installierte: 1. die Vollversammlung aller am Theater fest Beschäftigten (die man als universell beschlußfassendes Gremium am ehesten der Legislative in der allgemeinen politischen Gewaltenteilung vergleichen kann) und 2. das Direktorium als kollektives Leitungs-Gremium (das als Führungsspitze dementsprechend Ähnlichkeiten mit der Exekutive hätte). Die Modalitäten der Einsetzung und Kompetenz des Direktoriums müssen sich je nach öffentlich- oder privatrechtlichem Charakter des einzelnen Instituts zwar ebenso unterscheiden wie die jeweilige Bedeutung von Betriebs- bzw. Personalrat in einem derartigen Modell; entscheidend aber ist beiden Rechtsformen gemeinsam, daß in ihnen der Versammlung aller Bühnenangehörigen eine fundamentale Bedeutung für die Beschlußfassung über die Vorgänge und Entwicklungen an ihrem eigenen Theater zugemessen wird, der die Führung der Geschäfte durch ein zu kollegialer Praxis disponiertes Direktorium grundsätzlich verantwortlich bleibt. Nach den wenigen Jahren der Praktizierung beider Modelle, in denen mit der Illusion über eine durch bloße Willensanstrengung auf Anhieb zu leistende Überwindung der vielfältigen Selbstbestimmungs-Probleme oft auch der Glaube wenig dazu durch Ausbildung und Übung vorbereiteter Theaterleute an die Realisierbarkeit ihrer Erwartungen verflogen ist, läßt sich heute nur eine Zwischenbilanz ziehen. Selbstverständlich hat die politisch wenig durchdachte Annahme, man könne sich in einem (und sei's auch nur Kultur-) Betrieb als einer isolierbaren Zelle der generellen Wirksamkeit von ökonomischen und ideologischen Gesetzmäßigkeiten einer kapitalistischen Gesellschaftsordnung irgendwie entziehen — schnell getrogen! Freilich schlägt die — von der inneren Verfassung einer Bühne zunächst unberührt — massiv fortbestehende klassenmäßige Funktion des Theaters permanent auch auf noch so kollektiv gefaßte, noch so kollegial ausgeführte Beschlüsse über seine Produktion zurück! Keine Direktorial-Verfassung kann das System der klassenkulturellen Diestleistungen suspendieren, in dessen Zwangs-Zusammenhang das westdeutsche kleinbürgerliche Theater steht. Aber auch eine solche Relativierung von Selbst- und Mitbestimmung darf nicht die Errungenschaften vergessen lassen, die in den beiden Modellen stecken: ein solider Schutz vor Massenentlassungen und dem durch ›Tendenzschutz‹ abgedeckten Personal-Verschleiß, eine begrenzte Angleichung entheimlichter Solo-Gagen, Gewinnung von Kriterien einer politischen Ästhetik durch die offene Diskussion künstlerischer Engagement-Entscheidungen, Aktivierung von kollektiven Vorbereitungen der Produktionen — und vieles andere mehr. In der mangelnden Einflußnahme der Ensembles auf den Spielplan, in der faktischen Ausklammerung z.B. der Bühnentechniker von einer qualifizierten inhaltlichen Mitsprache oder in einer insbesondere bürokratisierungsbedingten Gremien-Müdigkeit sind große, durchaus noch nicht von den Grundwidersprüchen des Systems verursachte Probleme gegeben; ohnedies aber zeichnet sich im berechtigten Einwand, der Versuch beider Modelle verdanke sein — gerade auch nach den herrschenden ästhetischen Maßstäben — relativ gutes Gelingen nur dem einmaligen geballten Zusammenwirken überdurchschnittlich fähiger und engagierter künstlerischer Kräfte, eine bedeutsame und lohnende Aufgabe für die künftige Ausbildung im Theaterbereich ab.[17]

3.3 Konzeptionelle Entwicklung

Die bürgerliche Pflege von ***Kultur*** in Deutschland hat viel mit dem Kult gemein. Insbesondere im ständisch-monarchistischen Nationalstaat preußischer Prägung, wie er 1918 nach nicht einmal fünfzigjährigem Bestehen abgewirtschaftet hatte, wurde die herrschende Kultur klar auch als funktionales Element von Herrschaft eingerichtet und betrieben. Die Theater, Philharmonien, Museen und gebildeten Vorträge, das veranstaltungsmäßige Leben der traditionellen Vereine aller Art und die öffentlichen Feiern militärischer, kirchlicher oder z.B. sportlicher Provenienz — all das wurde in verhältnismäßig stabilen zeremoniellen und etikettären Formen mit eindeutig hierarchischem Charakter zelebriert. Diese Kultur räumte nicht nur äußerlich den Vertretern der herrschenden Mächte — vor allem Staat, Militär, Kirche und Kapital — stets ihren rangmäßig exponierten und differenzierten Platz ein, sondern sie untermauerte auch und gerade in ihren stofflichen Inhalten, ihren konkreten Bedeutungen (in dem, was sie würdigte, ausstellte, feierte usw.) die gegebene als historisch große und vor allem ethisch höhere Ordnung. Die öffentliche Förderung und die elitäre Beschränkung der herrschenden Kultur, als mäzenatisch gedachte Aufgabe und gesellschaftliches Medium der höheren Stände bzw. Klassen gepflegt, war selbstverständlich — weil sie wesentlich und ungebrochen der Demonstration, Affirmation und Repräsentation jener herrschenden Mächte und ihrer Normen und Werte, kurz: der herrschenden Gesellschaftsordnung diente! Dem zollten die kulturellen Institutionen (im engeren, der Kunst affinen Sinn) insbesondere auch baulich nach innen und außen durch monumentale Prunkgebäude von pompösem Glanz Tribut — einschüchternde pseudoklassische Denkmäler, die sich Ehrwürdigkeit und Ewigkeit von griechischen Tempeln und lateinischen Sentenzen zu leihen suchten. Dem hatten auch die Etikette der privilegierten Besucher als Kodex äußeren Verhaltens vor und inanbetracht von Kultur ebenso wie ihre innere Einstellung und Vorstellung Rechnung zu tragen: Rangordnungen, Kleidungs-Regeln, Riten aller Art waren einzuhalten, Einschnürungen und Gezwungenheiten normal, andächtige und erhebende Gefühle dem Werk gegenüber angemessen. Für die große Mehrheit der Bevölkerung kam in diesem Stadium des Hochkapitalismus Kultur als aktive, bestimmte gesellschaftliche Form der Wahl, Gestaltung und des Genusses von Bereichen und einzelnen Zügen oder Phasen ihres Lebens noch weniger infrage als je zuvor; die wenigen genuin proletarischen Veranstaltungen auf diesem Gebiet z.B. stehen deutlich unter dem Druck zur Nachahmung der aufgenötigten herrschenden Konventionen, deren Werte zu verherrlichen man eigentlich doch nicht den geringsten Anlaß hat.[1]

Drei miteinander in enger Beziehung stehende Faktoren grenzen diese Epoche und Kultur prinzipiell von unserer heutigen ab, machen den Übergang von der einen in die andere datierbar und das Überleben alter Vorstellungen in der neuen Zeit und Gesellschaft deutlich: 1. der Zusammenbruch des monarchistischen Ständestaats und die formelle Einführung des demokratischen Rechtsstaats in Deutschland. 2. die Expansion des Kapitals durch seine rapide Steigerung der Produktivität, seine internationale Monopolisierung, seine ›marktwirtschaftliche‹ Ausdehnung auf alle Lebensbereiche — vor allem durch eine umfassende Massen-Produktion. 3. die globale Entwicklung neuer massenwirksamer Informations- und Unterhaltungs-Medien — wie insbesondere Film, Funk und Fernsehen — im Zusammenhang mit der technischen Revolutionierung der Transportmittel und des Nachrichtenwesens (Automobil, Telefon, Rotationspresse usw.). Die für die Verfassung und Konzeption insbesondere der öffentlichen Bühnen entscheidenden Instanzen aber — Staat, Kommunen, Interessenverbände — haben ebenso wie die erdrückende Mehrzahl ihrer Beschäftigten und Besucher noch kaum den fundamentalen ***Funktionswandel des Theaters*** zur Kenntnis genommen, der eben durch jene Bedingungen historisch eingetreten ist: und zwar sowohl im Hinblick auf die medial spezifischen Möglichkeiten der Verkehrsform wie inbezug auf den öffentlichen Rang und klassenkulturellen Stellenwert oder die soziale Nutzung und betriebliche Organisation ihrer Einrichtung. Tatsächlich hat der Zusammenhang jener gesellschaftsgeschichtlich bedeutsam verschobenen Faktoren in den anderen klassischen Kunstgattungen eine tiefgehende Störung des Selbstverständnisses, eine gewaltsame Reinigung der Mittel und eine umfassende Adaption und Entwicklung neuer Techniken entstehen lassen. Die Bühne aber hat sich von diesen epochalen Revolutionen und Innovationen verhältnismäßig unberührt gezeigt. Es scheint, daß die mediale Grund-Konstitution des Theaters — seine elementare Begründung auf einen sich historisch nur sehr schwerfällig wandelnden leibhaftig-sprachlichen Ausdruck des Menschen — eine verhängnisvoll rückwärtsgewandte Verbindung mit der defensiven, ja feindseligen Haltung seiner klassenkulturellen Träger inbezug auf die vermeintlich mögliche Pflege von ›Humanität‹ in einem von Kapital und Technik freien Bereich eingegangen ist. Dementsprechend wirkt sich auch die traditionelle Einbindung der Institution in die herrschende Kultur des 19. Jahrhunderts nachhaltiger in ihren heutigen Nachfolge-Organisationen aus: ihr Selbstbildnis ist ebenso wie ihr außerhalb entstandenes Image umso schwerer zu erschüttern, als beide sich ja tief in massiven Baulichkeiten, städtebaulichen Funktionszuweisungen, kulturpolitischen Wertkategorien, zählebigen Bildungs-Vorstellungen und unausrottbaren Bühnen-Konventionen festgesetzt haben — und vor allem in der sich behauptenden institutionellen Organisation von System und Betrieb des Theaters eine sture Beharrungskraft entfalten, wie sie nur eine untergangsgeweihte Kultur in ihren Erstarrungen, Verkrampfungen und Versteinerungen aufbieten kann.[2]

Als historisches Verhängnis tritt für das westdeutsche Theater hinzu, daß vor allem die in den zwanziger Jahren vielfältig unternommenen Versuche zur Revolutionierung von Technik, Baulichkeiten, Produktions- und Spielweise, kurz: der Funktion und des Funktionierens der Einrichtung — durch die zwölf Jahre faschistischer Diktatur einen solchen Rückschlag erlitten haben, daß selbst die gelegentliche experimentelle Anknüpfung an jene konzeptionellen Neuorientierungen bis heute praktisch ausgeblieben ist. Der geringe Einfluß, den beispielsweise die in beide Berlin rückkehrenden Emigranten Brecht und Piscator im Hinblick auf eine etwaige breitenwirksame Weiterentwicklung von epischer bzw. multimedialer Produktions- und Präsentationsweise auszuüben vermochten, weist auf die ihrer Persönlichkeit völlig entzogene gesellschaftsgeschichtliche Grundlage der theaterkonzeptionellen Ko-Restauration in der deutschen Nachkriegs-Geschichte hin: vom guten Alten auszugehen und nicht vom schlechten Neuen — das war insbesondere der Epochalstil der BRD... Das anschaulichste Beispiel und die größte Determinante einer solchen ***Konservierung*** der Konzeption von Theater demonstrieren in der westdeutschen Restauration aber vielleicht doch seine Baulichkeiten! Allenthalben errichtet man in den fünfziger und sechziger Jahren auf den Grundmauern der zerstörten, meist wilhelminischen Kunsttempel aus Sandstein- oder anderen Quadern nun die neuen Kulturpaläste aus Beton, Stahl und Glas. Die durch die Katastrophe des Bombenkriegs grausam elementar geschaffene Chance zu einem völligen Neubeginn wird ebenso total vertan. Nicht daß nicht doch einzelne Architekten — seltener Theaterleute — einem Theater der Zukunft Raum geben gewollt hätten: aber in den darüber zuletzt entscheidenden Gemeinde- und Länder-Parlamenten sitzen nur zu bald wieder fast ausschließlich die aus jener Klasse stammenden Deputierten, deren Wert-System am stärksten durch den Zusammenbruch der Gesellschaftsordnung ramponiert worden war und die sich umso verbissener an die Stätten seiner leibhaftigen Repräsentation klammern. Das Theater der BRD wird so im wahrsten Sinn des Wortes auf den Fundamenten der Bourgeoisie wieder aufgebaut, durch welche die Organisation der Produktion — von Theater bestimmt ist.[3]

Die konzeptionellen Veränderungen, wie sie sich im westdeutschen Theater der vergangenen Jahre langsam abzuzeichnen beginnen, lassen sich schwerpunktmäßig (und inanbetracht der engen Wechselbeziehung natürlich nicht wie in Schubladen) den Funktionskreisen von Produktion, Präsentation/Rezeption bzw. Veranstaltung und Institution zuordnen. Dabei sind im Hinblick auf die ***Produktion*** von Theater heute vor allem zwei wesentliche Ansätze sichtbar — nämlich einmal zu einer partiellen Aufhebung bzw. Einschränkung der Arbeitsteilung, zum anderen zu einer begrenzten Verbesserung und Verlagerung der persönlichen Arbeitsfähigkeit. Beide Zielsetzungen stehen dabei innerlich in enger Beziehung miteinander und erscheinen auch äußerlich oft gekoppelt: die Verminderung der Arbeitsteiligkeit läßt sich als Verbesserung der kollektiven Arbeitsfähigkeit, die Verbesserung der individuellen Arbeitsfähigkeit als Verminderung der persönlichen Arbeitsteiligkeit interpretieren. Am schnellsten und weitesten scheint sich in dieser Beziehung bisher wohl eine Veränderung der Funktion des Dramaturgen und der Dramaturgie durchgesetzt zu haben (was mit der überfälligen Beziehung ihrer ausgesprochen deutschen Schreibstuben-Tätigkeit auf die praktische Inszenierungs-Arbeit zusammenhängen dürfte): bei jeder einzelnen Produktion ist nach dieser Neukonzipierung nun an vielen Bühnen (mindestens) ein Dramaturg jeweils speziell für die Betreuung, Begleitung und Bearbeitung bis hin zur Präsentation, d.h. für die ›Produktions-Dramaturgie‹ zuständig — wobei der Produktions-Dramaturg nun auch häufiger unmittelbar an den Bühnenproben konzeptionell bzw. durch praktische Kritik mitwirkt. Im Zusammenhang damit werden gelegentlich auch ›Produktions-Gruppen‹ als Arbeitsgruppen im Hinblick auf einzelne Produktionen eingerichtet: in ihnen können sich — entschieden anders als bislang — gerade auch die mutmaßlich oder festgelegterweise an einem Spielvorhaben beteiligten Schauspieler (oder andere), gegebenenfalls unter Anleitung von Dramaturg, Spielleiter und dgl., systematisch auf den gesellschaftsgeschichtlichen Hintergrund und andere Bedingungen eines Projekts vorbereiten. Gewinnen die Akteure so schon Kenntnisse für eine bewußtere Wahrnehmung ihrer schauspielerischen Aufgabe, so erwerben sie darüberhinaus allmählich auch die dauerhafte Kompetenz zum mitarbeitenden Eingreifen in Dramaturgie und Regie — eine Entwicklung, die ihrerseits weitere Versuche zur Kollektivierung der Theaterarbeit mindestens begünstigt hat. Im Hinblick auf den doppelten Brennpunkt der Theater-Produktion als ganzer — das Schreiben der Spielvorlage und ihre Inszenierung — sind hier zunächst jedoch erst einmal (noch) schwer lösbare Probleme aufgetreten: ›Kollektiv-Verfasserschaft‹ und ›Kollektiv-Regie‹ jedenfalls haben bisher, gerade auch wo beides noch gekoppelt wurde, durchwegs nur unter großen Schwierigkeiten geklappt. Dabei scheint es, daß die Möglichkeiten des Collagierens und Montierens (etwa von recherchiertem, dann poetisch bearbeitetem Material mit Songs und dgl.) — wie sie die kollektive Produktion eines Stücks erfordert — ziemlich eng auf ein Genre von Spielvorlagen wie die politische Revue beschränkt bleiben; auch die bei gemeinsamer Regiearbeit meist autonom eingeführte kommissarische Leitung (etwa durch einen täglich wechselnden Proben-Vorstand) weist auf Grenzen dieses Verfahrens hin. Im Zusammenhang mit der in solchen Versuchen sich ausdrückenden Forderung nach der engen, selbstbestimmten Kooperation von Autor, Regisseur und Schauspielern auf und an der Bühne ist es dementsprechend auch zur Ausbildung einzelner ›Hausautorschaften‹ in der Form längerfristiger Bindungen zwischen einem Schriftsteller und einer Bühne gekommen (wie sie im übrigen einer Funktion des Dramaturgen im Theater des späten 18. Jahrhunderts ähneln).[4]

Zahlreiche Versuche zur Verbesserung der Arbeitsfähigkeit der Akteure begleiten und ergänzen die Veränderungs-Versuche in der Produktion bzw. sollen sie wohl auch gelegentlich umgehen und ersetzen helfen. Diese Vorbereitungen der Individuen, die nicht stofflich-inhaltlich, sondern durch allgemeinere Behandlungen für die Produktion tauglich machen sollen, werden hier als Formen der ***Produktions-Präparation*** zusammengefaßt. Dabei geht es, den formellen Ausbildungs-Qualifikationen entsprechend, um systematische Einflußnahmen auf Körper, Psyche und Bewußtsein insbesondere von Theaterschaffenden als solchen, die tagtäglich in bestimmten ›Produktionsverhältnissen‹ stehen. So soll der Schauspieler vor allem durch ein intensives angeleitetes Körper-Training oder/und die eine oder andere Form von Psycho-Technik persönlich ›fit‹, locker und sensibel gemacht werden, um den ›Stress‹ einer methodenlos-mechanischen Produktion, ihre entfremdeten Beziehungen und ihre verkrampfte Präsentation zu verkraften und womöglich psychophysisch aufzuheben; dabei wird im übrigen sowohl auf das traditionell körperbewußtere romanische Schauspiel und seine Geschichte wie auf Konzepte aus dem jüngeren subkulturellen Theater der USA zurückgegriffen, in denen Methoden der Bühnenarbeit (etwa Stanislawskis) und der Psychoanalyse u.ä. vielfältige programmatische Verbindungen eingegangen sind. Mit diesen Techniken zusammen hängt auch eine neuere trendhafte Neigung zur betonten Berücksichtigung bis modischen Fetischisierung der spezifischen Körperlichkeit von Theater dergestalt, daß extreme, ja exaltierte leibliche Expressivität, artistische Körperbeherrschung und physische Nacktheit häufiger in den Mittelpunkt von szenischen Reflexionen gerückt werden — Tendenzen, die stark von Vorbildern ausländischer Avantgarde-Gruppen geprägt sind. Typisch deutscher Provenienz sind demgegenüber die vorübergehend häufiger eingerichteten ›Politökonomie-Schulungen‹: sie beschränkten sich leider meist auf eine eher unkonkrete, der einzelnen Produktion wie der Institution Theater unverbunden angegliederte ›Kapital‹-Adaption und dgl. — und sind heute praktisch schon wieder aus dem Betrieb verschwunden. An ihrer unbezweifelbaren Notwendigkeit und an ihrem Scheitern zeigt sich im übrigen vielleicht am deutlichsten, wie schwer die einmal eingetretenen Versäumnisse, vor allem der Schauspieler-Ausbildung, in der Theaterpraxis noch wettzumachen sind und welche schwierigen Aufgaben hier etwa auf Kontaktstudium und Bildungsurlaub — von Gesetzesvorlagen konkret vorgesehene, vom Theater offensichtlich noch kaum wahrgenommene Einrichtungen — zukommen könnten.[5]

Die konzeptionellen Veränderungen im Bereich der ***Veranstaltung*** von Theater sind verständlicherweise ihrer Erscheinung nach erheblich vielfältiger, weniger organisatorisch-begrifflich zu fassen und — da auch als solche unmittelbar publik — viel stärker in Varianten und Einfluß-Elementen verbreitet. Hier muß von der Analyse und Charakterisierung von Inszenierungs-Stilen im Sinn der erscheinenden ästhetischen Konzeption von Bühnen-Präsentationen gänzlich abgesehen werden — obwohl sie (diese Selbstverständlichkeit sei in einem sie stets nur umkreisenden Untersuchungs-Zusammenhang schließlich einmal betont) doch letztlich Indiz für das Gelingen aller möglichen Veränderungen in der Organisation von Theater sind: die empirisch untermauerte Aussage über ästhetische Tendenzen setzt eine ganz andere Methode und Qualität von Analysen voraus als worauf hier zurückgegriffen wird. Sieht man also von dieser — ansonsten sowieso eher bevorzugt beobachteten — unmittelbar sinnfälligen Seite der Präsentation ab, so lassen sich im jüngeren westdeutschen Theater vor allem drei Arten von Veränderungs-Strängen unterscheiden, die man als Unterhaltungs-, Öffentlichkeits- und Programm-Tendenz seiner Veranstaltungen pauschal kennzeichnen kann. Sie stehen im übrigen natürlich in enger Wechselbeziehung mit einer entsprechenden Produktion und sind oft von den kulturpolitischen Bedingungen oder den marketingmäßigen Motiven ihrer Verfolgung kaum zu trennen.[6]

Mit ***Unterhaltungs-Tendenz*** ist sowohl die in den vergangenen Jahren vergrößert spürbare Neigung gemeint, Theater entgegen seiner traditionellen (deutschen) Funktion der Bildungs-Einrichtung nun dezidiert als Ort des sozialen Vergnügens aufzufassen und aufzuziehen — wie auch die vielfältige Bemühung, seine aufgrund medienspezifischer Bedingungen höchst einseitig verlaufenden Darbietungen durch die Aktivierung von Wechselbeziehungen zwischen Bühne und Zuschauern (also im Sinn von Unterhaltung als ›Dialog‹) zu ergänzen, aufzubrechen und zu vermitteln. Diese letzteren Anstrengungen sind noch verhältnismäßig leicht an jeden konkreten stofflichen Inhalt und jede Form von Inszenierung heranzutragen: sie betreffen vorbereitende

Einführungen ebenso wie etwa die an eine Vorstellung anschließenden Gespräche mit dem Publikum, ferner Podiums-Diskussionen zu Dramen- und Spielplan-Themen oder Film-Vorführungen zu einem laufenden Stück — ja auch Versuche zur diskursiven Erörterung speziell der Produktionsseite des Theaters anhand von auszugsweise bzw. probend demonstrierten Szenen sind gelegentlich unternommen worden. Die Präsentation selbst soll vor allem durch Mittel unterhaltsamer werden, die zur Auflockerung, Entkrampfung, Entfeierlichung und geselligeren Gestaltung der Vorstellungen sinnfällig beitragen: die Abschaffung des barrierebetonenden Bühnenvorhangs (bis hin zur Konsequenz, den Zuschauerraum während der ganzen Veranstaltung erhellt zu lassen), die Einbeziehung von entspannenden Show-Elementen (wie Bands, Conferenciers, Revue-Einlagen) oder circensischer Nummern (Artistik, Variété und dgl.), der Gebrauch audiovisueller Reproduktions-Medien (wie Film und Fotografie) für dokumentarische Einsprengsel — all diese Elemente und Techniken wirken der kultischen Spannung, dem rituellen Ernst und der feiertäglichen Bannung der herkömmlichen Veranstaltungs- und Präsentationsweise vereinzelt entgegen.[7]

Die technische ***Mobilisierung*** von Bühne und Publikum durch Entstuhlung des Parketts, Schaffung von (zeitweiligen) Raumbühnen, Bespielen des Foyers und anderer nur improvisiert zubereiteter Räume und Plätze (wie Malersaal oder Probebühnen) hängt mit jener Unterhaltung eng zusammen. Wo die Initiierung solcher Bewegung gelingt, setzt sie Menschen in Gang und bewirkt insbesondere auch häufig, daß Zuschauer sich überhaupt erst wahrnehmen; statt identifikatorisch mit den ihnen — sonst praktisch allein — konfrontierten Bühnenfiguren zu verschmelzen, können sich die Zuschauer so zumindest leichter als politische Öffentlichkeit begreifen. Bezeichnend erscheint, daß die Versuche zur sprechenden bzw. handelnden Einbeziehung des Publikums in die gespielten Bühnenvorgänge durch sog. Mitspiele immer wieder in ihrer unfruchtbaren Stagnation bemüht werden. Auch will man wohl für die Aktivierung der Rezeption als solcher keinen rechten Ansatzpunkt finden. Freilich wird eine unterhaltsame Haltung in diesem Sinn schon insbesondere durch die baulich-räumlichen Qualitäten der Theater oft blockiert. In z.Zt. zunehmendem Maß weichen daher — nach dem Vorbild ›freier Gruppen‹ einzelne

Produktionen in nicht-authentische Spielstätten wie leerstehende Markt- oder Fabrikhallen aus; ihre oft aus dem 19. Jahrhundert stammenden Anlagen kommen stilistisch nicht selten den von der Regie gesuchten historischen und topologischen Valeurs entgegen, wirken mit ihrer kräftigen Ausstrahlung von Gebrauchswert dem auratischen Schein der Kunst-Veranstaltung entgegen und erlauben als großzügige Raumgebilde am ehesten auch die tatsächliche Bewegung des Publikums. Eigenes Umherlaufen aber verhindert nicht nur die motorische Verkrampfung des Zuschauers (und damit seine Disponierung zur Fixierung auch durch das Bühnengeschehen); es ermöglicht ihm vor allem auch, den Standort und damit den Blickwinkel seiner Spielbeobachtung selbst zu wählen — und als zu Entscheidungen motorisch veranlaßter Interessent gegebenenfalls auch einmal eine Veranstaltung, ohne Furcht vor dem inneren Druck und dem äußeren Eklat seiner Aufkündigung der Teilnahme, vorzeitig zu verlassen. Zu dieser Bewegung zur Unterhaltung, unterhaltsamen Mobilisierung gehört ferner der häufigere Rückgriff auf Grundtypen historischer Volkstheater-Genres, bei denen Akteure sich (auch mal zupackend) unters Publikum mengen oder mit ihm (auch improvisiert) kommunizieren, gar spielerisch paktieren; die damit von den Theatern jedoch oft nur durch neue Appelle an gebildete Konventionen aufgesetzte ›volkstümliche‹ Fröhlichkeit (Rüpel oder Clowns als personifizierte Klischees des ›Spaßes‹ sind eben automatisch als komisch zu rezipieren...) — erinnert daran, daß die nicht an gesellschaftsgeschichtlichen Bestimmtheiten sich orientierenden Unterhaltungs-Programmierungen freilich stets mit der Neigung zur manifesten Entpolitisierung changieren.[8]

So oder so enthält also die Unterhaltungs-Tendenz bereits einen Zug zur Popularisierung von Theater, wie er Teil seiner umfassenderen ***Öffentlichkeits-Tendenz*** ist. Gemeint sind damit alle diejenigen Maßnahmen der vergangenen Jahre, mit denen die Theater versucht haben, durch mehr und andere Schichten von Zuschauern mehr und andere Öffentlichkeit auch bei seinen Veranstaltungen zu gewinnen — damit im Zusammenhang auch ihre ganze Institution ›aufzumachen‹ und als ›öffentliche‹ Einrichtung (und praktisch nur um sie geht es auch hier) um öffentliche Belange sich verstärkt zu kümmern. Die Werbung des öffentlichen Theaters um ein neues, insbesondere auch breiter gestreutes Publikum der sozialen Mittel- und Unterschichten oder gesellschaftlicher Randgruppen hat sich nun schon seit Jahren des Arsenals an Mitteln und Techniken zu bedienen begonnen, wie sie als Marketing- und Public-Relations-Methoden in der kapitalistischen Privatwirtschaft entwickelt worden sind; die ›Öffentlichkeits-Arbeit‹, wie beide und ähnliche Techniken auch im Hinblick auf Dienstleistungs-Betriebe besonders des quartären Sektors gerne zusammenfassend genannt werden, hat im Theater also von vorneherein einen eher ambivalenten Charakter. Allerorten versucht man nunmehr, die Öffnung der Institution nicht mehr nur auf den deklarierten ›Tag der offenen Tür‹ zu beschränken und die eigenen Veranstaltungen per Annonce und Anschlag öffentlich bekannt zu machen — komme wer da wolle...; vielmehr richten sich allgemeine Bemühungen darauf, schon die Baulichkeit des Theaters etwas einladender zu gestalten, die Presse und andere publizistische Medien informativ in die herkömmlichen Interna sachlicher und personeller Planungs-Vorgänge frühzeitig einzuweihen und selbst aktiv die eigenen Aktivitäten — z.B. durch periodische Programm-Zeitschriften, käufliche Poster und riesige, an der Fassade angebrachte Transparente — ›publik‹ zu machen. Die für die Entwicklung einer Produktion entscheidenden Vorgänge, Überlegungen und Probleme werden nun häufiger entmystifizierend in einer Zusammenstellung von Begleitmaterial publiziert, das nicht länger als ein durch Werbung und Spruchweisheiten aufgeschwemmter Programmzettel für eine vor und nach ihrer Präsentation verschlossene Arbeit erscheint; ja es werden an manchen Bühnen daraus attraktive und informative Dokumentationen gemacht, die z.B. auch den bearbeiteten Stücktext umfassen und als ›Programmbücher‹ wie eigenständige Buch-Veröffentlichungen erscheinen. Die so schon theoretisch forcierte Erweiterung und relativierende Brechung, Erläuterung der Präsentation — bis dahin noch immer eher das suggestive Vorzeigen eines möglichst perfekt reproduzierten Musters — wird nun auch praktisch wenigstens gelegentlich dadurch bewerkstelligt, daß zumindest einzelne Bühnenproben über die Eingeweihten hinaus dem späteren Publikum zugänglich gemacht bzw. Probenelemente in didaktische Sonder-Veranstaltungen übernommen werden; allerdings werden die Bedenken verhältnismäßig vieler Bühnen-Künstler gegen solche ›Offenbarungen‹ ihrer Arbeit vereinzelt auch rechtlich unterstützt. Über solche Tendenzen zur Öffnung der langfristigen Produktion hinaus werden in Ausnahmefällen — unter dem Einfluß des subkulturellen Freigruppentheaters — auch die technisch-künstlerischen Vorbereitungen der unmittelbar bevorstehenden Präsentation (wie Schminken, Kostümieren und dgl.) vorgezeigt und in eine solchermaßen veränderte Rezeption einbezogen.[9]

Zum verstärkten Bemühen, Produktion, Präsentation/Rezeption und Institution als solche zu öffnen und zu veröffentlichen, kommen schließlich die Bestrebungen von Theatern, die als von öffentlichem Interesse verstandenen politischen Belange ihrer unmittelbaren gesellschaftlichen Umgebung verstärkt wahrzunehmen und sich der von einer bereits formierten Öffentlichkeit ausgeschlossenen Klassen bzw. Randgruppen dadurch anzunehmen, daß man zu ihnen geht statt auf sie zu warten. Popularisierung und Politisierung der ***Distribution*** von Theater, so praktiziert, hängen verständlicherweise oft eng zusammen und verschränken sich in einzelnen Veranstaltungen. Einerseits versuchen die Bühnen also, ihrer medienspezifischen Grund-Qualität einer stets schon förmlich gegebenen politischen Öffentlichkeit auch dadurch inhaltlich besser Rechnung zu tragen, daß sie die allgemeineren, unmittelbar drängenden Probleme der örtlichen Gemeinschaft in Veranstaltungen aufgreifen, die bis zur ausschließlichen Diskussion von Streitfragen der Altstadt-Sanierung oder des Umweltschutzes mit Bürgerinitiativen und Stadtverordneten — im Theater reichen. Zum anderen gastieren die Theater nun mit speziellen, von vorneherein transportabel angelegten Produktionen in kulturell verödeten Satellitenstädten oder in den zu kahlen, leistungsfixierten Lernfabriken heruntergekommenen Hauptschulen; ja gelegentlich werden auch Sonder-Veranstaltungen in Fabrikhallen, Altersheimen, Gefängnissen oder in den Heimen der Arbeitsemigranten arrangiert und mit öffentlichen Gesprächen verknüpft — wobei ›Volkstheater‹ dafür mehrfach als ebenso zugkräftige und ambitiöse wie (mit ihrer diffusen Koppelung eines diffusen Massen-Begriffs ans kaum veränderte Medium) dubiose Parole gewählt wird. Für den gesamten Aufgabenbereich, der durch all jene Aktivitäten verhältnismäßig neu anfällt — und der vor allem im Hinblick auf Kinder, Schüler und Jugendliche mittlerweile ein eigenständiges Arbeitsfeld zu eröffnen beginnt — haben im übrigen viele Theater nunmehr begonnen, besondere Dramaturgen für Öffentlichkeitsarbeit zu beschäftigen.[10]

Unter die ***Programm-Tendenz*** wird hier zuletzt eine Reihe von recht heterogenen Entwicklungszügen gerechnet: ihre Gemeinsamkeit besteht darin, daß sie sowohl durch eine mehr oder minder programmatische Zusammenfassung von Adressaten wie auch durch die konzeptionelle Proklamation von Gegenständen und Perspektiven eines Theaters das spezifische Profil seiner Arbeit hervortreten läßt — eine Tendenz, die natürlich sich sowohl als ›normale‹ Politisierung erweisen wie auch als pures Marketing entpuppen kann. Gemeint sind hier Versuche einer Konzentration von einzelnen Bühnen oder auch nur Produktionen auf bestimmte, meist vernachlässigte Klassen und Schichten potentieller Zuschauer — für die man gelegentlich auch eigene Spielorte im Theater einräumt, die man gesondert wirbt und einlädt oder zu Proben und Vor- bzw. Nach-Diskussionen heranzieht; für sie — vor allem Kinder und Jugendliche, manchmal z.B. auch Lehrlinge — ist in der Werbepsychologie der suspekte Terminus ›Zielgruppe‹ gebräuchlich, wie er unüberlegter-, vielleicht aber auch aufschlußreicherweise auf solche Art von Programmierung durchs Theater ebenfalls angewendet wird. Die hier durch bloßes Marketing und Public-Relations-Techniken oder guten Willen kaum zu überspringende tiefe Kluft insbesondere zwischen dem Theater und der jüngeren, zumal der ihm klassenmäßig fernstehenden Generation, wird nun manchmal mithilfe einer dosierten punktuellen Förderung von Gastspielen sog. Freier Gruppen zu überbrücken gesucht; sie haben sich in der Nachfolge der einige Jahre zuvor grassierenden Straßentheater heute fast schon die Kontur einer eigenständigen, tendenziell antikapitalistischen Subkultur und damit eine mindestens potentielle Nähe zu jenen von Jugendarbeitslosigkeit, Drogenabhängigkeit, Freizeitleere und Lernleistungsdruck geprägten Teilen der Gesellschaft erworben. Auf ganz anderer Ebene geben seit einiger Zeit bestimmte Strukturen dem einzelnen Theater ein (im ›pluralistischen‹ Einerlei) spezifisches Ziel und (unter überregional einander überflügelnden Bühnen) politisches Gesicht: so etwa Zyklen, in denen nacheinander mehrere Stücke eines bestimmten Autors erarbeitet werden, oder übergreifende Sachthemen, unter deren Motto man — wie z.B. mit ›bürgerlicher Familie‹, ›Bauernkrieg‹ oder ›Minderheiten-Probleme‹ — jeweils eine Saison oder ganze Spieljahr-Sequenzen stellt. Freilich erlauben solche konzeptionell hergestellten Zusammenhänge auch eine längerfristige Vergleichung, Entwicklung und Bezugnahme zwischen verschiedenen

Produktionen und geben einer verstärkten Wirkung auf den Zuschauer ebenso Chancen wie sie möglicherweise die Anziehungskraft des Theaters ihm gegenüber erhöhen. Die deutliche Tendenz, ganze Gruppen bzw. Gruppierungen von Bühnen-Künstlern kontinuierlich an ein Haus zu binden, um eine Art von Identifikation zwischen Theater und Publikum auch personell zu gewährleisten, ist sicher ebenfalls zu jenen Entwicklungen zu rechnen.[11]

Die Funktion der ***Institution*** Theater als ganzer verändert sich natürlich vor allem durch den Zusammenhang dieser einzelnen Züge von Veränderung. Darüberhinaus haben theaterinterne, medientheoretische und kulturpolitische Diskussionen um die Zukunft der Einrichtung noch kaum eingesetzt. Eher vage und pauschal wird das Theater in den seit einigen Jahren inflationär vervielfältigten kommunalen und regionalen Entwicklungsplanungen — von Stadt, Kultur, Bebauung, Verkehr usw. — den Reißbrett-Konzepten von Freizeit- und Kommunikationszentren ressortmäßig zugeordnet: sie sollen nach dem Vorsatz der Planer insbesondere das künftige Bild einer — wenigstens im Reproduktions-Bereich — wieder ›vermenschlichten‹ Stadt bestimmen. Es versteht sich von selbst, daß ohne Reflexion und Erfahrung ihrer medienspezifischen Qualitäten sowie bar jeglicher praktischen Kritik an den Beschränkungen ihrer Öffentlichkeit — diese Institution bestenfalls in modifizierte soziale und politische Funktionen allgemein eingebaut würde. Programme von ›Freizeit-Gestaltung‹, in denen Jugendfreizeitheime und Minigolfplätze, Volkshochschulkurse und Naherholungszentren usw. im Brustton pluralistischer Ausgewogenheit nivelliert werden, bleiben dem Theater fundamental äußerlich; die den (öffentlichen) Bühnen bereits offen zugeschriebene Mitbeteiligung an der Erhöhung des ›Bruttosozialprodukts‹, an der Verbesserung der ›Infrastruktur‹ und an der Steigerung des ›Freizeitwerts‹ von Gemeinwesen — läßt von diesem Theater z.Zt. leider wenig Widerspruch erwarten, kaum Widerstand erhoffen. Manchmal scheint es, als wären die elementaren Qualitäten des Mediums Theater in dieser seiner Institution bei lebendigem Leibe begraben. Zu begreifen wäre aber, daß und wie diese Wirklichkeit der Institution nur eine bestimmte schlechte, wenn auch umfassend, zäh, mächtig und routiniert vorherrschende Verwirklichung der schöpferischen Möglichkeiten von Theater verkörpert.[12]

Anmerkungen

(Die in der Bibliografie aufgeführten Werke werden mit dem dort fettgedruckten Teil ihres Titels zitiert, die nur in den Anmerkungen angegebenen Arbeiten mit dem jeweils beim ersten Auftauchen betonten Begriff.)

1.1 Gesellschaftliche Voraussetzungen

Im Ausgangspunkt zu dieser Darstellung und in ihren Kategorien stecken die elementaren Positionen einer historisch-materialistischen Auffassung von Gesellschaftsgeschichte sowie speziell politischer Ökonomie; sofern sie — in epochalen Werken und Auseinandersetzungen umfassend begründet — nicht ohnehin wissenschaftliche Geltung allgemein beanspruchen können, ist ihr Begründungszusammenhang hier nicht weiter darzulegen.

1 ›Produktion‹ wird hier zunächst in der engeren Bedeutung einer Hervorbringung von materiellen Erzeugnissen (durch Aneignung von Natur) verstanden und sowohl von einem weiteren Sinn unterschieden, wie er der Zusammenfassung von Gegenstands-Herstellung und Dienst-Leistung im Begriff ›Produktionsverhältnisse‹ zugrundeliegt — als auch insbesondere von der Übertragung des Worts auf die bloße Hervorbringung von Gedanken oder z.B. Musik (›geistige Produktion‹); s. dazu näher meinen Aufsatz HOFMANN, Verkehrsformen (S. 81f.). Im übrigen umfaßt ›materiell‹ im Hinblick auf ›Produktion‹ wohl aber auch z.B. nicht-gegenständliche Erzeugnisse wie etwa (elektrische) Energie.

2 Die Nachkriegs-Entwicklung wird in den wesentlichen Strukturen knapp skizziert von SONTHEIMER, Grundzüge (S. 15 f. und S. 31f.). Die entsprechende Verfassungsgeschichte kritisiert Jürgen SEIFERT: ***Grundgesetz*** und Restauration / Darmstadt-Neuwied (74). Wenn ich im übrigen hier die Bundesrepublik und West-Berlin mit einem Namen zusammenfasse — adjektivisch als ›westdeutsch‹, substantivisch als ›BRD‹ — so geschieht das ohne Bezug auf das dahinterstehende Politikum allein zur Vermeidung sprachlicher Verrenkungen.

3 Eine ausführliche Erörterung der wichtigsten Prinzipien des Grundgesetzes enthält der Standard-Kommentar von Andreas HAMANN / Helmut LENZ: Das ***Grundgesetz*** für die Bundesrepublik Deutschland vom 23. Mai 1949 — Neuwied/Berlin (70), 3. Aufl. (S. 55f.)

4 Die Restauration der Wirtschaftsordnung nach 1945 verfolgen und kritisieren detailliert Ute SCHMIDT / Tilman FICHTER: Der erzwungene Kapitalismus / Klassenkämpfe in den Westzonen 1945-48 — Berlin (71).

5 Auch eine liberal orientierte System-Darstellung wie die von SONTHEIMER, Grundzüge, kommt zu dem kaum beschönigbaren Schluß: »Die Wirtschafts-

verfassung der Bundesrepublik ist also eine auf der Basis des Privateigentums an Produktionsmitteln fungierende kapitalistische Wirtschaftsordnung, deren etwaige Auswüchse durch soziale Leistungen des Staats und durch eine begrenzt wirksame Politik der Vermögensstreuung nach Möglichkeit korrigiert werden.« (aaO. S. 46)

6 Eine schlagende Untersuchung des Verhältnisses von ökonomischer und politischer Macht liefert im Hinblick auf die BRD HUFFSCHMID, Politik; insbesondere analysiert er die Struktur der westdeutschen Einkommens- und Vermögensverteilung und die Reaktion auf die Konzentrationsbewegungen als Verhältnis von Kapitalentfaltung und Wirtschaftslenkung.

7 Vgl. dazu ausf. Kap. 3.1 (incl. Anm. 2)

8 Im Stadium der (zumindest hierzulande) fortgeschrittenen Industrialisierung etwa der Landwirtschaft wird diese traditionelle Unterscheidung von ›primärem‹ und ›sekundärem Sektor‹ freilich fragwürdig; da auch der ›tertiäre‹ vom ›quartären Sektor‹ nicht genau zu trennen ist, scheint mir die Vorstellung von zwei volkswirtschaftlichen Sphären — Güterproduktion und Dienstleistung — mit jeweils zwei Schwerpunkten für eine strukturelle Gleiderung eher hilfreich.

9 ›Verkehrsformen‹ bezeichnet im Prinzip die Muster und Bahnen der Beziehung zwischen Subjekten im Unterschied zur Beziehung zwischen Subjekt und Objekt; allerdings ist in Wirklichkeit beides kaum je voneinander zu trennen, d.h. es geht auch hier eher um Vorrang-Bestimmungen, Tendenzen, Seiten — vgl. im übrigen zur Ideologie dieses Begriffs HOFMANN, Verkehrsformen.

10 Ausführlich befaßt sich mit der Spezifität bzw. konkreten gesellschaftlichen Organisation von Dienstleistungen FRICKE, Dienstleistungsindustrie; den Theater- bzw. Medienbereich als ›quartären Sektor‹ erörtern in diesem Sinn sowohl SIMON, Theater (S. 95) wie auch ANDREAE, Theaterfinanzierung (S. 112).

11 Mit dem hier angesprochenen Grundverhältnis habe ich mich ausführlich, besonders auch in historischer Hinsicht befaßt in HOFMANN, Versachlichung.

12 S. dazu umfassend KRAMER, Freizeit — besonders das Kap. ›Reproduktion der Arbeitskraft‹ (S. 72f.). NEUMANN/SCHUHLER, Freizeit — die das Verhältnis von Arbeitszeit und sog. Freizeit in seiner historischen Entwicklung und den täglich durchschnittlichen Gebrauch oder Verbrauch des Zeitbudgets nach Sektoren behandeln — stellen ihrer Kritik der ›bürgerlichen Freizeittheorie‹ den versuchten Nachweis voran, daß die ›Tara-Zeit‹ (als Differenz zwischen Arbeits- und tatsächlich frei verfügbarer Zeit der Individuen) sich gegenläufig zur Verkürzung der allgemeinen Arbeitszeit immer weiter ausdehne (aaO. S. 238).

13 JAEGGI, Sozialstruktur (S. 38f.) gibt unter dem Aspekt des Verhältnisses von Klassenbegriff und Klassenwirklichkeit eine kritische Übersicht über heu-

tige Klassen- bzw. Systemtheorien, die ihr Zentrum in jener sozialen Klassifikation haben. Wenn im Folgenden gelegentlich von ›Klasse‹ (etwa bzgl. ›Klassenherrschaft‹) gesprochen wird, so ist damit hier stets also ›soziale Klasse‹ im Sinn einer politisch-ökonomischen Basisbestimmung gemeint, ohne daß damit die gängigerweise unterstellte prinzipielle Deckungsgleichheit des logischen Klassenbegriffs mit dem politisch-ökonomisch bestimmten geteilt werden soll.

14 Mit der so dargelegten politischen Bedeutung eines elementaren Klassen-Antagonismus' wird das westdeutsche Gesellschaftssystem in der Tat als das einer ›Klassengesellschaft‹ verstanden. Vgl. zu dieser sehr umstrittenen Klassifizierung z.B. Michael MAUKE: Zum Begriff der Klassengesellschaft (in: JAEGGI, Sozialstruktur, S. 130—144) sowie Urs JAEGGI: Kapital und Arbeit in der Bundesrepublik / Frankfurt (74), bes. S. 119f.

15 Die Klassifizierung der nicht eindeutig ökonomisch bzw. sozial zu Proletariat und Bourgeoisie gehörenden Gesellschafts-Mitglieder schwankt schon immer sowohl einer historischen wie einer systematischen Zuordnung nach und ist in den Mittelpunkt entsprechender Gesellschaftstheorien gerückt, seit mit dem objektiven Anwachsen dieses Bevölkerungsteils in Mitteleuropa an ihre gesellschaftliche Lokalisierung erhebliche politische Erwartungen geknüpft werden. Je nach Autor, Richtung und Aspekt ist dabei von dem selben Subjekt als von ›Mittelklasse(n)‹, ›Mittelschicht(en)‹, ›Mittelstand‹, ›neuer‹ und ›alter‹ Mittelklasse, ›Übergangs-‹ und ›Zwischenschichten‹ sowie eben auch insbesondere vom ›Kleinbürgertum‹ die Rede. Auf die einschlägigen Diskussionen darüber kann bei der hier getroffenen Entscheidung für die Operation mit einem zweistufigen Begriff — ›Mittelschichten‹ und ›kleinbürgerlich‹ — nur allgemein verwiesen werden: so findet sich insbesondere Näheres z.B. bei LEPPERT-FÖGEN (Kleinbürgertum), KOSTEDE (Mittelklasse), BISCHOFF (Klassenstruktur) und HAUPT (Kleinbürgertum).

16 Zur klassentheoretischen Bestimmung der ***›Intelligenz‹*** s. vor allem Friedrich BEHRENS: Produktive Arbeit und technische Intelligenz (o.O. u. Jahr, ca. 1970, Nachdruck) sowie Fritz GLOEDE: Zur klassentheoretischen Bestimmung der neuen Mittelklassen und der Intelligenz / in: Gesellschaft / Beiträge zur Marxschen Theorie, 3, Frankfurt (75), S. 61—121. Zur Frage der ***Angestellten*** ist der (1929 geschriebene) Essay von Siegfried KRACAUER: Die Angestellten (Frankfurt 1974) immer noch sehr ergiebig; neuere Daten dazu gibt ULF KADRITZKE: Angestellte / Die geduldigen Arbeiter — Frankfurt (75), bes. S. 73f. Eine zusammenfassende Beschreibung der Privilegien von ***Beamten*** findet sich knapp in: Projekt Klassenanalyse: Materialien zur Klassenstruktur der BRD, 2. Teil — Berlin (74), S. 347f. Ausführlicher (und hier noch nicht berücksichtigt) neuerdings Hans HATTENBAUER: Geschichte des Beamtentums — Köln (80). Die Rolle des ***›Mittelstands‹*** (im genannten engeren Sinn) wird gelegentlich der Diskussion um ›alte‹ und ›neue‹ Mittelklasse bei allen unter Anm. 15 genannten Autoren erörtert.

17 Zum Begriff der ›bürgerlichen Gesellschaft‹ vgl. das ausführliche historisch-systematisch aufgerollte Stichwort von Manfred RIEDEL: Bürgerliche Gesellschaft (in: BRUNNER, Grundbegriffe, S. 719—800); er versucht, an dem

Terminus drei bzw. vier Abstraktionsstufen zu unterscheiden — nämlich eine (industrielle) ›Arbeitsgesellschaft‹, eine ›Bildungsgesellschaft‹, eine ›Rechtsgesellschaft‹ und (›evtl.‹) eine ›Klassengesellschaft‹. Speziell aus dem Theaterbereich geschöpft, keineswegs aber darauf beschränkt ist Alois WIERLACHER: Die Begriffe ›**Bürger**‹ und ›bürgerlich‹ in vier Quellschriften zur Theorie des Bürgerlichen Dramas (ein Exkurs in: A.W., Das bürgerliche Drama / München 1969, S. 75f.) — im wesentlichen eine Beweisführung für die vom Idealismus der Aufklärung getragene emphatische Gleichsetzung von ›Bürger‹ und ›Mensch‹.

18 Wesentlicher Ort der wechselseitigen bürgerlichen Anerkennung ist die eben in dieser Funktion sich konstituierende ›bürgerliche Öffentlichkeit‹. HABERMAS, Strukturwandel, der diese Kategorie in seiner folgenreichen Arbeit als Leitbegriff entwickelt und untersucht hat, um sie mit ›Privatheit‹ (und deren spezieller Stufe von ›sozialer Intimität‹) in Beziehung zu setzen — definiert sie knapp als »die Sphäre der zum Publikum versammelten Privatleute« (aaO. S. 42); im Hinblick auf sie wird gerade auch eine Art ›literarischer Vorform‹ als bedeutsam erklärt, in deren Zusammenhang mit der ›repräsentativen Öffentlichkeit‹ des (fürstlichen) Hofes sich die Vermittlung zwischen den an sich antagonistischen Klassen herstelle (aaO. S. 44)!

19 Ein solcher prekärer Begriff von Kultur darf nicht — nur weil hier die systematische Kategorie als historisch sedimentierte Fiktion der Ausgrenzung von humanen aus Marktwerten kritisiert wird — als zynische ›Entlarvung‹ kultureller Praxis schlechthin mißverstanden werden! Vielmehr sind gerade die Kapazitäten bürgerlicher Kultur — vor allem, daß sie den gesellschaftlichen Diskurs über die Gesellschaftsordnung installieren und auf ihre eigene Abschaffbarkeit politisch-ästhetisch verweisen kann — in widersprüchlichem Zusammenhang mit der kommerziellen Entpolitisierung und der politischen Beschneidung ihrer Einrichtungen zu sehen. Vgl. dazu etwa HABERMAS, Strukturwandel (S. 193f.) sowie Anm. 23; zur Dialektik der bürgerlichen Kultur in der Geschichte s. ausführlich Herbert MARCUSE: Kultur und Gesellschaft / 2 Bde. — Frankfurt (65).

20 Die spezielle deutsche Dimension, die eine solche zugleich kapitalistische Entwicklung hat, ist schwer exakt festzumachen. Wichtige essayistische Anregungen geben in dieser Hinsicht mehrere Aufsätze des Sammelbandes Gert KALOW (Hrsg.): Sind wir noch das Volk der Dichter und Denker? / Reinbek (64); vgl. ferner Kap. 3.2, S. 217f.

21 Die Kategorie der ›Zweckrationalität‹ ist ein kritisches Leitmotiv vor allem der ›Kritischen Theorie‹ und speziell ihres Entwurfs einer ›Dialektik der Aufklärung‹; vgl. dazu z.B. Max HORKHEIMER: Zur Kritik der instrumentellen Vernunft — Frankfurt (67).

22 Dem ›Kleinbürger‹-Begriff geht historisch und systematisch ausführlich nach LEPPERT-FÖGEN, Kleinbürgertum (bes. S. 21f. und S. 86f.); erörtert wird er auch bei RIEDEL (wie Anm. 17, S. 718f.) und im KURSBUCH, Kleinbürger. Die Neuerscheinung von HAUPT, Kleinbürgertum, konnte hier noch nicht näher berücksichtigt werden, jedoch bestätigt ein oberflächlicher Einblick in den

Sammelband vor allem, daß auch hier die Indefinitheit und Historizität des Leitbegriffs die zentrale Problematik bilden (so vor allem S. 41f., S. 53f. und die Einleitung des Herausgebers). Sehr aufschlußreich für die Bestimmung der Übergangszeit (des 19. Jahrhunderts) zwischen einer vorherrschend bürgerlichen bzw. kleinbürgerlichen Gesellschaft sind auch die Dokumente bei RITTER/KOCKA, Sozialgeschichte, vor allem die Kap. ›Bürgerliche Gesellschaft und die Grenzen der Bürgerlichkeit‹ (S. 62f.) sowie ›Kleinbürger‹ (S. 288f.).

23 ›Kulturindustrie‹ ist ein Leitbegriff der Frankfurter ›Kritischen Theorie‹, die allerdings für seine stark fatalistischen Züge — aus der selbst bürgerlicherweise ausgeprägten Konzeption von Kunst als systementhobener Transzendenz stammend — verantwortlich ist; vgl. z.B. Theodor W. ADORNO: Ästhetische Theorie / Gesammelte Schriften, Bd. 7 — Frankfurt (70), S. 31f. Demgegenüber stellt etwa Hans Magnus ENZENSBERGER: Von der Unaufhaltsamkeit des Kleinbürgertums (in: KURSBUCH, Kleinbürger, S. 1f.) in einem schon eher bewundernd-nüchternen Ton fest: »Das Kleinbürgertum verfügt in allen hochindustrialisierten Gesellschaften heute über die kulturelle Hegemonie. Es ist zur vorbildlichen Klasse geworden, der einzigen, die im massenhaften Maßstab die Lebensformen des Alltags produziert und für die anderen verbindlich macht. (...) Sie ist die einzige Klasse, die Kunst und Mode, Philosophie und Architektur, Kritik und Design erzeugt.« (aaO. S. 6) Für eine kapitalistisch gewandte Kulturtheorie bleibt da noch viel zu tun... Dieter CLAESSENS: Kapitalismus als Kultur (Düsseldorf/Köln 1973) löst in seiner Untersuchung leider nicht die Vermittlung der beiden Kategorien ein, wie sie der Titel seiner Arbeit verspricht.

1.2 Begriffliche Voraussetzungen

Die genaue Begriffsbestimmung des Gegenstands ist evidenterweise selbst unentbehrlicher Bestandteil einer entsprechenden Kritik. Ihre Grundlegung soll methodisch auch verdeutlichen, daß es hier weder um eine bloße Organisationsanalyse, eine Institutionskunde oder eine Ideologiekritik geht. Eine solche mangelnde Vergewisserung inbezug auf den vorgängig (›ja irgendwie‹) als bekannt unterstellten Gegenstand prägt — abgesehen von einer auch immanent dementsprechend fehlenden Systematik und Argumentations-Struktur — durchwegs das Reflexionsniveau von intendierten Gesamtdarstellungen wie MELCHINGER, Gegenwart, oder RICHTER, Bühne, sowie DREWS, Theater (s. alle Bibliografie). Für den Entwurf oder die Begründung einer konsistenten Theatertheorie ist dies freilich nicht der Ort.

1 Die Dreiteilung Ereignis/ Gebäude/ Betrieb Theater (nebst einem ›Geflecht von Assoziationen‹) findet sich etwa bei Marta MIERENDORFF: ***Theater*** / (Stichwort) in: VON BECKERATH, Handwörterbuch (s. dort), S. 372f. Der Begriff ›System‹ wird hier ohne weiteren Zusammenhang mit der speziellen Systemtheorie als Synonym für ›zusammenhängend funktionierendes Ganzes einzelner geordneter Elemente‹ gebraucht.

2 Zum Begriff ›Verkehrsform‹ vgl. S. 5f. und Anm. dazu; die Definition des elementaren Zell-Vorgangs von Theater, an die hier locker angeknüpft wird, findet sich bei Eric BENTLEY: Das lebendige Drama / Eine elementare Dramaturgie — Velber (67), 2. Aufl.

3 Die Trias Darsteller/ Handlungsplan/ Zuschauer darf nicht vorschnell mit einer konkreten Form ihrer Einrichtung — vor allem als Schauspieler/ Drama/ Publikum — identifiziert werden, damit die konkreten gesellschaftsgeschichtlichen Bedingtheiten und Bestimmtheiten erkennbar werden bzw. bleiben; vgl. demgegenüber z.B. MIERENDORFF, Theater (wie Anm. 1), S. 373.

4 Die politisch-ökonomische Bestimmung von Theater als Dienstleistungsbetrieb ist von der einschlägigen Fachliteratur noch nicht adaptiert worden; auch zur Analyse der medienspezifischen Qualitäten der Gattung scheint mir — außer einem jüngeren Aufsatz von FIEBACH, Theaterkunst — nichts wirklich Relevantes vorzuliegen. Die Begriffe ›Einrichtung‹ und ›Institution‹ werden im übrigen hier absichtslos nebeneinander verwendet, wenn der organisatorisch-rechtliche und materiell-personelle Rahmen von Theater bezeichnet werden soll; auf das Problem der Bedeutung von ›Institution‹ im engeren bzw. im weiteren (nämlich die Festsetzung von Erwartungshaltungen, Einstellungen, Denkmustern usw. umfassenden) sozialwissenschaftlichen Sinn kann hier nicht näher eingegangen werden. Vgl. dazu aber näher die Erörterung bei Peter BÜRGER: Institution Kunst als literatursoziologische Kategorie (in: P.B., Hrsg., Seminar: Literatur- und Kunstsoziologie — Frankfurt 1968, S. 260f.) sowie, an der Gehlenschen Institutionslehre orientiert, Wolfgang LIPP: Institutionen — Mimesis oder Drama? (in: Zeitschrift für Soziologie, 4, 1976, S. 361—381).

5 Den Begriffszusammenhang Herstellung/ Darstellung/ Vorstellung hat meines Wissens eingeführt RAPP, Handeln; s. aber zur Kritik an der äußerst problematischen Substanz und Methodik dieser Arbeit meinen Aufsatz HOFMANN, Rollentheorie. Die an sich so evident erscheinende theatrale Medienspezifität der sozialen Reflexivität finde ich bei KLOTZ, Dramaturgie erstmals wirklich klar angesprochen bzw. konkret verfolgt: »In und mit dem Text entwirft sie«, erklärt der Verfasser die Funktion der Dramaturgie, »über die Rampe hinweg das Bild, das sich das Publikum vom Bühnenereignis macht.« (Diese indikativische Darstellung kappt allerdings die Breite der Zuschauer-Möglichkeiten!) »Um das Publikum dazu zu bringen, den Bildentwurf auszuführen, muß sich Dramaturgie weitgehend an den Anschauungsvorrat halten, den das Publikum selber mitbringt.« (aaO. S. 17)

6 Einen Abriß der verschiedenen auf Theater bezogenen semiotischen Theorien versucht kritisch zu geben Gerhard KOBLER: Probleme der Theatersemiotik — MA München (74); vgl. dazu auch meine eigene Kritik in HOFMANN, Versachlichung (bes. S. 27f. und S. 49f.).

7 Aus dieser umfassenden ›Gegenwärtigkeit‹ als theatraler Medienspezifität zieht KLOTZ, Dramaturgie (S. 18) Konsequenzen für die Kommunikation, wenn er formuliert: »Im Präsens, vor präsenten Zuschauern präsentiert das Theater zwischenmenschliche Handlungen. Ankommen wird es damit nur, wenn beide

Partner sich prompter und nachdrücklicher verständigen als bei anderen Künsten.« Mir scheint freilich, daß der Verfasser zwar, seiner Absicht gemäß, die literarische Begrenztheit seines formgeschichtlichen Standardwerks (KLOTZ, Drama) durch die Einbeziehung der theatralen Realisationsbedingungen durchbrochen — die Reflexion von spezifischen gesellschaftsgeschichtlichen Beschränkungen der theatralen Kommunikation aber nicht weit genug getrieben hat und daher verleitet wird, den für Theater erforderlichen Kommunikations-›Rahmen‹ mit den Theater-Konventionen kurzgeschlossen gleichzusetzen; vgl. dazu auch 2.33, Anm. 4.

8 Auch die ›Erotik‹ zeigend-gezeigter Körperlichkeit wird oft als Elementar-Kategorie des Theaters behandelt (vgl. z.B. MELCHINGER, Grundlegung, S. 46f.); versteht man jedoch ›Eros‹ im engeren Sinn körperlich manifestierter lustvoller Spannung zwischen einander leibhaftig begegnenden Menschen, so scheint mir eine Reservierung des Begriffs zur Bezeichnung einzelner Phasen und Seiten bestimmten Schauspiel(en)s — bei gleichzeitiger deskriptiver Handhabung der (sie umfassenden) ›sprachlich-leibhaftigen Sinnfälligkeit‹ — angemessener und ergiebiger.

9 Das Verhältnis von Wirklichkeit und Möglichkeit und beider Vermittlung durch Modelle — einschließlich eines Brechtschen Begriffs davon — wird reflektiert bei Robert HAVEMANN: Dialektik ohne Dogma / Wissenschaft und Weltanschauung — Reinbek (64), bes. S. 36 f. und S. 84f. Von der gleichen philosophischen bzw. politisch-praktischen Elementarbeziehung ausgehend zögert JUNGK, Zukunfts-Spiele (S. 28) nicht, ein an dieser noch unbegriffenen Konstitution zentral orientiertes Theater als ›revolutionäre Anstalt‹ umzudefinieren! Vgl. dazu auch die Überlegungen von J. DAWYDOW: Theater und Wissenschaft — in: Kunst und Literatur, 8 (78), S. 868f. S. auch meinen Aufsatz HOFMANN, Illusionsdramatiker.

10 Um das Betonen bzw. Verringern der Differenz zwischen zeigender und gezeigter Verkehrsform drehen sich die seit der Konstituierung des bürgerlichen Schauspiels immer wieder aufflammenden theaterästhetischen Diskussionen über Identifikation, Rolle, Verfremdung usw. als einen ihrer Angelpunkte; vgl. dazu ausführlich meine Arbeit HOFMANN, Versachlichung, sowie z.B. Hans KNOLL: Theorien der Schauspielkunst — Diss. Greifswald (1916).

11 Zu der spieltheoretisch inspirierten Reflexion s. Georg KLAUS: Spieltheorie in philosophischer Sicht — Berlin (68), S. 55f.; mit (anderen) Konzeptionen von Spiel allgemein kann hier keine Auseinandersetzung stattfinden.

12 Die neuere soziologische Diskussion über ›Öffentlichkeit‹ steht wesentlich im Zeichen von HABERMAS, Strukturwandel — vgl. dazu Kap. 1.1, S. 14f. sowie die Strukturierung der kritischen Einwände bei Peter Uwe HOHENDAHL: Kritische Theorie, Öffentlichkeit und Kultur — in: Basis/ Jahrbuch für deutsche Gegenwartsliteratur, Bd. 8, Hrsg. R. Grimm / J. Hermand, Frankfurt (78), S. 60—91. Obwohl aber HABERMAS, Strukturwandel etwa auch speziell auf die Bedeutung des frühbürgerlichen Theaters für die öffentliche Selbstrepräsentation des Bürgers im Medium der Illusion eingeht (so S. 26f., S. 54f. u.a.), scheint mir die Bedeutung jener für das Theater elementaren Kategorie im Fach bisher noch kaum erkannt oder gar näher untersucht worden zu sein.

13 Zur Kategorie der ›Kleinbürgerlichkeit‹ s. näher Kap. 1.1. Wo das betreffende Theater demgegenüber heute (öfter) noch als ›bürgerlich‹ deklariert wird, scheint mir der Klassenbegriff weniger historisch am Schauspiel des 18. Jahrhunderts oder systematisch an bestimmten Vorstellungen über die Sozialstruktur der BRD orientiert — als vielmehr (verteidigend oder attackierend) auf den allerdings eindeutig nicht-proletarischen Charakter der Institution gerichtet zu sein; vgl. dazu z.B. André MÜLLER: Gespräch über Mitbestimmung und Theaterkunst — in: ARBEITSKREIS BERTOLT BRECHT, Nachrichtenbrief (s. dort), 80 (71), oder Hans Joachim HEYSE: Abschied vom bürgerlichen Theater — in: Deutsche Bühne, 9 (71).

1.3 Geschichtliche Voraussetzungen

Der mit diesem Kapitel unternommene Versuch, einen einleitenden Abriß der (deutschen) Theatergeschichte unter dem Aspekt des Hauptteils zu geben, stützt sich auf eine vergleichende Benützung der Theater-Geschichten von KINDERMANN, MARTERSTEIG, MICHAEL, DEVRIENT und WEDDIGEN (s. alle Bibliografie) — sowie auf spezielle Entwicklungs-Darstellungen bei BAHN, JONAS, WEZEL, DÜNNWALD und SANDMEYER (s. alle ebenfalls Bibliografie). Zur hier ausgeklammerten Früh- und Vorgeschichte wären heranzuziehen Wolfgang F. MICHAEL: Frühformen der deutschen Bühne (Berlin 1963) — Hans Heinrich BORCHERDT: Das europäische Theater im Mittelalter und in der Renaissance (Reinbek 1969) — Fritz MOSER: Die Anfänge des Hof- und Gesellschaftstheaters in Deutschland (Diss. Berlin 1940) sowie Henning BRINKMANN: Anfänge des modernen Dramas in Deutschland (Jena 1933).

1 Einen gewissen Zusammenhang zwischen der Entfaltung des Kapitalismus, der sozialen Entwurzelung der Landbevölkerung und der Entstehung berufsmäßiger Wandertruppen hat inbezug aufs Theater zuerst hergestellt Robert WEIMANN: Shakespeare und die Tradition des Volkstheaters — Berlin (67), bes. S. 99f.; bei der Erörterung der Konstituierungs-Geschichte des deutschen bürgerlichen Theaters meldet Rudolf MÜNZ: Zwischen ›Theaterkrieg‹ und Nationaltheateridee (in: Wissenschaftliche Zeitschrift der Humboldt-Universität zu Berlin / Gesellschafts- und sprachwissenschaftliche Reihe, 1, 1969, S. 15—36) eine plausible Kritik an der Unvollständigkeit jener Erklärung an (S. 19f.), der ich in meiner eigenen Weiterentwicklung HOFMANN, Versachlichung, Rechnung zu tragen versucht habe.

2 Die rechtliche und finanzielle Organisation der frühen Wandertruppen untersucht ausführlich SCHULZ, Schauspielerengagement. Vgl. dazu auch Arno PAUL: Zur Entwicklung des bürgerlichen Theaters — in: Lexikathek, Hrsg. B. u. L. Clausen, Gütersloh u.a. (75), S. 208f.

3 ›Verbürgerlichung‹ bezeichnet hier also den qualitativen Umschlag einer langwierigen historischen Entwicklung, für die das traditionelle bürgerliche Laien- oder berufsständische Spiel, die zuschauende Teilnahme der Bürger am Wandertruppen-Gastspiel und dgl. epochal schon früher gegebene ›bürgerliche‹ Theaterkultur nur Vorstadien darstellen. Die aktiven institutionell-

konzeptionellen Formen, in denen das Bürgertum schließlich von den einzelnen Kunstgattungen auch Besitz ergreift, werden näher dargestellt von BALET/GERHARD, Verbürgerlichung: »Verbürgerlichung«, so interpretiert der Herausgeber ihre historische Untersuchung, »heißt den Autoren nicht nur Kapitalisierung des Wirtschaftslebens und Durchsetzung bürgerlicher Normen und Verkehrsformen in den Teilbereichen des sozialen und kulturellen Lebens; sie bezeichnen vielmehr mit diesem Terminus auch das innere telos, nach dem im Laufe des Jahrhunderts zunehmend die Künste ihre Stoffe verarbeiten: also den sozialen Inhalt des von Balet und Gerhard konstatierten Stilwandels.« (aaO., VII) Den Wendepunkt der Verbürgerlichung sehen die Autoren »um die Mitte des 18. Jahrhunderts« als gekommen an (S. 114 bzw. S. 268). »Der Bürger schaffte sich um die Jahrhundertmitte seine eigene Bühne, die bald einen solchen Aufschwung erlebte, daß sowohl die Hoftheater als die Volksbuden ihre Pforten schließen mußten.« (aaO. S. 461)

4 Zur Gattungsgeschichte der bürgerlichen Formen vgl. Richard DAUNICHT: Die Entstehung des bürgerlichen Trauerspiels in Deutschland — Berlin (63), ferner Wolfgang SCHAER: Die Gesellschaft im deutschen bürgerlichen Drama des 18. Jahrhunderts — Bonn (68).

5 Näheres zum Nationaltheater bei KITTENBERG, Nationaltheater, sowie — zur Organisation — bei WEZEL, Theater (S. 20f.).

6 Den genaueren Umständen der allmählichen Einbeziehung des Bürgertums ins Abonnement des Hofes geht, u.a. anhand historischer Abonnenten-Listen nach MEYER, Theaterabonnement.

7 Zur Theater-Trägerschaft s. BAHN, Theater (S. 18f.) und WEZEL, Theater (S. 30f.). DÜNNWALD, Theaterintendant (S. 5f.) gibt etwa 1775 als Wendepunkt für das Umschlagen von Schutz, Beaufsichtigung und Subvention des Theaters durch die Höfe in seine regiemäßige Verwaltung an.

8 Zur Theater-Organisation Anfang des 19. Jahrhunderts Näheres bei JONAS, Finanzierung (S. 11f.) sowie BAHN (S. 11f.); den frühen Kommunalisierungs-Fall Mannheim wie auch die später folgenden behandelt ausführlicher LENK, Theater (S. 9f.).

9 Zur administrativen Aufblähung des ›Apparats‹ geben aufschlußreiche Daten DEVRIENT, Schauspielkunst, sowie KLEMIG, Organisation (S. 160f.) — dieser vor allem am Beispiel des Berliner Königlichen Schauspielhauses. Die damit elementar zusammenhängende epochemachende Stärkung der Intendanten-Position wird klar erkennbar gemacht von DÜNNWALD, Theaterintendant (S. 7f.). Zum erneuten Aufkommen der Nationaltheateridee (einschließlich weiterer Reformbestrebungen) s. Susanne GHIRARDINI-KURZWEIL: Das Theater in den politischen Strömungen der Revolution von 1848 — Diss. München (60).

10 Einen Überblick über die Theater-Geschichte seit der Konstituierung des wilhelminischen Deutschen Reichs gibt Julius BAB: Das Theater der ***Gegenwart*** — Leipzig (28). Über die Funktion der berüchtigten Bühnenagenten s. z.B. SCHÖNDIENST, Bühnenverein (S. 91f).

11 Eine umfassende Geschichte der Bühnengenossenschaft fehlt leider bislang, so daß man sich mit Werken wie der halben Bilanz von Max HOCHDORF: Die deutsche Bühnengenossenschaft / Fünfzig Jahre Geschichte (Potsdam 1921) oder MINETTI, GDBA behelfen muß. Dagegen ist der (in den zwanziger Jahren stark aktivierten) Volksbühnenbewegung mehr — gerade auch dezidiert politisch-kritische — Aufmerksamkeit gewidmet worden. So zeichnet vor allem SCHWERD, Volksbühne den Anpassungsweg der Institution (etwa auch anhand der Auseinandersetzungen mit und um Piscator) bis in den Faschismus nach — ein düsteres Kapitel, dem auch Heinrich BRAULICH: Die Volksbühne (Berlin 1976) besondere Beachtung schenkt. Zur ›Freien Bühne‹ s. im übrigen Gernot SCHLEY: Die Freie Bühne in Berlin — Berlin (67).

12 Auf das ›gemischte System‹ geht vor allem LENK, Theater (s. 29f.) anhand von Beispielen näher ein. Einige Gesetzes-Entwürfe finden sich bei Josef M. URBAN: Von der Notwendigkeit und dem Inhalt eines Reichstheatergesetzes — München u.a. (1915). Mit der Organisierung befassen sich näher Wolfgang EBERT: Die Vereinigung künstlerischer Bühnenvorstände und deren Organ ›Die Scene‹ (Diss. Berlin 1967) — sowie Eckhard SCHULZ: Vereinigung künstlerischer Bühnenvorstände (Berlin 1971).

13 Auf die von 1918 an eintretenden Veränderungen im Theaterwesen gehen ausführlich z.B. DÜNNWALD, Theaterintendant (S. 12f.) sowie WEZEL, Theater (S. 81f.) und BAB, Gegenwart — wie Anm. 10 — (S. 171f.) ein. Brach liegt heute das Untersuchungs-Feld der seinerzeitigen Beziehungen zwischen Theater und Kino (wie es z.B. Fedor STEPUN: Theater und Kino — Berlin 1932, tangiert). Zweifellos aber gibt es in jenen ersten 3 Jahrzehnten eine vielfältige Wechselwirkung zwischen den beiden Medien (die in Deutschland z.B. noch vor dem 1. Weltkrieg nach Zahl der Institutionen gleichziehen!). Nicht völlig unerwähnt bleiben darf eine heute praktisch verschwundene Institution — nämlich die des sog. Sommertheaters: diese (vorzugsweise für eine in Kurorten sich sonnende Bourgeoisie eingerichtete) Form von Theater — für die Schauspieler, die meist ja nur sieben oder acht Monate (bezahlte) Spielzeit beschäftigt waren, eine unentbehrliche ökonomische Ergänzung! — reduziert sich mit dem Niedergang der sie tragenden Klasse bis in die Nazizeit von ursprünglich fast 100 Institutionen auf kaum noch die Hälfte und existiert heute so gut wie gar nicht mehr.

14 Ein recht anschauliches Bild über das Theater der Weimarer Republik kann man sich selbst machen anhand der umfangreichen Materialsammlung von Günther RÜHLE: Theater für die Republik / 1917—1933 / im Spiegel der Kritik (Frankfurt 1967), die durch eine sehr anschauliche Einleitung des Herausgebers (S. 11—44) bzw. andere Aufsätze von ihm (s. Bibliografie) ergänzt wird. Die vielleicht wichtigste Arbeit über das sozialistische Laien- und Berufstheater jener Epoche ist Ludwig HOFFMANN / Daniel HOFFMANN-OSTWALD: Deutsches Arbeitertheater 1918—1933 (Berlin 1972), 2. Aufl.

15 Zur Verfassung und Entwicklung des Theaterwesens im deutschen Faschismus liegt leider — und bezeichnenderweise! — noch keine umfassende Arbeit vor. Ansätze bzw. Teilaspekte bieten Joseph WULF: Theater und Film im Dritten Reich (Gütersloh 1964) (besonders seine Dokumente zu ›Gleich-

schaltung‹, ›Reichstheaterkammer‹ und ›Theaterkritik‹) — Peter H. BUMM: Drama und Theater der konservativen Revolution (Diss. München 1971) — Wolf Eberhard AUGUST: Die Stellung der Schauspieler im Dritten Reich (Diss. Köln 1973) sowie Adolf GENTSCH: Die politische Struktur der Theaterführung (Diss. Dresden 1942 -!).

16 Zur Nachkriegs-Entwicklung des westdeutschen Theaters liegt jetzt als erste umfassende Untersuchung und Darstellung DAIBER, Theater vor, der insbesondere auch den ›Theaterboom‹ jener neuen Gründerjahre und die Entwicklung von Zimmer-, Keller- und Behelfsbühnen bis hin zum millionenschweren Repräsentations-Schauspiel von heute verfolgt.

2.11 Grundlagen und Gliederung

Die hier herangezogenen Zahlen, Daten und Fakten sind außer den jeweils speziell angegebenen Quellen insbesondere auch den jährlichen bzw. Jahrzehnte übergreifenden Statistiken des DBV sowie dem jeweils neuesten Jahrgang von GDBA, Bühnenjahrbuch (s. Bibliografie) zu entnehmen.

1 Der Begriff ›System‹ wierd näher erklärt von KLAUS / BUHR, Wörterbuch (S. 1059f.). Zu dem auch in der Theaterliteratur und -publizistik nur ungenau gehandhabten Begriff des (Theater-) Systems vgl. Kap. 1.2, Anm. 1; gerne wird auch mit organologischem Hang von ›Theaterlandschaft‹ gesprochen, die meist als einzigartig gerühmt wird — s. z.B. Belege bei HÄNSEROTH, Theaterforschung (S. 94f.) — und deren ›Topografie‹ sich veranschaulichen läßt (s. z.B. BAHN, Theater, S. 40 f. oder THEATER 1973, Jahressonderheft, S. 63). Vgl. im übrigen die »tour d'horizon« bei Werner SCHULZE-REIMPELL: Zwischen Flensburg und Garmisch, Aachen und Hof und in Berlin (West) / Auskünfte über eine ***Theaterlandschaft*** — in: ITI, Theatertreffen (o.S.).

2 Zum Theater der DDR s. Manfred BERGER u.a.: Theater in der Zeitenwende / Zur Geschichte des Dramas und des Schauspieltheaters in der DDR 1945—1968 / 2 Bde. — Berlin (72); ferner DAIBER, Theater (S. 134f. und S. 339f.). Zum Theater der Schweiz s. SCHWEIZERISCHER BÜHNENVERBAND (Hrsg.): Schweizer Theaterbuch — Zürich (64); ferner DAIBER, Theater (S. 205f.). Zum Theater Österreichs s. GDBA, Bühnenjahrbuch 1978 (S. 417f.) und DAIBER, Theater (S. 198f.).

3 Nach MEWES, Überblick (S. 29) haben in der BRD alle Städte mit mehr als 200.000 Einwohnern mindestens ein Theater — umgekehrt liegen (nach HÄNSEROTH, Theaterforschung, S. 94f.) fast die Hälfte aller Theater in diesen Städten, indes sich der Rest fast ausschließlich auf Gemeinden mit mehr als 50.000 Einwohnern verteilt; die Privatbühnen sind — nach JONAS, Finanzierung (S. 26) — auf rund 30 (fast nur großstädtische) Kommunen verstreut.

4 Beispielhaft für die ideologische Überschätzung der überdauernden Kraft des ›einen‹ deutschen Theaters scheint mir, wenn RÜHLE, Bürger (S. 297) konstatiert: »Das Theater stellt auch heute noch die deutsche Kulturnation dar.«.

5 Zugrunde liegt dieser Gliederung die Auffassung von Theater als Dienstleistung, an die sich die vierfache Frage ›was wird wie in welcher Form und Absicht (als Dienstleistung) produziert?‹ knüpft.

6 »Zwar verfügen alle 77 deutschen Theaterstädte über Schauspielensembles unterschiedlicher Größe. Jedoch nur 3/4 der Städte können ein Ensemble für das Musiktheater unterhalten und weniger als 50 % der Theaterstädte haben eine eigene Ballettgruppe.« (HÄNSEROTH, Theaterforschung, S. 98). Oper und Operette werden unter vielen für die vorliegende Arbeit maßgeblichen Aspekten neuerdings umfangreich diskutiert in FORSCHUNGSINSTITUT FÜR MUSIKTHEATER, Strukturprobleme; unter den zahlreichen Aufsätzen sind insbesondere auch Arbeiten über Organisationsformen, Finanzierung, Spielplan und Produktionsfragen des zeitgenössischen Musiktheaters sowie entsprechende kulturpolitische Erörterungen enthalten.

7 Nach Abschluß dieser Arbeit erschien eine umfangreiche Selbstdarstellung der Landesbühnen — s. DEUTSCHER BÜHNENVEREIN, Räder (Bibl.) — die hier nicht mehr berücksichtigt werden kann. Zum Verhältnis von Landesbühnen und Tourneetheatern s. näher Kap. 3.1; das fusionierte Theater zweier Städte ist im übrigen vom Städtebundtheater mindestens genetisch zu unterscheiden.

8 Bedauerlicherweise gibt es bisher keine umfassendere Studie zum Zustand und Standard des westdeutschen Privattheaters! Einige Daten geben DAIBER, Theater (S. 387f.) sowie, eher polemisch beschränkt, SIMMON, Privattheater — indes z.B. Johannes KIEBRANZ: Münchner Privattheater (München 1976) ins Detail geht, aber doch lokal und deskriptiv bleibt. Vgl. ferner Rainer HARTMANN: Theater zwischen Angebot und Nachfrage / ›Boulevard-Theater in Deutschland (in: Theater heute 2, 1962, S. 36—40) sowie neuerdings (und hier noch unberücksichtigt) LEISENTRITT, Boulevard-Theater.

9 Zum Sommer- und Freilichttheater s.z.B. DAIBER, Bilanz (S. 142f.) sowie, ausgesprochen journalistisch, Peter DANNENBERG: Saison zwischen Saison und Saison (in: DIE WELT, Sonderbeilage ›***Theater*** in Deutschland‹, 24.12.1969, S. 10).

10 Vgl. näher Insa STROBEL: Die Festspiel-Idee im 20. Jahrhundert / MA FU Berlin (70), sowie Adelheid LIMBACH: Die Ruhrfestspiele — Diss. Köln (67); detailliert mit der Geschichte der ideologischen Funktion inbezug auf die Berliner Festwochen beschäftigt sich — bei scharfer Kritik — Henning MÜLLER: Theater im Zeichen des ›Kalten Krieges‹ — Diss. FU Berlin (76).

11 Vgl. Henning RISCHBIETER: Theaterwettbewerb... Theatertreffen — in: ITI, Theatertreffen (o.S.); eine Untersuchung der ›Experimenta‹ fehlt leider bisher.

12 Zu den Begriffen ›Stagione‹ und ›Ensemble‹ vgl. näher MEHLIN, Fachsprache (S. 250f.).

13 Zur Unterscheidung von öffentlichem und privatem Theater nach der Subventionshöhe s. Kap. 2.22, Anm. 11.

14 Zur historischen Herkunft der Intendanten- bzw. Direktoren-Position s. S. 39, zum Direktorium S. 232f.

15 Das Operieren mit Größenordnungen halte ich hier grundsätzlich für sinnvoller als die Angabe minutiöser Zahlen, weil die Fülle der für numerisch spezifische Daten zugrundelegbaren Kriterien zu groß und das Material für eine einheitliche Interpretation ohnehin oft zu inkomparabel ist. Im übrigen ist von den öffentlichen Theatern je knapp ein Viertel den Landes- und Staatstheatern, gut die Hälfte den Stadttheatern zuzurechnen.

16 Nach DBV, Theater-Statistik 1949—74 lag das Einspielergebnis im öffentlichen Theater 1974/75 durchschnittlich bei 18,3 % des Etats. Nach MEWES, Überblick (S. 30) haben 2/5 der Bühnen zwischen 500 und 1.000 Plätze, 1/3 verfügen über weniger.

17 Nach DBV, Theater-Statistik 1949—74 gab es 1974/75 im westdeutschen Theater rund 50.000 Veranstaltungen (davon 3/5 des öffentlichen Theaters). Die relativ konstanten Proportionen zwischen den einzelnen Absatzarten manifestieren sich, nach der gleichen Quelle, zuletzt in einer ›distributiven Nachfragestruktur‹ von 29,3 % Platzmietern, 28,9 % Besucherorganisationen, 25,1 % Tageskarten (›Freiverkauf‹), 8,6 % Schülern und Studenten, 5,7 % Ehren-, Dienst- und Freikarten sowie 2,4 % (anderen) Vorzugskarten.

18 Nach DBV, Theater-Statistik 1949—74 lag die (von Intendanten, Kulturausschüssen und Administrationen so magisch fixierte) durchschnittliche ›Platzausnutzungs-Ziffer‹ im Schauspiel zuletzt bei 79,1 %, im Musiktheater bei 82,8 % — wobei es um (1974/75) 28,7 Millionen Besuche geht. Die Zahl der Theater-Besucher ergibt sich erst durch vielfache Teilung dieser puren Zahl abgesetzter Eintrittskarten, weil viele Zuschauer ja mehrfach pro Saison ins Theater gehen. Das jahrelange Sinken der Platzausnutzungs-Quote ist nach Henning RISCHBIETER: Die Erosion des Theaterpublikums (in: Theater heute 1, 1969, S. 43f.) statistisch eher verschleiert worden.

19 Vgl. dazu Kap. 1.2.

2.12 Interesse und Organisation

In diesem Kapitel werden allerdings nur theaterspezifische Interessen, Interessengruppen und Organisationen bzw. die theaterbezogenen Interessen allgemeinerer Körperschaften und Verbände verfolgt (und auch diese beschränkt auf den nationalen Rahmen); im Zweifelsfall — wie z.B. beim ›Deutschen Städtetag‹ — verzichte ich aus Gründen der Konzentration lieber auf die Befassung mit einer Institution.

1 Die allgemeine Problematik von Interessenverbänden und dgl. sowie deklariert politischen Gremien dieser Art (wie etwa des ›Deutschen Städtetags‹) behandelt ausführlich Jürgen WEBER: Die Interessengruppen im politischen Sy-

stem der Bundesrepublik Deutschland — Stuttgart u.a. (77). Als Adressen-Nachschlagewerk läßt sich neuerdings KROLL, Presse-Taschenbuch benützen.

2 Vgl. HÄNSEROTH, Theaterschaffende, sowie HÄNSEROTH, Theaterforschung, und FOHRBECK/WIESAND, Künstlerreport (S. 217).

3 Auf die Mitgliedsstruktur des DBV geht DÜNNWALD, Theaterintendant (S. 25) systematisch, Eckhard SCHULZ: Mit den Hoftheatern fing es an (in: Bühne und Parkett 2, 1975, S. 20f.) geschichtlich ein. Eine Gesamtuntersuchung zum DBV liegt noch nicht vor; die Teildarstellung von SCHÖNDIENST, Bühnenverein konnte hier nicht mehr berücksichtigt werden.

4 Die Verbandszeitschrift der GDBA liegt mit einer Auflagenziffer von z.Zt. rund 12.000 um 1/4 über der Verbreitung des DBV-Organs. Auf die GDBA geht aktuell DAIBER, Theater (S. 104f.), historisch Eckhard SCHULZ: Vom ›blauen Stein‹ zur Bühnen-Gewerkschaft (in: Bühne und Parkett 6, 1974, S. 21f.) ein. Auch eine Gesamt-Untersuchung der GDBA fehlt bisher.

5 Zu den paritätisch von GDBA und DBV besetzten Institutionen vgl. näher Kap. 2.12, sowie Kap. 2.22.

7 Auf den komplizierenden Umstand, daß die öffentlichen ›Arbeitgeber‹ im privatrechtlich verfaßten DBV als selbständige ›Arbeitgeber‹ fungieren, geht HÄNSEROTH, Theaterschaffende (S. 283f.) ein. FOHRBECK/WIESAND. Künstlerreport (S. 214) listen die sich vielfach überschneidenden Verbände mit Mitgliedszahlen und Organisationsformen auf.

8 BAACKE, Erfahrungsraum (S. 60) nennt das Publikum, organisationssoziologisch betrachtet, den »schwächste(n) Teil im Theater«, weil es weder einen produktiven Auftrag noch eine direkte Interessenvertretung im Theater habe. Über die Volksbühne bzw. die Theatergemeinde informiert außer der eher deskriptiven und z.T. doch recht veralteten Untersuchung von SCHÖNE, Vereinigungen, z.B. Hans DAIBER: Das Publikum und seine Vereine (in: Theater heute 3, 1965, S. 1f.), neuerdings auch PREUSS/WORTMANN, Theater.

9 Einen topografischen Überblick über die Volksbühnen-Vereine der BRD findet man in ›Bühne und Parkett‹ 3, 1973 (S. 27), eine Übersicht über den neueren Entwicklungsstand im gleichen Periodikum 3, 1975 (S. 13f.) und 3, 1976 (S. 16f.). Die sich an der materiellen Bevorzugung der ›Volksbühne‹ jahrelang entzündenden Rechtsstreitigkeiten wären längst einer eigenen Untersuchung wert — vgl. z.B. das Vorwort zu REICHARDT, Theaterpremieren (S. 19) sowie ›Deutsche Bühne‹ 2, 1972 (S. 34f.) und ›Der Autor‹, 1967 (S. 12). S. auch neuerdings (und hier noch unberücksichtigt) GÄRTNER, Volksbühnen-Vereine.

10 Neben der Selbstdarstellung von Anton STRAMBOWSKI: Bund der Theatergemeinden (Düsseldorf 1978) vgl. z.B. DAIBER, Bilanz (S. 139f.) und DAIBER, Theater (S. 108f.).

11 Eine aktuelle vergleichende Analyse gibt nunmehr Joachim W. PREUSS:

Die Besucherorganisationen — Geschichte und Wirkung (in: PREUSS/WORT MANN, Besucherorganisation, S. 7—59), ergänzt um eine Fallstudie zu den Verhältnissen in West-Berlin, die auch Geschmacks- und Niveaufragen berührt.

12 Einige der privatwirtschaftlichen Besucherorganisationen zählt GDBA, Bühnenjahrbuch 1978 auf.

13 Zu solchem Jugend- bzw. Schultheater s. z.B. Eva BRANDES u.a.: Organisationsformen des Kinder- und Jugendtheaters — Berlin (73) oder ›25 Jahre Theater der Schulen, Hrsg.: Der Senator für Schulwesen, Berlin (o.J. = 1975); ausführliche Daten neuerdings auch in ASSITEJ, Handbuch (hier noch unberücksichtigt).

14 Die ›Freunde der Ruhrfestspiele‹ waren nach Peter SCHÜTT: 25 Jahre Ruhrfestspiele (in: Theater der Zeit, 11, 1971, S. 51) ein Vierteljahrhundert nach der Begründung dieses — Arbeitern gewidmeten! — Theaters rund zur Hälfte »unmittelbare Vertreter der Banken und Konzerne des Ruhrgebiets«... Nach Zeitungs-Recherchen wurde die Berufung von Peter Palitzsch zum Intendanten des Düsseldorfer Schauspielhauses durch den Vorsitzenden des dortigen entsprechenden Freundeskreises — einen im GmbH-Aufsichtsrat sitzenden Multimillionär — entscheidend hintertrieben, indes sein Nachfolger (in Personalunion Präsident des BDI!) inzwischen sein Gewicht für die Wahl eines reinen Manager-Intendanten erfolgreich einsetzen konnte (Süddeutsche Zeitung, 10.6.1970, S. 3 bzw. ›Bühnengenossenschaft‹ 6/7, 1975, S. 13).

15 Als ›mittelbar‹ wird dieses Interesse also nicht primär nach dem Grad seiner Intensität, sondern nach der — ebenfalls nur graduell bestimmbaren — persönlichen bzw. institutionellen Verknüpfung der Interessenten mit dem konkreten Theater interpretiert.

16 Zur DThG Näheres in ›Bühnengenossenschaft‹ 6/7, 1976; danach hat sie z.Zt. über 200 Einzel- sowie mehr als 1.600 Korporativ-Mitglieder (darunter vor allem GDBA und DBV).

17 Vgl. dazu näher Kap. 2.21, S. 105 sowie S. 157f.; Angaben zu den etwa dreißig im behandelten Bereich existierenden finanziellen u.a. Auszeichnungen bei Karla FOHRBECK/Andreas WIESAND: Handbuch der Kulturpreise und der individuellen Künstlerförderung in der Bundesrepublik Deutschland 1978 — Köln (78), bes. S. 281f.

18 Details über die einschlägigen Rechte vor allem bei FROMM/NORDEMANN, Urheberrecht, sowie bei FOHRBECK/WIESAND, Künstlerreport (bes. S. 219f.).

19 Nach der jüngsten Neuregelung richten sich die zu erprobenden Sätze im Schauspiel nach sieben (im Musiktheater nach acht) den einzelnen Bühnen zugeordneten Tarifgruppen. Über die Entwicklung bis zu dieser Regelung informiert Johannes VOLKMER: Entwicklung und Stand der Urheberanteile an den deutschen Staats- und Stadttheatern (in: Der Autor 7, 1973, S. 8f.).

20 Eine leider stark historisch beschränkte Untersuchung zum Bühnenvertrieb liefert Susanne JÄHRIG-OSTERTAG: Das dramatische Werk, seine künstlerische und kommerzielle Verwertung (Diss. Köln 1971) — während umgekehrt Manfred BEILHARZ: Der Bühnenvertriebsvertrag (Diss. München 1970) sich eng auf juristische Kodifizierungen richtet. Vgl. auch näher Henning RISCHBIETER: Der Handel mit Stücken (in: Theater heute 4, 1963, S. 31). In der Theaterpraxis wird im übrigen eine interne ›Regelsammlung Verlage (Vertriebe) / Bühnen‹ benützt.

21 Eine nur sehr eingeschränkte Bejahung der möglichen partiellen Urheber-Eigenschaften von Regisseuren bildet das Fazit von drei entsprechenden Fall-Erörterungen (bzgl. des Streits mit Autoren) bei Wilhelm NORDEMANN: Kann der Theaterregisseur Urheber sein? (in: VERBAND DEUTSCHER BÜHNENSCHRIFTSTELLER, Dramatikertreffen, S. 89f.). Zu Brecht vgl. neuerdings Marianne SCHMIDT: Die Dreigroschenerben — in: Transatlantik 12 (80), S. 24—33.

22 Kritiken an den Verwertungsgesellschaften geben FOHRBECK u.a., Arbeitnehmer (S. 343f.) wieder; scharfe Kritik speziell an der GEMA findet sich auch in ›Überbau‹, Produktionsverhältnisse in der Kulturindustrie I, S. 4f. und S. 59f.

23 Vgl. näher Anm. 21 sowie VON FOERSTER, Urheberrecht, und RIEPENHAUSEN, Arbeitsrecht (S. 126f.). Die Medienproblematik des Theaters in dieser Beziehung wird mehrfach in ›Bühnengenossenschaft‹ 5, 1975 erörtert.

24 Umfassende Hinweise, Daten und Kritiken zu den entsprechenden Ausbildungsfragen lassen sich entnehmen HOCHSCHULE FÜR MUSIK BERLIN (Hrsg.): Vordokumentation des Berliner Theaterpädagogischen Kongresses von 1973 — Berlin (73).

25 Anders als die umfassende, sozialkritisch engagierte Kritik von KOCK, Schauspielerausbildung, geht Harry BUCKWITZ: Ausbildung für den Bühnenberuf (in: HÜRLIMANN, Atlantisbuch, S. 357f.) auch ausführlich auf andere Theaterberufe ein (beschönigt allerdings die Verfassung der entsprechenden Ausbildungsverhältnisse z.T. erheblich). Eine umfassende Untersuchung der Ausbildungsverhältnisse — wie sie FOHRBECK/WIESAND, Künstlerreport nur streifen können — liegt bezeichnenderweise nicht vor.

26 Einen anschaulichen Report zum ›Vorsprechen‹ gibt ›Theater heute‹, 5 (72), S. 4f.; vgl. dazu auch näher DREWS, Theater (S. 71) sowie Kap. 2.22.

27 Näheres über die ZBF ist zu entnehmen FOHRBECK/WIESAND, Künstlerreport (S. 199f und S. 203f.). An Privatagenturen waren für das Schauspiel Mitte 1976 angeblich nur noch zwei lizensiert (vgl. ›Informationsdienst‹ des DBV, 104, 1976, S. 10f.)

28 Eine Aufzählung der wichtigsten westdeutschen Periodika gibt GDBA, Bühnenjahrbuch 1978 (S. 682f.). Eine Untersuchung des bedeutsamen Einflusses der Zeitschrift ›Theater heute‹ auf das westdeutsche Theater der sechziger Jahre ist überfällig!

29 Einen historischen Abriß zur Theaterkritik gibt Anton KRÄTTLI: Theaterkritik (in: HÜRLIMANN, Atlantisbuch, S. 371f.), eine systematische Reflexion z.B. Helmar KLIER: Theaterkritik als Beruf? — MA München (78). Mehrere (dort auch so ironisch genannte) ›Großkritiker‹ der gegenwärtigen Szene — so etwa Joachim Kaiser (Süddeutsche Zeitung), Hellmuth Karasek (Spiegel) oder Henning Rischbieter (Theater heute) begründen die Kriterien und Ziele ihrer Arbeit in HAMM, Kritik. — Die Funktion der zur Presse gehörigen Theaterfotografen wird hier nicht weiter berücksichtigt. Vgl. auch 2.21, Anm. 15.

30 Typisch für die häufig beanspruchte bloße ›Subjektivität‹ des Kritiker-›Urteilens‹ (worin bereits ein fundamentaler Widerspruch anklingt) erscheint mir die Reflexion von Maßstäben und Methoden durch zwei so renommierte Rezensenten wie Friedrich LUFT: Das Wesen der Kritik (in: Kritik in unserer Zeit, Hrsg. G. Blöcker, Göttingen 1960) und Siegfried MELCHINGER: Keine Maßstäbe?/ Kritik der Kritik (Zürich/Stuttgart 1959).

31 Zur Theaterwissenschaft s. z.B. meine eigene Kritik in HOFMANN, Versachlichung (bes. 1. Kap.) sowie die (aufs Thema dieser Arbeit speziell beziehbaren) ›Mängelklagen‹ von HÄNSEROTH, Theaterschaffende (S. 283).

32 Einige Hinweise auf einschlägige Organisationen gibt GDBA, Bühnenjahrbuch 1978.

2.13 Leistung und Finanzierung

1 Wenn z.B. KLEMIG, Organisation (S. 12) das ›Ziel‹ des Theaters darin sieht, »Aufführungen vor einem Publikum zustande zu bringen«, so kann er eigentlich nur den Betriebs-Zweck meinen.

2 Auf Material zur Ermittlung der Vorstellungen, die im Bereich kulturpolitischer Verantwortung für Theater herrschen, sei hier bewußt ausführlich durch eine Auswahl von Äußerungen entsprechender Repräsentanten auf Verbands-, Kommunal-, Landes- und Bundesebene hingewiesen und eine detaillierte Auswertung angeregt.
Rudi ARNDT (seinerzeit Oberbürgermeister von Frankfurt, SPD): ***Interview*** (in: THEATER 1975, Jahressonderheft, S. 10f.) — Dieter BIALLAS (seinerzeit Kultur-Senator Hamburgs, FDP): Interview (in: THEATER 1975, Jahressonderheft, S. 22f.) — Willy BRANDT (seinerzeit Bundeskanzler, SPD): Theater als Politikum (in: Theater heute, 10, 1972, S. 1f.) — Fritz BRÜSE (Kulturdezernent Bonn, CDU): Interview (in: KOMMUNALPOLITISCHE BLÄTTER, Rationalisierung, S. 855) — Hermann GLASER (Kulturstadtrat Nürnberg, SPD): Wohin geht das ***Theater***? (in: THEATER 1975, Jahressonderheft, S. 18f.) — Hans HERDLEIN (Präsident der GDBA): Kulturoffensive gegen Theaterabbau (in: Bühnengenossenschaft 6, 1974, S. 254f.) — Hilmar HOFFMANN (Kulturdezernent Frankfurt, SPD): Theater und Emanzipation (in: HOFFMANN, Kultur, S. 35—58) — Herbert HOHENEMSER (seinerzeit Kultur-Stadtrat München, SPD): Hat das städtische Theater eine Zukunft? (in: LOCCUMER PROTOKOLLE, Theater, S.

53f.) — Hans Ulrich KLOSE (Regierender Bürgermeister von Hamburg, SPD): Theater in der Demokratie (in: Bühne und Parkett, 4, 1975, S.4f.) — Horst LANGES (Staatssekretär im Kultusministerium von Rheinland-Pfalz, CDU): Redebeitrag zur Kulturpolitik (in: Mitteilungen der Dramatiker-Union, 1/2, 1978, S. 101) — Hans MAIER (Kultusminister von Bayern, CSU): Kulturpolitik (München 1976) — Anton PFEIFER (Mitglied des Deutschen Bundestags, CDU): Das Theaterleben muß gefördert werden (in: Oper und Tanz, 74, 1973, S. 1) — Hannes RETTICH (parteiloser Staatssekretär im Kultusministerium von Baden-Württemberg): ***Kunst*** kostet Geld / oder / Warum subventioniert der Staat das Theater? (in: Bühne und Parkett, 3, 1973, S. 3f.) — Heinz Winfried SABAIS (Präsident des DBV): Wozu ist das Theater nütze? (in: Deutsche Bühne, 4, 1972, S. 16f.) — Walter SCHEEL (Bundespräsident, FDP): Ansprache vor der Hauptversammlung des DBV (in: Bühnengenossenschaft, 8/9, 1976, S. 16f.) — Carlo SCHMID (Mitglied des Deutschen Bundestags, SPD): Theater und Gesellschaft (in: Deutsche Bühne, 5, 1963, S. 87f.) — Olaf SCHWENCKE (Mitglied des Deutschen Bundestags, SPD): Politische ***Ästhetik*** / Kulturpolitik als Systemkritik (in: MASKE UND KOTHURN, Wirtschaft, S. 10f.) — Alfons TALLERT (Bürgermeister von Bremerhaven, SPD): Zur Urbanisierung gehört das Vergnügen der Einwohner (in: Bühne und Parkett, 6, 1974, S. 4f.)
Aufschlußreich in dieser Hinsicht sind auch die Ergebnisse einer Umfrage des Frankfurter Musiktheaters bei (Kultur-)Politikern ›Was halten Sie von Oper und Deutschlands Opernhäusern?‹ Ergebnisse in: Frankfurter Opernhefte, 5/6, 1976/77. Einen Privatdruck mit einigen auf Theater bezogenen Reden und Äußerungen von Brandt, Carstens, Scheel, Schmidt, Strauß u.a. (nebst einer Titelmontage von Jula Dech) habe ich selbst zusammengestellt in Jürgen HOFMANN: Staatstheater — Berlin (79).

3 Ein Schauspieldirektor des 19. Jahrhunderts nennt Theater eine Zusammenfassung der Leistungen von Katheder, Kanzel und Klub (nach RAUSCHENBACH, Theater, S. 10). Eine typische positivistisch orientierte Abfragung der hier angegebenen Ziel-Trias liegt zugrunde bei Thomas HEINZE: Theater zwischen Wirklichkeit und Möglichkeit — Köln/Wien (73), S. 32f.

4 Zum Begriff ›Bildung‹ vgl. ausführlich BLANKERTZ, Didaktik. Rudolf VIERHAUS: Bildung (Stichwort in: BRUNNER, Grundbegriffe 1, S. 508f.) verfolgt historisch detailliert die Herausbildung des Zusammenhangs von Bildung und Besitz, wie er sich aus dem Zerfall von Bildung in Kultur und Aufklärung konstituiere. Demonstrationen dieses Bildungsbegriffs finden sich gerade unter Kulturpolitikern ungeachtet ihrer Couleur (s. z.B. SCHRIFTEN DER DRAMATURGISCHEN GESELLSCHAFT, Strukturprobleme, S. 11 bzw. Kulturpolitik, S. 43) oder unter Kritikern jeglicher Richtung — vgl. z.B. RÜHLE, Bürger (S. 300) oder MAYER, Bildung.

5 Typisch für den affirmativen Gebrauch der Zentralkategorie ›Erlebnis‹ ist — wie überhaupt viele seiner Arbeiten — SILBERMANN, Theater.

6 Zu ›Repräsentation‹ s. auch Kap. 2.4 sowie Kap. 1.1, Anm. 18.

7 Vgl. ausführlich Horst STUKE: (Stichwort) ***Aufklärung*** (in: BRUNNER, Grundbegriffe 1, S. 243—342), der dort dem Gehalt des Epochenbegriffs und seiner

Entwicklung (unter anderm) zu einem allgemeinen weltanschaulichen Aufklärungsbegriff detailliert nachgeht.

8 S. dazu — historisch — neben STUKE, Aufklärung (wie Anm. 7) — auch Willi OELMÜLLER: Die unbefriedigte Aufklärung (Frankfurt 1969).

9 Die einseitige Verfolgung von Aufklärung als Ziel von Theater manifestiert sich z.B. bei LÖFFLER, Didaktik (bes. S. 16 bzw. S. 22f.); die Semantik des Begriffs ›Kritik‹ reflektiert in diesem Sinn VON BORMANN, Kritik.

10 Eine solche Vorstellung von ›Verklärung‹ deutet sich z.B. an bei RETTICH, Kunst (wie Anm. 2).

11 Der Begriff ›Unterhaltung‹ ist leider wissenschaftlich ungebräuchlich bzw. in seiner formellen Adaption aus der US-›Massenkommunikations‹-Forschung im allgemeinen unfruchtbar geblieben, indes seine oft auf Brecht gestützte Propaganda (s. z.B. im ›Kleinen Organon‹, in: BRECHT, Werke, Bd. 16, S. 663) daraus ein Versatzstück der allgemeinen Kompensations-Ideologie gemacht hat — vgl. z.B. Siegfried MELCHINGER: Drama zwischen Shaw und Brecht (Bremen 1957), S. 52. Einer der wenigen Ansätze zu einem kritischen Begriff findet sich bei SLOMMA, Unterhaltung (S. 43): »Die Unterhaltung stellt den spezifischen Wirkungsmechanismus physisch-psychischer Prozesse dar, der a) die Kurzweil, Aufmerksamkeit, Spannung und Zerstreuung als primär auf das Zeitempfinden gerichtete Komponenten und b) das Spiel, den Genuß und Frohsinn als lustbetonte Erlebnisse während beziehungsweise in der Folge von Freizeittätigkeiten umfaßt«... Brauchbare Ansätze zur konkreten Deskription von Unterhaltungssparten bieten etwa Ruth ASPÖCK: Beiträge zu einer Theorie der Unterhaltung (Diss. Wien 1972), HEISTER, Unterhaltungsindustrie, und Georg SEESSLEN / Bernt KLING: Unterhaltung / Lexikon zur populären Kultur (2 Bde., Reinbek 1977) — allen drei Werken fehlt aber leider jegliche Problematisierung ihres erkenntnisleitenden Begriffs! Eine ausführliche Diskussion des ›Unterhaltungs‹-Begriffs und ›Ansätze zu einer Theorie der Unterhaltung‹ bietet neuerdings — und hier unberücksichtigt — Arthur HOFER: Unterhaltung im Hörfunk — Nürnberg (78), bes. S. 4—54; speziell bzgl. Boulevardtheater auch LEISENTRITT, Boulevardtheater (bes. S. 41f.).

12 Diese Auffächerung von ›Unterhaltung‹ findet eine partielle Entsprechung bei SLOMMA, Unterhaltung (S. 43).

13 Vgl. die Darstellung der Medienspezifitäten S. 24f.

14 Zu den Zahlen s. ausführlich Henning RISCHBIETER: Was kostet das deutsche Theater? (in: Theater heute, 3, 1966, S. 1f.) und — zehn Jahre später — RISCHBIETER, Theater. Auf eine Erörterung der Betriebskosten im einzelnen muß hier verzichtet werden; in der Beurteilung der unrentablen, bürokratisch-uneffektiven Gestaltung des Theaterbetriebs sind sich die detailliert damit befaßten Autoren — vgl. z.B. BAHN, JONAS oder KÖHLER (s. alle Bibliografie) — über die Jahre hinweg ohnehin einig. Typisch für eine Richtung, die aus jener Misere (mindestens auch) ihre Begründung für die ›pragmatische‹ Behandlung von Theater nach dem betriebswirtschaftlichen Prinzip der ›gemeinwirt-

schaftlichen Unternehmung‹ mit ausklammerbarer Zielsetzung ableitet, erscheinen andererseits ANDREAE, Theaterfinanzierung, sowie Clemens August ANDREAE: Ökonomik der Theater (in: DEUTSCHER BÜHNENVEREIN, Nordwestdeutschland, S. 17f.); interessanterweise ist dieser Wissenschaftler nicht nur als akademischer Lehrer des derzeitigen CSU-Parteivorsitzenden, sondern auch selbst als Autor eines von der Unternehmensleitung der Kölner Ford-Werke propagierten ›arbeitgeber‹-freundlichen Theaterstücks hervorgetreten... Nicht strittig sind im übrigen allgemein die durch hohe Fixkosten (und darunter insbesondere die große Personal- bzw. Lohnintensität) bedingte Immobilität des Instituts (vgl. BERGNER, Wirtschaftslehre) sowie das überproportionale Anwachsen von Kosten und Aufwand an technischem Theater-Personal (s. z.B. BAHN, Theater, S. 65f.).

15 Zum Begriff der Subvention s. allgemein OPPERMANN, Kulturverwaltungsrecht, und HANSMEYER, Subventionen. Die Untersuchung von K. RABE: Die Stellung der Theaterunternehmen im Staat — Diss. Köln (67) ist mir erst nach Abschluß dieser Arbeit (und nur dem Titel nach) bekanntgeworden.

16 Angenommen ein Theater mit 500 Plätzen habe 5 Preiskategorien, nämlich 50 Plätze zu jeweils 4, 100 zu je 6, 200 zu je 8, 100 zu je 10 und 50 zu je 12 DM die Eintrittskarte — so spielt es bei ausverkauftem Haus pro Abend (200 + 600 + 1.600 + 1.000 + 600 DM, gleich) DM 4.000 ein, bei jährlich 300 Spieltagen pro Saison also 1.200.000 DM. Legt man (wohlgemerkt weiter in schematisch vereinfachter Rechnung!) eine durchschnittliche Platzausnutzung von 83,3 % zugrunde — wie sie etwa das BRD-Niveau repräsentiert (und mit der mathematischen Annahme, daß sie sich gleichmäßig auf die verschiedenen Platzgattungen verteilt) — so kann das Theater pro Spielzeit 1.000.000 DM an Eigeneinnahmen hereinholen. Nimmt man einmal die jährlichen Betriebskosten der Einrichtung mit 5 Millionen DM an — die z.B. für etwa 150 Beschäftigte mit einem durchschnittlichen Monatsverdienst von DM 2 000 plus 1/5 Sachausgaben erforderlich wären — dann müßte die Bühne also mit 4.000.000 DM, d.h. zu 80 % ihres Etats vom Rechtsträger subventioniert werden. Die Umrechnung der jährlichen öffentlichen Zuwendungen (›Zuweisungen‹) von DM 4.000.000 auf die einzelne Vorstellung (als das ›Endprodukt‹ der Dienstleistung) ergibt 1/300 davon oder rund 13.330 DM — was für jeden einzelnen der allabendlich (im Durchschnitt nur) 415 Plätze (von 500) eine Subventionierung von etwa 32 DM bedeutet. Selbst wenn man also noch davon absieht, daß ja die teueren Plätze auch die besseren sind, wird hier vielleicht doch die Größenordnung der Subventionierung des einzelnen Theaterbesuchers deutlich! Die reale Höhe des auf den besetzten Platz umgerechneten öffentlichen Zuschusses betrug im übrigen 1975 schon über 50 DM.

17 Gemäß der Einräumung von Hilmar HOFFMANN: 500 ***Millionen*** Mark für 5 Millionen Besucher (in: Deutsche Bühne, 4, 1972, S. 3f.), daß für die Vergabe öffentlicher Mittel ans Theater keine qualitativ nachprüfbaren Kriterien gegeben seien, konstatiert JONAS, Finanzierung (S. 91) pointiert, in Deutschland werde weniger subventioniert, ›wie‹ — als vielmehr ›daß‹ Theater gespielt werde... S. dazu auch Manfred REHBINDER: Die Theaterfreudigkeit des Staatsapparats als Problem des Haushaltsrechts (in: UFITA 52, 1969, S. 101f.).

18 Nach DBV, Theater-Statistik 1949—74 stammten 1974/75 von (damals) insgesamt 924.462.000 DM öffentlicher Theaterzuschüsse DM 551.773.000 DM von den Gemeinden, 366.859.000 von den Ländern und 5.830.000 vom Bund — was einer Proportion von 59,7 % kommunalen, 39,7 % Länder- und 0,6 % Bundes-Subventionen entspricht. Zur umstrittenen Bundeskompetenz s. auch S. 120f., S. 228f., sowie THEATER 1965, Jahressonderheft (S. 65f.).

19 Eine Generalisierung der Aussagen zur Entwicklung der Theater-Subventionen im Rahmen der öffentlichen Kultur-Haushalte bzw. in der allgemeinen Gestaltung der Staatsfinanzen fällt schwer, zumal hier föderale Uneinheitlichkeiten und sachliche Unvergleichlichkeiten gegeben sind (was z.B. den spartenmäßigen Umfang des Ressorts je Gemeinde, je Land und im Vergleich von Gemeinde und Land anlangt). Am plausibelsten scheint mir der Versuch von KÖHLER, Finanzstruktur (S. 2f.), der die Überlagerung zweier Bewegungen — nämlich die Abnahme des Anteils der Kultur-Ausgaben am öffentlichen Gesamt-Etat und die relative Zunahme der Theaterzuschüsse im gesamten Kulturbudget — nachzuweisen sucht.

20 Der prozentuale Anteil von Theaterbesuchern an der westdeutschen Bevölkerung ist nicht sehr genau anzugeben: einmal ist zwangsläufig unbestimmt, ab welcher (etwa jährlichen) Besuchs-Häufigkeit jemand wirklich als ›Besucher‹ anzusehen ist — zum anderen gibt es auch keine eindeutige Bezugsgrundlage für den Besucherumfang, weil z.B. der Anteil der Zuschauer an der (etwa bestimmte Behinderte oder Kleinkinder umfassenden) Gesamt-Bevölkerung kaum wirklichen Aufschluß gibt, andererseits aber auch z.B. die ›erwachsene‹ Bevölkerung bei einem Medium mit altersmäßig so indefiniter Eingangsstufe (gleichwohl aber disproportionaler Alterseignung) keine statistische Basis hergibt. Darüberhinaus fehlt eine solide Datenermittlung im öffentlichen Theaterwesen fast gänzlich, indes man bei einem Teil der Privatbühnen sowieso auf Spekulationen angewiesen ist. In der Theaterpublizistik wird im allgemeinen ohne Problematisierung der zuvor genannten Fragen mit Prozentzahlen zwischen fünf und zehn Prozent operiert — so HOHENEMSER, Theater (S. 53), DAIBER, Theater (S. 297) oder RISCHBIETER, Umbruch (S. 7) jeweils mit 5 %, RETTICH, Kunst (wie Anm. 2 — S. 4) mit 9 und SCHULTZE-REIMPELL, Entwicklung (S. 18) sogar mit 10 %; betrachtet man aber insbesondere die verhältnismäßig hohe Theaterfrequenz der über 50 % von Theaterbesuchern, die als Abonnenten oder Mitglieder von Besucherorganisationen die Schauspielhäuser füllen — vgl. Kap. 2.23, Anm. 15 sowie Kap. 2.11, S. 59/60 — so darf man begründeterweise mutmaßen, daß die über 5 % hinausgehenden Zahlen eher Rechtfertigungs-Wünschen als der Wirklichkeit entspringen. Sowohl die angeblich statistisch gesicherte Infratest-Behauptung von 1964, 18 % der westdeutschen Bevölkerung gingen ins Theater, wie auch eine neuerdings von der ›Opernstudie‹ nahegelegte höhere Zahl scheinen von der Bedienung der Interessen ihrer jeweiligen Auftraggeber nicht frei und sind mehrfach methodisch kritisiert und sachlich angezweifelt worden: s. Karla FOHRBECK/ Andreas J. WIESAND: Musiktheater — Schreckgespenst oder öffentliches Bedürfnis (Mainz 1975) — die sog. ›Opernstudie‹ — bzw. HÄNSEROTH, Theaterforschung (S. 202) und Heinz-Josef HERBORT: Die Oper ist ihnen doch lieb (in: Die Zeit, 38, 1975, S. 33). Im übrigen bestätigen die wenigen halbwegs brauchbaren empirischen Publikums-Analysen — z.B. Jörg Walter EHRET: Das Thea-

ter und sein Publikum (Diss. Wien 1968) — daß im Zuschauerraum mindestens die Beamten und Angestellten (gemessen an ihrem Bevölkerungsanteil) weit überrepräsentiert sind. Auch der überhöhte Anteil älterer sowie weiblicher Theaterbesucher ist mehrfach festgestellt worden — so etwa von JONAS, Finanzierung (S. 70) bzw. von MEWES, Theaterabonnement (wie Kap. 2.23, Anm. 13) — wogegen etwa die Umfrage von ›Theater heute‹ (2, 1965) durch die Rücklauf-Selektion der Fragebogen eher verzerrte Ergebnisse zeigen dürfte. Eine dezidierte, einleuchtenderweise stark negativ bilanzierende Kritik der Publikumsforschung gibt im übrigen HÄNSEROTH, Theaterforschung (bes. S. 185f.).

21 Es mag dahingestellt sein, ob — wie DAIBER, Bilanz (S. 120) pointiert behauptet — »Theater lockt, weil es die Klassenschranke betont«; sicher ist jedenfalls, daß die offenkundigen sozialen Barrieren des Theaters nur höchst selten untersucht werden — so etwa von BAACKE, Erfahrungsraum (S. 63), der als solche vor allem die Beschaffenheit der Theaterarchitektur und die Exclusivität der Verkehrsformen hervorhebt. Auch dem allgemeinen Zusammenhang zwischen dem historisch deklarierten Öffentlichkeits-Charakter von Theater und der sozialen Zusammensetzung seines ›Publicums‹ (dem ich ausführlicher nachgegangen bin in J.H.: Theorie des Theatralischen — Diss. Wien 1970), ist leider wenig systematisches Interesse gewidmet worden; dies ist etwa der Gegenstand von Bruno SCHÖNE: Schauspiel und Publikum (Düsseldorf/Frankfurt 1927 — und allgemeiner bzw. soziologisch fundiert (gleichwohl ohne spürbare Resonanz in der Fachwissenschaft von Theater) bei HABERMAS, Strukturwandel. Wenn gelegentlich groteskerweise (inanbetracht der schwer vertretbaren Millionen-Subventionierung des Elite-Instituts Theater!) für das Theaterpublikum ein Begriff von schutzwürdiger Minderheit in Anspruch genommen wird, wie er soziologisch-politologisch etwa im Hinblick auf ›Gastarbeiter‹, ›Obdachlose‹ oder Linkshänder gilt — s. z.B. HOHENEMSER, Theater (S. 53), FORSCHUNGSINSTITUT FÜR MUSIKTHEATER, Strukturprobleme (S. 157f.) oder Karla FOHRBECK: Alte, neue und alternative Kultur (in: Bühnengenossenschaft, 8/9, 1976, S. 42f.) — so demonstriert auch diese Perversion die Verlagerung des klassenkulturellen Charakters von Theater von materiell-konkreten in strukturelle Bedingungen.

22 ›Öffentlichkeit‹ wird hier nur vom Theater aus bzw. im Hinblick auf seine Präsentation betrachtet. Welche konkreten Funktionen dieser medienspezifischen Eigenschaft (unter anderen) speziell im sozialen Rahmen der Stadt zukommen könnten oder müßten, läßt sich z.B. genauer diskutieren anhand von Martin SCHWONKE: Kommunikation in städtischen Gemeinden (in: PEHNT, Stadt, S. 45—63) — insbesondere auch im Hinblick auf die wirklich diesbezüglich benachteiligten Bevölkerungsgruppen einer Kommune!

2.21 Arbeitsrahmen

1 Den Unterschied von Betriebszweck und Unternehmensziel klärt z.B. RIEDELSHEIMER, Tendenzbetrieb (S. 19f.); vgl. auch Kap. 2.13, Anm. 1.

2 Zur realen Integration von Präsentation und Rezeption s. speziell Kap. 2.4, zum Begriff der ›Institution‹ Näheres auch Kap. 1.2, Anm. 4.

3 HÄNSEROTH, Theaterforschung (S. 98) gibt — bezogen auf 1970 — Personalgrößen der westdeutschen Sprechtheater zwischen etwa 330 und einem Zehntel davon an.

4 Zum Begriff der ›Produktion‹ s. auch Kap. 1.1, Anm. 1.

5 Begriff und Funktion des Dramaturgen erläutert knapp MEHLIN, Fachsprache, umfassender Winfried HANSMANN: Der Dramaturgenberuf — Diss. Köln (54). Friedrich WOLF: Aufsätze 1919—1944 (Berlin/Weimar 1967, S. 318) nennt Deutschland pointiert »das spezifische Land der Dramaturgie«...

6 Vgl. auch Kap. 2.31

7 Vgl. auch Kap. 2.31, Anm. 20.

8 Über die anderen Arbeiten dieses Autors hinaus (s. Bibliografie) vgl. die anschauliche Zusammenfassung von Walter UNRUH: Die Technik im deutschen Theater nach 1945 (in: ITI, Theaterbau).

9 Den Regieassistenten würdigt seltenerweise Benjamin HENRICHS: ***Kaffeeholer*** oder Kampfgenosse? (in: Theater heute, 1, 1970, S. 29f.).

10 Näheres zur Ausstattung insbesondere bei SCHUBERTH, Bühnenbild (S. 178f.) und bei RICHTER, Bühne (S. 157f.).

11 Eine schematische Funktions- und Verlaufsübersicht gibt z.B. Walter E. SCHÄFER: Von der Annahme eines Stückes bis zur Premiere (in: HÜRLIMANN, Atlantisbuch, S. 347f.) — vgl. dazu die technologisch orientierten bzw. technisch perfektionierten Schemata wie Kap. 2.23, Anm. 9.

12 Die Aufgaben bzw. Probleme von Inspizient und Souffleuse werden näher erläutert bei RICHTER, Bühne (S. 170f. bzw. 182f.).

13 Funktion und Begriff des ›Abendregisseurs‹ scheinen sich weitgehend in die rein organisatorischen ›Abenddienste‹ und die Ablaufs-Funktionen des Inspizienten aufzusplittern und aufzulösen — vgl. dazu auch RICHTER, Bühne (S. 176 und S. 202f.) sowie MEHLIN, Fachsprache (S. 203).

14 Zu Tätigkeit und Funktion des Regisseurs Näheres in Kap. 2.33.

15 Einen knappen und wirklich in die Problematik einführenden Abriß der Theaterverwaltung kenne ich nicht; einigermaßen brauchbar, wenn auch reichlich deskriptiv beschränkt, ist ›Von der Administration eines Theaters‹ (in: HÜRLIMANN, Atlantisbuch, S. 341f.). — Merkwürdigerweise hat die Funktion eines Werbeleiters am Theater keinerlei Tradition. Werbung gehört herkömmlicherweise zu den Aufgaben der Dramaturgie (!) und wird öfter durch einen (eher ›nebenamtlichen‹) Theaterfotografen unterstützt.

16 Vgl. RICHTER, Bühne (S. 166f.)

17 Ausführlichere Behandlung der Werkstätten bei RICHTER, Bühne (S. 164f.) sowie bei UNRUH, Theatertechnik (S. 193f.).

18 Kurz und anschaulich auch hier Walter UNRUH: Theaterbau und Bühnentechnik (in: HÜRLIMANN, Atlantisbuch, S. 101f.); eine fundierte, empirisch umfassende und pointiert bis polemisch vorgetragene Untersuchung des jüngeren Theaterbaus in der BRD liefert STORCK, Probleme. Vgl. ferner PAUSCH, Theaterbau.

19 GABLER, Zuschauerraum (S. 23) unterscheidet die drei Raumtypen ›Raumreihung‹, ›Einheitsraum‹ und ›Freiraum‹ — eine verkappt qualitative Klassifizierung, die sich gegen die nach Bühnentypen bzw. Raumkapazitäten jedoch nicht durchgesetzt hat.

20 Vgl. dazu die historische Kritik bei WEVER, Forderungen, sowie die sich weitgehend in historisierender Deskription erschöpfende Arbeit von KINDERMANN, Zuschauerraum. PAUSCH, Theaterbau, der die Nachkriegsentwicklung in der BRD vor allem an den fast 100 Neubauten in ideologiekritischer Absicht untersucht, kennzeichnet sie resumierend als (Ende der sechziger Jahre) weitgehend abgeschlossenen ›Optimierungsvorgang‹ im Hinblick auf eine restaurative Affirmation von überholten bürgerlichen Kulturvorstellungen im allgemeinen und Illusionstheater im besonderen. Demnach hat die (hierzulande so kraß wie nirgends anderswo ausgeprägte) Orientierung an der ›strengen Monofunktionalität‹ des Theaterbaus sich bis auf wenige, kaum richtungweisende Ausnahmen durchwegs in der erneuten Etablierung der ›achsialen Rahmenbühne‹ fortgesetzt — woran auch die jüngere Tendenz zur ›Spielstättenzusammenfassung‹ nichts geändert habe. Im Gegenteil seien mit der neueren Planierung des Rang-Logen-Baus und der uniformierenden Herausbildung eines nüchterneren Hörsaal-Typus' von Zuschauerraum kommunikative Rudimente eher noch vollends ausgemerzt worden.

21 Der klassische ›Bühnenfall‹ — nach UNRUH, Theatertechnik (S. 39) im allgemeinen mehrere Zentimeter pro Meter — ist durch die Einführung der neueren Podien-Technik allmählich überflüssig geworden. Die mittlere Größe von Bühnen liegt im übrigen zwischen 100 und 150 qm, die übliche Nutzhöhe zwischen 25 und 30 m; ein Schema des Baus der ›Guckkastenbühne‹ gibt SCHUBERTH, Bühnenbild (S. 173f.).

22 Zu den ›Funktionstrakten‹ s. vor allem WEVER, Forderungen (S. 144f.) sowie zu den ›Nebenräumen‹ PAUSCH, Theaterbau (S. 121 f.).

23 BAACKE, Erfahrungsraum (S. 71f.) interpretiert als Vorteil der Institution ganz allgemein deren Sicherheit (nämlich im Hinblick auf Handlungsziele und -zwecke), ihre Beharrungskraft und Tradition, ihre Selbstlegitimierung kraft purer Existenz und ihre Förderung der Professionalisierung — mit den (gerade auch bzgl. des Theaters ausgeführten) Gefahren der Hierarchisierung, des Risikomangels und des ›Fürsichseins‹.

24 August EVERDING: Die Stadt und ihr ***Intendant*** (in: DBV, Informationstagung, S. 1—17) konstatiert freimütig: »Die Künstler unter uns sind oft schlechte Verwaltungsbeamte. Die Verwalter sind keine Künstler, und nur die Ausnahmen sind beides.« (aaO. S. 2). Vgl. dazu auch ausführlich-historisch DREWS, Theater (S. 161f.) sowie eher juristisch DÜNNWALD, Theaterintendant (S. 28f.).

25 Zu den Bühnenvorständen s. auch Kap. 2.12.

26 Zur Entfremdung speziell der Schauspieler-Arbeit s. näher Kap. 2.32.

2.22 Rechtsverhältnisse

1 Eine Definition des Rechtsbegriffes ›en passant‹ ist hier nicht beabsichtigt — vgl. dazu die diesbezüglich begründeten Zweifel etwa von Heinrich HENKEL: Einführung in die Rechtsphilosophie (München 1977), S. 12f.

2 Die Frage nach dem Träger des verfassungsmäßigen Rechts auf Freiheit der Kunst ist in mehrfacher Hinsicht bedeutsam (vgl. z.B. Kap. 3.1, Anm. 11 sowie Anm. 24 zu diesem Kapitel). Dabei scheint mir die verdinglicht-verkürzende Rede vom ›Träger der Kunstfreiheit‹ oder — auch nicht unüblich — vom ›Kunstfreiheits-Träger‹ eine sprachliche Schludrigkeit, die auch das sachliche Problem verzerrt: denn natürlich kann es keineswegs darum gehen, ob etwa der Intendant ›Täger der Kunstfreiheit‹ sei, sondern vielmehr nur darum, wer Träger des Rechts auf Kunstfreiheit ist! Speziell im Hinblick auf ›Kulturberufe‹ erörtern die verfassungsrechtliche Problemlage hier FOHRBECK u.a., Arbeitnehmer (bes. S. 364—428), wobei der ›Tendenzschutzbestimmung‹ des BetrVG besondere Aufmerksamkeit gewidmet wird. Es erscheint mir nicht zufällig im Hinblick auf die sich anbahnende Infragestellung einer bislang vorherrschenden Assoziation von ›Kunstfreiheitsträger‹ und Intendant, daß und wie z.B. Ingo VON MÜNCH: Freiheit der Kunst — verfassungsrechtliches Problem (in: Deutsche Bühne, 7, 1978, S. 21f.) diese Zuschreibungsfrage jüngst nun offen gelassen hat. Nicht genügend betonen kann man auch die Interpretation eines Standard-Kommentars wie von HAMANN/LENZ, Grundgesetz — die ausdrücklich »eine an herrschenden Kunstrichtungen ausgerichtete, anderen Kunstauffassungen entgegenwirkende Subventionierung von Kunstwerken« für unvereinbar mit dem ›Kunstfreiheitspostulat‹ erklären (aaO. S. 200) und mit diesem Ausschluß jeglicher ›rechtliche(n) Bindung der Kunst an inhaltliche Wertbegriffe‹ (aaO. S. 200) zumindest die Neutralität dieses Grundrechts gegenüber einer bestimmten Form seiner institutionellen Verwirklichung oder Wahrnehmung (also vor allem gegenüber dem Intendanten-Theater!) festhalten. S. auch HAMANN/LENZ, Grundgesetz (S. 55f.) zu den ›wichtigsten Grundprinzipien des Grundgesetzes‹ (wie ›aktiver‹ ›Kunstfreiheitsgarantie‹, ›Sozialstaatsnorm‹ u.a.).

3 Die Rechtsformen der Unternehmen charakterisiert allgemein WÖHE, Betriebswirtschaftslehre S. 118f.).

4 Zu den Größenordnungen der im Theaterwesen praktisch vertretenen Rechtsformen s. z.B. GDBA, Bühnenjahrbuch 1978; speziell bzgl. des Musiktheaters behandelt sie auch Rolf MARES: Betriebsformen des heutigen Theaters (in: FORSCHUNGSINSTITUT FÜR MUSIKTHEATER, Strukturprobleme, S. 69—71).

5 Zum Begriff des ›Rechtsträgers‹ Näheres bei DÜNNWALD, Theaterintendant (S. 35f.) sowie RIEPENHAUSEN, Ergänzungsband (S. 24f.), der — gestützt auf die Rechtsprechung — festhält, daß der Begriff auch die wirtschaftliche Trägerschaft praktisch mitumfaßt.

6 Zum ›Regiebetrieb‹ s. BAHN, Theater (S. 51f.) oder WEZEL, Theater (S. 97). Es versteht sich von selbst, daß auch im kameralistisch geführten Betrieb Aufwand und Erfolg einzelner Produktionen berechnet werden — ohne daß solche Kalkulationen nachhaltige strukturelle Folgen gewinnen können.

7 Zum ›Eigenbetrieb‹ s. WEZEL, Theater (S. 10f. und S. 167f.).

8 Zum ›Zweckverband‹ bzw. zum ›Verein‹ s. WEZEL, Theater (S. 112f. bzw. S. 111).

9 Sowohl RIEPENHAUSEN, Bühnenrecht (S. 15) wie — etwas bedingter — DÜNNWALD, Theaterintendant (S. 56f.) verneinen klar die einfache Einbeziehung der Theaterarbeit in den ›öffentlichen Dienst‹ (vgl. dazu auch allgemeiner — aber mit der ebenso daraus ableitbaren Tendenz PFENNIG, Öffenlicher Dienst).

10 Zu den hier sehr vereinfachend zusammengefaßten Kriterien für die Wahl bestimmter privatwirtschaftlicher Betriebsformen s. ausführlicher WÖHE, Betriebswirtschaftslehre (S. 118f.). In mehreren Bundesländern fielen einzelne Genres oder Veranstaltungen von Theater noch bis in unsere Tage unter das gemeindliche Recht der ›Vergnügungssteuer‹, für dessen Anwendung z.B. groteskerweise die Bewirtung während einer Darbietung als Indiz nichtkulturellen Vergnügungs-Strebens galt. Mittlerweile kann diese Besteuerung aber wohl für Theater als gegenstandslos gelten — vgl. Norbert THUROW: Fällt der alte Zopf? / Zur Praxis und Problematik der ***Vergnügungssteuer*** in der Bundesrepublik Deutschland (in: Österreichische Autorenzeitung, 1, 1979). S. auch SCHÖNDIENST, Bühnenverein (S. 137f. u. 291f.).

11 DÜNNWALD, Theaterintendant (S. 25) schlägt vor, Theater mit über 50 % öffentlicher Finanzierung (Subvention) als öffentlich, die übrigen als privat zu verstehen. Zur Problematik einer Theater-GmbH s. näher z.B. MAUER, Stadttheater.

12 Vgl. den Report zur Intendantenwahl ›Wie wird man heute Intendant?‹ (in: THEATER 1971, Jahressonderheft, S. 42f.).

13 Der IMV ist z.B. wiedergegeben bei FOHRBECK u.a., Arbeitnehmer (S. 519f.) oder in ›Bühnengenossenschaft‹, 1, 1975 (S. 19) und wird bei DÜNNWALD, Theaterintendant (S. 108f.) eher positivistisch, bei MÜLLER, Schicksal

(S. 12f.) dezidiert politisch interpretiert. Einen anschaulichen Einblick in die diesbezügliche Vorstellungswelt der Theaterleiter geben die Ergebnisse der Umfrage von FOHRBECK/WIESAND, Intendant (S. 12).

14 Ein einfacher Abriß des Bühnenrechts fehlt leider bisher ebenso wie eine zusammenhängende Interpretation seiner instituts- und allgemeinpolitischen Implikationen. Da z.B. ein seltener Überblick wie der von Wilhelm PETER: Theaterrecht (in: HÜRLIMANN, Atlantisbuch, S. 407f.) nur aufkosten der Ausklammerung aller wirklichen Rechtskonflikte und rechtspraktischen Tendenzen zustandekommt, muß man vorläufig weiter vor allem auf das ausführlich differenzierende und einseitig arbeitsrechtlich orientierte Standardwerk von RIEPENHAUSEN, Arbeitsrecht bzw. Ergänzungsband, zurückgreifen! Über Arbeiten zu Detailaspekten und dgl. gibt neuerdings die Titel-Zusammenstellung von Manfred REHBINDER: Bibliografie der deutschsprachigen Literatur zum Recht der Bühne (Berlin 1977) Auskunft.

15 Zur Begriffsbildung vgl. auch Kap. 2.33.

16 Zu Fragen der Tarifvertraglichkeit s. RIEPENHAUSEN, Arbeitsrecht (S. 1f. bzw. S. 275f.); zu den gattungsspezifischen Belangen und Sparten s. Andreas BEHR: Sozialgefüge der deutschen Musiktheater (in: FORSCHUNGSINSTITUT FÜR MUSIKTHEATER, Strukturprobleme, S. 78—81). Als besondere Teile der Tarifordnung sind die ›Wanderbühnen-Betriebsordnung‹ und das ›Wanderbühnen-Abkommen‹ (beide von 1929) anzusehen.

17 Nach dem ›NV-Solo‹ werden Probe und Vorstellung (d.h. Produktion und Präsentation) als die beiden täglich dem Vertragspartner durch die Theaterleitung rechtlich abzufordernden Dienstleistungen angesehen; zusätzliche Arbeiten — wie Sondervorstellungen, Teilnahme an Lesungen, Diskussionen und dgl. — bedürfen als sog. dritter Dienst jeweils einer eigenen Vereinbarung und ggfls. besonderer Vergütung. Zu den verschiedenen ›NV‹ in ihrer jeweils neuesten Fassung s. die in der Theaterpraxis gebräuchliche Sammlung DEUTSCHER BÜHNENVEREIN (Hrsg.): Bühnen- und Musikrecht /Handbuch des Deutschen Bühnenvereins — Darmstadt (76). Einige der wichtigsten Bedingungen der Arbeitszeit bzgl. des Beschäftigten erörtert Alexander SCHMITT-WALTER: Ruhezeit, Dienstbereitschaft und Urlaub des Bühnenkünstlers — Diss. Köln (65).

18 Zum ›Beschäftigungsanspruch‹ vgl. detailliert FRANK, Beschäftigungsanspruch, und (hier besonders im Hinblick auf den Umfang von Fachpartien) Bernhard RIEPENHAUSEN: Der Rollenentscheid (in: ›Bühnengenossenschaft‹, 11, 1973, S. 379f.).

19 Einen guten Einblick in die Geschichte der Rollenfächer vermittelt MEHLIN, Fachsprache (S. 299f.), eine Auseinandersetzung mit der Kritik an ihnen HÄNSEROTH, Theaterschaffende (S. 209). Im übrigen wird diese Norm am Theater vielfach praktisch — und mit stillschweigender Billigung der Betroffenen einschließlich der GDBA! — durch Vertragsfloskeln wie ›nach Individualität‹ unterlaufen (vgl. RIEPENHAUSEN, Ergänzungsband, S. 34f.)!

20 Zu der seit 1974 gültigen Neureglung des (bis dahin) ›unternehmerähnlichen‹ (!) Status von Schauspielern vgl. näher FOHRBECK u.a., Arbeitnehmer, sowie FOHRBECK/WIESAND, Künstlerreport (S. 128f. u.a.).

21 Frank WOLTERECK u.a.: Bühnenzeitverträge grundsätzlich unzulässig (in: Bühnengenossenschaft, 6/7, 1975, S. 15f.) versuchen nachzuweisen, daß entgegen herrschender Praxis die Befristung bzw. Nichtverlängerung von Verträgen im Einzelfall immerhin begründet werden müßte. Davon ist freilich in der Rechtsprechung nicht die Rede.

22 Umfassend dazu WEHNER, Bühnenbrauch, sowie RIEPENHAUSEN, Arbeitsrecht (S. 5f.).

23 Zu BetrVG und PersVG s. außer SCHLEICHER, Beteiligung, allgemeiner Karl FITTING u.a.: Handkommentar zum Betriebsverfassungsgesetz (München 1974), die dort auch speziell das Problem der ›Tendenzbetriebe‹ behandeln — ferner Walter GRABENDORFF u.a.: Bundespersonalvertretungsgesetz (Stuttgart u.a. 1975), wo auch auf die unterschiedlichen PersVG der Länder näher eingegangen wird.

24 WOLTERECK, Mitbestimmung (S. 249) bestreitet mit einiger Plausibilität, daß der zu schützende ›Tendenzträger‹ am Theater der Bühnenleiter sei und sieht ihn vielmehr in den hauptsächlichen ›Spielmachern‹, also den Schauspielern verkörpert! Für eine sogeartete Argumentation wird die genaue Unterscheidung von ›Unternehmen‹ und ›Betrieb‹ bzw. ›Ziel‹ und ›Zweck‹ — vgl. Kap. 2.21, Anm. 1 sowie Kap. 2.13, Anm. 1 — besonders bedeutsam, wichtig aber auch die genaue Analyse dessen, ›was‹ jemand aufgrund welchen Rechts ›trägt‹ (vgl. Anm. 2). S. auch die folgende Anm.

25 RIEDELSHEIMER, Tendenzbetrieb (S. 73f.) legt dar, daß es sich beim Theater um einen typischen ›Mischbetrieb‹ in dem Sinn handle, daß tendenzbestimmte und tendenzfreie Tätigkeitsbereiche sich eng miteinander verflöchten; nicht entscheidend sei im übrigen für diesbezügliche Konsequenzen die bestimmte Tendenz (oder Nicht-Tendenz) des jeweiligen Unternehme*rs* — sondern vielmehr die des Unternehme*ns*! Nach SCHLEICHER, Beteiligung (S. 120) sehen übrigens alle Länder-PersVG mit Ausnahme des von Bremen Einschränkungen unterschiedlichen Ausmaßes bzgl. der Bediensteten mit überwiegend künstlerischer Tätigkeit vor; insbesondere entfällt dabei das Mitbestimmungsrecht der (dreistufigen) Personalräte bei den entsprechenden Personalentscheidungen der Bühnen.

26 Auch die Tarifschiedsgerichtsbarkeit für die Hochseeschiffahrt, die HÄNSEROTH, Theaterforschung, noch als einzige Parallele zum Theaterrecht anführt, ist nach FOHRBECK, Arbeitnehmer (S. 270) mittlerweile aufgehoben.

2.23 Geschäftsgang

Die Berücksichtigung der hier beschriebenen Alltags-Praxis des Theaterbetriebs ist für die Kritik des Theaters — gerade auch insofern eine fatale Wechselwirkung das erste zu einer beharrlich mit ›Erfahrung‹ identifizierten ›Theaterpraxis‹, das zweite zu Ideologie oder vorgeblicher Theorie polarisierend verkürzt — fundamental notwendig. Diese Seite des Gegenstands entzieht sich aber auch (zumindest vorläufig) weitgehend einer formalisierten Erfassung, was auch mit ihrer bislang so gut wie noch gar nicht unternommenen empirischen Systematisierung zusammenhängt. Dem wäre zunächst durch eine Reihe von Fallstudien bzgl. einzelner Theater bzw. jeweils einzelner (gleicher) Aspekte vieler verschiedener Bühnen abzuhelfen.

1 Am meisten über die wichtigsten Seiten dieses ›Geschäfts‹ ließe sich wohl durch informelle Interviews erfahrener Theaterleute gewinnen — eine Arbeit, die hiermit nachdrücklich angeregt sei!

2 Vgl. RICHTER, Bühne (S. 239f.) und JONAS, Finanzierung (S. 43f.).

3 Eine Aufschlüsselung der Theater-Etats nach sachlichen Sektoren findet sich z.B. in ›Bühnengenossenschaft‹, 10, 1971 (S. 364). Detaillierte Zahlen über ein Haushaltsjahr hat für alle westdeutschen Theater Franz-Heinz KÖHLER: Theater 1975/76 (in: DEUTSCHER STÄDTETAG: Statistisches Jahrbuch Deutscher Gemeinden / 64. Jahrgang, 1977 — Köln 1977, S. 254—286) vergleichend zusammengestellt. Zum schwer dingfest zu machenden Einfluß von Kulturausschüssen s. Klaus REVERMANN: Die Grenzen der Zensur — oder: Was kann, darf und soll ein Kulturausschuß (in: Theater heute, 5, 1971, S. 1).

4 Zum Spielplan entwirft ein gängiges Bild Karl RICHTER: Wie macht man einen Spielplan? (in: Deutsche Bühne, 5, 1971, S. 2f.).

5 HÄNSEROTH, Theaterforschung (S. 144) zieht nach einer umfänglichen Spielplananalyse Bilanz mit der Feststellung einer ›Starrheit einmal etablierter Geschmacksmuster‹. Zum Repertoire s. Näheres auch in Kap. 2.31.

6 Zu den ›Klassikern‹ s. auch Kap. 2.31.

7 Zu Spielplan-Konzepten s. z.B. ›Theater heute‹, 1, 1963 (S. 22) oder THEATER 1971, Jahressonderheft (S. 130f.); gattungsspezifisch geht darauf auch FORSCHUNGSINSTITUT FÜR MUSIKTHEATER, Strukturprobleme (S. 140f.) detailliert ein.

8 Vorstellungen und Proben können im Rahmen der tarifvertraglichen Vereinbarungen und gemäß Bühnenbrauch prinzipiell an allen Wochentagen (außer, in der Regel, Sonntags) und zu fast allen Tages- und Abendzeiten stattfinden. Erforderliche Überbeanspruchungen des künstlerischen Personals bzw. zeitliche Überschreitungen werden ›mit freundlichem Ersuchen‹ von ihm oft eher routinemäßig erbeten (und mitgetragen) sowie durch (niedrige) ›Spielgelder‹ abgegolten. Die Modalitäten der Arbeitszeit, die vor der eigentlichen Eröffnung einer Spielzeit (als durch Vorstellungspause oder die Präsentation von Wiederaufnahmen bestimmt) liegen kann — der sog. Vorproben-Zeit — weichen davon etwas ab. Vgl. Näheres auch Kap. 2.22, Anm. 17. Massive Klage über das organisatorische Chaos des heutigen Theaters wird vielfach mündlich geführt und — gerade auch mit dem Hinweis auf Gründe der mangelnden

Artikulation solcher Kritik — z.B. geäußert in TENDENZEN, Theaterarbeit (S. 12 u.a.). Die technischen Probleme der Theater-Produktion nehmen insbesondere im Musiktheater — und dementsprechend im Dreispartenbetrieb — z.T. unbewältigbare Dimensionen an; vgl. dazu die (pragmatische) Kritik bei Helmut GROSSER: Probleme der Technik im bundesdeutschen Musiktheater (in: FORSCHUNGSINSTITUT FÜR MUSIKTHEATER, Strukturprobleme, S. 82—88).

9 Zur Produktion s. die schematische Darstellung bei UNRUH, Theatertechnik (S. 169); eine ausgesprochen technologisch orientierte Schematisierung gibt Klaus WEVER: Ablaufprozesse einer Musiktheaterinszenierung (in: FORSCHUNGSINSTITUT FÜR MUSIKTHEATER, Strukturprobleme (S. 266—279).

10 Zur Besetzung s. ausführlicher MEHLIN, Fachsprache (S. 312f.).

11 MÜLLER, System (S. 27) spricht 1966 von vier bis (langen) sechs Wochen Probenzeit — und geht andernorts (MÜLLER, Schicksal, S. 15) auch kritisch auf den Zwangszusammenhang von Probenwochen-, Inszenierungs- und Besucherzahl ein. Nach DAIBER, Bilanz (S. 111) hat sich die Durchschnittszahl der jährlichen Premieren eines (west-)deutschen (Repertoire-)Theaters in den vergangenen einhundert Jahren von fast 100 (1859/60 : 87!) auf nur noch rund ein gutes Zehntel davon reduziert...

12 WORTMANN, Theater-Abonnement (wie Anm. 14) listet die Eigeneinnahmen im westdeutschen Theater-Durchschnitt so auf: 46,8 % Freiverkauf, 33,0 % Abonnement, 16,1 % Besucherorganisationen und 4,1 % Sonstige (aaO. S. 70). Vgl. auch die Daten S. 58f. HÄNSEROTH, Theaterforschung (S. 10) bleibt es diesbezüglich vorbehalten, die Preisstaffelung gleichmütig als ›Mittel sozialer Differenzierung‹ zu erklären. Im übrigen wird hier ›Distribution‹ als Begriff gebraucht, der sich an die ›Produktion‹ von Dienstleistungen anschließt. Selbstdarstellung und Werbungspraxis des Theaters, wie sie sich besonders in den Theaterplakaten manifestieren, wären längst einer eigenen Untersuchung wert; hier kann darauf leider nicht näher eingegangen werden.

13 Außer historisch umfassend MEYER, Theaterabonnement, gibt Informationen zum Abonnement z.B. Bernhard MEWES: Struktur des Theaterabonnements in einigen Städten (in: Deutscher Städtetag, 5, 1965, S. 222f.), wo er vorsichtig einige Schlußfolgerungen aus dem wenig tauglichen empirischen Material zu ziehen versucht (etwa im Hinblick auf den höheren Besucheranteil von Älteren, Mittelschichtsangehörigen und Frauen). Neuerdings geht darauf auch ein WORTMANN, Theater-Abonnement (wie Anm. 14.).

14 Auf eine (evtl. exemplarisch oder fallstudienmäßig zu besorgende) Untersuchung der programmatisch-konzeptionellen Seite von Abonnements muß man bisher bei der Kritik des westdeutschen Theaters verzichten. Anregungen dazu finden sich nun bei Lüder WORTMANN: Das ***Theater-Abonnement*** — Formen und Bedeutung (in: PREUSS/WORTMANN, Besucher-Organisation, S. 62—75). Auch ließen sich wohl Daten und Hinweise gewinnen aus der ansonsten wenig begrifflich begründeten Untersuchung von Peter BOCHOW: Der Geschmack des Volksbühnenpublikums — Diss. FU Berlin (65).

15 WORTMANN, Theater-Abonnement (wie Anm. 14) gibt die Zahl der Abonnenten des westdeutschen Theaters mit nur 400.000 an (S. 69); ihre Zahl schwankt je nach Theater (und mitbedingt durch deren jeweiliges Programm, lokale Traditionen u.a.) zwischen einigen hundert und mehreren Tausend — in der Regel etwa zwischen 500 und 5.000. Mit fast 28 % Anteil am Publikum stellen die Abonnenten durchschnittlich ziemlich genau so viele Zuschauer wie die Mitglieder der Besucherorganisation (genaugenommen sogar etwas mehr) — während ihr Beitrag zu den Eigeneinnahmen des Theaters bei rund 1/3 liegt, also etwa bei 7 bis 8 % des Gesamt-Etats (vgl. WORTMANN, aaO. S. 70). Das führt WORTMANN, Theater-Abonnement (wie Anm. 14) schließlich zu der Feststellung: »Als wirtschaftlicher Faktor ist das Abonnement für die meisten ›öffentlichen‹ Theater heute nahezu irrelevant — es sei denn für die Erfüllung des von den Kommunen gesetzten Einnahmesolls.« (aaO. S. 73) Wenn man freilich bedenkt, daß die Besucherorganisationen mit ihrem etwa gleichen Zuschaueranteil aufgrund höherer Rabatte nur gut 1/6 jener Eigeneinnahmen abdecken, so müßte diese Schlußfolgerung des Verfassers für sie ja doppelt gelten; die geringen Einnahmen, die Theater selbst erzielt, verdankt es jeweils knapp zur Hälfte seinen Stammbesuchern und seinen ›freien Käufern‹ (s. Anm. 12). Dementsprechend kann man m.E., ökonomisch betrachtet, nur die Irrelevanz des eingespielten Fünftels überhaupt unterstellen oder man muß die Proportionen von allgemeiner Sozialstruktur und Publikumsschichtung sowie Distributionsstruktur und Produktionsbeeinflussung qualitativ interpretieren!

16 MÜLLER, System (I, S. 26) zu den ›Systemzwängen‹: »Ein festes Ensemble, ein relativ einheitlicher Spielplan schienen der Ausweg. Wurde beides erreicht, stieg meist sofort die Qualität. Steigt aber an einem großen Theater die Qualität (...), so locken bald lukrative Angebote die neuen Stars an größere Bühnen«...

2.31 Spielmittel

1 Der Begriff ›Spielmittel‹ im Sinn selbständigen Vorhandenseins muß hier dreifach erweitert bzw. relativiert gedacht werden: 1. kann der Mensch in seiner leibhaftigen Existenz sich selbst nur sehr bedingt zum ›Mittel‹ werden. 2. ist eine Handlungsvorlage (wie das Drama) immer auch ›Medium‹ des Spiels, nicht bloß ein ins Spiel eingeführtes, ansonsten etwa totes Instrument. Und 3. fungiert der Ort, an dem gespielt wird, vor aller Kalkulation als Element der Spielrealisierung doch zugleich als unabdingliche konkrete Voraussetzung (›Mitte‹) von (Spiel umfassendem) gesellschaftlichem Leben!

2 Vgl. zu Spielplan und Repertoire Kap. 2.23. Fundamental im Hinblick auf die Theorie des (modernen) Dramas bzw. die Interpretation seiner Krise ist SZONDI, Drama; zur strukturellen Formanalyse, d.h. zur Bestimmung der literarischen Gattungsspezifität, s. HAMBURGER, Logik (bes. S. 118f.). KLOTZ, Dramaturgie, geht bei der Analyse der Wechselbeziehungen exemplarisch auf die immanent theatrale Dimension von Dramen ein (vgl. auch Kap. 1.2, Anm. 5); vgl. eben dazu auch meinen Aufsatz HOFMANN, Illusionsdramatiker.

3 Über die Nachkriegs-Entwicklung einer Repertoire-Rangliste in den verschiedenen Sparten des westdeutschen Theaters informiert seit kurzem eine Dokumentation DBV, Bilanz. Nach ihrer Statistik der meistgespielten Dramen findet sich im Sprechtheater das erste aus unserem Jahrhundert stammende Stück (›Des Teufels General‹) erst an 10. Stelle (einem im übrigen auch nur durch zahlreiche Inszenierungen der unmittelbaren Nachkriegszeit erreichten Rang); ansonsten dominieren die deutschen Klassiker und die der Nachbarländer sowie — unter den zeitgenössischen — die Boulevardstücke.

4 MEWES, Überblick (S. 3) hat für 1962/63 die Produktion und Präsentation von rund 1.900 Stücken (von 950 Autoren, darunter 250 neuen) auf den westdeutschen Bühnen ermittelt. Ihre Kategorisierung fällt pro Autor zwangsläufig recht unterschiedlich aus: eine Statistik (›Theater heute‹, 2, 1963) kommt (mit Vorbehalten) auf 41 % Klassik, 15 % Jahrhundertwende-Stücke und 44 % Zeitgenossen - eine andere (HÄNSEROTH, Theaterforschung, S. 105f.) auf 30 % Klassik, 30 % Halbmoderne/Halbklassik (u.a.) und fast 40 % Zeitgenossen.

5 Zum ›Absurdismus‹ s. das Standardwerk von Martin ESSLIN: Das Theater des Absurden (Frankfurt 1964), das freilich keinerlei theatersoziologische bzw. politologische Erklärung unternimmt. Zum ›Dokumentarismus‹ sei hier unter der Vielzahl von jüngeren Veröffentlichungen Rolf-Peter CARL: Dokumentarisches Drame (in: ARNOLD/BUCK, Positionen, S. 100f.) genannt, zumal sich im gleichen Zusammenhang die seinerzeit programmatisch wirkenden Thesen von Peter WEISS: Notizen zum dokumentarischen Drama (aaO. S. 226f.) wiedergegeben finden. Zur Rolle zeitgenössischer Autoren liegt eine Fallstudie vor von Ursula SCHREGEL: Neue deutsche Stücke im Spielplan / am Beispiel von Franz Xaver KROETZ — Berlin (80).

6 Zur hier nur angedeuteten gesellschaftsgeschichtlichen Stellung und Bewertung der Oper vgl. ausführlich ADORNO, Theater. Neben DBV, Bilanz (S. 72f.) finden sich neuerdings auch in FORSCHUNGSINSTITUT FÜR MUSIKTHEATER, Strukturprobleme (bes. S. 137f.) zahlreiche Interpretationen von Spielplan und Repertoire des gegenwärtigen westdeutschen Musiktheaters. So resumiert etwa Dietrich STEINBECK: Der Spielplan als Ergebnis seiner geschichtlichen Entwicklung (aaO. S. 142—153): »Das Repertoire veraltet zusehends, während der Grad seiner Identität von Jahrzehnt zu Jahrzehnt wächst.« (S. 148). Und: »Das Publikum (...) bleibt nach wie vor eingeschworen auf nicht wesentlich mehr als 20 bis 30 Standardwerke.« (S. 149).

7 Nach Ernst BLOCH: Lehar — Mozart (1928) (in: E.B., Literarische Aufsätze, Frankfurt 1965, S. 21f.) ist die Operette »der Schutzpark des falschen Pathos, der Herzigkeit, Sentimentalität und ausgelassenen Margarine«, »immer ein Stück weiter auf dem Lügenweg« — Operette könnte aber auch sein »ein Stück Entzauberung des Untertanenblicks, auch fetten Mythos, der sich um die Klassiker gesammelt hat«... (aaO. S. 24) S. deskriptiv näher DAIBER, Theater (S. 238f.).

8 Zum Musical gibt statistische Daten DBV, Bilanz (S. 72f.), desgleichen zum Ballett (aaO. S. 97f.).

9 André MÜLLER: Gespräch über ›Mitbestimmung und Theaterkunst‹ (in: ARBEITSKREIS BERTOLT BRECHT, Nachrichtenbrief, 80, 1971, S. 5) konstatiert lapidar, »daß es im Grunde genommen ganz wenige Stücke gibt, in denen die bürgerliche Gesellschaft gut wegkommt«...

10 »Das rhetorische Element«, schreibt z.B. DREWS, Theater (S. 43) sicher zutreffend, »ist ein Hauptbestandteil des deutschen Theaters, das mimische ist ein sekundärer Teil.«

11 Vgl. dazu SCHOCH, Grundlagen.

12 S. dazu näher Ilse LOESCH: Sprechende Bewegung — Berlin (74).

13 S. dazu Kap. 1.2.

14 Zur Schauspieler-Ausbildung gibt es eine permanente Diskussion vor allem in den einschlägigen Fach-Zeitschriften; exemplarisch seien hier ›Der Schauspieler von morgen‹ (in: THEATER 1970, Jahressonderheft, S. 48f.) sowie die in ›Theater heute‹, 11, 1970 (S. 1f.) genannt.

15 Detaillierter befaßt sich damit KOCK, Schauspielerausbildung.

16 VON KLOEDEN, Rollenstudium, nennt ›Handwerk‹ in diesem Zusammenhang alles am Beruf Lehr- und (prinzipiell) Erlernbare.

17 S. dazu die Vorbehalte Anm. 1 sowie Kap. 2.21.

18 Über die architektonische Schaffung geeigneter Spiel-Voraussetzungen von Theater gibt es eine lange und unerschöpflich erscheinende Debatte. Ausführlich und empirisch fundiert wird die Praxis erörtert bei STORCK, Probleme sowie PAUSCH, Theaterbau; auch ›Theater heute‹ hat sich des Themas mehrfach angenommen (so etwa in 12, 1960, oder in 11, 1966). Juristisch-administrative Vorschriften, die Pläne und Projekte diesbezüglich beschränken, sollten nicht unterschlagen, aber auch nicht als Ausrede genommen werden; ihre knappe, klare Darstellung findet sich z.B. bei Manfred REHBINDER: Rechtliche Schranken für Theaterbauten (in: INTERNATIONAL FEDERATION FOR THEATER RESEARCH, Raum, S. 200—214).

19 Zu Foto, Film und dgl. — einem selten untersuchten Gebiet — s. ausführlich-historisch MILDENBERGER, Film, sowie peripher UNRUH, Theatertechnik.

20 Einen umfassenden historischen Abriß zum Bühnenbild gibt RISCHBIETER, Bildende Kunst — eine Skizze der Nachkriegs-Entwicklung versuchen Günther ERKEN / Thomas KOEBNER: Leeres Podium oder schöner Schein (in: DIE WELT, Theater — wie 2.11, Anm. 9 — S. 7f.). Umfassend zur Technik bzw. zur Theaterpraxis unterrichtet SCHUBERTH, Bühnenbild (der auch auf die Kritik am irreführend verengten Begriff ›Bild‹ eingeht — S. 133).

21 Zu Maske und Kostüm beschreibt Näheres theaterpraktisch bezogen

RICHTER, Bühne (S. 166f.). Als zwei recht brauchbare historisch-kulturgeografische bzw. (ansatzweise) systematische Überblicke erscheinen mir diesbezüglich Karl G. KACHLER: Theater und Maske (in: HÜRLIMANN, Atlantisbuch, S. 213f.) sowie Günter SCHÖNE: Bühnenbild und Kostüm (aaO. S. 169f.).

22 S. näher HERZFELD, Technik (S. 41f.) und UNRUH, Theatertechnik, sowie etwa Carl-Friedrich BAUMANN: Die Entwicklung und Anwendung der Bühnenbeleuchtung seit der Mitte des 18. Jahrhunderts — Köln (56).

23 Zum Umfang des Begriffs ›Requisit‹ und seiner Geschichte s. Näheres bei MEHLIN, Fachsprache (S. 118f.).

2.32 Schauspieler

Im Folgenden werden der Schauspieler und seine Tätigkeit bzw. Persönlichkeit nur insoweit erörtert, als deren funktionaler Zusammenhang mit Organisierung und Verfassung des heutigen westdeutschen Theaters das erforderlich und sinnvoll erscheinen läßt. Auf eine Reflexion insbesondere von historisch-soziologischen, sozialpsychologischen und ästhetisch-artistischen Dimensionen der Schauspielerei muß in dieser Arbeit gänzlich verzichtet werden, obwohl gerade ihrem Zusammenhang auch für das hier behandelte Hauptthema sicher noch einige Erkenntnisse abzugewinnen wären — s. dazu beispielsweise den singulären Versuch einer historischen Fallstudie von Eckehard CATHOLY: Karl Philipp Moritz und die Ursprünge der deutschen Theaterleidenschaft — Tübingen (62). Immerhin sei hier aber auf einige für eine weitere Verfolgung dieser Problematik dienliche Werke hingewiesen: Max HERRMANN: Die Entstehung der berufsmäßigen Schauspielkunst im Altertum und in der Neuzeit (Berlin 1962) — Hans-Georg MAREK: Der Schauspieler im Lichte der Soziologie (Wien 1956) — Gertrud SCHUBARTH-FIKENTSCHER: Zur Stellung der Komödianten im 17. und 18. Jahrhundert (Berlin 1963) — Gisela SCHWANBECK: Sozialprobleme der Schauspielerin im Ablauf dreier Jahrhunderte (Berlin 1957) — Dieter WEIDENFELD: Der Schauspieler in der Gesellschaft (Köln/Berlin 1959).

1 Die wenigen elementaren Reflexionen über die schauspielerische Tätigkeit als solche gehen fast zwanghaft nur vom Kunstakt des einzelnen Schauspielers aus und sehen von der institutionellen Verwirklichung der Verkehrsform Theater(spiel) praktisch ab. Vgl. Helmut PLESSNER: Zur Anthropologie des Schauspielers (in: H.P., Zwischen Philosophie und Gesellschaft, Bern 1958, S. 281f.) sowie Georg SIMMEL: Zur Philosophie des Schauspielers (in G.S., Das individuelle Gesetz, Hrsg. M. Landmann, Frankfurt 1968, S. 231f.).

2 Die narzißtisch-regressive Motivation zum Streben nach fortwährender herausragender sozialer Anerkennung ist in der Phantasie — vor allem Jugendlicher — nur schwer vom progredient-individuellen Drang nach spielerisch-ernsthafter Aufhebung gesellschaftlich verhängter, persönlichkeitshemmender Normen zu trennen. »Positiv gewendet«, heißt es bei Klaus GURRECK: Das ***Berufsbild*** des Schauspielers (in: ARBEITSKREIS BERTOLT BRECHT,

Nachrichtenbrief, 67, 1969, S. 17f.), »lauten die Gründe für die Wahl des Schauspielerberufs: Hoffnung auf optimalen Selbstausdruck, auf Selbstgenuß, sowie ein Verlangen nach Kommunikation. (von daher auch nach Ruhm), nach individueller Autonomie und Kreativität.« (aaO. S. 22) Vgl. dazu die zwiespältige Bewertung bei TREUSCH-DIETER/KAMBAS, Schauspieler.

3 Das Selbstbild des Schauspielers als Star — das vor allem Illustrierte und Teenager (in Wechselwirkung) durch ihre Verherrlichungs-Praktiken stützen — läßt sich zahlreichen Autobiografien fast ungeschminkt entnehmen; eine systematische Auswertung solcher Zeugnisse, etwa auch gerade der vielen neueren Selbstdarstellungen dieser Art, unter dem Aspekt des darin berufsständisch enthaltenen Auto-Stereotyps liegt m.W. leider noch nicht vor.

4 »Ohne uns Schauspieler und Regisseure geht die ganze Sache nicht, nichts läuft ohne uns. Nicht das Theater macht uns, sondern wir machen das Theater.« (Jürgen FLIMM: Wider die ***Schauspieler-Ausbeutung*** auf Bildschirm und Kassette — in: Bühnengenossenschaft, 11, 1976, S. 38f.).

5 HILLACH, Sprache (S. 315) sieht als konstitutive Gemeinsamkeit von theatraler Zeichen-›Sprache‹ und schauspielerischer Persönlichkeits-Disposition eine ›Manier‹ an, »in welche die Deutung, wie man zu verstehen habe, immer schon mit eingeht.« »Das Selbsterlebnis des Schauspielers ist identisch mit dem Bewußtsein, gesehen zu werden.« (aaO. S. 264) Schauspieler haben sich — so TREUSCH-DIETER/KAMBAS, Schauspieler (S. 5) — gerade in ihrer Sozialisation der Krankheit der ›normalen‹ Individuen einer repressiven Gesellschaft dergestalt entzogen, daß sie die dem bürgerlichen Normen- und Wert-System entspringenden Unterdrückungen, Verdrängungen und Selbstdisziplinierungen von Wünschen, Trieben, Strebungen nicht gänzlich mitmachen, sondern ihre Bedürfnisse immerhin in Phantasieproduktionen realisieren. Die Identität aber, die er dem seinerseits gespaltenen Bürger permanent als starke und affektiv überwältigende Einbildung vorspielen müsse, zwinge den Akteur des bürgerlichen Theaters zur fortwährenden Schulung seiner eigenen — für das illusionierende Identifizieren gerade erforderlichen — Natur- und Selbstbeherrschung! »Indem der Schauspieler in künstlerischer Absicht noch einmal an sich selbst die in der Sozialisation angelegte Naturbeherrschung vornimmt, verdinglicht er sich, wird er zum instrumentellen Vollstrecker seiner eigenen Person.« (TREUSCH-DIETER/KAMBAS, Schauspieler, S. 5/6). Ohne Rekurs auf die historische Genese von Theater muß aber m.E. dieser Rückgriff auf die Ontogenese einerseits zur ahistorischen Gleichsetzung von Schauspielerei allgemein mit der des heutigen Illusionstheaters, andererseits zu formal verkürzenden Analogien zwischen Kapital- und Theater-Zusammenhang führen. Vgl. auch Anm. 18.

6 Die Einschätzung des Sozialprestiges von Schauspielern ist sicherlich nicht so einfach zu bewerkstelligen, wie sie FOHRBECK/WIESAND, Künstlerreport (S. 29f., S. 37f. und S. 345f.) statistisch (und offenkundig legitimatorisch motiviert) begründen.

7 Vgl. neben der einleitend genannten Literatur vor allem KREUZER, Boheme, der die Bohème als antagonistisches Element der bürgerlichen Gesellschaft

interpretiert und von daher die zwiespältige Haltung des Bürgers zu seiner ›Subkultur‹ ableitet. Überhaupt scheinen mir zahlreiche von ihm als Kennzeichen der Bohème identifizierte Denk- und Verhaltensweisen — etwa Einstellungen zu Sprache, Geld, Politik, Sexualität — bei Schauspielern (heute) mindestens rudimentär wiederzufinden zu sein. Mit der ›Unbürgerlichkeit‹ der Theater-›Künstler‹ ist es im übrigen zumindest ihrer Sozialisation nach nicht so weit her: nach den Daten von FOHRBECK/WIESAND, Künstlerreport (S. 88) entstammen sie vor allem den Mittelschichten.

8 Empirische Studien bzgl. der Konflikte belegen z.B. PFÜTZE u.a., Schwierigkeit (S. 340f.) sowie TREUSCH-DIETER, Schauspieler (bes. S. 5f.) und CLAUSEN, Überforderung (Kap. III, S. 413f.).

9 Zur Bedeutung der verschiedenen ›Mobilitäten‹ für den Schauspieler s. CLAUSEN, Überforderung (S. 413) sowie FOHRBECK/WIESAND, Künstlerreport (S. 139f., S. 111f. u.a.) — zur medialen Mobilität speziell HICKETHIER, Schauspieler.

10 Die Angaben über das Ausmaß der Arbeitslosigkeit unter Schauspielern schwanken zwangsläufig stark — nämlich zwischen rund 5.000 und 25.000 — weil die Dunkelziffer auf kein klares Kriterium für Professionalität (der Ausbildung nach) bzw. für Beschäftigtheit (etwa bei diskontinuierlicher Berufstätigkeit) bezogen werden kann. Zur Benachteiligung von Frauen s. auch CLAUSEN, Überforderung (S. 417) sowie ›Deutsche Bühne‹ 11, 1974 (S. 9/10) und Vera GANTNER: Ich bin Schauspielerin (in: ›Emma‹, 3, 1977). — Zur Tätigkeit von Schauspielern in Film, Funk, Fernsehen usw. vgl. näher HICKETHIER, Schauspieler (hier noch unberücksichtigt).

11 Während CLAUSEN, Überforderung (S. 418f.) bzgl. ›Konkurrenz‹ das Funktionieren der Einhaltung gesetzter Normen bzw. die Orientierung an tradierten Werten im Hinblick auf Störfaktoren, Abweichungen und dgl. interpretiert, versuchen TREUSCH-DIETER/KAMBAS, Schauspieler (S. 6), den Kunst-›Produktionsprozeß‹ in die allgemeine Waren-Begrifflichkeit zu übersetzen; ohne genuine Gesellschaftskritik des Theaters müssen aber beide Ansätze auf halbem Weg stehen bleiben.

12 Die belastenden Besonderheiten werden hier aufgesplittert und zunächst mehr temporal-strukturell, später dann ergonomisch betrachtet.

13 CLAUSEN, Überforderung (S. 422) spricht ganz ähnlich von der neidvollen ›Kollegialität‹ und dem klatschenden ›Zusammenklucken‹ wie TREUSCH-DIETER/KAMBAS, Schauspieler (S. 6) von »inzestiöser ›Solidarität«...

14 WEIDENFELD, Schauspieler (bibl. Angabe vor Anm. 1) sieht »das Gegenüber von Schauspieler und Publikum — und damit zugleich von Exhibitionismus und Voyeurtum« als erotische Wurzel des Theaterspielens an (aaO. S. 42).

15 Zur fundamental wichtigen Frage des abweichenden Sexualverhaltens von Theaterleuten liegt m.W. bisher leider keine Studie, schon gar keine empirisch orientierte Untersuchung vor! Nach Martin DANNECKER / Reimut REICHE:

Der gewöhnliche Homosexuelle (Frankfurt 1974), die sich auf empirische Erhebungen stützen (ohne dabei allerdings den Theaterbereich näher zu untersuchen), sind Homosexuelle »ganz sicher unter den Schauspielern stark überrepräsentiert« (aaO. S. 318). Die Verfasser lassen jedoch unerörtert, inwieweit daran — falls die Vermutung zutrifft — repressionsbedingt-alltägliche Anpassungs-Schauspielerei, konstitutionelle Ambivalenzen der Zuschreibung von Geschlechts-Stereotypen oder/und kompensatorische Phantasie beteiligt sein könnten.

16 Vgl. Edith ROCHNER: Nicht Muskel-, sondern Konzentrationstraining (in: Theater der Zeit, 1, 1973) sowie Günther SCHÜLER: Der Schauspieler und sein Gedächtnis (in: Bühnengenossenschaft, 6, 1972, S. 231f.); speziell unter dem Aspekt des schauspielerischen Gesundheits- und Arbeitsschutzes referiert Herbert WOLF: Äskulap und Terpsichore (in: Theater der Zeit, 20, 1966) sowie: Report über unerwünschte Partner (aaO., 23, 1966)

17 Ulrich SONNEMANN: Die Angst im Souffleurkasten (in: Theater heute, 12, 1969, S. 35f.) insbesondere beschreibt das bestehende Theater als den Ort, »wo das Ankommen zur fixen Idee wird« (S. 36).

18 Wenn etwa PFÜTZE u.a., Schwierigkeit (S. 363) die ›Produktionen‹ des Theaters als nicht warenmäßig hergestellte, auf dem Markt aber als Waren erscheinende Erzeugnisse interpretieren oder TREUSCH-DIETER/KAMBAS, Schauspieler (S. 6) ohne Differenzierung zwischen Ware und warenförmiger Dienstleistung operieren, so scheint mir ein gewisser Zusammenhang zwischen der Globalität und der Melancholie dieser Art Kapitalkritik erkennbar; s. auch Kap. 1.1, Anm. 1.

2.33 Bühnenarbeit

1 Zu den Begriffen ›Inszenierung‹, ›Aufführung‹, ›Vorstellung‹ u.ä. s. MEHLIN, Fachsprache (S. 178f. und 412f.).

2 Die systematische und z.T. (was die Zuschauer anlangt) antizipatorisch gerichtete Vermittlung jener verschiedenen Vorstellungen versucht theoretisch KLOTZ, Dramaturgie, als ›Dramaturgie des Publikums‹ näher zu bestimmen. Zum Zusammenhang von Herstellung, Darstellung und Vorstellung s. auch Kap. 1.2, Anm. 5.

3 Eine anhaltende Diskussion wird zum Thema ›theatrale Interpretation‹ unter dem Leitbegriff ›Werktreue‹ geführt — vgl. z.B. ITI, Regie.

4 Auf die im Theater stets praktisch herzustellende Beziehung zwischen den Vorstellungen von Dramatiker bis Akteur einerseits und denen des Zuschauers zum anderen geht ausführlich KLOTZ, Dramaturgie, ein (s. auch Kap. 1.2, Anm.5). Er versucht die Doppelaufgabe der Theatermacher — den allgemeinen gesellschaftlichen Erfahrungsschatz in den besonderen Handlungen der Bühne zu verarbeiten und die Theaterbesucher durch ›lenkende und ordnende‹

Maßnahmen (›Konventionen‹) zur Verarbeitung des Vorgeführten zu befähigen — als ›Dramaturgie des Publikums‹ an historischen Beispielen praktizierten Theaters aufzuspüren. Dabei opfert der Autor jedoch seiner innovativen Beweisführung für die enge Wechselbeziehung zwischen den verschiedenen am Zustandekommen von Theater beteiligten Personen und Instanzen die gesellschaftsgeschichtlich konkrete Kritik an der spezifischen Qualität der ›Konventionen‹ und bleibt — ein Mangel der gleichen Ebene — die nähere Bestimmung dessen schuldig, was er als ›Zeitgenossenschaft‹ zur Beziehungsgrundlage theatraler Kommunikation erklärt (bes. S. 17f.).

5 CLAUSEN, Überforderung (S. 416f.) spricht auch speziell von ›Aufführungsarbeit‹.

6 Die Anforderungen werden hier absichtlich zunächst idealtypisch-abstrakt und unabhängig von der wirklichen Form ihrer Arbeitsteilung beschrieben — gerade um diese in ihrem Grad von Entfremdung zu charakterisieren.

7 WOHMANN, Theater (S. 73) bemerkt z.B., wie bereitwillig sich der Schauspieler dem Regisseur füge, der doch ›das Ganze‹ überblicke...

8 Zur Regie s. näher Wilhelm TRAPPL: Der Begriff ›Regie‹ als Lexikon-Stichwort (in: DIETRICH, Regie, S. 47f.); materialreich, aber begrifflich und historisch wenig exakt erfaßt den Gegenstand SCHWARZ, Regie. Die heutige Lage von Beruf, Ausbildung und Konzeptions-Vielfalt untersucht Manfred WEKWERTH: Regie, Regisseur, Regieausbildung (in: Theater der Zeit, 11, 1974, S. 26f.). Die prononcierteste Kritik am hierarchischen Intendanten- und Regie-Theater üben Barbara SICHTERMANN / Jens JOHLER: Über den autoritären Geist des deutschen Theaters (in: RISCHBIETER, Umbruch, S. 130f.). Die jüngst erschienene Arbeit von RÖHRIG, Regie — die viele Auskünfte zeitgenössischer Regisseure einholt — konnte hier noch nicht berücksichtigt werden.

9 An der mangelhaften Rationalität von Regie einschließlich der dürftigen Entwicklung von Notation und Dokumentation üben viele Regisseure selbst Kritik — so beredt in ITI, Regie, oder bei VIETTA, Theater (S. 308).

10 Obwohl die so verstandene ›Probe‹ den Kern aller gängigen Theaterarbeit bildet, gibt es weder systematische Untersuchungen ihrer Kommunikationsstrukturen noch sozialpsychologisch orientierte Beschreibungen ihrer Gruppendynamik oder Fallstudien einzelner Produktionen — im Hinblick auf das westdeutsche Theater; eine gewisse Ausnahme bildet die literarische Reportage WOHMANN, Theater.

11 Zur Kommunikation s. Ursula ROHR: Der Theaterjargon — Diss. FU Berlin (51), bes. ihr ›Wörterbuch‹ (S. 72f.) sowie MEHLIN, Fachsprache (S. 500f.) und WOHMANN, Theater (S. 289f.).

12 Typisch ist die Intendanten-Bemerkung, das Diskutieren auf der Probe fördere nicht gerade die Produktion — s. LOCCUMER PROTOKOLLE, Theater (S. 94). Das ›Kindchen‹- oder ›Liebchen‹-Schema wird mehrfach notiert — so et-

wa bei WOHMANN, Theater (S. 44) oder bei MEHLIN, Fachsprache (S. 247). Von WOHMANN, Theater und SICHTERMANN/JOHLER, Theater (wie Anm. 8) stammen im übrigen auch einige der hier zitierten Sprach-Beispiele. Bzgl. der Dressur sagt übrigens ein Regisseur über einen prominenten Schauspieler: »Ich habe ihn geliebt (...). Er apportierte mir wie ein mächtiger Hund alle Rollen«... (nach DAIBER, Theater, S. 46).

13 Der Zeitdruck wird von fast allen prominenteren Regisseuren beklagt — aber zugleich auch voll bedient! Vgl. z.B. ITI, Regie (S. 75f.) oder THEATER 1963, Jahressonderheft (S. 8).

2.4 Theater-Veranstaltung

1 Untersuchungen der Theater-Veranstaltung im hier gemeinten Sinn, insbesondere auch soziologische Analysen, scheinen mir bisher zu fehlen. Vgl. ferner Kap. 3.3 und 2.21 sowie Anm. 6. Zu den Grund-Qualitäten vgl. Kap. 1.2 und z.B. baulich bedingende Einzelelemente bei PAUSCH, Theaterbau.

2 Als integrierte ›Präsentation/Rezeption‹ wird hier stets der am eigentlichen (Zu-)Schauplatz lokalisierte Kern der Veranstaltung verstanden.

3 Detailtreue Beobachtungen der Theaterarchitektur inbezug auf ihre sozialpsychologischen Dimensionen finden sich vor allem bei STORCK, Probleme; BAACKE, Erfahrungsraum (S. 56) ordnet diesen Aspekt unter andere negative ein. PAUSCH, Theaterbau, weist darauf hin, daß, wie »nahezu alle Theater im Stadtzentrum erbaut worden sind« (S. 43), vor allem auch die Nachkriegs-Neubauten sich wieder dort fänden (ohne daß sich diese Lage letzlich anders als ideologisch stichhaltig begründen ließe). Bemerkenswerterweise lägen auch die meisten neuen Theater nicht an den für Kultur zu profanen Geschäftsstraßen oder in anderen alltäglich ›belebten‹ Zentren, sondern bevorzugterweise auf allseitig von Autoverkehr umtobten Inseln oder/und anderen ›toten‹ Zonen — wenn nicht gleich inmitten von Zentren kultureller ›Funktionenakkumulation‹ durch Museum, Bibliothek u.dgl. (S. 45f.)

4 Nicht zu vergessen unter den mitprägenden Gestaltungen von Service-Funktionen ist auch die Toilette, die zugleich als eine Art Hinterbühne des promenierenden Publikums fungieren kann!

5 Im Hinblick auf die praktischen Beziehungen der Zuschauer untereinander konstatieren auch Lenelis KRUSE / Carl F. GRAUMANN: Theater als Interaktion und Interaktionsraum (in: INTERNATIONAL FEDERATION FOR THEATRE RESEARCH, Raum, S. 156—165) den neuralgischen Punkt einer »hochgradige(n) Restriktion« (aaO. S. 163). Im gleichen Sammelband untersucht endlich einmal Rikard KÜLLER: Psycho-physiologische Bedingungen beim Theaterbau (aaO. S. 166—189) detailliert acht Dimensionen von (räumlich orientierter) Empfindung und Wahrnehmung der Zuschauer — insbesondere auch als atmosphärische Parameter. Ansonsten s. zur Erörterung der Gesellungsweise

SAUERMANN, Grundlagen, oder POERSCHKE, Theaterpublikum — die jedoch beide noch ohne jegliche kommunikationstheoretische Basis operieren.

6 Auch was die speziellen Kommunikationsweisen des Publikums anlangt, mangelt es an Analysen. Ein fast singulärer, aber positivistisch verharrender Ansatz findet sich bei Karl NÜHLEN: Das Publikum und seine Aktionsarten (in: KÖLNER VIERTELJAHRSSCHRIFT, 1952/53, S. 446f.). Vgl. ferner auch DAIBER, Bilanz (S. 154 und S. 161f.).

7 Die Präsentationsform, dies muß stets betont werden, ist der Produktion weitgehend immanent — vgl. daher insbesondere die Kapitel 2.21, 2.23 und 2.31; s. neuerdings auch meinen Aufsatz HOFMANN, Illusionsdramatiker. Vgl. ferner Marlis RADKE-STEGH: Der Theatervorhang — Meisenheim (68).

8 In den siebziger Jahren hat sich, wahrscheinlich gerade als Kompensation der hier beschriebenen zwanghaften Rezeptivität, eine theater-theoretische Tendenz entwickelt, deren Kennzeichen eine völlig übertriebene interpretatorische Aufwertung des weitgehend passiven Zuschauers zum ›Mitproduzenten‹ des Bühnengeschehens ist. S. etwa WEKWERTH, Theater, sowie RAPP, Handeln, oder, in beider Schatten, Arno PAUL: Theater als Kommunikationsprozeß (in: Diskurs 1, 1972, S. 33—68). Zur besonderen Funktion des Applauses s. Karl JENNICHES: Der ***Beifall*** als Kommunikationsmuster auf dem Theater (in: KÖLNER VIERTELJAHRSSCHRIFT, 3, 1969, S. 569f.).

9 Zur Geschichte des Programmheftes s. näher KRESSIN, Programmheft; inhaltsanalytische u.a. Fallstudien zur jüngeren Praxis wären erst noch zu erstellen. Merkwürdigerweise wird bisher am Theater auch noch überhaupt nicht mit einem — doch mindestens werbewirksamen — AV-Ersatz experimentiert.

10 Zur ›Claque‹ s. JENNICHES, Beifall (wie Anm. 8); zur ›Première‹ und verwandten Vorstellungen s. näher MEHLIN, Fachsprache (S. 183f.), da spezielle Untersuchungen auch hier fehlen.

11 Für die einer Premiere folgenden Vorstellungen einer Inszenierung hat sich in Praxis und Theorie kein Terminus eingebürgert, so daß ich hier einen an der übrigen Begrifflichkeit orientierten einführe; von der letzten Vorstellung wird gelegentlich als ›Dernière‹ gesprochen.

3.1 Ökonomische Entwicklung

1 Dazu gilt das schon vor den Anmerkungen zu 1.1 Gesagte; die Kenntnis von MARX, Kapital ist dazu unerläßlich.

2 Eine Paraphrasierung dieser Entwicklungen findet sich — mit etwas anderen Akzenten — bei Ernest MANDEL: Der Spätkapitalismus / Versuch einer marxistischen Erklärung — Frankfurt (72), wo es insgesamt um den

»massive(n) Eintritt des Kapitals in die Zirkulations-, Dienstleistungs- und Reproduktionssphäre« geht (aaO, S. 354): »Weit davon entfernt, eine ›nachindustrielle Gesellschaft‹ eine Gesellschaft ***verallgemeinerter universeller Industrialisierung,*** ((Unterstreichung von E.M.)) Mechanisierung, Standardisierung, Überspezialisierung und Parzellierung der Arbeit, welche in der Vergangenheit nur den Warenproduktionsbereich der eigentlichen Industrie bestimmten, dringen nun in alle Bereiche des gesellschaftlichen Lebens ein. Für den Spätkapitalismus ist bezeichnend, daß Schritt für Schritt die Landwirtschaft genauso industrialisiert wird wie die Industrie, die Zirkulationssphäre ebenso wie die Produktionssphäre, die Kosumtion ebenso wie die Erzeugung, die Freizeitgestaltung ebenso wie die Arbeitsorganisation. Die Industrialisierung der Reproduktionssphäre bildet den Gipfel der Entwicklung (...). Man beginnt die ›Rentabilität‹ von Hochschulen, Musikakademien und Museen genauso zu berechnen wie man vorher die Rentabilität von Ziegelwerken oder Schraubenproduktion kalkulierte«... (aaO, S., 354)

3 Die Literatur zur Kapitalkrise bzw. zur Krisentheorie ist unüberschaubar und kann hier nicht Gegenstand sein. Insofern sei hier nur exemplarisch hingewiesen auf Henryk GROSSMANN: Aufsätze zur Krisentheorie — Frankfurt (71), sowie Eugen VARDA: Die Krise des Kapitalismus und ihre politischen Folgen — Frankfurt (69).

4 Vgl. dazu neben HUFFSCHMID, Politik, auch Lutz MAIER u.a.: Spätkapitalismus ohne Perspektive — Frankfurt (70).

5 Empirisch materialistisch werden einzelne Gesellschaftssektoren diesbezüglich analysiert bei Jörg HUFFSCHMID / Herbert SCHUI (Hrsg.): Gesellschaft im Konkurs / Handbuch zur Wirtschaftskrise 1973-76 in der BRD — Köln (76).

6 Das öffentliche Theater hierzulande hängt in einem derart starken Maß von den staatlichen und städtischen Subventionen für eine kleine Bevölkerungsschicht ab — daß die Indefinitheit, Labilität und Marginalität seiner wirklichen sozial relevanten Funktion es im Augenblick der Krise geradezu zu einem Lieblings-Gegenstand ökonomischer Verteilungskämpfe im Gewand von legitimatorischen Auseinandersetzungen avancieren ließen. Die Anpassungen des Theaters an die allgemeinen Krisen des Systems — das seine Gefährdung immerhin als tiefgehend genug ansah, um mit den ›Notstandsgesetzen‹ und mit dem ›Radikalenerlaß‹ verfassungsmäßige Rechte bedenklich zu beschneiden lassen sich an der geringen Schwankung von Subventionshöhe, Theaterbesuchs-Frequenz u.dgl. allein kaum triftig ablesen! Wenn daher RISCHBIETER, Theater (S. 184) resumiert: »Theater in der BRD entwickelte sich systemkonform, es ist ökonomisch und organisatorisch nicht krisenanfälliger als das Wirtschafts- und Gesellschaftssystem im Ganzen« — so scheint mir das nur die halbe Wahrheit über die Beziehung zwischen einer Institution und einer Gesellschaftsordnung, von der der Autor meint, daß sie »keiner tiefgehenden Gefährdung von innen ausgesetzt war und ist«. (aaO, S. 184) Zur gesamten Problematik vgl. auch die mit verdinglichten volkswirtschaftlichen Kategorien operierende Untersuchung von WAHL-ZIEGER, Theater (hier unberücksichtigt).

7 Ausführlicher geht schon früh auf den Systemzusammenhang der Teilkrisen und die Auswirkungen im Theaterbetrieb ein André MÜLLER: ***Theatersterben*** / Dokumentation zur westdeutschen Theaterkrise (in: Theater der Zeit, 23, 1967, S. 25 f.).

8 Vgl. dazu die knapp skizzierten Beispiele in DPA, Hintergrund (II, S. 2 f.) Die wirkliche Effektivität von Kooperation und Fusion zweifelt stark an Müller, Stadttheatersystem (S. 18); auch HÄNSEROTH, Theaterforschung (S. 180 f.) unterzieht die diesbezüglichen Argumente einer skeptischen Prüfung. Für die Musiktheater werden die Rationalisierungs-Maßnahmen z.B. diskutiert bei STEINBECK, Musiktheater-Colloquim (S. 125 f.)

9 Vgl. KULTUSMINISTERIUM NORDRHEIN-WESTFALEN, Strukturveränderungen — sowie Wolfgang MILOW: Das Theater in der kommunalen Verwaltung / unter besonderer Berücksichtigung der Verhältnisse in Nordrhein-Westfalen (Diss. Wien 1975).

10 Zur Transformation s. Kap. 2.22. Die Fragwürdigkeit der allgemeinen Tendenz zur Transformation öffentlicher Institutionen in private Dienstleistungsbetriebe behandelt Dieter SAUBERZWEIG: Kultur ist nicht nur Arabeske unseres gesellschaftlichen Lebens (in: Frankfurter Rundschau, 15.3.1976, S. 11). Ein warnendes Beispiel für die mit solchen formellen Privatisierungen möglicherweise verbundenen Entscheidungs-Verschiebungen führt vor Ingrid HAMMER: Sie schließen einfach das Theater (in: KULTURMAGAZIN, Subventionstheater, S. 24f.).

11 Das von der Stadt Frankfurt in Auftrag gegebene betriebswirtschaftliche Rationalisierungs-Gutachten von PEAT, MARWICK & CO, Organisationstruktur-Untersuchung war von vielen Seiten heftiger Kritik ausgesetzt (s.z.B. Deutsche Bühne, 9, 1972, S. 1 oder ARBEITSKREIS BERTOLt BRECHT, Nachrichtenbrief, 87, 1972/73, S. 23 f.), so daß diese Praxis nicht weiter eingerissen ist. Dagegen hat die Einmischung der Rechnungshöfe in künstlerische Fragen des Theaters — die bereits BECKER/KLUGE, Kulturpolitik an z.T. grotesken Beispielen nachweisen — mittlerweile allgemein zugenommen und berührt eindeutig verfassungsmäßige Rechte! Vgl. dazu Claudia SIEDE-HILLER: Zwischen Kunstfreiheit und Kontrolle (Frankfurt/Bern 1981) sowie — höchst aufschlußreich — die ausführliche Rechtfertigung eines einschlägigen Rechnungshof-Beamten (in: Deutsche Bühne, 8, 1978, S. 6 f.).

12 Zur ›Marktforschung‹ am Theater s. neben DBV, Theaterwerbung, z.B. auch Gert SCHÄFER: Theater und Freizeitgesellschaft (in: Deutsche Bühne, 3, 1972, S. 2 f.). Als eine zwischen ökonomischer Marktanpassung und konzeptioneller Innovation liegende ›Technik‹ wäre evtl. auch die aktive Begünstigung des starken Zuschauer-Trends zum ›gemischten Abonnement‹ sowie zu einer Form von Abonnement zu interpretieren, die nur noch den Mengen(ver-)kauf von Theaterkarten ohne inhaltliche Bindungen, ›Huckepack‹-Funktion u.dgl. (s.S. 151) kalkuliert — vgl. z.B. WORTMANN, Theater-Abonnement (wie Kap. 2.23, Anm. 14), S. 74 f.

13 Eine eindrucksvolle, polemische Skizze dieser zentripetalen ›Verände-

rungs‹-Tendenzen des ›Systems‹ gibt MULLER, System (I, S. 25/26). Vgl. auch Kap. 2.22, Anm. 12/13. — Da nun groteskerweise schon geringe prozentuale Schwankungen von ›Platzausnutzern‹ bzw. ›Einspielergebnis‹ die Sessel von Intendanten wanken lassen, verschärfen diese die Dominanz der Zahl über jedes andere Argument. Statistische Manipulationen werden gang und gäbe: z.B. kann ein Theaterleiter, dessen Vorgänger von 1 000 Abonnenten 250, also 25%, eingebüßt hat — die Wiedergewinnung dieser 250 als (berechnet auf 750) Zunahme um 33% feiern (dies ein von Burkhard Mauer reportiertes hübsches Beispiel).

14 MÜLLER, Theatersterben (wie Anm. 7) gibt ein Beispiel für das schnelle Scheitern eines Versuchs zur Konzentration mehrerer Privatbühnen (S. 28). — S. auch Kap. 2.11, Anm. 8.

15 FOHRBECK u.a., Arbeitnehmer (S. 461.) geben solch ein Vertragsangebot eines Tourneetheaters an einen Darsteller wieder...S. auch Näheres in der kräftigen Polemik von Klaus PIERWOSS: Kritische Aspekte zum ***Tourneetheater*** (in: MATERIAL ZUM THEATER, BRD, S. 40 f., auch in: Bühnengenossenschaft, 3, 1975) — der diese Form das ›subventionierte Geschäft‹ und seine Praktiken ›frühkapitalistisch‹ nennt! Ein Unternehmenskenner bezeichnet im übrigen eine Aufführungsfrequenz von 40 als rentables Minimum (also bereits wesentlich mehr, als die Präsentations-Quote eines durchschnittlichen Stadttheater-Stücks), 100 wird als beträchtlicher Erfolg angepeilt. DAIBER Theater (S. 392) schätzt den Profit dieser Sparte auf etwa 15 Millionen DM im Jahr!

16 Zur Mehrfachausbeutung s. Zahlen bei PIERWOSS, Tourneetheater (wie Anm. 15).

17 Näheres zur medialen Reproduktion bei Eckehard JÜRGENS: Die neuen AV-Medien und das Theater / Videokassette und Bildplatte in ihrer privatwirtschaftlichen Entwicklung und theaterpolitischen Bedeutung — MA FU Berlin (76). Ferner HICKETHIER, Schauspieler.

3.2 Politische Entwicklung

1 Vgl. z.B. Rupert BREITLING: Politische Pression wirtschaftlicher und gesellschaftlicher Kräfte in der Bundesrepublik Deutschland — in: STEFFEN, Gesellschaft (S. 72-125), oder (obwohl stark deskriptiv bis positivistisch) Ernst FRAENKEL: Deutschland und die westlichen Demokratien — Stuttgart u.a. (64), 2. Aufl. (darin vor allem Kap. II: Funktion der politischen Willensbildung, S. 69 f.).

2 Von der Dialektik gesellschaftlicher Macht handelt Hannah ARENDT: Macht und Gewalt (München 1970) — eine eher geschichtsphilosophisch orientierte politische Theorie, die durch eine so konkrete Studie wie von Lothar BÖCKELT u.a.: Machtverteilung im Sozialstaat (München 1976) zu relativieren wäre.

3 Näheres z.B. bei Hans G. HELMS: Marxismus und Bundesrepublik / Zur Verwandlung der sozialdemokratischen Partei (in: H.G.H., Fetisch Revolution — Darmstadt/Neuwied, 1973, S. 7 f.) sowie bei Hans Jochen BRAUNS u.a.: Die SPD in der Krise (Frankfurt 1976). S. ferner ZOLL, Gewerkschaften sowie DEPPE, Mitbestimmung. Die BRD-Entwicklung der SPD ordnet schlüssig in ihre Gesamtgeschichte ein Wolfgang ABENDROTH: Aufstieg und Krise der deutschen Sozialdemokratie — Köln (78), 4. Aufl.

4 Vgl. dazu außer S. 2 f. auch Theodor ESCHENBURG: Zur Vorgeschichte der Entstehung der Bundesrepublik (in: STEFFEN, Gesellschaft, I, S. 7-33).

5 Die politologische Diskussion über die Krise als Frage nach der Beziehung zwischen und der Dominanz von gesellschaftlichen, politischen bzw. ökonomischen Momenten — spielt sich wesentlich unter dem Leitbegriff ›Legitimation‹ ab und ist hierzulande stark durch Jürgen HABERMAS (vgl. z.B.): ›Was heißt heute Krise? / Legitimationsprobleme im Spätkapitalismus (in: Willi Oelmüller, Hrsg.: Weiterentwicklungen des Marxismus — Darmstadt 1977, S. 408-34) geprägt. S. ferner Martin JÄNICKE: Politische Systemkrisen (Köln 1973) sowie das Schwerpunktheft ›Legitimation‹ der ›Politischen Vierteljahrsschrift‹, 7, 1976.

6 Harald LUDMANN: ***Innenstädte*** (in: PEHNT, Stadt, S. 166-180) untersucht diesbezüglich den Funktionswandel der Innenstadt und ihre speziellen Probleme als Bewegungs-, Versorgungs- und Entwicklungsraum. Zur Krise der Stadt gibt es seit den sechziger Jahren eine Fülle von Literatur; hier sei als eines von vielen Werken Hans Paul BAHRDT: Die moderne Großstadt (Hamburg 1961) genannt, weil darin insbesondere auch auf das für Theater so bedeutsame Verhältnis von Privatheit und Öffentlichkeit in der Kommune eingegangen wird; die politisch-ökonomisch orientierte Stadtkritik repräsentieren daneben etwa Hans G. HELMS / Jörn JANSSEN (Hrsg.): Kapitalistischer Städtebau -- Neuwied/Berlin (71).

7 Zur Entwicklung des Theaters in den sechziger Jahren s. neben DAIBER, Theater (S. 249 f.) z.B. Günther RÜHLE: Zehn Jahre Drama, zehn Jahre Theater (in: THEATER 1975, Jahressonderheft, S. 107 f.). Zur Legitimationskrise des Theaters s. GLASER, Theater (wie 2.13, Anm. 2) oder BAACKE, Erfahrungsraum (S. 57 f.) — beide allerdings unter Verdrängung von Kapitalismus-Kritik.

8 Zum irreführenderweise so genannten ›politischen‹ Theater s. ausführlich (affirmativ) ISMAYR, Theater (bes. S. 362 und S. 433 f.). Zum ›Dokumentartheater‹ s. neben Kap. 2.32, Anm. 5 auch die sehr scharfe Kritik von Katrin PALLOWSKI: Die dokumentarische Mode (in: Literaturwissenschaft und Sozialwissenschaften, 1, Stuttgart 1972, S. 235 f.).

9 Beispiele für das Enden von Aufführungen in Kundgebungen nennt Günther RÜHLE: Von der Politik zur Rolle (in: RÜHLE, Zeit, S. 233 f.); eine Zusammenstellung von Anti-Notstands-Protesten der Bühnen gibt ›Spiegel‹ 24, 1968, S. 113, ähnlich ISMAYR, Theater (S. 441 f.).

10 Zensur hat in diesem Land eine stärkere politische Tradition als die Frei-

heit von ihr! Ihre Gegenstände bzw. Anlässe liegen epochenüberspannend vor allem auf religiösem, sittlich-sexuellem und staatspolitischem Gebiet — während ihre Praktiken im Theater heute häufig eher administrativ-inoffiziell als gerichtlich-öffentlich sind: d.h. ihr Druck wirkt sich nicht erklärtermaßen widerrechtlich als Vor-Zensur aus, sondern vor allem als heimliche Nach-Zensur, positionell vermittelte Vorbeugungs-Zensur und schleichende Selbst-Zensur! S. dazu Silvia STUTZMANN: Über die Freiheit der Theaterarbeit (MA München 1978) — sowie die Dokumentation über Zensurfälle der vergangenen fünf Jahre, herausgegeben von der INITIATIVE FÜR FREIHEIT DER THEATERARBEIT: Der Freiheit eine Gasse (Offenbach 1978).

11 Ein breites Spektrum von Positionen, Überlegungen und Plänen, wie sie vor allem auch den fortschrittlicheren Teil einschlägiger Praktiker repräsentieren, geben die beiden Sammelbände von SPD-Kulturpolitikern: HOFFMANN, Perspektiven, sowie SCHWENCKE, Plädoyers.

12 Fritz VILMAR: Strategien der ***Demokratisierung*** (2 Bde., Darmstadt / Neuwied, 1973), der die Bereiche, Verfahren und Triebkräfte jener jüngsten historischen Demokratisierungs-Phase ausführlich nach gesellschaftlichen Subsystemen, Entscheidungsbereichen und Organisationsebenen unterscheidet und untersucht, integriert das Theater voll in die Vielzahl anderer Institutionen und Sektoren (bes. S. 211 f.).

13 Theater wird als Teil der Gesamt-Bildungsstrategie z.B. verstanden von HOFFMANN, Millionen (wie Kap. 2.13, Anm. 17) — als Teil der Bildungs- und Weiterbildungspolitik häufiger vonseiten der GDBA (so z.B. in Bühnengenossenschaft, 4, 1974).

14 Diese Entwicklung läßt sich durch eine synoptische Lektüre der Periodika von ARBEITSKREIS BERTOLT BRECHT, Nachrichtenbriefe, und der GDBA seit 1968 recht klar verfolgen.

15 Zur Mitbestimmungs-Debatte vgl. sehr umfassend HUNDERTMARK, Mitbestimmung. Als einer von wenigen weist MÜLLER, Schicksal (S. 25 f.) bei allem Eintreten für die Mitbestimmung im Theaterbetrieb auch klar auf die Grenzen und Gefahren dieser systemimmanenten Partizipation hin!

16 Die Politik der GDBA im vergangenen Jahrzehnt analysiert kritisch JÜRGENS, Theaterdemontage; die gewerkschaftliche Rahmenempfehlung geben z.B. FOHRBECK u.a., Arbeitnehmer (S. 525) wieder.

17 Zur ›Schaubühne‹ s. detailliert auch SANDMEYER, Berufstheater und neuerdings (unberücksichtigt) IDEN, Schaubühne — zu Frankfurt s. Dokumente und Darstellung bei VILMAR, Demokratisierung (wie Anm. 12), Ferner s. neuerdings (unberücksichtigt) Gert LOSCHÜTZ/Horst LAUBE (Hrsg.): War da was? / Theaterarbeit und Mitbestimmung am Schauspiel Frankfurt 1972-1980 — Frankfurt (80).

3.3 Konzeptionelle Entwicklung

1 Anschauliches Material im Sinne eines umfassenderen Kulturbegriffs liefern RITTER/KOCKA, Sozialgeschichte — sowie (mehr kunstbezogen) Ernst ENGELBERG: Deutschland von 1871 bis 1897 (Berlin 1967), vor allem S. 269f.

2 Zu dem in der Fachwissenschaft vernachlässigten Funktionswandel sei — mangels Besseren — immer noch auf Walter BENJAMIN: Das Kunstwerk im Zeitalter seiner technischen Reproduzierbarkeit (Frankfurt 1967) hingewiesen!

3 Anschauliche Beispiele für die bauliche Restauration des Theaters gibt STORCK, Probleme. Diesen und den Repräsentations-Aspekt von Konservativität nenn Eckehart NÖLLE: Theaterbau in der Bundesrepublik Deutschland (in: INTERNATIONAL FEDERATION FOR THEATRE RESEARCH, Raum, S. 125—139) die beiden speziellen Fesseln der westdeutschen architektonischen Theaterentwicklung.

4 BAACKE, Entwicklungsraum (S. 73) hält es für unwahrscheinlich, daß wesentliche Veränderungen im Theater ausgerechnet vom Schauspieler als dem schwächsten Glied in dessen Hierarchie ausgehen könnten!

5 Psychoanalytische, psychosomatische oder psychotechnische Kurse wurden z.B. eingerichtet an den öffentlichen Theatern in Darmstadt, Braunschweig und Bremen (s. dazu Bühnengenossenschaft, 10, 1974, S. 397, sowie Deutsche Bühne, 4, 1973, S. 32).

6 Zu Tendenzen im Inszenierungsstil s. näher Günther RÜHLE: Bewegungen, Positionen und Strategien (in: RÜHLE, Zeit, S. 251f.) sowie Martin WALSER: Politik und Theater (in: BUND DER THEATERGEMEINDEN, Theater) — der geradezu von einer Art ›kapitalistischem Realismus‹ spricht...

7 Zur Unterhaltungs-Tendenz vgl. Kap. 1.2 und 2.13.

8 Vgl. auch die Diskussionen über die theaterarchitektonischen Möglichkeiten zur Mobilisierung beim Colloquium ITI, Regie (bes. S. 259f.) sowie den Sammelband mit Entwürfen ›Mobiler Spielraum‹ (ohne Hrsg.), Frankfurt 1970.

9 Bernhard RIEPENHAUSEN: Kein Zwang zur öffentlichen Probenarbeit (in: Bühnengenossenschaft, 6/7, 1975, S. 8) gibt mit seiner formal-juristischen Einschätzung, Probe sei »ein Vorgang, der seiner Natur nach gerade nicht zur öffentlichen Schaustellung bestimmt ist und bestimmt sein kann« (S. 8) — natürlich vor allem einer eher an konservativen Kunstvorstellungen orientierten Richtung Deckung!

10 Zum ›Volkstheater‹ s. z.B. Franz Xaver KROETZ: Braucht das Volk ein Theater? (in: BRAUN/VÖLKER, Spielplatz, S. 13f.).

11 Rolf SCHWENDTER: Notate zum Thema ›Subkultur und Subvention‹ (in: HOFFMANN, Perspektiven) sieht die Alternativen der ›Freien Gruppen‹ als eingebunden in die Dynamik des Kapitals an (S. 108f.).

12 Vgl. z.B. das Interview mit dem Frankfurter Oberbürgermeister (wie Kap. 2.13, Anm. 2).

Bibliografie

ADORNO Theodor W.: ***Theater***, Oper, Bürgertum — in: VIETTA, Theater (s. dort) S. 115-134

ALBERT Willi/ÖHLER Christoph: Die ***Kulturausgaben*** der Länder, des Bundes und der Gemeinden einschließlich Strukturausgaben im Bildungswesen — München (76)

ANDREAE Clemens-August: Probleme der ***Theaterfinanzierung*** — in: DEUTSCHER BÜHNENVEREIN, Theatertreffen (s. dort), S. 109-120

ARBEITSKREIS BERTOLT BRECHT (abb), ***Nachrichtenbrief(e),*** Köln

ARNOLD Heinz Ludwig/BUCK Theo (Hrsg.): ***Positionen*** den Dramas — München (77)

ASSITEJ (Sektion Bundesrepublik Deutschland) (Hrsg.): ***Handbuch*** des Kinder- und Jugendtheaters in der Bundesrepublik Deutschland — Bonn (80)

BAACKE Dieter: Theater als sich wandelnder ***Erfahrungsraum*** — in: DEUTSCHER BÜHNENVEREIN, Theatertreffen (s. dort), S. 53-77

BAHN Volker: Das subventionierte ***Theater*** der Bundesrepublik Deutschland — Diss. FU Berlin (72)

BALET Leo/GERHARD E.: Die ***Verbürgerlichung*** der deutschen Kunst, Literatur und Musik im 18. Jahrhundert — Straßburg u.a. (36)

BEER Rüdiger Robert: Die ***Gemeinde*** / Grundriß der Kommunalpolitik — München/Wien (70)

BECKER Helmut/KLUGE Alexander: ***Kulturpolitik*** und Ausgabenkontrolle — Frankfurt (61)

BERGNER Heinz: ***Wirtschaftslehre*** des Theaters — in: VON BECKERATH, Handwörterbuch (s. dort), S. 379-386

BISCHOFF Joachim (Hrsg.): Die ***Klassenstruktur*** der Bundesrepublik Deutschland — Berlin (76)

BLANKERTZ Henning: Theorien und Modelle der ***Didaktik*** — München (69)

BRAUN Karlheinz/VÖLKER Klaus (Hrsg.): ***Spielplatz I*** / Jahrbuch für Theater 71/72 — Berlin (71)

BRECHT Bertolt: Schriften zum Theater / 3 Bde. — in: Gesammelte ***Werke,*** Bd. 15-17, Frankfurt (67)

BRÜCKNER Gerhard: Die rechtliche Stellung der ***Bühnenkünstler*** in geschichtlicher Entwicklung — Diss. Greifswald (30)

BRUNNER Otto u.a. (Hrsg.): Geschichtliche ***Grundbegriffe***/Historisches Lexikon zur politisch-sozialen Sprache in Deutschland / Bd. 1 und 2 — Stuttgart (72) bzw. (75)

BUND DER THEATERGEMEINDEN (Hrsg.): ***Theater,*** Impuls für die Gesellschaft / Mainzer Theatergespräche 1973 (Protokoll) — Bonn (74)

CATHOLY Eckehard: Die geschichtlichen Voraussetzungen des ***Illusionstheaters*** in Deutschland (in: Festschrift f. K. Ziegler, Hrsg. E.C. und W. Hellmann, Tübingen 1968, S. 93 f.)

CLAUSEN Lars: Soziale ***Überforderung***? / Zur Soziologie des Schauspielerberufs in der Bundesrepublik — in: Schmollers Jahrbuch für Wirtschafts- und Sozialwissenschaften, Berlin (69), S. 409-425

DÄUBLER Wolfgang: Das ***Arbeitsrecht*** — Reinbek (76)
DAIBER Hans: theater — eine ***bilanz*** — München/Wien (65)
DAIBER Hans: Deutsches ***Theater*** seit 1945 / Bundesrepublik Deutschland, Deutsche Demokratische Republik, Österreich, Schweiz — Stuttgart (76)
DEPPE Frank u.a.: Kritik der ***Mitbestimmung*** — Frankfurt (73), 4. Aufl.
DEUTSCHE PRESSEAGENTUR (dpa) (Hrsg.): dpa-***Hintergrund*** / ›Das Theater in der Bundesrepublik seit 1945‹ / 3 Teile — Hamburg (73)
DEUTSCHER BÜHNENVEREIN (DBV) (Hrsg.): Handbuch für ***Theaterwerbung*** — Köln (68)
DEUTSCHER BÜHNENVEREIN (DBV) (Hrsg.): Vergleichende ***Theaterstatistik 1949-68*** — Köln (70)
DEUTSCHER BÜHNENVEREIN (DBV) (Hrsg.): ***Informationstagung*** des Deutschen Bühnenvereins... 1973 (Protokoll) — Köln (74)
DEUTSCHER BÜHNENVEREIN (DBV) (Hrsg.): Vergleichende ***Theater-Statistik 1949-1974*** — Köln (77)
DEUTSCHER BÜHNENVEREIN (DBV) (Hrsg.): Was spielten die Theater? / ***Bilanz*** der Spielpläne in der Bundesrepublik Deutschland 1947-1975 — Köln (78)
DEUTSCHER BÜHNENVEREIN Landesbühnengruppe (Hrsg.): Theater auf ***Rädern*** / Landesbühnen in der Bundesrepublik Deutschland — Köln (79)
DEUTSCHER BÜHNENVEREIN Landesverband Nordwest (Hrsg.): Theater in ***Nordwestdeutschland*** — Hamburg (71)
DEUTSCHER BÜHNENVEREIN Landesverband Nordwest (Hrsg.): Norddeutsches ***Theatertreffen*** 1971 bis 1975 / Protokolle über einen Versuch — Hamburg (75)
DEUTSCHER STÄDTETAG (Hrsg.): ***Aufgaben*** und Finanzierung der städtischen Theater — Köln (73)
DEVRIENT Eduard: Geschichte der deutschen ***Schauspielkunst*** / 2 Bde./Hrsg. R. KABEL/Chr. TRILSE — Berlin (67)
DIETRICH Margret (Hrsg.): ***Regie*** in Dokumentation, Forschung und Lehre — Salzburg (75)
DISCHNER Gisela: ***Sozialisationstheorie*** und materialistische Ästhetik — in: Das Unvermögen der Realität, Berlin (74), S. 69-128
DOKUMENTE, (Schwerpunktheft) ›Brauchen wir das ***Theater***?‹, 3 (73)
DREWS Wolfgang: ***Theater*** / Schauspieler, Regisseure, Dramaturgen, Intendanten, Dramatiker, Kritiker, Publikum — Wien u.a. (61)
DÜNNWALD Rolf: Die Rechtsstellung des ***Theaterintendanten*** — Diss. Köln (64)

EUROPÄISCHE IDEEN, (Schwerpunktheft) ›***Kulturpolitik***‹, 27/28 (77)

FIEBACH Joachim: Zur Spezifik und Funktion der ***Theaterkunst*** — in: Weimarer Beiträge 7 (72), S. 50-77
FIEBACH Joachim: Von Craig bis Brecht / Studien zu ***Künstlertheorien*** in der ersten Hälfte des 20. Jahrhunderts — Berlin (75)
FOHRBECK Karla u.a.: ***Arbeitnehmer*** oder Unternehmer? / Zur Rechtssituation der Kulturberufe — Berlin (76)

FOHRBECK Karla / WIESAND Andreas: Der ***Künstler-Report*** / Musikschaffende, Darsteller, Realisatoren, Bildende Künstler, Designer — München/Wien (75)
FOHRBECK Karla / WIESAND Andreas: Kollege ***Intendant***? / Ergebnisse einer Intendantenumfrage — in: Bühnengenossenschaft 1 (75), S. 12-18
FORSCHUNGSINSTITUT FÜR MUSIKTHEATER (Hrsg.): ***Strukturprobleme*** des Musiktheaters in der Bundesrepublik Deutschland — Thurnau (78)
FRANK Jürgen: Der ***Beschäftigungsanspruch*** und die soziale Gleichbewertung der individuellen Arbeitsleistung aus der Sicht der besonderen Interessenlage im Bühnenvertragsrecht — Diss. Köln (63)
FRICKE Werner u.a.: Auf dem Wege zur ***Dienstleistungsindustrie***? — Frankfurt (71)
FROMM Karl Dietrich / NORDEMANN Wilhelm: ***Urheberrecht*** / Kommentar zum Urheberrechtsgesetz und zum Wahrnehmungsgesetz — Stuttgart u.a. (73), 3. Aufl.

GÄRTNER Marlene: Verband der deutschen ***Volksbühnen-Vereine*** — Düsseldorf (78)
GENOSSENSCHAFT DEUTSCHER BÜHNENANGEHÖRIGER (GDBA) (Hrsg.): Deutsches ***Bühnenjahrbuch*** 1978 — Hamburg (77)
GENOSSENSCHAFT DEUTSCHER BÜHNENANGEHÖRIGER (GDBA) (Hrsg.): ***Geschäftsbericht*** des Hauptvorstands der GDBA 1973 bis 1975 — Hamburg (75)
GRAF Herbert: Aus der Welt der ***Oper*** / Textbuch und Musik, Regie, Ausbildung, Opernbauten, Television — Zürich (60)
GRÜNDGENS Gustaf: ***Wirklichkeit*** des Theaters — Frankfurt (63)
GRUN Bernhard: Kulturgeschichte der ***Operette*** — München (61)

HABERMAS Jürgen: ***Strukturwandel*** der Öffentlichkeit — Neuwied/Berlin (71), 5. Aufl.
HÄNSEROTH Albin: Zur sozialen Lage der ***Theaterschaffenden*** in der Bundesrepublik Deutschland — in: KÖLNER VIERTELJAHRSSCHRIFT, Künstler (s. dort), S. 279-293
HÄNSEROTH Albin: Elemente einer integrierten empirischen ***Theaterforschung*** / Dargestellt an Entwicklungstendenzen des Theaters in der Bundesrepublik Deutschland — Frankfurt (76)
HAMBURGER Käte: Die ***Logik*** der Dichtung — Stuttgart (57)
HAMM Peter (Hrsg.): ***Kritik*** — von wem, für wen, wie / Eine Selbstdarstellung deutscher Kritiker — München (68)
HANSMEYER Karl-Heinrich: ***Subventionen*** in der BRD — Berlin (63)
HAUPT Heinz-Gerhard (Hrsg.): ›Bourgeois und Volk zugleich‹? / Zur Geschichte des ***Kleinbürgertums*** im 19. und 20. Jahrhundert — Frankfurt/New York (78)
HECHT Werner (Hrsg.): ***Brecht-Dialog*** 1968 / Politik auf dem Theater — München (68)
HEISTER Hans-Werner u.a.: Segmente der ***Unterhaltungsindustrie*** — Frankfurt (74)
HERDLEIN Hans: ***Theater*** ist für alle da — in: Bühnengenossenschaft 8/9 (76), S. 11-14

HERDLEIN Hans: ***Theaterfinanzierung*** — in: Bühnengenossenschaft 1 (74), S. 6 f.

HERZFELD Rudolf: Deus ex machina / ***Technik*** im Dienst des Theaters — Wiesbaden (64)

HICKETHIER Knut: ***Schauspieler*** und Massenmedien / Ein Forschungsbericht — Berlin (80)

HILLACH Ansgar: ***Sprache*** und Theater / Überlegungen zu einer Statistik des Theaterstücks — in: Sprachkunst Jg. I (70), S. 256 f. und II (71), S. 299 f.

HINTZE Joachim: Das ***Raumproblem*** im modernen deutschen Drama und Theater — Diss. Marburg (69)

HIRSCH Helmut: Viel ***Kultur*** für wenig Geld / Entwicklungen und Verwirklichungen der Volksbühne — Düsseldorf/Wien (74)

HOFFMANN Hilmar (Hrsg.): ***Perspektiven*** der kommunalen Kulturpolitik — Frankfurt (74)

HOFFMANN Hilmar: ***Kultur*** für alle — Frankfurt (79)

HOFMANN Jürgen: Das Theater mit der ***Rollentheorie*** — in: Das Argument 83 (73), S. 927-937

HOFMANN Jürgen: Die ***Versachlichung*** der Personen als Personifizierung der Sachen — Berlin (74)

HOFMANN Jürgen: ***Verkehrsformen*** — in: Ästhetik und Kommunikation 27 (77), S. 80-88

HOFMANN Jürgen: Die aufgeklärten ***Illusionsdramatiker*** gegen Brecht: Frisch, Grass, Handke — in: Aktualisierung Brechts, Hrsg. W.F. Haug u.a., Berlin (80), S. 143-153

HOHENEMSER Herbert: Hat das städtische ***Theater*** eine Zukunft? — in: LOCCUMER PROTOKOLLE, Theater (s. dort), S. 53-66

HÜRLIMANN Martin (Hrsg.): Das ***Atlantisbuch*** des Theaters — Zürich/Freiburg (66)

HUFFSCHMID Jörg: Die ***Politik*** des Kapitals / Konzentration und Wirtschaftspolitik in der Bundesrepublik — Frankfurt (69)

HUNDERTMARK Gisela: Theater und ***Mitbestimmung*** in der Bundesrepublik — MA München (74)

IDEN Peter: Die ***Schaubühne*** am Halleschen Ufer 1970-1979 — München/Wien (79)

INSTITUT FÜR THEATERBAU Berlin (Hrsg.): ***Ausbildung*** und Mitbestimmung / Ergebnisse einer Expertenbefragung in Berlin 1970 — Berlin (70)

INSTITUT FÜR THEATERBAU Berlin (Hrsg.): Theater in ***Mehrzweckräumen*** — Berlin (71)

INSTITUT FÜR PUBLIKUMSFORSCHUNG der österreichischen Akademie der Wissenschaften u.a. (Hrsg.): Das ***Theater*** und sein Publikum / Referate der Internationalen theaterwissenschaftlichen Dozentenkonferenzen... — Wien (77)

INTERNATIONAL FEDERATION FOR THEATRE RESEARCH (IFTR) (Hrsg.): Theatre Space / Der ***Raum*** des Theaters — München (77)

INTERNATIONALES THEATER-INSTITUT (ITI) Deutsche Sektion (Hrsg.): Protokolle des Colloquiums über ***Theaterbau*** — Berlin (61)

INTERNATIONALES THEATER-INSTITUT (ITI) Deutsche Sektion (Hrsg.): Unsere ***Theaterneubauten*** — Berlin (o.J.)

INTERNATIONALES THEATER-INSTITUT (ITI) Deutsche Sektion (Hrsg.): Internationales Colloquium 70 ›**Regie**‹ — Berlin (71)
INTERNATIONALES THEATER-INSTITUT (ITI) Deutsche Sektion (Hrsg.): **Theatertreffen** Berlin 1964-1973 / Beispiele / Schauspiel in deutscher Sprache — Berlin (73)
ISMAYR Wolfgang: Das politische **Theater** in Westdeutschland — Meisenheim (77)

JAEGGI Urs (Hrsg.): **Sozialstruktur** und politische Systeme — Köln (76)
JONAS Lutz: Die **Finanzierung** der öffentlichen Theater in der Bundesrepublik Deutschland — Diss. Mainz (72)
JÜRGENS Eckehard: **Theaterdemontage** — Hintergründe und Gegenwehr — in: KÜRBISKERN, Kulturetats (s. dort), S. 90-115
JUNGK Robert: **Zukunfts-Spiele**, Zukunfts-Simulationen, Zukunfts-Szenarios — in: Dramaturgische Gesellschaft, (Tagungsprotokoll) Jahresband Berlin (70), S. 17-29

KAMPER Dietmar / RITTNER Volker (Hrsg.): Zur Geschichte des **Körpers** — München/Wien (76)
KEMPKENS Ralf: Probleme der **Bühnenschiedsgerichtsbarkeit** — Diss. Köln (66)
KESTING Marianne: **Panorama** des zeitgenössischen Theaters — München (62)
KESTING Marianne: Die **Sprache** des Theaters — in: M.K., Entdeckung und Destruktion, München (70), S. 251-276
KIENZLE Siegfried: Modernes **Welttheater** / Ein Führer durch das internationale Schauspiel der Nachkriegszeit in 755 Einzelinterpretationen — Stuttgart (66)
KINDERMANN Heinz: **Theatergeschichte** Europas / 10 Bde. — Salzburg (1957 f.)
KINDERMANN Heinz: Bühne und **Zuschauerraum** / Ihre Zueinanderordnung seit der griechischen Antike — Wien (63)
KITTENBERG Herbert: Die Entwicklung der Idee des deutschen **Nationaltheaters** im 18. Jahrhundert und ihre Verwirklichung — Diss. München (24)
KLAUS Georg / BUHR Manfred (Hrsg.): Philosophisches **Wörterbuch** — Leipzig (71), 2 Bde.
KLEMIG Roland: Möglichkeiten und Grenzen der **Organisation** einer Theateraufführung — Diss. FU Berlin (56)
KLOIBER Rudolf: Handbuch der **Oper** — Kassel u.a. (73)
KLOTZ Volker: Geschlossene und offene Form im **Drama** — München (62)
KLOTZ Volker: **Dramaturgie** des Publikums — München/Wien (76)
KNIES Wolfgang: Schranken der **Kunstfreiheit** als verfassungsrechtliches Problem — München (67)
KOCK Peter: Zur Entwicklung der deutschen **Schauspielerausbildung** nach 1945 — MA FU Berlin (74)
KÖHLER Franz-Heinz: Die Struktur der **Spielpläne** deutschsprachiger Opernbühnen von 1896 bis 1965 / Eine statistische Analyse — Koblenz (68)
KÖHLER Franz-Heinz: Die **Finanzstruktur** der öffentlichen Theater in der BRD in der Spielzeit 1970/71 — Koblenz (73)

KÖHLER Franz-Heinz: Die Finanz-Struktur der ***3-Sparten-Theater*** der Bundesrepublik Deutschland in der Spielzeit 1970/71 — Koblenz (75)

KÖLNER VIERTELJAHRSSCHRIFT für Soziologie und Sozialpsychologie, (Sonderheft) ›Künstler und Gesellschaft, 17 (74) — sowie andere Hefte

KOMMUNALPOLITISCHE BLÄTTER, (Schwerpunkthefte) ›Harlekin darf nicht sterben / Verstümmelt ***Rationalisierung*** das Theater?‹ — in: 10 (75), S. 839-867. »Die ***Landestheater*** fahren wieder — wohin?« — in: 10 (76), S. 835-854

KOSTEDE Herbert: Akkumulation und ***Mittelklasse*** — in: Probleme des Klassenkampfs, 13 (74), S. 1-49

KOTT Jan: In welchen ***Zeichen*** spricht das Theater? — in: Theater heute, 3 (70), S. 1 f.

KRAMER Dieter: ***Freizeit*** und Reproduktion der Arbeitskraft — Köln (76)

KRESSIN Heide: Die Entwicklung des Theater-***Programmheftes*** in: Deutschland von 1894-1941 — Diss. FU Berlin (68)

KREUZER Helmut: Die ***Boheme*** — Stuttgart (68)

KROLL Jens M.: ***Presse-Taschenbuch*** Kultur und Kunst 1980/81 — Hamburg (80)

KÜRBISKERN, (Schwerpunkthefte) ›***Freizeit***‹, 2 (72). ›***Kulturetats***, Kulturzensur‹, 2 (76)

KULTURMAGAZIN, (Schwerpunktheft) ›***Subventionstheater*** in der Krise‹, 9/10 (78)

KULTURMINISTERIUM NORDRHEIN-WESTFALEN (Hrsg.): Vorschläge für eine ***Strukturveränderung*** der Theater und Orchester in Nordrhein-Westfalen — Düsseldorf (73); veränderte Fassung von 1974 bei FOHRBECK u.a., Arbeitnehmer (s.dort), S. 515 f.

KURSBUCH, (Schwerpunktheft) ›Wir ***Kleinbürger***‹, 45 (76)

LANGE Hartmut: Was ist politisches ***Theater***? — in: H.L., Die Revolution als Geisterschiff, Reinbeck (73), S. 57 f.

LEISENTRITT Gudrun: Das eindimensionale Theater / Beitrag zur Soziologie des ***Bodenarzttheaters*** — Diss. München (79)

LENK Wolfgang: Das kommunale ***Theater*** — Diss. Berlin (33)

LEPPERT-FÖGEN Annette: Die deklassierte Klasse / Studien zur Geschichte und Ideologie des ***Kleinbürgertums*** — Frankfurt (74)

LOCCUMER PROTOKOLLE, (Tagungsprotokoll) ›Die Stadt und ihr ***Theater***‹, 5 (70)

LÖFFLER Peter: Die ***Didaktik*** des Theaters — in: Dramaturgische Gesellschaft, (Tagungsprotokoll) Jahresband Berlin (71), S. 11-12

LUTHER Henning: ***Kommunikation*** und Gewalt / Überlegungen zu einer Theorie der Politästhetik — Gießen (73)

MAASE Kaspar: ***Kultur*** als Politik betrieben / Zur staatlichen Kulturförderung in der Bundesrepublik — in: KÜRBISKERN, Kulturetats (s. dort), S. 52-69

MARKGRAFF Robert: ***Organisation*** und Betrieb städtischer Theater unter besonderer Berücksichtigung ihrer finanziellen Verhältnisse — Diss. Köln(22)

MARTERSTEIG Max: Das deutsche ***Theater*** im 19. Jahrhundert — Leipzig (24) 2. Auflage

MARX Karl: Das ***Kapital*** / Kritik der politischen Ökonomie — in: MARX/ENGELS, Werke (s. dort), Bd. 23-25

MARX Karl: Theorien über den ***Mehrwert*** — in: MARX/ENGELS, Werke (s. dort), Bd. 26,1

MARX Karl / ENGELS Friedrich: ***Werke*** / Hrsg. v. Institut für Marxismus-Leninismus beim ZK der SED — Berlin (1964 f.)

MASKE UND KOTHURN, (Schwerpunktheft) ›Theater und ***Wirtschaft***‹, 1 (74)

MATERIAL ZUM THEATER, (Schwerpunktheft) ›Zur Lage der Theater in der ***BRD***‹, 60 (75)

MAUER Burkhard: ***Stadttheater*** geht nicht mehr! — in: BRAUN/VÖLKER, Spielplatz (s. dort), S. 27-30

MAYER Hans: ***Bildung***, Besitz und Theater — in: H.M., Das Geschehen und das Schweigen, Frankfurt (69), S. 69-99

MAYNTZ Renate (Hrsg.): Bürokratische ***Organisation*** — Köln/Berlin (71), 2. Aufl.

MEHLIN Urs: Die ***Fachsprache*** des Theaters / Eine Untersuchung der Terminologie von Bühnentechnik, Schauspielkunst und Theaterorganisation — Düsseldorf (69)

MELCHINGER Siegfried: Theater der ***Gegenwart*** — Frankfurt/Hamburg (56)

MELCHINGER Siegfried: Versuch einer ***Grundlegung*** — in: HÜRLIMANN, Atlantisbuch (s. dort), S. 13-50

MELCHINGER Siegfried: Das ***Publikum*** des deutschen Theaters — in: STEFFEN, Gesellschaft II (s. dort), S. 22 f.

MELCHINGER Siegfried / RISCHBIETER Henning (Hrsg.): ***Welttheater*** / Bühnen, Autoren, Inszenierungen — Braunschweig (62)

MESCHKAT Klaus / NEGT Oskar (Hrsg.): ***Gesellschaftsstrukturen*** — Frankfurt (73)

MEWES Bernhard: Die deutschen Theater / Ein ***Überblick*** über ihre organisatorische und wirtschaftliche Grundlage — in: Der Autor, 6/I (69), S. 22-42

MEWES Bernhard: Die deutschen ***Theater*** im Wechsel der Jahre 1949 bis 1968 — in: DBV, Theaterstatistik 1949-68 (s. dort), S. 3-28

MEWES Bernhard: Wie sollst du sie befragen? / Methodische Erfahrungen in der ***Publikumsforschung*** — in: Bühne und Parkett, 6 (73), S. 7-10

MEYER Walther: Die Entwicklung des ***Theaterabonnements*** in Deutschland — Emsdetten (39)

MICHAEL Friedrich: ***Geschichte*** des deutschen Theaters — Stuttgart (69)

MILDENBERGER Marianne: ***Film*** und Projektion auf der Bühne — Emsdetten (61)

MINETTI Hans-Peter: Zur Geschichte der GDBA — in: ARBEITSKREIS BERTOLT BRECHT, Nachrichtenbrief (s. dort), 81 (71), S. 20-32

MÜLLER André: Das ***System*** / Über Wesensmerkmale des westdeutschen Theaters — in: Theater der Zeit, 1 (66), S. 25 f. und 2 (66), S. 24 f.

MÜLLER André: Sind Zwänge ***Schicksal***? / Das bundesdeutsche Theatersystem und seine Änderbarkeit — in: ARBEITSKREIS BERTOLT BRECHT, Nachrichtenbrief (s. dort), 75 (70), S. 2-18

MÜLLER André: Verteidigt das ***Stadttheatersystem*** — in: ARBEITSKREIS BERTOLT BRECHT, Nachrichtenbrief (s. dort), 83 (72), S. 2-18

NEELSEN Karl: ***Wirtschaftsgeschichte*** der BRD — Berlin (71)

NEUMANN Oskar / SCHUHLER Conrad: Stichworte zur ***Freizeit*** — in: KÜRBISKERN, Freizeit (s. dort), S. 235-249

OPPERMANN Thomas: ***Kulturverwaltungsrecht*** / Bildung — Wissenschaft — Kunst — Tübingen (68)

PAUSCH Rolf: ***Theaterbau*** in der BRD / Zur Ideologiekritik des monofunktionalen Theaterbaus seit 1945 — Diss. Köln (74)

PEAT, MARWICK & CO: Betriebswirtschaftliche Analyse und ***Organisationsstruktur-Untersuchung*** der Städtischen Bühnen Frankfurt/Main — Frankfurt (73)

PEHNT Wolfgang (Hrsg.): Die ***Stadt*** / in der Bundesrepublik Deutschland — Stuttgart (74)

PFENNIG Gerhard: Der Begriff des ***öffentlichen Dienstes*** und seiner Angehörigen — Berlin (60)

PFISTER Manfred: Das ***Drama*** / Theorie und Analyse — München (77)

PFÜTZE Hermann u.a.: Die ***Schwierigkeit***, Kunst zu machen / Antriebe ihrer Vergesellschaftung — Frankfurt (73)

PLIESTER Ute: Freie ***Meinungsäußerung*** in Tendenzbetrieben — Diss. Köln (67)

POERSCHKE Karl: Das ***Theaterpublikum*** im Lichte der Soziologie und Psychologie — Emsdetten (51)

PÖRTNER Paul: ***Experiment*** Theater — Zürich (60)

PÖRTNER Paul: Spontanes ***Theater*** — Köln (72)

PREUSS Joachim W. / WORTMANN Lüder: Theater-***Besucherorganisation*** — Theater-Abonnement-Systeme in der Bundesrepublik Deutschland / Hrsg. ITI der BRD — Berlin (77)

RAPP Uri: ***Handeln*** und Zuschauen — Darmstadt/Neuwied (73)

RAUSCHENBACH Rolf: Publizistische Elemente im ***Theater*** — Diss FU Berlin (55)

REICHHARDT Hans J.u.a.: 25 Jahre Theater in Berlin / ***Theaterpremieren*** 1945-1970 — Berlin (72)

REISER Günter: Der ***Betriebsvergleich*** der Kulturtheater — Diss. Köln (55)

RICHTER Gert: ***Bühne*** frei, Vorhang auf! / Blick in die Werkstatt des Theaters — Gütersloh (66)

RIEDELSHEIMER Heinz: Der ***Tendenzbetrieb*** in arbeitsrechtlicher und verfassungsrechtlicher Sicht — Diss. Erlangen (58)

RIEPENHAUSEN Bernhard: ***Bühnenrecht*** — in: VON BECKERATH, Handwörterbuch (s. dort), S. 377 f.

RIEPENHAUSEN Bernhard: Das ***Arbeitsrecht*** der Bühne — Berlin (56), 2. Aufl.

RIEPENHAUSEN Bernhard: Das Arbeitsrecht der Bühne / ***Ergänzungsband*** 1965 — Berlin (65)

RISCHBIETER Henning (Hrsg.): Bühne und ***bildende Kunst*** im XX. Jahrhundert — Velber (68)

RISCHBIETER Henning (Hrsg.): Theater im ***Umbruch*** / Ein Dokumentation aus ›Theater heute‹ — München (70)

RISCHBIETER Henning: ***Theater*** in der Bundesrepublik 1949-76 — ein stabiles oder ein starres System? — in: THEATER 1976, Jahressonderheft (s. dort), S. 178-184

RITTER Gerhard A./ KOCKA Jürgen (Hrsg.): Deutsche ***Sozialgeschichte*** / Dokumente und Skizzen / Bd. II, 1870-1914 — München (74)
RÖHRIG Michael: ***Regie*** im deutschen Sprechtheater / Historische Entwicklung — Berufsbild — zeitgenössische Methoden — Diss. München (78)
RÜHLE Günther: Theater in unserer ***Zeit*** — Frankfurt (76)
RÜHLE Günther: Was ändert sich am ***Theater***? — in: RÜHLE, Zeit (s.dort), S. 212-223
RÜHLE Günther: Der ***Bürger,*** sein Theater und sein Geld — in: RÜHLE, Zeit (s. dort), S. 287-305
RÜHMKORF Peter: Gedanken aus der ***Dunkelkammer*** / Über das Entwickeln von Wirklichkeit auf dem Theater — in: Literaturmagazin I, Hrsg. H.C. Buch, Reinbek (73), S. 69-87
RUHNAU Werner: ***Versammlungsstätten*** — Düsseldorf (69)

SANDMEYER Peter: Voraussetzungen und Möglichkeiten kollektiven ***Berufstheaters*** in Deutschland / Eine Untersuchung anhand der ersten Spielzeit des Theaterkollektivs der Schaubühne am Halleschen Ufer in Berlin(West) — Diss. FU Berlin (74)
SAUERMANN Clemens: Die sozialen ***Grundlagen*** des Theaters — Emsdetten (35)
SCHÄFER Gert / NEDELMANN Carl: Der ***CDU-Staat*** / Analysen zur Verfassungswirklichkeit der Bundesrepublik / 2 Bde. — Frankfurt (69)
SCHAEFER Hans-Joachim: Das Theater und sein ***Publikum*** in: Publizistik, 4 (67), S. 207-218
SCHEDLER Melchior: ***Kindertheater*** — Frankfurt (72)
SCHLISCHEWSKY Alexander / SYDOW Annegret: ***Arbeitsfeld*** Theater — Frankfurt (75)
SCHMIDT-JOOS Siegfried: Das ***Musical*** — München (65)
SCHOCH Agnes u.a.: bewegen, atmen, sprechen / ***Grundlagen*** der Schauspielkunst (I) — Velber (65)
SCHÖFER Erasmus / BRUHN Christiane: Kann das ***Stadttheater*** noch verteidigt werden? — in: Theater heute, 6 (72), S. 1-5
SCHÖNE Albrecht: Genossenschaftsartige ***Vereinigungen*** der Theaterbesucher — Diss. Köln (59)
SCHÖNE Bruno: Schauspiel und ***Publikum*** — Diss. Frankfurt (27)
SCHÖNDIENST Eugen: Geschichte des deutschen ***Bühnenvereins*** / Ein Beitrag zur Geschichte des Theaters / 1846-1935 — Frankfurt (79)
SCHRIFTEN DER DRAMATURGISCHEN GESELLSCHAFT, (Tagungsprotokolle) ›***Strukturprobleme***‹ 1 (73), ›***Theater*** — für wen?‹ 2 (75), ›***Tourneetheater***‹ 3 (75), ›Probleme in der ***Kulturpolitik***‹, 5 (75), ›***Steuerreform*** und Theaterfinanzierung‹ 6 (76)
SCHUBERT Hannelore: Moderner ***Theaterbau*** — Stuttgart/Bern (71)
SCHUBERTH Ottmar: Das ***Bühnenbild*** / Geschichte, Gestalt, Technik — München (55)
SCHUH Oskar Fritz: Das ***Theater*** im Korsett der Konvention von gestern und heute — in: ITI, Regie (s. dort), S. 241-247
SCHULTZE Herrmann: Deutsches ***Jugendtheater*** vom Schultheater des 16. Jahrhunderts bis zur Gegenwart — Emsdetten (60)
SCHULZ Günther: Die Entwicklung des ***Schauspielerengagements*** in Deutschland vom 17. bis zum 18. Jahrhundert — Diss. FU Berlin (56)

SCHULZE-REIMPELL Werner: ***Entwicklung*** und Struktur des Theaters in der Bundesrepublik Deutschland / Hrsg.DBV — Köln (75)

SCHWARZ Helmut: ***Regie*** / Idee und Praxis moderner Theaterarbeit — Bremen (65)

SCHWARZE Hans Dieter: ***Theater*** und Arbeit — zwei Welten? — in: Arbeitswelt im Drama, Hrsg. v. Bund der Theatergemeinden (Tagungsprotokoll), Bonn (75), Mskr.

SCHWENCKE Olaf u.a. (Hrsg.): ***Plädoyers*** für eine neue Kulturpolitik — München (74)

SCHWERD Almut: Zwischen Soziademokratie und Kommunismus / Zur Geschichte der ***Volksbühne*** 1918-1933 — Wiesbaden (75)

SEYFFERT Rudolf (Hrsg.): Der ***Betriebsvergleich*** der staatlichen und Städtischen Theater / im Rechnungsjahr 1958 und Spieljahr 1958/59 — Köln (62)

SILBERMANN Alphons: ***Theater*** und Gesellschaft — in: HÜRLIMANN, Atlantisbuch (s. dort), S. 387 f.

SIMMON Henry-E.: Die ***Privattheater*** als Stiefkinder des Wirtschaftswunders — in: Kultur ohne Wirtschaftswunder, Hrsg. R.Italiaander, München (70), S. 100-114

SIMON Karl Günter: Ist ***Theater*** wieder ›in‹? — in: DBV, Theatertreffen (s. dort), S. 93-107

SLOMMA Horst: Sinn und Kunst der ***Unterhaltung*** — Berlin (71)

SONTHEIMER Kurt: ***Grundzüge*** des politischen Systems der Bundesrepublik Deutschland — München (71)

STADT WIEN (Hrsg.): Das Theater und sein ***Publikum*** / Europagespräch 1968 — Wien (68)

STATISTISCHES BUNDESAMT (Hrsg.): Statistisches ***Jahrbuch*** 1977 für die Bundesrepublik Deutschland — Stuttgart/Mainz (77)

STEFFEN Hans (Hrsg.): Die ***Gesellschaft*** in der Bundesrepublik / Analysen / 2 Bde. — Göttingen (70) bzw. (71)

STEINBECK Dietrich (Hrsg.): Internationales ***Musiktheater-Colloquium*** Berlin 30. bis 31.5.1975 / Dokumentation — Berlin (75)

STORCH Wolfgang: Zur ***Theaterpolitik*** der SPD / Situation, Tendenzen, Reden und Maßnahmen — in: MATERIAL ZUM THEATER, BRD (s.dort), S. 15-31

STORCH Wolfgang: ***Material*** Brecht / Kontradiktionen / 1968-1976 — Berlin (76)

STORCK Gerhard: ***Probleme*** des modernen Bauens — und die Theaterarchitektur des 20. Jahrhunderts — Diss. Bonn (71)

SZONDI Peter: Theorie des modernen ***Dramas*** — Frankfurt (63)

TENDENZEN, (Schwerpunktheft) ›***Bühnenbau*** und Theaterarbeit nach Brecht‹, 88 (73)

THEATER 19.., ***Jahressonderheft***(e) der Zeitschrift ›Theater heute‹ / Chronik und Bilanz des Bühnenjahrs — Velber (1962 f.)

TOMBERG Friedrich: ***Basis*** und Überbau / Sozialphilosophische Studien — Neuwied/Berlin (69)

TREUSCH-DIETER Gerburg / KAMBAS Chrysulla: Zur psychologischen und sozialen Situation des ***Schauspielers*** — in: Theater heute, 7 (73), S. 4-7

UDE Erich: ***Stadttheater*** — gestern, heute und morgen — in: Bühnengenossenschaft 11 (74), S. 434-436
UNRUH Walter: ***ABC*** der Theatertechnik — Halle (59), 2. Aufl.
UNRUH Walter: ***Theatertechnik*** / Fachkunde und Vorschriftensammlung — Berlin/Bielefeld (69)

VAN KESTEREN Loek: Moderne ***Dramentheorien*** — Kronberg (75)
VERBAND DEUTSCHER BÜHNENSCHRIFTSTELLER und Bühnenkomponisten (Hrsg.): Protokoll des Internationalen ***Dramatikertreffens*** — Berlin (70)
VIETTA Egon (Hrsg.): Darmstädter Gespräch / ***Theater*** — Darmstadt (55)
VON BECKER Peter: ***Sinnlichkeit,*** Betroffenheit, Authentizität oder: Sind noch Erfahrungen mit dem Theater möglich? — in: THEATER 1976 (s. dort), S. 76-80
VON BECKERATH Erwin (Hrsg.): ***Handwörterbuch*** der Sozialwissenschaften / Bd. 10 — Stuttgart u.a. (59)
VON BORMANN Claus: Der praktische Ursprung der ***Kritik*** — Stuttgart (74)
VON FOERSTER Peter: Das ***Urheberrecht*** des Theaterregisseurs — Berlin (73)
VON KLOEDEN Hans Günther: ***Improvisation*** und Rollenstudium / Grundlagen der Schauspielkunst (II) — Velber (67)
VORGÄNGE, (Schwerpunktheft) ›Die Rolle der ***Kultur***‹, 24 (76)

WACKE Gerhard: Die Grundlagen des öffentlichen ***Dienstrechts*** — Tübingen (56)
WAHL-ZIEGER Erika: ***Theater*** und Orchester zwischen Marktkräften und Marktkorrektur — Göttingen (78)
WALSER Martin: Ein weiterer ***Tagtraum*** vom Theater — in: Chargesheimer/M.W., Theater Theater, Velber (67), S. 177 f.
WATZLAWICK Paul u.a.: Menschliche ***Kommunikation*** / Formen, Paradoxien, Störungen — Bern u.a. (71)
WEDDIGEN Otto: ***Geschichte*** der Theater Deutschlands / 2 Bde. — Berlin (06)
WEHNER Willi: Der ***Bühnenbrauch*** als Rechtsquelle — Diss. Köln (54)
WEIGEL Hans: ***Requiem*** für das deutsche Theater — in: Der Monat 112 (59), S. 49-62
WEKWERTH Manfred: ***Theater*** und Wissenschaft — München (74)
WEVER Klaus: Bauliche ***Forderungen*** des dialektischen Theaters — Diss. Dresden (65)
WEZEL Wolfdietrich: Das subventionierte öffentliche ***Theater*** / Seine Struktur und seine Problematik — Diss. München (64)
WIEDEMANN Gustav: ***Grundrecht*** und Mitbestimmung — in: Deutsche Bühne, 10 (74), S. 28 f.
WIESAND Andreas: 25 Fragen zu einem ***Programm*** gewerkschaftlicher Kulturpolitik — Hamburg (75)
WIESAND Andreas: ***Materialsammlung*** zu einem Programm gewerkschaftlicher Kulturpolitik — Hamburg (76)
WOHMANN Gabriele: ***Theater*** von innen / Protokoll einer Inszenierung — Freiburg (66)
WÖHE Günter: Einführung in die Allgemeine ***Betriebswirtschaftslehre*** — Berlin/Frankfurt (69), 9. Aufl.

WOLTERECK Frank: ***Mitbestimmung*** im Theater — in: Bühnengenossenschaft 7/8 (73), S. 248 f.
WUTTKE Bernhard: Nichtsprachliche ***Darstellungsmittel*** des Theaters — Diss. München (73)

ZIELSKE Harald: Deutsche ***Theaterbauten*** bis zum zweiten Weltkrieg — Berlin (71)
ZOLL Rainer: Der Doppelcharakter der ***Gewerkschaften*** — Frankfurt (76)

Sachregister